景世民　张文丽 ◎ 主编

SHANXI ECONOMY: Forty Years of Reform and Opening-up

社会科学文献出版社
SOCIAL SCIENCES ACADEMIC PRESS (CHINA)

序

党的十一届三中全会吹响了改革开放的号角，这是决定当代中国命运的关键抉择，是发展中国特色社会主义、实现中华民族伟大复兴的必由之路。实践证明，只有社会主义才能救中国，只有改革开放才能发展中国、发展社会主义、发展马克思主义。改革开放 40 年来，中国特色社会主义伟大事业焕发出无限生机和活力。

40 年来，在党中央的坚强领导下，乘着深化改革和扩大开放的东风，山西风雨兼程、破浪前行，砥砺奋进、开拓进取，各项事业取得了巨大成就，谱写了经济社会全面蓬勃发展的壮丽篇章。在改革开放 40 周年之际，全面梳理和系统总结 40 年来山西经济发展取得的辉煌成就和历史性经验，深入研判经济发展各领域面临的结构性、体制性、素质性矛盾和突出问题，有针对性地提出未来山西经济的发展重点和战略方向，对新时代全省继续高举改革开放伟大旗帜，深入推进资源型经济创新驱动、转型升级和高质量发展具有重要意义。

述说山西、评论山西、研究山西经济，绕不开煤，离不开“能源”二字。改革开放以来，山西服从全国经济布局，根据自身的资源禀赋，踏上能源重化工基地的建设之路。能源重化工基地建设使山西初步发挥了比较优势，以煤炭、电力为主的能源工业有了长足的发展，逐步形成了以能源为主体的重型产业结构，缓解了全国能源、原材料供应紧张的状况，确立了全国大型能源基地的战略地位。这种建立在资源优势和传统产业基础之上，以能源工业为支柱的重型结构，从当时的实际讲，基本符合区域分工和比较经济优势的原则，形成了自身的特色，应当说，为山西经济的发展做出了重大贡献。但是，这种产业结构计划经济色彩浓厚，资源型产业特征明显，随着我国市场经济体制的逐步建立和能源短缺问题的逐步缓解，山西和其他资源型城市和地区一样，资源优势逐步消失，原有的基础、传统的结构、固有的观念越来越不适应市场环境和运行机制。传统的产业结构表现出不少影响发展后劲和经济效益的深层次问题。

经济结构调整对山西经济发展可以说是一个常抓不懈的重大课题。40 年来，为推动产业多元化发展，在不同时期，山西曾多次尝试转变和优化经济结构，重塑主导产业，推动资源型经济转型，取得了一定成效，但仍存在较多问题。不断固化甚至难以撼动对全省经济社会发展起主导和支配作用的煤、焦、冶、电四大资源型产业，发展方式长期粗放，产业结构单一化、重型化、刚性化、惯性化，仍然是山西不得不面对的难题。

艰难困苦，玉汝于成。在历届省委、省政府的领导下，山西发展战略思路不断成熟，方法不断创新，在解决山西发展重大问题的过程中，形成了富有时代精神的工作思路和重大举措，有力推动了山西转型发展的实践进程。近年来，山西这艘大船加速转舵，尤其是党的十八大以来，山西获批国家资源型经济转型综合配套改革试验区，为全省转型发展注入了“强心剂”；将文化旅游产业作为战略转型的重点，全力打造文化旅游强省；深入推进各领域改革，倾力打造“六最”营商环境；“示范区”“排头兵”“新高地”三大目标确立，新时代的山西在全国发展格局中有了全新的战略定位和发展使命。

新起点、新征程，转型发展是重中之重。历史和现实一再告诫我们，不加快结构调整、不转变发展方式、不实行转型发展，资源难以支撑、环境难以容纳、社会难以承受，不仅经济发展难以为继，整个社会和民生也难以有效改善。必须横下一条心，集全民之智，举全省之力，真正走出一条资源型地区转型发展的新路。

以改革推动转型发展。转型需要改革，发展必须改革，改革要有自我革命的气魄，敢于向积存多年的顽瘴痼疾开刀，善于在破解难题上先行先试。

要深刻把握供给侧结构性改革赋予转型综改的时代内涵，着力促改革、调结构、增动能，推动要素有效配置、产品效益提升、市场供需动态平衡，加快形成多点支撑、多元互补、协同高效的现代产业体系。

以创新驱动转型发展。牢牢抓住创新这个灵魂和核心，坚持把发展的基点放在创新上，更加重视解决人才的基础性、制度性问题，培育高质量专业技能人才队伍，加快建设知识型、技能型、创新型劳动者大军。强化企业技术创新主体，鼓励企业、高校、科研院所联合建立新型研发机构、产业联盟、协同创新中心等各类创新平台，为新兴产业提供强有力的支撑。

以开放助力转型发展。推动经济转型发展，靠内力，也要借外力。要更加主动对接、深度融入国家“一带一路”、京津冀协同发展、环渤海地区合作发展，加大与中部和周边地区协作交流。积极营造公平竞争、诚信经营的市场环境和国际化、法制化、便利化的开发环境，打造制度建设、营商环境和服务创新高地。

为者常成，行者常至。我们与伟大的新时代同向而行。新征程中，我们相信，只要我们沿着改革开放的大道，坚定走下去、坚实走出来，就一定能够实现全面建成小康社会的宏伟目标，取得新时代中国特色社会主义在山西各项事业的伟大胜利!

编者

2018 年 11 月

综合篇

重点篇

专题篇

综合篇

第一章　改革开放 40 年山西经济发展战略的演变

改革开放 40 年来，山西区域经济在调整中前进，在完善中发展。在历届省委、省政府的领导下，区域发展战略思路不断成熟，方法不断创新，区域经济发展跟随国家区域政策的脚步在曲折中前行，在国内区域产业分工发展格局中占据了特殊的地位。习近平总书记指出，改革开放是当代中国发展进步的活力之源，是党和人民大踏步赶上时代前进步伐的重要法宝，是坚持和发展中国特色社会主义的必由之路。回顾风雨兼程 40 年改革开放所取得的重大成就，激励我们要继续推进改革开放向纵深方向发展，使改革开放的伟大决策在新时代的中国为中华民族的伟大复兴持续发力。

山西作为一个欠发达省份，统筹区域发展，优化经济布局、建立和完善省际以及省内各区域之间协调互动发展机制，是当前提升山西综合竞争力的迫切需要。面对全国经济格局和区域发展的新变化，以及当前国内促进区域协调、建设和谐社会的大背景，山西如何才能依托承东启西的地缘优势，创新区域发展战略，加快经济结构调整，实现全省转型发展，是事关山西经济社会稳定、协调、持续发展的关键所在。弹指一挥间，山西省在改革开放中走过了风风雨雨 40 年的光辉岁月，在一系列省域发展战略的指导下，全省经济社会发展取得了不可磨灭的成就，同时也并非一帆风顺，改革的航程历经千难万险，改革的步伐却从未停歇。到目前为止，这一历程大致可以划分为能源重化工基地建设时期、新一轮经济结构调整时期、结构调整向纵深推进时期、新常态下全面协调坚定转型时期四个阶段。

第一节　能源重化工基地建设时期

改革开放之初，山西被国家确定为全国的能源重化工基地。此后，山西依托自身优势，积极融入全国的区域经济发展之中，逐渐形成了畸重的产业结构，在国内区域产业分工发展格局中占据了特殊的地位。

一　重大战略

1978 年以来的很长一段时期，山西省宏观经济发展战略的落脚点和主导思想，几乎围绕在能源产业和基础设施上。20 世纪 80 年代，国家给山西的定位是以煤炭等能源工业为主导产业，建设能源及重化工工业基地，并制定了山西能源重化工基地规划和发展战略。

（一）山西能源重化工基地发展战略

山西能源基地建设的由来有两个方面，一是国家“四化”建设的需要（需要煤），二是改革开放的需要（需要外汇）。1980 年 7 月山西省人民政府报送国务院《山西能源基地建设规划纲要》，此后，国家计委、建委、煤炭部、电力部、铁道部组成联合调查组，分赴山西、内蒙古考察。这次考察形成了《山西、内蒙（古）是两个很有发展前景的大能源基地》的报告，报送国务院。1982 年 4 月，国务院正式批复，同意对山西能源基地展开综合研究。同月，山西省委、省政府召开了“山西能源基地综合开发研讨会”，此后一年间，又分头召开了若干建设能源基地相关论证会。1982 年 12 月 22 日，国务院发文成立“山西能源基地规划办公室”，以山西为中心的山西能源基地包括山西、内蒙古准格尔、陕北、豫西，后来又加进了宁夏。

在前期山西能源基地建设战略研究的基础上，1983 年 2 月，由中国科学院院长卢嘉锡主持，组织 190 多位科学家在太原召开了“山西能源重化工基地建设科研攻关项目论证会”，对建设能源重化工基地涉及的煤炭、电力、运输、水资源、科技、人民生活等方面的 94 个科研课题进行了广泛的论证，确定其中 51 个课题为重点攻关项目。1983 年 6 月，山西省委、省政府邀请国家计委、经委、国务院科技领导小组、国务院技术经济研究中心、国务院能源规划办公室等 21 个部委的负责同志，中国科学院、中国社会科学院等 16 家科研单位，清华大学、同济大学、西安交通大学等 15 家高等院校 460 多人在太原召开了“山西能源重化工基地建设综合规划论证会”。历时三个多月，最终形成《山西能源重化工基地建设综合规划》，于 1983 年 10 月 19 日上报国务院。至此，山西能源重化工基地建设的总盘子基本敲定。盘子定了，于是高强度、大规模的能源开发就此开始。

（二）“有水快流”发展战略

为缓解国家能源瓶颈，更好地发挥资源比较优势，山西制定了“有水快流”的方针，放手让有煤地区的群众发展小煤矿、小煤窑。当时，国家通过大量投资，以煤炭的高强度开发为主要途径建设山西特大型煤矿。有资料显示，1981~1990 年，中央在山西的投资约达 330 亿元，占同期山西全社会固定资产投资的 41%。国家的大量投资，也使山西的全社会固定资产投资由 1981 年的 25.5 亿元增加到 1990 年的 123.4 亿元，增长了近 4 倍，占全国的比重由 1980 年的 3.1% 上升到 1985 年的 3.7%，排位也上升到第 13 位，虽然到 1990 年所占比重有所下降，但在全国的排位仍保持在第 14 位。固定资产投资的急剧增加，带来了能源工业的快速发展，进而带动了建筑业、交通运输业等相关产业的发展，从而最终刺激了山西整个国民经济的较快增长和人民生活水平的提高，并相对缩小了与全国水平的差距。

（三）初步实施工业结构调整

20 世纪 90 年代以来，随着国民经济的长期高速发展、中央有效的宏观调控，市场供求格局开始发生变化。一般工业消费品开始出现由卖方市场向买方市场的转化，多年来制约国民经济发展“瓶颈”的能源、原材料、交通基础设施也有了实质性缓解，大部分生产资料产品供过于求，农副产品供给稳中趋升，多数行业先后出现程度不同的生产能力过剩。同时，国家在 20 世纪 80 年代后期陆续实施的沿海开放政策、“能源西移”战略和西部大开发战略，导致市场需求和要素流动向沿海和西部地区转移，开始对山西经济发展产生影响，经济生活的各种矛盾开始凸显。从产业结构讲，20 世纪 90 年代前期和中期，煤炭采掘业仍然是山西的主导产业，但煤炭产业对国民经济的影响及拉动作用已经弱化。为此，山西省委、省政府分别于 1990 年和 1993 年提出了工业结构调整的建议和实施强化农业基础、能源产业、基础设施，搞好挖煤、输电、引水、修路等“三基四重”战略，能源基地的战略地位进一步强化。但是在实际执行上，全省的经济发展战略仍停留在 80 年代的发展思路上，忽视了主导产业的转移和新的经济增长点的培育，导致这一时期全省经济发展缓慢。

（四）“14888”工程规划

从国家大规模投资到“十五”中期结束，山西省经济有所下滑，煤炭产业对国民经济的影响及拉动作用已经弱化。山西省委、省政府开始实施工业结构调整的“14888”工程规划，包括产业、基础设施、生态等多个方面。但从总体上看，只把有限的财力、物力集中在以煤炭为主的能源产业和基础设施上，忽视了主导产业的转换和新经济增长点的培育。由于对轻工业重视不够、投资不足，一大批轻工名品逐渐衰落，加剧了产业结构的单一化和重型化。在生产能力快速扩张的同时，对煤炭资源的群体式、掠夺式开采，导致水资源严重破坏、环境污染和安全事故频发等一系列问题。

（五）“三步走”发展战略

1996年1月31日至2月6日，中共山西省第七次代表大会在太原召开。大会通过《中共山西省委关于制定全省国民经济和社会发展第九个五年计划和2010年远景目标的建议》，提出“三步走”赶超战略和兴晋富民的跨世纪宏伟目标。“三步走”战略是指山西省今后15年发展战略是个“赶超战略”，用形象化的语言表示就是要“跳起来摘果子”。要完成这个宏伟目标，就需要有步骤、分阶段实施，具体表现为以下三步。第一步，是从1996年起到20世纪末，也是“九五”时期，这个时期要着力解决好制约省内经济社会发展的关键问题，包括加强基础设施建设，转变政府职能，改善经济发展的软、硬环境。第二步，是21世纪初的头5年，经济发展速度要超过全国平均水平，并逐步加快，综合省力明显增强。主要经济指标接近并力争达到全国平均水平。第三步，是从2006年到2010年，是山西省经济的腾飞时期。几项重要的人均经济指标达到并力争超过全国平均水平，山西省的落后面貌会得到长足改观。

二 主要特征

从总体上看，20世纪80~90年代是山西能源重化工基地建设时期，以建设能源重化工基地为特征，为满足国家能源需求做出了重大贡献。但是，由于对轻工业重视不够、投资不足，一大批轻工名品逐渐衰落，加剧了产业结构的单一化和重型化。此时，山西省区域发展战略的思路，是把有限的财力、物力集中在以煤炭为主的能源产业和基础设施上，忽视了主导产业的转换和新经济增长点的培育。20世纪90年代后期，山西开始把经济发展的重点确定为战略性调整产业结构，培育优势产业、优势企业和优势产品，以形成新的经济增长点。1996年省委制定了调整产业结构的实施意见，提出了以“一增三优”为主攻方向的产业结构调整思路。长期以来山西经济发展战略缺乏实质性的改变，使得与全国发达地区的差距越来越大。

此阶段也是国家改革的启动和目标探索阶段。自 1978 年党的十一届三中全会到党的十四大确立我国实行社会主义市场经济体制，改革首先从农村开始，逐步向城市推进；从开展改革试点，积累经验，再逐步推广；对外开放从兴办经济特区向开放沿海、沿江乃至内地推进。随着改革取得巨大成就和人们对推进改革的共识逐步形成，1984 年 10 月，党的十二届三中全会通过《中共中央关于经济体制改革的决定》，确定社会主义经济是“公有制基础上的有计划的商品经济”，改革的重点逐渐从农村转向城市、以搞活国有企业为中心环节全面展开。对国有企业实施了承包制、租赁制等改革措施，积极进行以厂长负责制、工效挂钩、劳动合同制为内容的企业领导、分配、用工等管理制度的改革，增强企业的内在活力。宏观管理体制方面，以宏观间接管理为目标，对价格、财税、金融、计划以及流通体制等进行改革。采取“调、放、管”相结合的方针，理顺商品和服务的比价关系；大幅度缩小指令性计划；改革银行组织体制；实行各种形式的财政包干制。同时，政治、科技、教育、文化等领域的改革也开始启动。开放 14 个沿海港口城市，开辟了一批经济开放区。为满足国家能源需求，山西省在这一阶段的宏观经济发展战略的落脚点和主导思想，几乎围绕着能源产业和基础设施。

第二节　新一轮经济结构调整时期

20 世纪末期亚洲金融危机期间，国内一般消费品和生产资料普遍供不应求的短缺时代结束，基础产业“瓶颈”制约的状况已得到很大程度缓解，制约经济发展的因素从资源供给的约束转向市场约束，企业发展从争项目、争投资、扩大生产规模的粗放经营转向提高核心竞争能力，政府宏观调控目标也从抑制投资需求和消费需求膨胀、控制物价转向扩大需求、促进经济增长、创造就业机会。市场环境的新变化和国家宏观调控导向要求山西改变低效的能源重化工发展模式。

一　重大战略

这一时期是山西省新一轮结构调整的时期，在省九届人大三次会议上，做出了“一年起步，两年入轨，三年初见成效，五年明显见效”的工作安排。在“十五”计划中，又绘制了实施“八大战略工程”，构建“六大支撑体系”的宏伟蓝图。之后，实施了“1311”产业结构调整规划，颁布了一系列行业结构调整的意见、方案和办法。

（一）新一轮结构调整开始

1999 年 10 月运城经济结构调整工作会议拉开了山西新一轮经济结构调整的序幕。同年 12 月，在省委七届九次全体会议上明确提出了“以经济结构调整为中心，以改革开放为动力，抓好五项创新，实现三个提高”的战略部署，以及用 10 年时间分两个阶段推进经济结构调整的目标要求。

1999 年 12 月，省委召开七届九次全会，形成了“以调整经济结构为中心，以改革开放为动力（国有企业改革、农村经济改革和对外开放），抓好五项创新（技术创新、金融创新、人才机制创新、环境创新和观念创新），实现三个提高（提高经济增长的质量和速度、提高全省综合经济实力、提高人民群众生活水平）”的经济发展思路和战略。这标志着全省经济发展指导思想上的重大转变。“五项创新”是解放思想、实事求是，把握时代脉搏，科学判断形势，提高驾驭市场经济能力的体现。技术创新是现代经济的主要推动力。在技术创新上，要求把技术创新的主体由科研院所变为企业，从而大大促进技术开发及其成果的转化；省属科研院所要实现转制，创办科技企业或与企业合作、合资、联营，加强产学研结合，投身经济建设主战场，促进研究开发与经济发展的有效结合。要以好的机制鼓励和刺激技术创新活动，大力发展高新技术产业，抢占未来经济竞争制高点。金融创新是开辟产业结构调整资金源的重要途径，山西作为欠发达省份，在结构调整中遇到的一个重大障碍是资金困难，金融创新主要是利用好各种资本市场工具，促进直接融资，利用好上市公司的融资优势，采取政府贴息入股、注入资本金的办法，调动信贷资金和社会闲散资金投入潜力产品。当潜力产品做大，企业有了效益以后，政府再将其持有的股权转让、变现，再用于对其他潜力产品的贴息入股，以起到“四两拨千斤”的作用。人才是现代经济发展最重要的生产要素，是山西经济发展最宝贵的资源。人才机制创新围绕着建设三支队伍来进行，即企业家队伍、科技人才队伍和技术工人队伍。环境创新，即为企业发展创造良好的市场环境、社会环境和政府环境。观念创新，要求打破封闭保守、思想僵化，鼓励思想解放，增强市场意识、竞争意识、抢抓机遇意识，真正把“三个有利于”和“发展是硬道理”作为衡量和检验一切工作的根本标准。省委七届九次全会后，“五项创新”成为全省广大干部群众的共识，并迅速转化为生动的创新实践。

2000 年 3 月 10 日，江泽民出席九届全国人大三次会议山西代表团全体会议，并发表了重要讲话。他对山西大力调整经济结构的思路和做法给予了充分肯定，要求“继续抓好山西经济结构的调整，按照已确定的思路和方案坚定不移地抓下去，努力抓出成效”。他还指出：“调整经济结构是现阶段经济发展的必然要求，是解决经济发展深层次矛盾的措施。”“一定要提高认识，增加紧迫感，增强结构调整的自觉性和主动性。”

（二）“八大战略工程”“六大支撑体系”

2000 年 12 月，省委召开七届十次全会，通过《中共山西省委关于制定国民经济和社会发展第十个五年计划的建议》（以下简称《建议》）。《建议》就深入推进经济结构调整，提出以发展为主题，以结构调整为主线，实施“八大战略工程”，构建“六大支撑体系”。“八大战略工程”是：特色农业工程、传统产业优化升级工程、旅游产业开发工程、高新技术产业化工程、信息化工程、城镇化工程、基础设施建设工程、生态环境质量改善工程。“六大支撑体系”是：人才支撑体系、金融支撑体系、产权多元化支撑体系、对外开放支撑体系、社会保障支撑体系、软环境支撑体系。“八大战略工程”依据山西的实际，确定了“十五”时期以至未来一段时期经济结构调整的重点，把结构调整作为一项系统工程，进一步完善了经济发展的战略思路。全省广大干部群众对调整经济结构的认识和实践提升到一个新的高度。

2001 年 10 月 25~29 日，中共山西省第八次代表大会在太原召开。10 月 30 日，中共山西省委八届一次会议选出了新的省委领导成员。大会指出，按照“三个代表”的要求，全面推进山西改革开放和现代化建设事业，切实加强先进文化建设和民主法制建设，大力加强党的建设和党的领导。

2004 年 8 月，山西又确定了建设国家新型能源和工业基地的战略定位，并将结构调整的重点任务明确为能源、冶金、装备制造、新型材料、化学医药、农畜产品加工业、旅游文化和现代服务七大产业领域。

（三）“1311”产业结构调整规划

随着经济结构调整的深入推进和创新实践的要求，2001 年 9 月，省委、省政府做出《关于进一步推进经济结构调整，实施“1311”规划的意见》。确定在“十五”期间，在市场选择的基础上，要集中抓好 100 个农业产业化龙头企业、30 个战略性工业潜力产品、10 个旅游景区景点和 100 个高新技术产业化项目。“1311”规划体现了结构调整坚持市场导向、集中力量、重点推进、带动全局的精神，突出了结构调整在操作层面的安排和实施，是“八大战略工程”和“六大支撑体系”的具体化实施。

2001 年 10 月，中共山西省第八次代表大会召开。大会指出：高举邓小平理论伟大旗帜，坚持党的基本路线，按照“三个代表”的要求，解放思想、实事求是，以发展为主题，以结构调整为主线，以改革开放和科技进步为动力，抓好“五项创新”，实现“三个提高”。全省经济结构调整要在 2005 年取得明显成效，2010 年达到全国中等或中等以上水平。

党的十六大召开后，2002 年 12 月省委召开八届三次全会，贯彻落实十六大精神，提出全面建设山西小康社会，完善社会主义市场经济体制，推动经济结构战略性调整，基本实现工业化，大力推进信息化，加快建设现代化的奋斗目标。2003 年 8 月，省委、省政府做出《关于实施行业结构调整的意见》，围绕实现传统产业新型化、新兴产业规模化，对结构调整提出一要深化、二要提高的要求。深化是指积极实现由培育潜力产品到推进行业结构调整的深化，由扶持优势企业到发展壮大工业园区直至形成区域性主导产业的深化。提高是指努力提高科技含量和经济效益，做大做强一大批高附加值的产品，实现结构调整的高效化。结构调整，不仅能够促进经济结构的优化升级，促进全省经济发展，而且推进全面、协调、可持续发展，使山西最终走上生产发展、生活富裕、生态良好的文明发展道路。行业结构调整包括在全省国民经济中处于主要地位和具有广阔发展前景的特色农业、煤炭、焦炭、冶金、电力、化工、机械、轻工、医药、新材料、旅游、文化、房地产等 13 个行业和事关全省经济结构调整大局的信息化、环境保护两个领域。行业结构调整是“1311”规划的延伸和展开。

二 主要特征

此阶段山西区域经济以培育潜力产品为切入点，以建设新型能源和工业基地为目标，大力调整行业结构，一手抓传统产业新型化，一手抓新兴产业规模化，传统行业的技术水平和产业集中度明显提高，内部结构不断优化，新兴产业发展步伐不断加快，产业特色和优势初步显现，推动了经济的快速增长和增长质量的有效改善，山西经济在国内的位次明显提升。

此阶段为我国社会主义市场经济体制框架初步建立阶段。以党的十四大确立社会主义市场经济体制的改革目标，党的十四届三中全会通过《关于建立社会主义市场经济体制若干问题的决定》为标志，我国正式确立社会主义市场经济的改革方向和基本内容。到 2002 年，社会主义市场经济体制的基本框架初步建立。这一阶段改革的主要内容包括：宏观管理体制方面，1994 年提出对财政、税收、金融、外汇、计划和投融资体制进行系统改革的方案，确立以分税制为核心的新的财政体制框架和以增值税为主的流转税体系，中央银行的调控职能得到加强。国有企业改革方面，党的十五大确立了以公有制为主体、多种所有制经济共同发展的基本经济制度。按照建立现代企业制度的方向，实施“抓大放小”，积极推进国有企业改革和国有经济布局的结构调整。一批国有大中型企业改制为国有独资公司、有限责任公司或股份有限公司；许多全国性的行业总公司改组为控股公司；通过改组、联合、兼并、租赁、承包经营和股份合作制、出售等形式，对中小型国有企业进行了改革。市场体系得到较大发展，取消了生产资料价格双轨制，进一步放开了竞争性商品和服务的价格，要素市场逐步形成。社会保障体系建设方面，逐步建立起社会统筹和个人账户相结合的养老、医疗保险制度，建立了失业保险、社会救济制度及城镇居民最低生活保障制度。山西省顺应国家改革发展大势，抓好发展一定要按照深化和提高的要求，进一步推动经济结构调整。注重坚持推进经济结构调整和深化经济体制改革的有机结合，坚持经济增长速度和质量、效益的有机结合，坚持改造传统产业和发展新兴产业的有机结合，坚持全面推进和突出重点的有机结合，坚持经济建设和发展各项社会事业的有机结合。

第三节　结构调整向纵深推进时期

经济结构调整对山西经济发展可以说是一个重中之重的大课题。经济结构调整意味着改变原有的经济发展战略，意味着重新对现有经济社会资源进行配置，意味着为了未来的发展要牺牲现有的利益，经济结构调整的艰难程度用一句话来说，就是牵一发而动全身。十六大以来，是山西省经济结构战略性调整取得积极进展的重要时期，也是山西省经济实现又好又快步入科学发展的重要战略转型期，山西省的经济结构调整步入新的历史发展期。

一 重大战略

十六大以来，省委、省政府提出走出“四条路子”、实现“三个跨越”的战略思想，山西省沿着三个路径着力改造提升传统支柱产业，培育壮大新的支柱产业，积极发展具有潜力的新兴产业，经济结构战略性调整向纵深推进，为山西省经济社会又好又快发展奠定了坚实的基础。“十一五”规划的实施和省第九次党代会的召开标志着山西省区域发展战略进入结构调整纵深推进时期。

（一）“十一五”规划推进结构调整

2005 年 11 月 11 日，中共山西省委八届七次全体会议审议通过了《中共山西省委关于制定国民经济和社会发展第十一个五年规划的建议》，提出必须坚持深化经济结构调整，转变经济增长方式，提高自主创新能力，真正做到节约发展、清洁发展、安全发展和可持续发展。会议明确了山西省经济结构调整的总体思路：以科学发展观为指导，加快新型工业化和特色城镇化进程，坚持鼓励先进和限制落后两类政策并重，改造提升传统产业、培育壮大新兴产业、发展加强薄弱产业，积极转变经济增长方式，协调推进城乡结构、区域结构、所有制结构和就业结构调整，促进经济社会全面协调可持续发展，努力建设国家新型能源和工业基地，构建充满活力、富裕文明、和谐稳定、山川秀美的新山西。

明确“三个战略取向”，在经济结构调整上要有新境界。一是要明确经济结构调整的战略定位。经济结构调整是贯彻落实科学发展观的内在要求和重大举措，在过去、现在和未来的较长时期仍然是事关山西发展全局的重大问题，必须始终摆在战略层面，作为一项战略任务，贯穿于经济工作的各个环节。二是要实现经济结构调整的战略转变，即经济结构调整要实现由侧重推进新型工业化，向实现新型工业化和特色城镇化双轮驱动、良性互动转变；由侧重鼓励潜力产品、重点项目和优势企业，向鼓励先进与限制、淘汰落后并重转变；由侧重发挥资源优势，增强经济实力，向全面发挥比较优势，增强经济发展的协调性和可持续发展能力转变；由侧重改造提升传统产业，向重点发展壮大新兴产业转变。三是要推进经济结构调整的战略拓展。将推进产业结构调整与推进城乡、区域、所有制、就业等结构调整有机结合起来，促进城乡、区域、经济社会协调发展。通过调整城乡结构，形成有利于工业反哺农业、城市带动农村的体制机制，促进社会主义新农村建设，逐步改变城乡二元结构；通过调整区域结构，建立地区间相互促进、优势互补的机制，形成分工合理、布局优化、各具特色、竞相发展的发展格局；通过调整所有制结构，使国有经济布局调整和国有企业改革不断深入，非公有制经济比重明显提高，混合所有制经济发展壮大；通过调整就业结构，形成统筹城乡就业的机制，推进就业渠道和就业形式多样化，充分开发和合理利用劳动力资源，促进就业结构与产业结构的协调。

着力抓好“三个发展”，努力形成多元支柱产业体系。一是继续改造提升传统产业，二是大力培育壮大新兴产业，三是积极发展加强薄弱产业。

着力强化“三根软肋”，使经济结构调整更加富有成效、经济社会发展更加协调。节能降耗、环境保护、科技创新是山西省发展的“三根软肋”，如果这“三根软肋”得不到有效强化，资源环境约束就难以缓解，发展后劲、经济效益和竞争力就难以提高，经济发展就难以走上科学发展之路。一是要制定并落实节能降耗和环保责任制。二是要实施好重点节能工程和高耗能企业节能技术改造，鼓励支持企业建设符合国家节能政策的项目，开发共性、关键节能技术和高效节能产品，加大节能技术推广力度。三是要认真实施“蓝天碧水工程”，着力推进重点流域、重点地区和重点企业的污染治理工作，切实加强生态建设。四是要大力推进科技创新。

努力实现“三个跨越”，加快山西全面崛起的步伐。一是通过大力推进经济结构调整，促进山西省由煤炭大省向新型化的能源和煤化工大省跨越。二是通过大力推进经济结构调整，促进山西省由老工业基地向新型工业基地和精品原材料基地跨越。三是通过大力推进经济结构调整，促进山西省由自然人文大省向经济强省和文化强省跨越。

在此期间，省政府大力推进传统产业新型化和新兴产业规模化，进一步明确要改造提升煤炭、焦化、冶金、电力四大传统优势产业，发展壮大现代煤化工业、装备制造业、材料工业和旅游产业四大新型支柱产业。打好煤炭工业“三大战役”，抓好“三大企业方阵”。推进“两区”开发，优化区域经济结构。

（二）“四条路子”“三个跨越”

2006 年 10 月 26~30 日中共山西省第九次代表大会在太原召开。大会指出，山西在发展上要重点走出“四条路子”、实现“三个跨越”，即走出能源基地和老工业基地创新发展的路子，走出资源型地区可持续发展的路子，走出欠发达地区构建社会主义和谐社会的路子，走出内陆省份对外开放的路子；实现煤炭大省向新型能源和煤化工大省的跨越，老工业基地向新型工业基地和精品原材料基地的跨越，自然人文资源大省向经济强省和文化强省的跨越。进而建设国家新型能源和工业基地，构建充满活力、富裕文明、和谐稳定、山川秀美的新山西！提出山西“全面转型”的思路，以解决山西产业结构单一化、重型化、初级化问题和高耗能、高污染、不可持续问题以及经济效益不高、竞争力不强的问题。

之后，根据科学发展观的新要求和经济发展的新形势，省政府就创新经济结构调整思路，做出了实施“四大攻坚”和强化“四大支撑”的新的战略部署：以发展服务业为突破口，着力发展新型支柱产业；以发展循环经济为主要途径，着力推进传统产业改造提升；以节能减排为切入点，着力推进生态文明建设；以推进农业现代化为抓手，着力推进社会主义新农村建设。着力强化改革、开放、人才、科技。

（三）“三个发展”战略

2008年10月7日，在深入学习实践科学发展观活动动员大会上，省委决定把实现“三个发展”作为推动山西省科学发展的战略重点和具体抓手。根据中央精神，从山西省实际出发，省委确定全省深入学习实践科学发展观活动的主题和载体是牢牢把握以人为本这个核心，努力实现转型发展、安全发展、和谐发展，加快建设新基地、新山西进程。

实现转型发展就是要以企业、产业、矿城转型为重点，优化产业结构，推进节能减排，提高经济效益，推进经济社会协调发展和能源基地全面转型；实现安全发展就是要全面加强安全生产工作，建立安全生产长效机制；实现和谐发展就是要把握好科学发展与社会和谐的内在统一性，正确处理各种社会矛盾，及时协调各方面利益关系。

（四）转型跨越，再造一个新山西

2008年以来，经历了金融危机的重创之后，山西省委、省政府果断调整思路。山西省第十次代表大会于2011年10月27~31日召开。中国共产党山西省第十次代表大会认真总结了过去五年的经验，对未来五年的发展做出了科学的谋划和部署，并鲜明地提出转型跨越、再造一个新山西的宏伟战略，强调抓好加快全面小康、走出转型新路两件大事，标志着走山西特色科学发展之路的步履更加坚实。省委提出：加快经济发展方式转变的关键是以转型发展为主线，推动经济社会跨越发展。

（五）“十二五”规划及“四化”建设

在全省“十二五”发展规划中明确，“十二五”期间山西将以推进资源型经济转型综合配套改革试验区建设为重要抓手，以安全生产为重要保障，大力推进工业新型化、农业现代化、市域城镇化、城乡生态化，在建设国家新型能源和工业基地的基础上，建设全国重要的现代制造业基地、中西部现代物流中心和生产性服务业大省、中部地区经济强省和文化强省，再造一个新山西。新的发展思路，从更深的层次、更大的力度来推动结构调整，更加注重经济结构调整与经济发展方式转变的有机结合。

二　主要特征

本时期的结构调整坚持以科学发展观为指导，按照走新型工业化道路的战略要求，注重长期战略与工作重点的结合，全力实施经济发展方式的转型。现代服务业发展呈现出好的势头，传统产业改造提升取得明显成效，产业结构、企业组织结构、所有制结构、城乡结构、区域经济结构调整取得重要进展，促进了经济结构调整的纵深推进，昭示着结构调整和转型升级的良好前景。

与此同时，我国进入社会主义市场经济体制的初步完善阶段。党的十六大提出到2020年建成完善的社会主义市场经济体制的改革目标，党的十六届三中全会对建设完善的社会主义市场经济体制做了全面部署。党中央提出科学发展观和构建社会主义和谐社会的重大战略构想，作为深化改革的重要指导思想。这一阶段主要的改革措施有取消农业税、牧业税、特产税。清理和修订限制非公有制经济发展的法规、规章和政策性规定，放宽非公有制经济的市场准入，允许非公有资本进入法律法规未禁入的行业和领域，为非公有制经济发展提供制度保障。公共财政体制不断健全。国有商业银行股份制改革加快推进。实现有管理的浮动汇率制度。改革了投资体制，政府投资的范围进一步缩小，企业投资自主权逐步扩大。土地、劳动力、技术、产权、资本等要素市场进一步发展，水、电、石油和天然气等重要资源价格的市场化步伐加快。社会保障体系不断完善，社会保障覆盖面不断扩大。山西顺势而为，经济结构调整的推进和深化，有效促进了全省经济持续快速增长，质量和效益稳步提高，财政和城乡居民收入快速增长；同时，也有效促进了资源消耗的下降，环境质量的改善。

第四节　新常态下全面协调坚定转型时期

当前，无论是从国际比较的角度，还是从当前自身经济基本面正在发生的变化来看，中国经济正在经历一段非常重要的结构转换期，这从表面上看是经济增长速度的转换，实质上是经济增长动力的调整与转变。新一届决策层对中国经济以“新常态”来定义，透视着其对中国经济的减速和先前模式的不可持续有着极为清醒的认识，对未来经济增长持有较为理性、符合实际的预期，这也将预示着面对经济下滑的压力，绝不会轻易启动以前动辄救市的模式，对经济减速保持宽容，对调整中的风险不再回避，对改革和发展方式转变坚定不移。新常态要有新思路，要充分认识到新常态下发展条件的变化，把转方式、调结构放在更加重要的位置，以提高经济发展的质量和效益为中心，大力推进经济结构战略性调整。

一　重大战略

（一）“六大发展”新理念

山西省委、省政府审时度势，提出在新常态下山西既要保持经济的适度增长，在新一轮区域发展中换挡进位，更要注重发展质量，培育经济发展的内生动力，要创新宏观调控思路和方式，统筹稳增长、促改革、调结构、惠民生、防风险，以改革开路，充分发挥市场的决定性作用，激发企业和社会活力，加快经济转型升级、结构优化，更好地改善民生，提出了“六大发展”的新理念。

基于山西实际，省委十届六次全会明确提出创新发展、协调发展、绿色发展、开放发展、共享发展、廉洁和安全发展的“六大发展”思路。同时，把转型发展作为一个带有根本性的、方向性的重大问题，重点做好煤与非煤产业两篇大文章。这一系列来自顶层的设计，确立了新形势下山西省当前和今后一个时期经济社会发展的战略方向、重点领域和主攻目标，得到了全省广大干部群众的普遍认同。清醒认识当前经济形势，既要正视困难和问题，也要看到全省经济运行的积极因素正在不断集聚，以新作为应对经济发展新常态，必须坚定我们的战略方向，全速推进“六大发展”。

推进“创新发展”，加快科技创新体系建设，确立企业的科技创新主体地位；推进“协调发展”，注重解决发展不平衡问题；推进“绿色发展”，把绿色发展融入经济社会发展的各个领域，从根本上摒弃“吃资源饭、环境饭，断子孙路”的发展方式；推进“开放发展”，将对内开放与对外开放相结合，重点突破与全面发展相结合，为发展内陆开放型经济、完善区域开放格局探索新路径；推进“共享发展”，注重机会公平，保障基本民生，促进山西全面发展；推进“廉洁和安全发展”，把廉洁发展作为具有全局性、战略性和决定性因素高度重视、深入谋划、全力推动，大力营造廉洁发展的环境，抓好重点领域安全生产，健全安全生产长效机制，保持社会安全稳定。

（二）“两个关键”“两手硬”

2016 年 7 月 15 日，在学习贯彻习近平总书记“七一”重要讲话精神暨全省“两优一先”表彰大会上提出，紧紧围绕省委提出的“两个关键”，着力构建良好政治生态，着力推动经济稳步向好，切实做到“两手硬”，强调“六个如何”，着力在八个方面进一步推动工作，聚精会神地把各方面工作进一步做好。

省委指出：当下，关键是要按照全面从严治党的要求，持续推进党风廉政建设和反腐败斗争，着力构建良好政治生态，这一手要硬；关键是要自觉践行新发展理念，多策略破解经济下行压力，着力推动经济稳步向好，这一手也要硬。坚持党建工作和经济工作一并谋划、协同推进，以“两手硬”的魄力，努力开创山西发展新局面。坚持“两手硬”，是山西对今后改革发展方向和任务的准确把握，是积极应对和解决山西问题的正确决策，更是符合党心民心的正确抉择。

（三）贯彻新发展理念

2016年10月31日山西省第十一次代表大会提出，山西省要深入贯彻习近平总书记系列重要讲话精神和治国理政新理念、新思想、新战略，统筹推进“五位一体”总体布局，协调推进“四个全面”战略布局，把握时代大势，回应实践要求，认真落实“一个指引、两手硬”重大思路和要求，统一思想行动，凝聚奋进力量，确保与全国同步全面建成小康社会，确保经济转型升级取得显著进展，确保良好政治生态全面有效构建，不断塑造美好形象、逐步实现振兴崛起。

在报告中提出未来五年乃至更长一个时期全省的奋斗目标：通过全省的共同努力，要塑造和展示山西文化璀璨、人才辈出的人文形象，创新驱动、结构优化的转型形象，充满活力、合作包容的开放形象，表里山河、生态美好的壮丽形象，以廉为荣、艰苦创业的清明形象，人民幸福、社会和谐的安康形象。通过全省的共同努力，今后五年，将山西省打造成国内外有影响力的资源型经济转型综合配套改革试验区，现代装备制造、新材料、节能环保和信息产业基地，国家新型综合能源基地，世界煤基科技创新成果转化基地，中西部现代物流中心，富有特色和魅力的文化旅游强省，内陆地区对外开放高地，综合竞争力、人民生活水平和可持续发展能力明显提升；再经过一段时间的持续奋斗，使山西整体发展水平在我国中西部地区位次前移，在全国大局中发挥重要影响。

（四）“三大目标”定位

2017年山西GDP增长7%，是2014年以来首次步入合理区间。由“疲”转“兴”，重若千钧的四个字，正是党中央对山西省委领导班子重大调整以来，3600万山西人民坚持以习近平新时代中国特色社会主义思想为指引，贯彻落实党中央对山西工作的指示精神，改革创新、攻坚克难，奋力书写的一份来之不易的山西答卷。

2017年，省委经济工作会议强调：2018年要全面推动山西经济高质量发展。这既是深入贯彻落实党的十九大精神、中央经济工作会议精神，以及习近平总书记视察山西重要讲话精神的必然要求，也是山西继续深入推进供给侧结构性改革、大力推进转型综改试验区建设，以及建设“示范区”“排头兵”“新高地”目标的必然要求，更是新常态下山西建设现代化经济体系、深入实施新旧动能转换，以及加大改革开放力度、促进经济社会持续健康发展的必然要求。结合山西实际，建设“示范区”，要把构建现代产业体系作为主攻方向；打造“排头兵”，要不断深化能源供给侧结构性改革，从根本上提高能源供给体系质量，下大力气深化能源体制改革，并同步推动能源消费、技术革命和对外合作；构建“新高地”，要进一步确立开放的观念、目标和举措，打造制度建设、营商环境和服务创新高地。

在解决山西发展重大问题的过程中，省委形成了富有时代精神的工作思路和重大举措，有力地推动了山西转型发展的实践进程。其一是全面贯彻党的基本路线、狠抓发展第一要务，准确把握山西经济工作的方向、主线和目标，对转型发展的宏观指导发生了重要积极变化；其二是坚持以改革促转型，正确处理煤与非煤的关系，构筑新体制政策“四梁八柱”，推动转型发展的制度建设发生了重要积极变化；其三是坚持把全面构建良好政治生态体现到推动转型发展上，不断营造风清气正的干事氛围和创业环境，对转型发展的政治保障发生了重要积极变化。这三条在实践中形成并经过实践检验的基本经验，不仅是山西转型发展的经验，也是山西政治、经济和社会发展的全方位经验。

建设资源型经济转型发展示范区、打造能源革命排头兵、构建内陆地区对外开放新高地，是新时代党中央对山西在全国发展格局中的战略定位和赋予的全新使命。以“三大目标”为引领，山西正以昂扬的姿态阔步迈上高质量发展的新征程。

二 主要特征

此阶段，山西经济由断崖式下滑，到稳步向好，再到由“疲”转“兴”，走过了很不平凡的路程。省委、省政府坚定不移贯彻落实以习近平同志为核心的党中央对山西工作的指示精神，把握了正确方向，抓住了主要矛盾，采取了一系列超常规措施，推动山西经济实现了重大转折，彻底扭转了几近谷底、前景不明的被动局面，推动山西资源型经济转型开始步入良性轨道。山西省区域发展战略也更加强调通过深化大范围、跨区域的经济合作和协同发展，打破阻碍产品和要素自由流动的行政壁垒，不断完善区域分工、优化空间布局、增进优势互补，从而提高资源配置效率，释放经济发展的潜力。加强区域合作、形成发展合力、打造新兴增长极，不断拓展新的开放领域和开放空间成为山西省区域发展的新趋势。

在此阶段，党的十八大召开，选举产生了党的新一届领导核心。在党中央的坚强领导下，我国不仅有效应对了复杂的国际政治经济环境的风云变幻，更在相当不利的条件下取得了经济的中高速平稳增长。党的十八届三中全会所做出的《中共中央关于全面深化改革若干问题的决定》非常明确地提出：第一，改革不再拘泥于经济体制改革领域，而是涵盖社会、政治、文化以及生态文明的“五位一体”的全面的改革。党的十九大报告指出：“经过长期努力，中国特色社会主义进入了新时代，这是我国发展新的历史方位。”党的十九大做出了中国特色社会主义进入新时代的重大判断。山西省正以习近平新时代中国特色社会主义经济思想为指引，充分肯定山西省发展由“疲”转“兴”的重大转折和宝贵经验，坚定不移在转型发展之路上阔步前行。

站在新的历史起点上，山西省将更加紧密地团结在以习近平同志为核心的党中央周围，坚持以习近平新时代中国特色社会主义思想为指引，继续深入贯彻落实习总书记视察山西重要讲话精神，锐意进取、埋头苦干，为实现党的十九大确定的目标任务不懈奋斗，谱写新时代中国特色社会主义的山西篇章。

第二章　改革开放 40 年山西经济增长波动分析

改革开放 40 年，我国经历了持续经济高速增长期，1978~2017 年国内生产总值年均增长 9.50%。在全国经济稳定增长的大环境下，山西经济也实现了高速增长，1978~2017 年，山西生产总值年均增长 9.60%。但是在经济高速增长的同时，山西经济运行呈现出了资源型经济增长大幅波动的突出特征。特别是在 2008 年金融危机后，全国经济进入增速放缓的“新常态”下，山西经济经历了大起大落、由“疲”转“兴”的艰难复苏过程。当前，正值改革开放 40 年的历史节点，全省上下以习近平新时代中国特色社会主义思想为指引，深入学习贯彻落实党的十九大精神和习近平总书记视察山西重要讲话精神，按照高质量发展的根本要求，坚持把深化供给侧结构性改革与深化资源型经济转型综合配套改革相结合，大力实施创新驱动、转型升级战略，全省经济结构调整有序推进，供给侧结构性改革继续深化，新动能、新亮点不断涌现，质量效益继续提升，民生保障持续改善，高质量转型发展迈出坚实步伐，决胜全面小康社会取得显著进展。

第一节　经济增长波动研究的理论基础

山西经济增长和波动是全国宏观总量经济波动的局部体现，同时反映了山西资源型经济增长波动的特征。应用经济增长周期波动的理论和研究方法可以具体分析山西省改革开放 40 年经济增长波动变化的特征和原因，对山西经济增长波动内在机理的研究，预测和把握山西未来经济增长波动状况，制定稳定性宏观调控政策都具有重要的理论意义和现实意义。

一　经济增长和经济波动

宏观经济学的研究主题即长期经济增长和中短期经济周期性波动。经济增长主要研究经济发展的长期动力源泉，推进供给侧结构性改革，就是解决经济增长的长期动力问题；经济增长的周期性波动更为关注短期经济形势，主要研究经济波动规律、原因及相关政策调控，以稳定经济增长。

经济波动是指经济变量或指标在经济活动中沿着长期趋势水平的偏离运动过程，在这一运动过程中交替出现扩张与收缩、繁荣与萧条、高涨与衰退现象。经济波动的原因受多方因素影响，表现为偏离均衡状态但围绕均衡水平上下震荡的一种形态。按照经济波动形态是否具有一定规律性可分为周期性和非周期性的波动。经济波动可分解为长期趋势、周期波动、季节波动和随机波动四种。长期趋势代表经济指标或经济变量在一定时间内的基本趋势和发展水平；周期波动指经济指标或经济变量围绕长期趋势上下波动并周而复始往复运动的过程，一个周期波动一般经历高峰、下行阶段、谷底、上行阶段；季节波动指经济指标随着季节交替而发生相应的改变；随机波动也称不规则波动，是由随机方式或偶然因素引起的冲击波动，这些因素具有不规律性、偶发性特点，但其出现会对经济运行产生强烈的冲击，如政治局势、战争、自然灾害等。

经济波动又常常呈现出周期性的波动特征。经济周期是经济变量或指标在经济运行过程中其某种特征反复出现的时间间隔。一个完整经济周期包括经济繁荣、经济收缩、经济萧条和经济扩张几个阶段，但周期表现仅是一种循环，并不具有严格的周期规律。也就是说，经济周期特点一是围绕长期趋势有规律地扩张和收缩，二是周期活动反复出现，但周期波动特征具有随机性和不规则性，其发生的时间和周期持续时长难以预期。经济学家按照经济周期持续的时间长短将经济周期划分为基钦周期、朱格拉周期、库兹涅茨周期与康德拉基耶夫周期，这一周期类型的划分仅是理论上的，实践中并没有得到多少验证。经济周期波动的原因有经济内在力量、随机冲击、货币政策结果、内部结构和外部冲击共同作用等，总的来说，经济的周期性波动是多方因素共同作用的结果，既有内在传导机制的作用也有外部冲击的多重影响。

二 经济波动机理分析

关于经济周期波动的机理及原因国内外经济学家或是从总需求、总供给角度分析，或是从内生与外部冲击研究，代表性理论有纯货币经济周期理论、消费不足论、投资过度论、创新理论、真实商业周期理论和外部冲击理论。

1929~1933 年，资本主义世界经济危机引发了经济学家对经济不稳定问题的普遍重视，在这个研究高潮中，凯恩斯的理论是先导，凯恩斯认为由于边际消费倾向小于 1，所以出现消费不足是必然的，此时只要投资需求能够弥补这个缺口，经济就能保持稳定，然而，决定投资的因素——资本边际效率（投资者对未来收益的预期）具有不稳定性，所以经济危机往往爆发于“资本边际效率的突然崩溃”，而经济危机的周期性正是源于资本边际效率的周期性变化。同时，凯恩斯还发展了乘数机制用于解释经济的积累性波动，并指出经济周期持续的时间与固定资产更新和存货消耗的时间相关。

20 世纪 60 年代，许多经济学家致力于凯恩斯经济周期理论的动态化。这一时期的理论基本上都是用“乘数—加速数”原理解释经济周期的。20 世纪 80 年代起，新凯恩斯主义根据市场不完全竞争、不完善市场、异质劳动和信息不对称等产生的合作失败和宏观经济外部性，重新得到了实际产量经常波动、波动具有非均衡性质、名义总需求冲击可以造成非均衡实际产量波动和政府应对经济进行一定程度干预的结论。20 世纪 70 年代，西方经济学领域内逐渐形成了几个新的派别，在分析方法和假设前提下表现出向凯恩斯主义以前经济学的回归。这些学派认为经济周期波动不可能完全是内生的，技术创新、世界市场价格波动、预期和偏好的变动以及宏观调控政策等外生因素都可能对经济造成冲击。

三 经济波动主要研究成果

关于经济波动的特征、原因及逆周期政策调节等方面国内外学者进行了详尽的研究，西方经济学对于经济周期的代表性理论有纯货币经济周期理论、消费不足论、投资过度论和创新理论及现代凯恩斯主义的周期理论。理论界开始关注和研究我国经济增长中的波动和周期问题，始于 20 世纪 80 年代，至今已经有很大发展。学者们对比改革开放前后我国经济增长的数据，发现我国经济波动的特点由“大起大落”型转为“高位—平缓”型；20 世纪 90 年代，中国经济增长的波动幅度逐步减弱，经济长波态势逐渐明显，主要是改革开放以来我国宏观经济稳定政策的出现以及财政和金融体制改革不断深化所带来的宏观经济稳定政策的制度基础、作用机制和作用工具的逐步完善；2000 年之后学界对我国经济周期的运行特点及拐点识别进行深入研究，并成功识别出经济周期拐点，研究发现我国 GDP 增长率 9.6% 是扩张与收缩的临界点。总之，国内外理论界围绕经济波动的特征、周期、机理都做了深入研究。改革开放以来，我国宏观经济运行机制发生了重大变化，山西经济波动从外部特征、影响因素到形成机制等也呈现出不同的阶段性特征。分析山西经济增长特征、借鉴经济波动理论已有研究成果，探究改革开放 40 年山西经济增长波动的阶段性特点及其形成机制，对于预测和把握山西未来经济增长波动状况、熨平经济增长大起大落都具有重大意义。

第二节　改革开放40年山西经济波动特征

经济增长是一个连续变化过程，但并不是一个稳定的变化过程，总是伴随着经济扩张、收缩、再扩张、再收缩反复循环的过程。综观工业革命以来世界各国（地区）增长史，经济增长有快有慢，有起有落，呈现不同的增长速度和路径，但没有一个国家（地区）可以永续保持高速增长，经济起飞后的高速增长终究是一种阶段性现象，长期来看经济增长总是在波动中曲折上升。改革开放以来，全国经济经历高速增长，也经历过大起大落周期性波动，不仅存在全国性经济增长波动的现象，还存在地方性经济增长波动现象。前者是后者的集中表现，而后者又受到前者的强烈影响。山西省作为中国能源重化工基地，其区域经济发展一直备受外部经济的影响，呈现出典型的资源型经济增长特征，即经济高速增长下的大起大落，经济波动周期性特征明显。

一　经济增长呈周期性波动，大约10年一周期

以 GDP 的环比增长率为研究经济波动的指标，寻找经济增长的波峰和波谷来研究波动规律，方法简单明了，称为直接法。从波谷—波谷的周期看，改革开放以来山西经济增长明显地表现为四个周期：1981~1991 年为第一轮周期，1991~1999 年为第二轮周期，1999~2009 年为第三轮周期，2009~2015 年为第四轮周期的收缩阶段，2016 年至今为第四轮周期的复苏阶段（见图 2–1）。

1981~1991 年为第一轮周期：1981 年经济增长处于周期的波谷，谷值为 0.8%；1984 年达到周期的波峰，峰值为 21.6%，是改革开放以来经济增长率的最大值；1991 年回落到周期的波谷，谷值为 4.2%。

1991~1999 年为第二轮周期：这轮周期从 1991 年经济增长处于波谷开

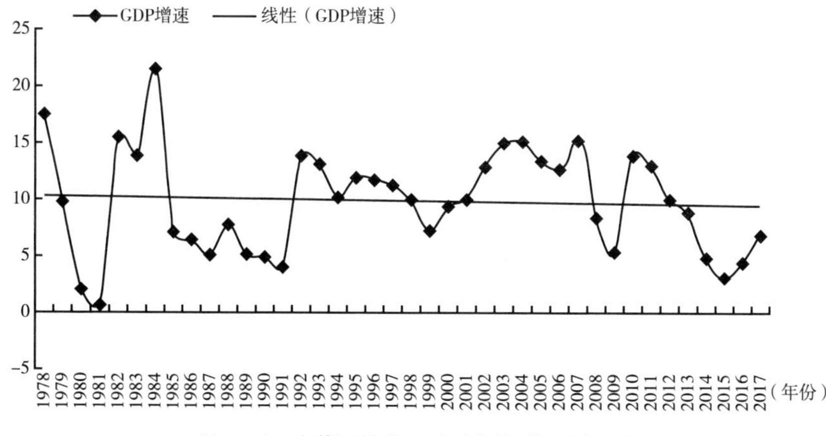

图 2-1 改革开放以来山西经济增速及趋势

始，1992 年达到周期的波峰，峰值为 13.8%；1999 年回落到周期的波谷，谷值为 7.3%。

1999~2009 年进入第三轮周期，这轮周期从 1999 年经济增长处于波谷开始，2007 年达到周期的波峰，峰值为 15.2%，是改革开放以来经济增长率的次最大值；2008 年回落到 8.3%，回落的幅度十分明显，受金融危机的冲击，2009 年山西 GDP 增长 5.4%，到达本轮周期底部。

2009 年至今进入第四轮周期，2010 年为 13.9%，2015 年降至 3.1%，2016 年、2017 年开始由“疲”转“兴”，经济增速稳步回升，分别为 4.5% 和 7.1%。

二 经济增长呈阶段性上升，经济运行高度依赖外部市场

山西经济增长潜力呈现逐期加快的趋向：1981~1991 年（即第一个经济周期）GDP 年均增长 8.5%，同期潜在增长率为 9.1%，经济增速低于潜在增长率；1991~1999 年（即第二个经济周期）年均增速 10.4%，同期潜在增长率为 10%；1999~2009 年（即第三个经济周期）年均增速为 11.1%，同期潜在增长率为 11.7%；2009 年至今（即第四个经济周期），经济潜在增长率下降为 7%~9%，经济运行低于潜在增长率，2017 年经济由“疲”转“兴”，经济运

行开始步入合理增长阶段。改革开放以来，山西经济连续五年以上两位数高速增长的时期有两个，第一个是1992~1997年，其间年均增长12.0%，第二个是2001~2007年，其间年均增长13.1%，比起第一个高速增长周期，第二个经济高速增长期增长周期长，且增速快。

当前阶段，山西经济正处于异常波动增长下的困难时期。改革开放以来，山西省经济呈现周期性波动增长态势，在经历了新世纪“黄金十年”的高速增长阶段后，2012年以来，面对复杂的国内外发展环境，工业品价格持续走低，全省经济开始振荡下行，之后则出现了断崖式下滑。2012~2015年全省经济增速分别为10.2%、9.0%、4.9%、3.0%，全省GDP总量的扩张速度持续放缓，年度增量分别为889.57亿元、564.39亿元、98.09亿元、-11.54亿元，呈逐年缩小趋势直至出现“萎缩”现象，经济领域的深层次矛盾和问题爆发，山西经济步入改革开放以来最困难时期。经济运行的深度调整主要源于外部冲击下山西经济复苏稳定性差，外部市场对全省经济影响很大。2016年，经过全省上下的共同努力，数年来经济增长持续下行的态势得以扭转，全年GDP增长4.5%；2017年，全省GDP增速延续了2016年下半年以来逐季回升的发展态势，全年增长7.0%；2018年全省经济起步较好，一季度全省GDP同比增长6.2%，1~5月全省工业生产明显提速，先行指标全面加速，财政收入高位增长，经济运行总体平稳。但是，全省经济增长主要得益于市场供求关系改善、主导产品价格大幅上涨的结果。从另一方面看，全省消费增速回落，投资增速下降局面仍在加深，经济增长动力和潜力依然不足，经济情况改善仅是源于外部市场环境发生有利变化。长期来看，依赖外部市场变化不能支撑经济稳定复苏增长，只有加快发展方式转变，增强经济抗风险能力，才能实现经济持续稳定增长。

三 经济增长率波动幅度明显大于全国，呈现大起大落态势

1978~2017年，全国GDP年均增长9.50%。同期，山西GDP年均增长

9.60%。从图 2–2 可以直观地看到山西 GDP 增长率波动幅度明显大于全国平均水平。改革开放以来，山西经济增长率的跨越幅度达 20.8 个百分点，全国只有 11.4 个百分点；山西经济增长的波动幅度（样本标准差为 4.64）大于全国经济的波动幅度（样本标准差 2.74）；山西经济波动系数为 0.45，也远远高于全国经济波动系数 0.28。在四轮周期性波动中，山西的波动幅度均大于全国，经济的不稳定性明显高于全国平均水平。2008 年金融危机以来，山西经济运行态势异于全国平均水平。全国经济呈现 L 形增长态势，经济增速由高速向中高速转变并实现平稳过渡；山西省经济呈现了大起大落的 W 形增长态势。经济增长的大起大落容易引发经济社会风险，特别是经济衰退期，政府控制风险的回旋余地较小，宏观管理难度较大，使得经济增长的实绩大打折扣。

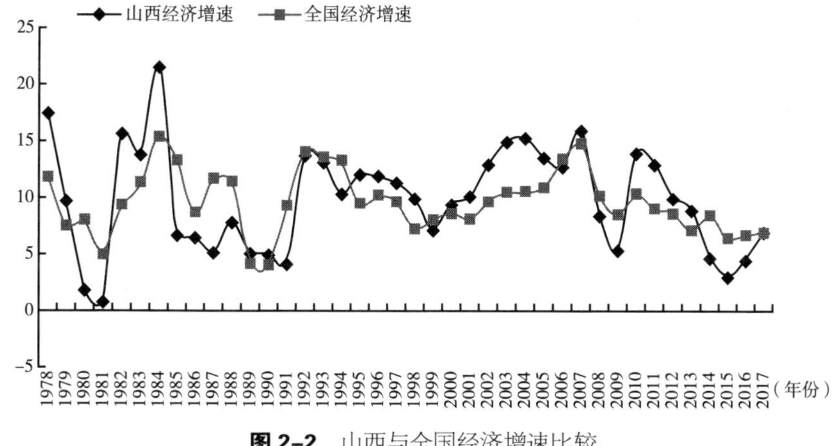

图 2–2　山西与全国经济增速比较

四　山西资源型经济波动特征彰显

改革开放以来，山西一直作为全国能源原材料基地，在全国各省中具有相对独特的省情。与全国及东南地区相比，山西经济波动在总趋势、总规律基本一致的前提下，呈现自身区域性特征：一是山西经济的波动强度明显大于全国和东南地区。二是山西经济波动的扩张期明显短于衰退期。全国和东南地区经济处于扩张阶段（即经济增长速度由低走高的阶段）的比重均超过50%，而山西这一比重不到40%。三是山西经济进入增长型波动阶段的时间明显滞后于东南地区。山西作为能源原材料基地，在经济运行中大起大落，异于全国平均水平。在能源原材料工业主导的重型产业结构下，一个或几个主要产业的波动就容易造成整个经济运行的大起大落。相对山东、河北等产业相对均衡的省份，山西抗御经济波动副作用的能力要弱，经济周期特别是衰退期出现的经济、社会、生态等方面的问题突出，政府在控制风险方面的回旋余地比较小。

第三节　山西经济增长大幅波动原因分析

在全国经济增长由高速到中高速转变的经济新常态下，山西经济是高度依赖区域外部经济的资源型经济，产业结构刚性，市场体制不健全和市场主体缺乏，应变市场风险能力差，始于2008年的金融危机给山西经济带来重创，随着刺激计划的政策效应，前两年存货投资的大幅增长，导致2013年、2014年的去库存化过程中，煤炭价格大幅下滑，山西经济又遭遇了金融危机后的新低。2016~2018年，在积极推进供给侧结构性改革，实施“三去一降一补”，全面深化资源型经济转型综改试验区建设，经济结构调整有序推进，经济运行质量效益提升，全省经济运行步入了合理增长区间。

一　市场体制发育不健全

山西能源重化工基地的战略定位为国家工业经济发展做出了巨大贡献，但是由此也导致了资源型产业结构及其结构失衡，进而导致经济长期置于国家的计划管控之下，资源要素市场化改革和市场经济体制建立滞后，煤炭、电力长期市场价、计划价冲突，煤炭成为计划经济的“最后堡垒”。

资源要素大规模向煤炭、电力、冶金、焦化等传统产业配置，对人力资本、技术进步等创新性要素造成挤出效应。在要素配置中公平竞争的市场体系还未形成，存在市场准入机会不均等现象，民营企业难以同国有经济依法同等使用生产要素、公平参与市场竞争。要素市场化程度远远低于商品市场化程度，尤其是矿产、土地、水资源等主要资源仍主要采取非市场化方式配置。以煤炭为代表的矿产资源一级市场“招、拍、挂”改革进展缓慢，矿业权交易二级市场有待建立，矿业权评估体系不健全，煤炭资源有偿取得方式未实现市场化，未能通过市场机制体现资源稀缺性；土地市场不健全，城乡之间发展不平衡，特别是农村集体建设用地基本被排斥在土地市场之外；水资源初始权确权及水市场交易模式未开展有效探索，水市场监管、交易规则和市场化运作、企业化管理的供水机制都有待建立；矿产资源、水资源等主要要素资源的市场化价格形成机制未建立，现行价格很大程度仍由政府确定，体现资源稀缺程度、外部成本内部化、市场主体充分竞争的价格形成机制不能建立。要素资源不能更大范围优化配置，影响资源使用效率和经济社会的更好发展。

二　技术创新滞后

长期以来山西形成了物质资源大量消耗的粗放式经济增长方式，不仅导致能源经济效益低，能耗压力大，全省环境污染严重，而且对煤炭资源的过度依赖导致自主创新能力不足，体制、机制落后。新常态下，依靠低要素成本驱动的增长模式已不可为继，山西经济发展必须依靠技术创新、战略创新和管理创新，依靠人力资本的培育和开发，实现由资源驱动向创新驱动的根本转变。创新势必要求政府创造良好的制度环境，形成有效的创新机制，以实现经济增长动力的转变。

三 总需求不足，投资效益低下

从投资看，全社会固定资产投资大大高于固定资本形成总额，有些地区甚至超过了 GDP，一方面是统计口径的问题，另一方面显示大规模高速持续的固定资产投资并未形成有效的固定资本。2003~2013 年，固定资本形成总额的平均弹性为 0.72，即增加 1 单位的投资，GDP 增加 0.72 个单位。

从全省货物与服务的净出口看，很大程度上向下拉动了山西经济。近十几年来，山西货物与服务的净出口（此处指货物与服务的净流出，即山西区域的贸易结构，并不是海关进出口总额）一直为负值，且持续扩大，尤其是近几年，货物与服务的净出口负值由 2002 年的 –61.1 亿元扩大到 2013 年的 –2749.51 亿元，扩大 45 倍，对 GDP 的贡献为负。从最终消费看，消费的贡献一般为 35%~45%。由于山西市场经济不发达、民营企业发展不足、居民消费品生产不足，导致区域贸易结构的净流入。

四 市场主体发育不足

山西省大型民企中以煤焦电冶等传统产业为主的企业较多，转型方向多以传统产业延伸产业链为主，发展动能转换明显不足。其他的民营企业大多数是中小微企业，量大面广，所处产业层次较低，拥有发明专利比例较小，创新驱动缺乏技术支持。并且随着“互联网 +”的迅猛发展，新的商业模式对传统民营企业的生存发展带来颠覆性挑战。成本高、负担重仍然是企业发展的主要障碍。融资难、融资贵问题降低了民营经济投资规模。山西省民营企业长期依赖间接融资，银行对民营中小企业的实际贷款利率会根据贷款企业所处行业、规模等特点，在基准利率上上浮 20%~30% 甚至更高，“以贷转存”“存贷挂钩”等现象仍然存在。民营企业负债率、杠杆率较高，企业扩大投资缺乏金融资本支持，投资规模出现了下降的趋势。此外，全省民营企业参与直接融资（上市或新三板）的强度不高，整体融资形势处于较低的水平。大量中小企业的发展尤其是大中型民营企业的培育壮大是扭转山西市场结构的关键。

五　政府和市场关系错位

经济体制改革是全面深化改革的重点，其核心问题是处理政府和市场的关系，政府“越位”与“缺位”、“乱作为”与“不作为”现象依然存在，无效干预、过度干预以及决策失当，对资源配置产生负面影响。山西虽然在逐步推进行政审批制度改革，但行政审批、行政许可的事项仍很多；对审批条件、审批程序、审批时限等机制需进一步明确规范，服务机制、行政流程、监督问责机制有待进一步建立健全。在更大范围、更大程度上发挥市场在资源配置中的决定作用，营商环境问题仍然需要进一步破解才能全面激发市场活力。

第四节　缓解山西经济增长大幅波动的建议

山西经济保持健康稳定增长必须积极践行新理念、新思路、新战略，加快转变经济发展方式，深化结构调整，建立优质、均衡、协调的现代产业体系，减少资源型产业占比来降低山西经济对外部需求市场的依赖，加快培育新兴产业和新业态，提升现代服务业占比来降低山西对外部供给市场的依赖，完善市场体制建设，加强省级宏观政策调控，才能使山西经济走出资源型经济的路径依赖，实现全省经济稳定健康可持续发展。

一　深化产业结构调整

深化结构调整，建立优质、均衡、协调的现代产业体系，加快推动传统产业转型升级，积极培育新兴产业和新业态，促进服务业的特色化、精细化发展，才能使山西经济走出资源型单一产业结构，实现稳定、健康、持续的经济增长。

（一）推动能源产业转型升级

顺应能源革命、煤炭革命的大趋势，以煤炭管理体制改革为核心，以煤电化、煤焦化一体化发展为路径，促进煤炭由燃料向原料与燃料并举转变，推动煤炭生产利用方式变革，加快电力体制改革，加大煤电一体化建设，打造煤炭工业的升级版。完善产业结构调整和转型升级指导意见，提高资源型企业进入门槛和完善退出机制。

（二）加快制造业优化升级

应立足自身实际和基础条件，瞄准世界科技前沿领域和顶级水平，加快推进一批重大科技创新工程和产业技术项目，打造一批国内领先的信息技术、高端装备制造、新能源、新材料、生物技术等高科技产业集群，抢占产业发展制高点。加快推动新一代信息技术与制造技术融合发展，把智能制造作为主攻方向，建立智能制造产业联盟，促进工业互联网、云计算、大数据在全产业链的综合集成应用。深化互联网在制造领域的应用，发展基于互联网的个性化定制、众包设计、云制造等新型制造模式。同时，加快传统产业转型升级，鼓励企业推进技术改造和商业模式创新，更好地适应和引领消费者需求。

（三）培育新产业和新业态

依托新技术的新模式、新业态，有可能在短时间内改变产业的生命周期，甚至让整个产业重新洗牌。推动供给侧结构性改革，应当积极培育新技术、新业态、新模式，营造大众创业、万众创新的宽松环境，进一步激发创新活力。要聚焦平台经济、分享经济、大数据、云计算、物联网等领域，积极培育具有竞争力的新兴产业。

（四）促进服务业特色化、精细化、高端化

以模式创新和业态创新为核心，突出能源服务业、文化旅游业为主导的山西特色牌。依托山西省能源资源优势和产业基础，推动能源生产性服务业向专业化和价值链高端延伸，引导省属国有企业提升服务业分工深度，强化市场营销和品牌服务，变能源生产基地为能源服务中心，推动现代物流、现代金融、节能环保服务业快速发展。以发展全域旅游为战略要求，以推进旅游供给侧结构性改革为主线，深化文旅融合，实施大项目建设、大企业运作、大活动引爆，着力锻造黄河、长城、太行三大旅游新品牌，加快构建山西文化旅游发展大格局升级版，建成国家全域旅游示范区，打造国内一流、国际知名的旅游目的地，加快把文化旅游业培育成战略性支柱产业，把山西建设成为富有特色和魅力的文化旅游强省。加快“互联网+”、物联网等信息技术在服务业的普及和应用。促进生活性服务业向精细化和高品质转变。鼓励各类市场主体创新服务模式，针对各类主体的需求提供细分领域服务，提高服务品质和竞争力。

（五）推进农业供给侧改革

农业发展要有新思维。一是要坚持消费导向，创新农产品供给，充分考虑市场需求，调整优化农业生产结构和产品结构，加强农产品供给调节，增强农产品供给结构的适应性和灵活性，为消费者提供更丰富、更优质、更适销对路的产品。围绕满足居民对生活、健康养生、休闲等产品的多样性消费需求，加强农产品基地规模化建设和示范推广，保障米袋子、菜篮子等大宗农产品供应。突出特色产业发展，大力推进特色杂粮、干鲜果和道地中药材等健康养生农产品开发，增强特色农产品的市场竞争力，推动山西农产品向山西品牌农产品转变；挖掘农耕文化、农业生态景观价值，培育休闲农业产品，促进第一、二、三产业融合发展。要积极培育家庭农场、农民合作社等新型农业经营主体，发展多种形式的适度规模经营，大幅提高农业

劳动生产率。加强产地环境保护和源头治理，鼓励创建优质农产品品牌，提高农产品供给质量。

二　推动开发区成为全省经济发展重要增长极

要更好发挥各类产业园区、开发区的产业集聚和溢出效应，使其成为山西省经济发展的重要增长极。一方面，推动园区产业由制造业为主向制造业和服务业融合转变，依托制造业基础，加快推进研发设计、金融保险、现代物流等生产性服务业发展，充分发挥生产性服务业对制造业发展的引领、支撑、带动作用，让产业园区成为推动制造业向服务型制造转变的主体；另一方面，推动园区功能由生产功能向生产、生活、生态“三生协调”功能转变，加强园区基础设施建设和服务功能完善，努力把产业园区建设成为现代化城市功能区。建设省级工业园区公共服务平台，完善工业园区产值、环保等信息统计管理制度；研究提出工业园区转型升级实施意见，加强对工业园区产业发展规划论证和指导，明确省、市、县工业园区产业定位和发展重点；制定工业园区管理办法，按照“小机构、大服务”完善管理机制，理顺和完善管理体制，建立省、市、县分级考核和“优进劣退”机制；积极探索工业园区发展模式，引入社会资本参与园区建设，形成“政府推动、企业主体、市场运作、互利多赢”的开发模式。

三　加快推动民营企业发展

支持符合条件的民营企业通过上市、各类股权投资基金参股、发行债券等多种渠道直接融资；定期组织民企和金融机构开展洽谈会，深化合作；支持金融机构开展业务创新，推动完善融资担保体系；完善企业信用信息征信机制和评价体系，强化信用建设，为企业信用融资创造条件。加强科技服务平台建设，鼓励政府社会资本合作成立科技创新基金，进一步营造科技创新社会氛围；开展送科技进园区、进企业、进商会服务；平等支持民营企业建立研发机构，开展新产品研发和技术攻关，对科技创新做出贡献的民营企业研发机构和人员，按规定给予与国企同等资金支持。

开展弘扬优秀企业家精神活动，努力构建“亲”“清”新型政商关系。要广为宣传优秀企业家精神，特别是要大力弘扬习总书记提出的“诚实守信、开拓进取、和衷共济、务实经营、经世济民”的“晋商精神”，努力构建“亲”“清”新型政商关系。落实全国工商联践行“亲”“清”新型政商关系的实施意见，进一步健全政企沟通机制，畅通企业家反映问题渠道，建立健全解决企业家诉求长效机制，促进形成“亲”“清”新型政商关系的制度性安排。

四 健全省级经济调节体系，熨平经济增长大幅波动

落实国家宏观调控政策，建立省级经济调节体系，熨平经济周期性波动。一是保持持续稳定较快的经济增长。尽量减小经济波动振幅，尽量延长经济的扩张期，缩短经济的衰退期。二是实行弹性的政府投资和政府采购政策。在经济波动的不同阶段，相机实行弹性的政府投资和政府采购政策，从短期看能调整省内经济需求，从长期看能改善公共产品供给。三是抑制对省外贸易逆差的扩大。采取有效措施适当控制市场需求的外流，使宝贵的市场资源多留一些，成为拉动省内经济增长和新型产业发展的强劲动力。四是密切监控和合理控制主要产品的价格。山西的区域经济利益，主要是通过煤炭、焦炭、钢铁、铝镁等主要产品的价格来调整的。价格调节，主要是通过对省内优势产品的总量控制来引导市场价格；继续推进资源管理体制改革，建立资源价格的全成本机制。注意 CPI 和 PPI 的关系，保持两者的合理调整和联动，以避免出现“价值双向流失”作为价格调控的重要目标。五是确保省内煤电油运适度超前发展。山西经济运行大起大落的特点比较鲜明，容易受经济运行基本条件的“瓶颈”制约。这就要求我们必须推动煤电油运适度超前发展，提供一个能容纳经济高涨期需要的运行基本条件。与国家宏观调控一样，省

级经济调节主要采取经济、法律和必要的行政手段。结合山西实际，可供使用的具体调节手段和政策工具有年度发展计划，政府投资，省级财政收支，价格和价格调控基金，地方金融政策，各类经济政策，地方性法规和规章，行政手段。

第二章　改革开放40年山西产业结构调整的实践与探索

改革开放40年来，山西经济社会发展取得了长足的进步，全省经济发展方式同全国一道，也经历了一个由重速度、粗放型向重质量、集约型的转变。长期以来，作为我国重要的能源和原材料资源富集区，山西为国家能源安全和现代化建设做出了突出贡献。据不完全统计，自新中国成立以来到2016年末，山西共生产原煤约174亿吨，改革开放以来，全省原煤产量达163.22亿吨，① 外调量约80亿吨，煤炭总产量和外调量分别约占全国的1/4和80%。山西为全国经济发展，尤其是改革开放以来我国经济的高速增长提供了重要的能源支撑。

山西是我国最为典型的资源型省份，受资源禀赋和国家战略的影响，全省围绕煤炭资源形成了煤、焦、冶、电等传统资源型产业为主的产业结构。多年来，这一单一化、重型化、刚性化的产业结构逐渐固化并不断自我强化，全省经济和社会发展对以煤炭为代表的资源型产业也愈加倚重，资源型地区的可持续发展受到严重挑战。为破除"资源诅咒"，推动经济稳定、健康和可持续发展，山西曾多次尝试转变和优化产业结构，推动资源型经济转型，取得了一定成效，但仍存在较多问题。山西获批国家资源型经济转型综合配套改革试验区，为全省产业结构转型注入了"强心剂"，尤其是

① 新中国成立及改革开放以来山西煤炭产量数据根据牛仁亮主编《辉煌山西60年》（中国统计出版社，2009年9月第1版，第284页），结合山西统计年鉴数据整理计算。

“十八大”以来，全省产业结构调整取得显著成效，尤其“示范区”“排头兵”“新高地”三大目标的确立，表明山西开始坚定地迈向转型发展、创新发展、可持续发展之路。

第一节 改革开放40年山西产业结构演变概况

40 年来，山西产业结构发生了显著变化，表现在三次产业[①]比例变化、轻重工业对比变化、资源型与非资源型产业对比变化等多个方面。

一 三次产业对比变化情况

从三次产业占 GDP 的比重来看，改革开放 40 年总体趋势（见图 3-1、图 3-2）是：第一产业比重逐步下降，第三产业（服务业）的比重逐步上升，第二产业（工业和建筑业）比重大体围绕 50% 波动，大多年份在 40%~60%。在改革开放之初的 1978 年，全省三次产业比例为 20.7∶58.5∶20.8，第一产业和第三产业占 GDP 的比重相当，均略超 1/5，第二产业比重接近 60%。经过 40 年的变化，到 2016 年，第一产业比重下降至 6%，第三产业大幅上升至 55.7%，全省三次产业结构比例变为 6∶38.3∶55.7。

具体看，第一产业比重的总体下降经历了四个阶梯式下降平台，形成三个显著的下降节点，分别是 1991 年、1999 年和 2005 年。1978~1990 年，第一产业占比呈缓慢下降趋势，这是第一个下降平台。1991 年降幅明显，由 1990 年的 18.8 陡然降至 14.7，降幅高达 4.1 个百分点，进入第二个下降平

① 根据国家统计局公布的三次产业划分规定及《2017 年国民经济行业分类（GB/T 4754—2017）》：第一产业是指农、林、牧、渔业（不含农、林、牧、渔服务业）；第二产业是指采矿业（不含开采辅助活动），制造业（不含金属制品、机械和设备修理业），电力、热力、燃气及水生产和供应业，建筑业；第三产业即服务业，是指除第一产业、第二产业以外的其他行业。

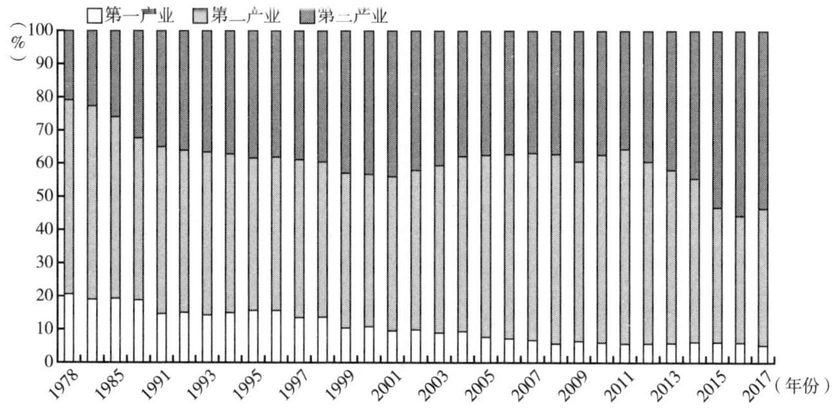

图 3-1 1978~2017 年山西省三次产业比例变化

台。1991~1998 年总体下降，虽然若干年份略有上升，但 1997 年、1998 年开始有下台阶的迹象，从 1994 年到 1996 年的占比 15% 以上开始跌落到 13.5%、13.7%；1999 年大幅下降至 10.4%，开始进入第三个下降平台，2001 年首次下降至 10% 以下。2005 年，山西省第一产业占 GDP 比重为 7.7%，较上年下降 1.7 个百分点，开始进入第四个下降平台。

在第一产业总体下降的同时，第三产业占比变化却并非呈一路上扬态势，而是受第二产业发展影响，呈此消彼长变化。改革开放以来，第三产业占比变化大体可分为三个阶段：1978~2001 年，除 1996 年小幅回落外，服务业占比逐年攀升，2001 年达到 43.9% 的阶段性高位。此后，因为第二产业尤其是煤炭产业的波动影响，第三产业占比进入为期十年的大幅震荡区间，2011 年服务业占比下降至 35.7% 的多年低点。此后，随着煤炭“黄金十年”的结束，服务业占比进入上升通道，2016 年达到 55.7% 的历史高位。

反观第二产业，其占 GDP 比重的走势总体上与第三产业相反，这主要是“一煤独大”的产业结构导致的。煤炭及其相关产业形势好的年份，第二产业占比就高，第三产业占比相应就低些。可见，全省三次产业结构的变化，除第一产业符合工业化发展规律总体下降外，第二、第三产业结构变化的主动权在于第二产业，而并非由于服务业本身的长足进步带动了其占比的提升。

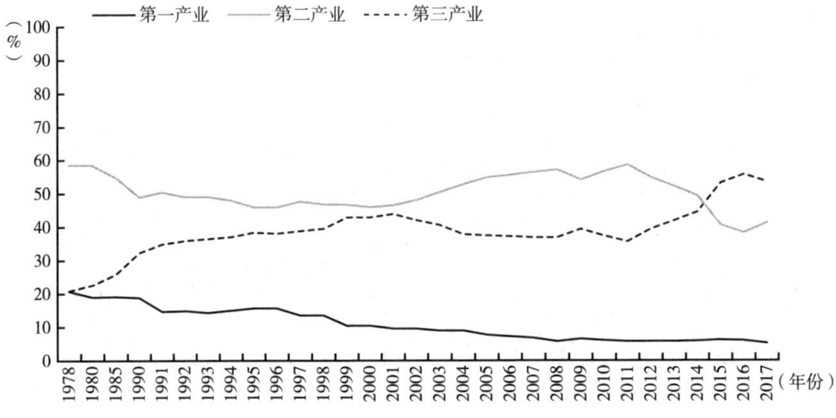

图 3-2 1978~2017 年山西省三次产业比例变化

二 轻重工业比例变化情况

轻重工业的对比关系是国民经济发展中重要的比例关系之一，毛泽东在《论十大关系》中将其列为社会主义革命和建设要处理好的十大关系之首。改革开放 40 年来，山西轻重工业对比发生巨大变化，轻工业比重总体下降，重工业比重总体上升。如图 3-3 所示，1985 年轻工业增加值占工业增加值的比

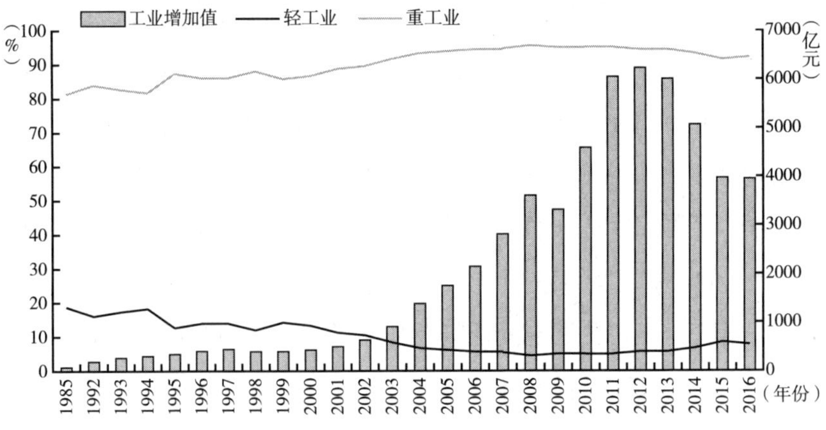

图 3-3 山西轻重工业占比及工业增加值总量变化

重为 18.73%，重工业占 81.27%。到 2016 年，轻工业占工业增加值的比重下降到 7.76%，而重工业占比超过九成，达到 92.24%。

轻重工业对比变化呈此消彼长态势。1994 年之前，轻工业占比始终在 16% 以上，而 1995 年发生较大变化，当年轻工业占比陡然下降至 12.64%，重工业上升至 87.36%。1995 年后，轻工业一蹶不振，占工业增加值比重波动下挫，到 2008 年达到最低点，占工业增加值的比重跌至 4.42%，不足 5%。此后，虽有所回升，但占比始终未超过 10%。可以说，山西轻工业的没落肇始于 20 世纪 90 年代中期，能源重化工基地建设的不断深入，对轻工业的挤出从那时起一直影响至今。

三　资源型与非资源型产业比重变化情况

改革开放以来山西产业结构的演变史，一定程度上就是煤炭产业的发展史，就是“煤焦冶电”等资源型产业的发展史。夸张一点讲，一部近现代山西经济史，半部讲的都是煤炭。煤炭及其相关资源型产业的发展壮大，一定程度上导致山西非资源型产业的没落、轻工业的没落，是山西单一化、重型化、资源化、刚性化产业结构形成并固化的根源。

从煤炭产业看（见图 3–4），1985 年，全省煤炭开采和洗选业增加值 26.32 亿元，占当年 79.89 亿元工业增加值的 32.95%，大约为 1/3。其后，该占比呈现波动状态，并未有太大提升。到 2000 年，煤炭开采和洗选业增加值虽然攀升至 116.26 亿元，但其占整个工业增加值的比重也仅为 26.92%，甚至低于 1985 年水平。但进入 21 世纪后，随着煤炭需求的逐年增长，煤炭行业迎来了发展的黄金期。全省煤炭开采和洗选业增加值从 2001 年的 140.55 亿元，一路攀升，2007 年突破 1000 亿元，2010 年和 2011 年连续突破 2000 亿和 3000 亿大关，2012 年达到最高峰的 3758.46 亿元。从煤炭开采和洗选业增加值占工业增加值比重来看，2001~2007 年温和上涨，从 2008 年开启“奔腾”上涨模式，2011 年占比达到 60.98% 的高峰后回落。

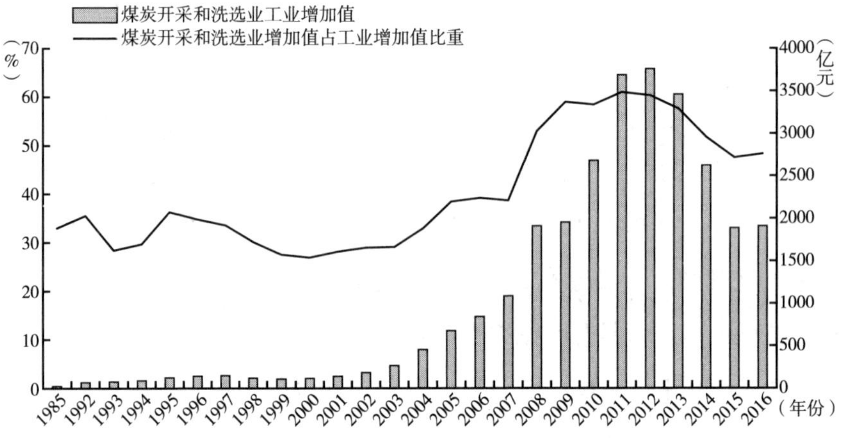

图 3–4 煤炭开采和洗选业增加值及占比变化

从更为广泛的意义上，将煤炭开采和洗选业，石油加工、炼焦及核燃料加工业，黑色金属冶炼及压延加工业，有色金属冶炼及压延加工业，电力、热力的生产和供应业五大产业合并计算，“煤焦冶电”占工业增加值的比重更为显著。如图 3–5 所示，1985 年上述五大产业工业增加值合计 43.62 亿元，占工业增加值的比重超过一半，为 54.60%，占当年全省 GDP 的 19.92%，约 1/5。到 2011 年五大行业增加值之和达到 5058.89 亿元的峰值，分别占工业增加值和全年 GDP 的 83.67% 和 45.11%。可以说，“煤焦冶电”等资源型产业

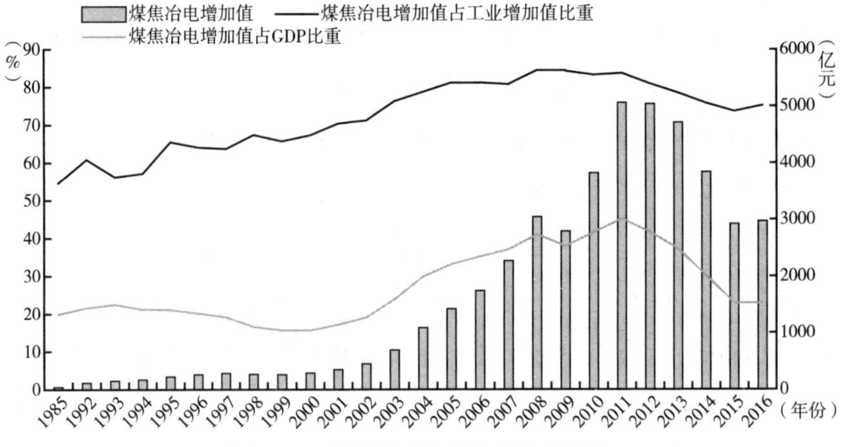

图 3–5 “煤焦冶电”增加值占比变化

实际上就是山西整个产业结构的支柱和核心，也是全省财政、就业、民生等的物质基础。山西立足资源禀赋，主动选择了将这些资源型产业发展壮大，同时，全省经济和社会发展的物质基础也同这些产业捆绑在了一起。

第二节　改革开放40年山西产业结构调整的历史脉络

改革开放以来，山西产业结构调整经历了一个由被动形成向主动转型的过程，从调整的过程和结果看也存在正调整和逆调整两种形态。总体来看，除能源重化工基地建设时期外，自 20 世纪末开始，山西产业结构调整以每五六年为一个小周期，可以大致划分为以下几个阶段。

一　单一产业结构的形成和强化（1979~1991年）

党的十一届三中全会后，随着新的历史时期的到来，制定一个新的山西经济发展规划，便成为当务之急。能源重化工基地建设战略的确立，就是适应这一新的历史时期要求的必然产物，也是基于资源禀赋和发展基础做出的必然选择。首先，山西是煤炭资源大省，已探明储量占全国的 1/3，居全国第 1 位；含煤面积达 6.2 万平方公里，占全省国土总面积的近 40%。不仅煤炭储量丰富、分布广泛，且品种全、品质优、埋藏浅、易开采。其次，新中国成立以来的项目建设和不断发展，使得山西的煤炭工业具有悠久历史和雄厚物质技术基础。再次，改革开放后国内经济快速发展，为克服能源产业这一经济发展的瓶颈，山西必须大力发展能源产业，满足国家发展需要。最后，山西具有发展化学工业和重工业的优越条件。除煤炭外，镁盐、芒硝、铝土、耐火黏土、铁矾土、石灰石、铁、铜等化工和重工业原料的赋存也极为丰富，且太原化工区是我国重点建设的东北、华北、西北三大化工区之一，化工产业基础同样雄厚。

（一）能源重化工基地战略的确立是资源型单一产业结构形成的根源

1977 年 3 月，中国共产党山西省第四次代表大会召开，中共山西省委向大会提出了在 1985 年以前，把山西建设成为“稳产高产的农业基地和农轻重协调发展的、具有山西特点的工业基地”这一奋斗目标，这其中就包含了把山西建设成为全国煤炭能源基地的初步构想。这是中共十一届三中全会后山西省委确立能源重化工基地建设战略的源头和开端，也是山西以煤炭为主的资源型单一产业结构形成的根源。

1979 年 8 月，国务院副总理薄一波在山西视察工作期间，明确提出应“尽快把山西建设成为一个强大的能源基地”的建议，其后的 9 月 19 日，山西省委、省革委向中共中央、国务院呈送了《关于把山西建设成为全国煤炭能源基地的报告》，获得批准。此后，以煤炭开发和综合利用为重点的能源基地建设目标，开始纳入山西国民经济和社会发展的总体战略规划中来。1979 年末召开的山西省五届人大二次会议，确定了把山西建成全国煤炭能源基地的发展战略。此后，省政府制定了《山西能源基地建设规划纲要（草案）》。对于山西能源重化工基地建设，中央极为重视。1981 年 11 月召开的全国人大五届四次会议通过的《政府工作报告》决定，“要把开发山西的煤炭作为重点来抓”。1982 年，国务院专门成立了“山西能源基地建设办公室”，推动山西能源基地建设。

为了贯彻执行中共中央、国务院关于“尽快把山西建成强大的能源基地”的战略决策，山西省于 1983 年 8 月正式编制完成《山西能源重化工基地建设综合规划（草案）》。同年 10 月，省政府又向国务院报送了《关于山西能源重化工基地建设综合规划的报告》。

从建设山西煤炭能源基地设想的提出，到《山西能源基地建设规划纲要（草案）》的拟订，再到《山西能源重化工基地建设综合规划（草案）》的确立，前后经历了将近六年的时间。六年中，省委、省政府通过总结历史经验和调查省情实际，认为当时山西国民经济发展的基本问题是经济结构不合理，没有能够紧紧围绕煤炭生产这个中心来安排国民经济的各种比例关系，从而导致了门类齐全却彼此脱节、比较松散的经济结构，冶金、机械和国防工业等盲目突出，应当将煤炭工业和以煤炭为中心的电力、煤化工等能源工业放在发展的突出位置上，充分发挥山西固有的资源优势，把国民经济的发展战略放在能源重化工基地建设这个中心上来。依照上述指导思想，山西省委、省政府确定了 1981~2000 年的山西经济和社会发展的战略方针和目标，将产业发展重点转移到煤炭、电力、交通运输和水资源开发利用等方面，力求尽快把山西建设成为强大的能源重化工基地。

在山西能源重化工基地建设过程中，从 20 世纪 80 年代初到 90 年代初，国家对山西投资约 1000 亿元，“六五”“七五”时期，山西集中了全国近 1/10 的重点建设项目。与此同时，山西自身也加大了对能源工业的投资力度。特别是 20 世纪 80 年代中期，省委、省政府落实中央“有水快流”的方针，放手让有煤地区的群众发展小煤矿、小煤窑，之后，社会和民间资金也大量向煤炭行业集中。

（二）以煤炭、电力为重点单一能源产业结构的形成

1979 年 12 月山西省人大五届二次会议做出山西能源基地建设的战略决策后，在加紧制定具体规划的同时，全省拉开了规模宏大、持续多年、对山西产业结构和经济社会发展产生深远影响的能源基地建设的序幕。

煤炭产业方面（见表 3-1），20 世纪 80 年代初到 90 年代初，在巨大的投资推动下，山西能源工业一日千里地发展起来。一大批大型煤矿相继开工建设和建成投产，包括：大同矿务局的云冈矿、燕子山矿，西山矿务局的马兰矿、屯兰矿、东曲矿、西曲矿和镇城底矿，阳泉矿务局的贵石沟矿、坡头矿，潞安矿务局的常村矿，晋城矿务局的成庄矿、潘庄矿和寺河矿，霍州矿务局的白龙矿，汾西矿务局的柳湾矿，等等。1985 年 7 月，我国现代化程度最高、产量最大、出口最多的露天煤矿——平朔安太堡露天煤矿开工建设，1987 年 9 月建成投产。该矿年生产能力达 1533 万吨，由中美合作建设和运营，

是当时我国最大的中外合作项目，也是产量最大、出口煤炭最多、现代化程度最高的露天煤矿。省属地方煤矿方面，先后建成了大同青瓷窑矿、姜木湾矿、上深涧矿，左云鹊儿山矿，怀仁王平矿、小玉矿，柳林兴元矿、沙曲矿，乡宁台头矿等年产 100 万吨以上和慈林山矿、平易矿等一批年产 60 万吨以上的中型矿井，以及数千座小型矿井。

表 3-1 1979~1991 年山西原煤产量及外调量

单位：万吨

年份	原煤产量	外调量
1979	10280.42	6113.0
1980	11263.25	7178.0
1981	12351.71	8478.0
1982	13530.35	9115.0
1983	15908.31	10344.0
1984	18204.62	12124.0
1985	18852.01	13562.0
1986	19688.70	14782.0
1987	20951.35	15488.0
1988	23375.86	16731.0
1989	24307.11	18979.0
1990	24788.53	19218.0
1991	25234.39	19435.0

资料来源：山西省煤炭工业厅。

电力产业方面，新建了漳泽发电厂、左权电厂、襄垣电厂、北留电厂、原平电厂等，改扩建了神头一电厂、神头二电厂、大同二电厂、太原一电厂、娘子关发电厂、永济热电厂、离石电厂、河曲电厂、偏关电厂、中阳电厂等。到 1991 年，神头电厂、大同电厂、漳泽电厂等 3 座电厂已经建成百万千瓦级大型电厂。

交通运输业方面，为适应煤炭工业发展的需要，这一时期，铁路方面新建了大秦铁路和神河、孝柳、阳涉、武墨、沁沁等7条地方铁路，完成了同蒲、石太两条铁路的电气化改造；公路建设方面，改造和提升了大运等一批省内公路，新修了大同—河北阳源、灵邱—河北涞源、阳泉—河北井陉、榆次—河北赞皇、和顺—河北邢台、左权—河北涉县、陵川—河南林州、晋城—河南焦作、晋城—河南济源、河津—陕西韩城、柳林—陕西吴堡、临县—陕西佳县、右玉—内蒙古林格尔等13条出省公路。

能源重化工基地建设使山西初步发挥了比较经济优势，以煤炭、电力为主的能源工业有了长足的发展，山西逐步形成了以能源为主体的重型产业结构，缓解了全国范围的能源、原材料工业发展滞后，能源、原材料供应紧张的状况，从而确立了全国大型能源基地的战略地位。同时，能源工业的长足发展也带动了化学、交通运输、农村经济等行业的发展，成为全省经济和社会发展的基础。

（三）能源重化工基地发展战略的沉重代价

首先，对轻工业的重视和发展程度不够，加剧了全省产业结构的单一化和重型化。“能源重化工”包括能源工业、重工业和化学工业，而“重工业”除了能源工业外，还包括冶金、建材、机械制造等工业。能源重化工基地建设过程中，对轻工业重视程度不够、投资严重不足，造成山西轻工、电子等行业的没落，“海棠”洗衣机、“春笋”电视机、“太行”缝纫机、“芳芳”洗衣粉、“华杰”电子表等一批山西著名轻工名牌产品在这一时期走向衰亡，山西也因此丧失了发展成为轻工业大省的绝佳历史机遇。

其次，能源重化工产业内部发展同样不均衡。在实施这一战略前，山西产业结构较为多元，在战略实施过程中偏重于能源工业尤其是煤炭工业，能源重化工基地发展战略实际上变成了能源基地发展战略，甚至煤炭基地发展战略，最终导致支柱产业单一化格局的形成。这一时期，虽然山西的重工业和化学工业也有一定的发展，如以山西铝厂为代表的亚洲最大的氧化铝生产基地和以山西化肥厂为代表的亚洲最大的以煤为原料的复合肥生产基地先后开工建设和建成投产，但总体上这两大行业的发展规模和发展速度远不及能源工业。

再次，粗放式发展方式日趋严重，造成资源严重浪费，安全事故频发。“有水快流”[①]政策的提出，造成了小煤窑“遍地开花”的局面。据统计，1983~1990年，全省煤矿数量从2000多座增加到6000多座。当时，国营大矿的开采率一般能达到75%~80%，而个体小矿只有15%甚至更低。同时，小矿安全生产保障程度低，瓦斯爆炸、塌方等矿难事故时有发生。在生产能力快速扩张的同时，对煤炭资源的群体式、掠夺式开采，导致水资源严重破坏、环境污染和安全事故频发等一系列问题。[②]

最后，对环境保护和生态治理的重视程度不够，煤炭开采造成严重环境破坏。煤炭开采、运输、利用等过程对生态造成了无法估量的损害，造成了地下水超采和污染、人畜吃水困难、大气污染、地表植被严重破坏，采煤造成的地表沉陷和地质灾害等现象。以水资源为例，省发改委2002年组织完成的《山西省煤炭开采对水资源的破坏影响及评价》研究报告显示，山西省每开采1吨煤平均影响和破坏2.48立方米地下水资源。

1979年到1980年，全省选择了110个国营大中型骨干工矿企业，进行了扩大企业自主权的试点工作，赋予试点企业独立的商品生产者地位和相应的经营管理自主权，调动了企业按市场需求组织生产的积极性，为企业注入活力。[③]但进入“六五”时期（1981~1985年），国民经济比例严重失调的状况并未得到根本扭转。按照党中央、国务院对国民经济实施为期5年的进一步调整的要求，山西除开展能源重化工基地建设外，一是关、停、并、转产品销路差、消耗高、质量差、长期亏损的企业1000多家，二是对国营工业企

① 这一政策于1984年提出。1984年8月，山西省政府制定了《关于进一步加快我省地方煤矿发展的暂行规定》，提出“要实行有水快流，大中小结合，长期和短期兼顾，国家、集体、个人一齐上的方针”。

② 张复明：《抓住发展主线　推进结构调整——改革开放以来山西经济结构调整述评》，《前进》2008年第9期。

③《山西五十年》编委会：《山西五十年》，中国统计出版社，1999，第31页。

业进行整顿，三是以增强企业活力为中心，全面推廾以工业体制改革为突破口的经济体制改革。

二　产业结构调整的初步尝试（1992~1999年）

1992 年邓小平同志南方谈话后，5 月 16 日，中共中央政治局会议通过了《关于加快改革，扩大开放，力争经济更好更快地上一个新台阶的意见》，提出了抓紧有利时机，加快改革开放步伐，力争经济更好更快地上一个新台阶的战略任务。为进一步解放思想，全省组织开展了经济上新台阶的大讨论。同年 11 月，省委六届五次全委会议召开，讨论通过了《关于促进经济上新台阶的意见》（晋发〔1992〕45 号），开启了产业结构调整的第一次探索和努力。《关于促进经济上新台阶的意见》针对能源重化工基地建设形成的单一产业结构，提出了在继续发展能源工业的同时，大力发展冶金、煤化工、机械电子、轻纺食品等工业这一产业结构调整的思路，试图扭转以煤炭采掘业为主导、较为单一化、低端化的产业结构，逐步形成以冶金工业为代表的高载能产业，以煤化工为主的化学工业，以服务于能源重化工基地为主的机械电子工业和轻纺食品工业多元化的支柱产业体系。同时，在能源工业内部，要实施输煤输电并重的战略，大力发展电力工业。1993 年 1 月 17 日，省委常委会议通过的《中共山西省委常委会 1993 年工作要点》，再次强调了结构调整的任务。《要点》指出，1993 年要狠抓工业结构调整，使经济效益有较大幅度的提高，发展速度有较大幅度的增长；要加快产品结构、产业结构的调整和优化，重点发展高新技术产品、拳头产品、名优产品和出口创汇产品等“四大产品”。

1993 年 9 月，省委把《关于促进经济上新台阶的意见》概括为“三个基础、四个重点”即“三基四重”[①] 的经济发展战略。为了实施这一战略，1993

① “三个基础”即农业基础、基础工业、基础设施；“四个重点”即“挖煤、输电、引水、修路”。

年9月，中共山西省委做出了开展“三项建设”[①]的决定。经过几年努力，国有工业经济内部的结构调整、培植优势支柱产业、培养优势龙头企业和培育优势拳头产品的“三优工程”等都取得了较好效果。在重点工程建设方面，展开了以万家寨引黄工程、太旧高速公路、阳城电厂建设为代表的几乎覆盖各个行业的规模宏大的大会战。公路建设方面，胜利实现镇镇通油路、乡乡通公路、村村通机动车的目标。农田水利建设方面，汾河二库、引沁入汾工程、浪店引水工程、后河水库扩建等先后开工建设。此外，10项大中型灌区改造、6座大中型病险水库除险加固工程先后上马。“三基四重”战略的实施和“三项建设”的开展，进一步加强了山西的农业基础、基础工业和基础设施，为经济快速发展奠定了坚实基础。[②]

到1996年，省委七届二次全委会通过了《中共山西省委、山西省人民政府关于调整产业结构的实施意见》，对产业结构调整的重要性提到了更为显著的高度，《意见》强调，全面调整产业结构是振兴山西经济的关键。但是，本轮产业结构调整并未达到预期效果。煤炭采掘业仍然是“一枝独秀”，以煤炭为主导的单一化、低端化产业结构并未有效改善，行业规模化、机械化生产水平仍然较低。1997年，全省各类煤矿达到创纪录的10971座，其中中小型煤矿数量占比超过99%，中小煤矿的煤炭产量占全行业煤炭产量的一半；焦炭、冶金、建材等行业中，中小企业也成为主要推动力量。[③]

这一时期是改革开放以来山西经济和社会发展的第一个困难期，受国内改革开放之后第一轮紧缩性宏观调控、亚洲金融危机等因素影响，国内能源需求的萎缩，煤炭行业亏损严重，山西单一化、重型化、惯性化、粗放型产业结构的各种弊端集中显现。到1999年，山西GDP增速和城乡居民收入水平排位全国倒数，环境污染严重。1996年山西煤炭产量曾创纪录地达到3.49

---

① “三项建设”即重点工程建设、公路建设和农田水利基本建设。

② 苗长青：《山西改革开放38年光辉历程（上）》，《太原日报》，2016年7月24日。

③ 高春平、杨茂林：《建国60年山西若干重大成就与思考》，山西人民出版社，2009，第202页。

亿吨的高点，但1999年又回落到2.49亿吨。与此同时，省内几大矿务局先后陷入停产、半停产状态，亏损面加大，拖欠贷款和工资等现象十分普遍。地方政府财政困难，约一半的县出现拖欠行政事业单位工资的现象。[①] 这些矛盾和弊端的集中凸显，进一步揭示了全省产业结构深度调整、战略性调整的必要性、紧迫性。

三 新一轮产业结构调整的努力（2000~2005年）

以运城召开的全省经济结构调整工作会议为标志，山西开始了新一轮产业结构调整的努力。经过广泛深入的调查研究，1999年10月26日，山西省委在运城市召开了全省经济结构调整工作会议，集中研究了经济结构调整的问题，山西省委做出了对全省经济结构进行战略性调整的重大决策，认为调整和优化产业结构是山西经济工作中的重中之重，必须下决心加快经济结构战略性调整，以培育新经济增长点，培育优势产业、优势产品、优势企业（简称“一增三优”）为主攻方向，以发展潜力产品为切入点，转变经济增长方式，推进产业结构的优化升级，增强山西经济的整体素质和竞争能力，实现山西省经济的整体创新和综合发展。1999年12月29日，山西省政府出台了《关于培育“一增三优”发展潜力产品推进产业优化升级的实施意见》（晋政发〔1999〕63号），进一步明确了产业结构调整的战略方针和具体措施。

根据该《实施意见》，山西省调整产业结构以“一增三优”为主攻方向，战略目标是推进产业优化升级，实现产业结构高级化，实现产品高度加工化，产业高技术化、规模化和集约化，推进产业结构合理化，实现区域经济特色化。

优势产业方面，重点发展清洁能源产业，高新技术产业，特色农业和农副产品加工业，旅游及相关产业，特钢和铝镁为主的冶金产业，重矿机械产

① 高春平、杨茂林:《建国60年山西若干重大成就与思考》，山西人民出版社，2009，第203页。

业，建筑、房地产和新型建材产业等七大优势产业。同时，自觉运用产业间的关联带动效应，推动相关性强的产业联合发展，提高产业的整体效益，重点抓好“煤—电—铝—铝材加工”“煤—焦—化工”和“煤—焦—铁—钢—钢材”三个产业联动项目。

扶持优势产品方面，《实施意见》提出，调整产业结构的关键是调整产品结构。全省筛选一批优势产品进行重点培育，包括太钢不锈钢、TZ 牌起重设备、起山牌火车轴、净土牌汽车尾气净化器、三维牌白乳胶、芳地凉牌亚麻纱、杏花村牌名酒、古城牌奶粉、同风牌熟肉制品、奇强牌系列洗涤剂等 20 余个产品及品牌。

培育优势企业方面，《实施意见》提出，全省培育和扶持一批调整结构比较好的优势企业，包括太原钢铁（集团）公司、山西南风化工集团、山西天脊煤化工集团、太原重型机械股份有限公司、山西杏花村汾酒集团等 13 家国有控股企业，海合钢铁集团、介休安泰集团等 5 家非国有控股企业，榆次经纬纺机股份有限公司、侯马电缆厂等 3 家中央在晋企业。

潜力产品开发方面，《实施意见》提出，选择一批具有极大发展潜力的产品进行重点培育，使其迅速成为山西省的优势产品，入选的潜力产品包括 20 类：电铝联产及铝材加工产品，特殊钢及钢材产品，电子信息产品，汽车零部件及专用车产品，磁性材料产品，精细化工产品，高效化肥产品，清洁能源产品，特色纺织产品，生物制药产品，卷烟，酒，旅游，绿色农业产品，新型建材和高标号水泥等，这些产品由 100 项产品项目组成，总投资 300 多亿元，完成后可实现销售收入 1000 亿元，利税 100 亿元。

2000 年 12 月，省委召开七届十次全会，通过了《中共山西省委关于制定国民经济和社会发展第十个五年计划的建议》。针对深入推进经济结构调整，提出以发展为主题，以结构调整为主线，实施“八大战略工程”，构建“六大支撑体系”。“八大战略工程”包括特色农业工程、传统产业优化升级工程、旅游产业开发工程、高新技术产业化工程、信息化工程、城镇化工程、基础设施建设工程、生态环境质量改善工程。“六大支撑体系”包括人才支撑体系、金融支撑体系、产权多元化支撑体系、对外开放支撑体系、社会保障支撑体系、软环境支撑体系。“八大战略工程”依据山西的实际，确定了“十五”期间以至之后一段时期经济结构调整的重点，把结构调整作为一项系统工程，进一步完善了经济发展的思路战略。

随着经济结构调整的深入推进和创新实践的要求，2001 年 9 月，省委、省政府出台《关于进一步推进经济结构调整，实施“1311”规划的意见》（晋发〔2001〕38 号）。确定在“十五”期间，在市场选择的基础上，要集中抓好 100 个农业产业化龙头企业、30 个战略性工业潜力产品、10 个旅游景区景点和100个高新技术产业化项目。“1311”规划体现了结构调整坚持市场导向、集中力量、重点推进、带动全局的精神，突出了结构调整在操作层面的安排和实施，是对“八大战略工程”和“六大支撑体系”的具体化。①

2001 年 1 月召开的省九届人大三次会议指出，结构调整是全省经济工作的重中之重，也是一项长期任务，至少需要 10 年时间的不懈努力，前 5 年争取使产业结构有明显变化，后 5 年争取使产业的优化升级达到全国中等乃至更好水平。在实际工作中，必须把目标年度化，近三年的目标是：一年起步（2000 年），二年入轨（2001 年），三年初见成效（2002 年）。②

为保证“1311”规划的顺利实施，进一步推进全省经济结构的调整，省人民政府于 2001 年 12 月 27 日印发了《山西省“1311”规划农业产业化经营龙头企业实施措施》《山西省“1311”规划战略性工业潜力产品项目实施措施》《山西省“1311”规划十大旅游景区实施措施》《山西省“1311”规划高新技术产业化项目实施措施》《山西省“1311”规划项目省筹调产资金管理措施》等 5 个配套措施。

到 2002 年底，山西工业结构调整取得初步成效，产业构成发生明显变化：冶金工业的产值占工业总产值的比重上升了 3.6 个百分点，确立了第一行业的地位；煤炭比重上升 2.1 个百分点，位居第二；电力、机电、建材、医药、

① 杨玉堂：《山西产业结构调整的路径和成效》，《党史文汇》2004 年第 5 期。
② 苗长青：《山西改革开放 38 年光辉历程（中）》，《太原日报》2016 年 7 月 25 日。

化学等行业获得新的发展。全省工业结构初步形成了以传统产业和新型产业相互促进、共同发展的新格局，实现了工业结构调整“三年初见成效”的目标。①

2003 年 8 月，省委、省政府做出《关于实施行业结构调整的意见》，围绕实现传统产业新型化、新兴产业规模化，对结构调整提出一要深化、二要提高的要求。深化是指积极实现由培育潜力产品到推进行业结构调整的深化，由扶持优势企业到发展壮大工业园区直至形成区域性主导产业的深化。提高是指努力提高科技含量和经济效益，做大做强一大批高附加值的产品，实现结构调整的高效化。通过结构调整，不仅要促进经济结构的优化升级，促进全省经济发展，而且要推进全面、协调、可持续发展，使山西最终走上生产发展、生活富裕、生态良好的文明发展道路。行业结构调整包括在全省国民经济中处于主要地位和具有广阔发展前景的特色农业、煤炭、焦炭、冶金、电力、化工、机械、轻工、医药、新材料、旅游、文化、房地产等 13 个行业和事关全省经济结构调整大局的信息化、环境保护两个领域。行业结构调整是“1311”规划的延伸和展开。

2003 年底，山西省委、省政府先后出台了《山西行业结构调整方案》和《山西行业结构调整实施办法》等文件，将经济结构调整的方向转向行业结构调整为主。在 2004 年 8 月的全省经济结构调整会议上，山西省明确提出了建设“国家新型能源和工业基地”的战略定位，并提出了重点发展能源、冶金、装备制造、新型材料、化学医药、农畜产品加工业、旅游文化和现代服务等七大优势产业。

总体看，本阶段结构调整以培育潜力产品为切入点，以建设新型能源和工业基地为目标，大力调整行业结构，一手抓传统产业新型化，一手抓新兴产业规模化，传统行业的技术水平和产业集中度明显提高，内部结构不断优化，新兴产业发展步伐不断加快，产业特色和优势初步显现，推动

① 苗长青：《山西改革开放 38 年光辉历程（中）》，《太原日报》，2016 年 7 月 25 日。

了经济的快速增长和经济增长质量的有效改善，山西经济在国内的位次明显提升。

“1311”规划项目全面启动，显示了较强的带动效应。到2003年，100个农业产业化龙头企业中35个建成投产，9家企业进入全国重点龙头企业行列，销售收入过亿元的龙头企业达到14个。在农业产业化“百龙”企业的带动下，全省特色农业产值比重达到45%，全省累计312个绿色食品通过国家认证，列全国第3位。30个重大工业潜力产品项目已有80%以上建成投产，投产项目覆盖煤炭、冶金、化工、医药等领域。100个高新技术产业化项目有98项列入实施计划，60项建成或部分建成投产。实施项目中，处于国际领先水平的14项，国际先进水平的26项，国内领先水平的50项，国内先进水平的8项。在高新技术产业化项目推动下，全省科技综合实力在全国的排位由上年的第21位上升到第18位。①

全省产业结构调整取得突出成效。农业结构调整方面，在稳定粮食生产的同时，特色农业更加突出，优质杂粮、草食畜、干鲜果、蔬菜及中药材等主导产业取得发展，农产品加工业和农业产业化龙头企业受到进一步重视。古城乳业集团、粟海集团、屯玉种业等企业跃居全国同行业10强。全省初步形成以雁门关生态畜牧经济区，太行、吕梁两山杂粮干果生产区和中南部果菜生产区为标志的特色农业区域化格局。工业结构调整方面，传统产业优化升级取得一定突破，多元化发展迈开步伐。1999~2005年，山西省传统产业新型化水平大幅提高，主要行业的内涵发生明显变化。煤炭行业矿井数量减少了一半，产量增加了近一倍，资源回收率由不到30%提高到48%，洗选率由30%多提高到58%左右；百万吨死亡率从1.95下降到0.9。焦炭行业机焦比重由32%提高到95%，炭化室4.3米以上的大机焦占机焦的比重由15%左右提高到75%。钢铁行业中炼铁高炉平均炉容大幅提高，优质钢、特种钢特别是不锈钢比重明显提高。电力总装机由1302万千瓦提高到2320万千瓦，

① 杨玉堂:《山西产业结构调整的路径和成效》,《党史文汇》2004年第5期。

新上马的大型火电项目多数使用了大容量、高参数的发电机组和空冷节水新技术，并配套安装了先进高效的除尘脱硫设施。新兴产业培育取得一定进展，重点产业的发展明显加快。第三产业方面，旅游产业开发力度增大，山西旅游业文化品位继续提升，培育晋北古建佛教文化、晋中晋商民俗文化、晋南华夏根祖文化三大旅游品牌，重点开发云冈石窟、五台山、晋祠、平遥古城、壶口瀑布、关帝庙、鹳雀楼、恒山、绵山、芦芽山十大旅游景区。

经过结构调整，一方面，全省主要经济指标持续快速增长，城乡居民收入稳步增加，在全国的位次明显前移。财政总收入由 181.5 亿元增加到 757.9 亿元，六年翻了两番多。城镇居民人均可支配收入由 4342.6 元增加到 8913.9 元，农民人均纯收入由 1772.6 元增加到 2890.7 元，分别由全国的第 31 位、第 22 位前移到第 17 位、第 18 位。另一方面，经济社会发展内生力和后劲不断增强，发展协调性不断趋好。到 2005 年底，全省规模以上工业经济效益综合指数由 2000 年的 80.3% 提高到 151.7%；新型工业化水平由 11.3% 提高到 33.1%。城镇化进程加快，城市建设取得新成效，基础设施建设取得突破性进展。①

四　结构调整的深入和转型综改的起步（2006~2010年）

2006 年 8 月 28 日，全省经济结构调整工作会议在太原召开。会议确定了“十一五”时期全省经济结构调整的总体思路，即加快新型工业化和特色城镇化进程，坚持鼓励先进和限制落后两类政策并重，改造提升传统产业、培育壮大新兴产业、发展加强薄弱产业，积极转变经济增长方式，协调推进城乡结构、区域结构、所有制结构和就业结构调整，促进经济社会全面协调可持续发展，努力建设国家新型能源和工业基地，构建充满活力、富裕文明、和谐稳定、山川秀美的新山西。会议提出，经济结构调整是事关山西发展全局

① 崔新龙、辛义生：《山西省经济结构调整工作会议召开》，《山西日报》，2006 年 8 月 29 日。

的重大问题，必须始终摆在战略层面，作为一项战略任务，贯穿于经济工作的各个环节。会议提出，要明确“三个战略取向”①，抓好“三个发展重点”②，强化“三个软肋”③，努力实现“三个跨越”④。此次会议强调了由侧重鼓励潜力产品、重点项目和优势企业，向鼓励先进与限制淘汰落后并重转变；由侧重改造提升传统产业，向重点发展壮大新兴产业转变。这是对之前“一增三优”“1311”等发展理念和思路的进一步升华。

2006年10月召开的山西省第九次党代会进一步明确了全省经济工作和深入推进结构调整的重点，提出山西经济要走出“四条路子”、实现“三个跨越”的总体战略部署，即走出能源基地和老工业基地创新发展的路子，走出资源型地区可持续发展的路子，走出欠发达地区构建社会主义和谐社会的路子，走出内陆省份对外开放的路子；实现煤炭大省向新型能源和煤化工大省的跨越，实现老工业基地向新型工业基地和精品原材料基地的跨越，实现自然人文资源大省向经济强省和文化强省的跨越。

之后，全省大力推进传统产业新型化和新兴产业规模化，进一步改造提升煤炭、焦化、冶金、电力等四大传统优势产业，发展壮大现代煤化工业、装备制造业、材料工业和旅游产业等四大新型支柱产业；实施煤炭产业“三大战役”，抓好“三大企业方阵”；推进“两区”开发，优化区域经济结构。

其中，2005年9月煤炭行业开始的打击非法采矿、淘汰落后矿井、组建大型煤炭集团“三大战役”，可以说是山西煤炭产业结构调整的重要步骤和关键环节。第一战役是整治或关闭无证、非法开采的煤矿，从2005年9月到12月，4个月关闭煤矿4876座，2006年又关闭了3500个死灰复燃和新发现的

---

① “三个战略取向”：一是明确经济结构调整的战略定位，二是实现经济结构调整的战略转变，三是推进经济结构调整的战略拓展。

② “三个发展重点”：一是继续改造提升传统产业，二是大力培育壮大新兴产业，三是积极发展加强薄弱产业。

③ 山西省发展的“三根软肋”是指：节能降耗、环境保护、科技创新。

④ “三个跨越”：通过大力推进经济结构调整，促进山西省由煤炭大省向新型化的能源和煤化工大省跨越，由老工业基地向新型工业基地和精品原材料基地跨越，由自然人文大省向经济强省和文化强省跨越。

非法矿点。第二战役是综合采用市场、法律和行政手段，淘汰关闭1363个生产方式落后、安全隐患较大、年产9万吨以下的小煤矿。第三战役是整合全省煤炭资源，培育发展大型煤炭企业，让大型煤炭企业联合、兼并或收购中小煤矿，进行产能置换，提高煤炭资源的回收回采率。

通过实施“三大战役”，一是煤炭产业集中度大幅提高，全省采煤矿点从原来的9000多个压缩到3200个左右，① 地方小煤矿的单井规模由原来的平均7万吨提升到20万吨，同煤、焦煤、潞安、平朔、晋煤、阳煤等六大煤炭集团产量占到全省的50%以上。二是安全生产水平大幅度提升，百万吨死亡率下降到1以下。三是资源利用率和煤炭附加值大幅度提高。2006年，全省煤炭资源回收率达到了50%左右，煤炭洗选率达到58%，比2002年提高31个百分点。四是煤炭行业准入门槛提高，新建矿井规模原则上不低于年产60万吨，对于年产30万吨的煤矿，不再办理增层、扩界手续。②

党的“十七大”召开之后，2007年12月，山西省委提出建设“新基地、新山西”的奋斗目标。“新基地”是指要把山西建设成为我国的新型能源和工业基地，所谓“新型”，是指要符合走新型工业化道路的6项要求，即科技含量高、经济效益好、资源消耗低、环境污染少、人力资源优势得到充分发挥。这是山西能源重化工基地建设目标后，对山西建设和发展的重新定位。

2010年5月，着眼于“十二五”发展，山西省委组织进行了涵盖煤炭产业、装备制造业、科技支撑、文化发展、城镇化、太原城市群和经济圈等19个主题的大调研。在这次调研的基础上，7月29日，省委在太原召开全省领导干部大会，深刻把握国内外发展大势，从省情实际出发，进一步明确发展方向，完善发展思路，突出发展重点，做出了以转型发展为主线，以跨越发展为目标，再造一个“新山西”的战略部署。大会确定，山西转型发展、跨越发展的定位是，以建设国家新型能源和工业基地为基础，努力建设全国重

① 于幼军在山西省第十届人民代表大会第五次会议上做的政府工作报告，2007年1月29日。

② 赵峻青：《迎接党的十七大特别报道（二）：三大战役带来六大变化——我省煤炭工业走出可持续发展道路》，《山西日报》2007年9月27日。

要的现代制造业基地、中西部现代物流中心和生产性服务业大省，早日建成中部地区经济强省和文化强省。全省领导干部大会以后，山西省确定了转型跨越发展的根本举措是推进“四化”建设，即工业新型化、农业现代化、市域城镇化和城乡生态化，引领全省经济又好又快发展。

从 2009 下半年开始，中央财经领导小组办公室、国家发改委、山西省委、省政府组织力量对山西资源型经济转型发展问题开展了专题调研，向中央提出了“将山西作为国家资源型经济转型发展综合试验区”的建议和相关方案。2010 年 12 月 1 日，国务院批复设立“山西省国家资源型经济转型综合配套改革试验区”。山西成为全国第九个综合配套改革试验区，也是我国第一个全省域、全方位、系统性的国家级综合配套改革试验区。

综改区获批以来，山西省围绕产业转型、生态修复、城乡统筹、民生改善四大转型任务，制订实施方案，部署 50 项重大改革、100 项重大事项、100 项重大项目、10 项重大课题，并逐年分解制订年度行动计划。一大批转型标杆项目启动建设，一系列扶持政策陆续出台，与国家有关部委、大型央企、科研院所等的合作机制逐步建立，煤电联营机制、煤层气审批制度改革、低热值煤发电项目审批、用地管理改革、动力煤期货交易试点前期工作等多个领域取得新突破。这一时期山西产业结构调整持续走向深入，各项经验加速积累，新战略、新目标、新思路不断拓展。

五 新时代结构调整的决心与突破（2011年至今）

综改区获批以来，山西省不断加大转型综改力度，在大力推进各产业供给侧结构性改革的同时，将九大战略性新兴产业、文化旅游产业作为产业调整的发展重点，特别是习总书记视察山西并发表重要讲话后，国务院出台 42 号文，省委、省政府进一步明确了全省转型发展的“示范区”“排头兵”“新高地”三大定位，全省产业结构调整走向深入。

为塑造新的增长引擎，推动产业结构调整，围绕战略性新兴产业、现代服务业和现代农业，山西省于 2012 年开始组织实施战略性新兴产业“512”工程[①]、现代服务业“1511”工程[②]、现代农业“513”工程[③]，加快推进新兴产业发展。[④] 山西省新兴产业发展基础进一步夯实，战略性新兴产业呈现规模总量迅速攀升、对区域经济贡献率逐步提高的良好态势。2014 年全省战略性新兴产业总产值达到 2600 亿元以上，产业增加值达到 700 亿元以上，占 GDP 比重接近 6%。全省涌现出一批核心竞争力较强的战略性新兴产业龙头骨干企业，截至 2015 年，全省高新技术企业总数达到 720 家，民营科技企业总数超过 800 家，省级创新型试点企业达到 138 家。产业链条延伸初见成效。新能源领域，光伏和风电产业初步形成完整产业链。现代中药领域，形成了较为规范的中药农业、富有特色的中药工业、快速发展的中药商贸流通、优势突出的中医医疗产业链。高端装备制造领域，形成了原材料、关键部件和整车组装等相互配套、较为完整的轨道交通产业体系。新材料领域，形成了原镁冶炼、镁合金熔炼和镁合金深加工较为完整的镁产业链；形成了衬底材料—外延—芯片—封装—电视背光全产业链的 LED 垂直整合体系，并带动了室内外大屏幕显示和照明灯具等下游产业的发展。煤层气领域，形成了上游资源勘探开发、中游储运、下游输配分销以及煤层气装备制造的完整产业链。产业集聚发展态势初步形成。全省初步形成了一批具有区域特色、核心竞争力强的战略性新兴产业集群或产业基地。如镁合金产业形成了太原、运城、大

---

① “512”工程，即选择 50 个重大项目、100 个高成长项目、200 个潜力项目，作为推进战略性新兴产业的重要抓手，目标是到 2015 年，战略性新兴产业增加值占 GDP 比重要达到 7%~8%。

② “1511”工程，即加快建设项目 100 个，尽快开工项目 50 个，加快审批项目 100 个，储备项目 1000 个，目标是到 2015 年全省服务业增加值占 GDP 的比重达到 40%，其中，文化旅游占比 12%，现代物流占比 10% 左右。

③ 农产品加工“513”工程开始于 2009 年，即按照省、市、县三级总体规划、分层次推进、重点扶持的原则，在现有农业产业化国家级及省级龙头企业中选择 30 个企业、在全省资源型企业转产和招商引资企业中选择 20 个投资额在亿元以上的企业，作为省级梯队重点培育的 50 个企业；选择 100 个有一定规模、发展前景好、带动力较强的农产品加工龙头企业，作为市级梯队进行培育和指导；选择 300 个成长性好的农产品加工龙头企业，作为县级梯队进行培育和指导。

④ 贠娟娴：《突出抓好“三大工程” 我省推进新兴产业规模发展》，《山西经济日报》，2012。

同等三大产业基地；钕铁硼永磁材料产业形成了太原、运城、阳泉、长治等四大产业集群；光伏产业形成了长治、大同等产业基地；医药产业形成了大同、太原、晋中、运城、晋东南、侯马等以医药工业园为核心的产业集群；LED 产业形成了晋东南产业基地；铁路装备产业形成了太原、大同、永济等三大制造基地；液压元器件产业形成了以榆液集团为核心的全国最大的液压产业集群；煤机制造产业形成了以太重煤机为主的太原产业集群，尤其是太原不锈钢产业集群和榆次液压产业集群被认定为国家创新型产业集群试点，实现了零的突破。作为高新技术企业和先进制造业的主要聚集地，截至 2015 年，省级以上高新区、经济区达到 28 家，其中国家级 6 家。特别是太原高新区 2015 年科工贸总收入达到 1700 亿元，各类孵化器和科技园区 24 个，入区企业达到 5000 余家，初步形成了以电子信息、光电、生物医药、新材料、节能环保为特色的高新技术产业发展格局，有力地推动了战略性新兴产业的集群发展。①

2016 年 8 月，《山西省“十三五”战略性新兴产业发展规划》明确了“十三五”时期加快培育和发展的九大战略性新兴产业，即高端装备制造、新能源、新材料、节能环保、生物、煤层气、新一代信息技术、新能源汽车、现代煤化工，这些产业成为全省产业结构调整、转型发展的重点产业。

党的十九大报告在实施区域协调发展战略中明确提出，要支持资源型地区经济转型发展；2017 年 6 月，习近平总书记视察山西并发表重要讲话，习总书记指出，山西经济发展需要深入思考和突破的重大课题就是实现资源型地区经济转型发展，形成产业多元支撑的结构格局，这对山西转型综改和产业结构调整具有重要指导意义。同年 9 月 1 日，国务院印发了《关于支持山西省进一步深化改革促进资源型经济转型发展的意见》（国发〔2017〕42 号），为山西产业结构调整进一步提供了政策支持，打了一剂“强心针”。产业结构调整方面，42 号文提出以能源供给结构转型为重点，以产业延伸、更新和多元化发展为路径，建设安全、绿色、集约、高效的清洁能源供应体系和现

① 有关资料来源于 2016 年 8 月发布的《山西省“十三五”战略性新兴产业发展规划》。

代产业体系。发展目标方面，42号文提出，到2020年，全省煤炭开采和粗加工占工业增加值比重显著降低，煤炭先进产能占比逐步提高到2/3，煤炭清洁高效开发利用水平大幅提高、供应能力不断增强，打造清洁能源供应升级版；战略性新兴产业增加值占地区生产总值比重达到全国平均水平，研究与试验发展经费投入占地区生产总值比重争取达到全国平均水平，初步建成国家新型能源基地、煤基科技创新成果转化基地、全国重要的现代制造业基地、国家全域旅游示范区，转型发展成果惠及城乡居民，确保与全国同步进入全面小康社会。到2030年，多点产业支撑、多元优势互补、多极市场承载、内在竞争充分的产业体系基本形成，清洁、安全、高效的现代能源体系基本建成，资源型经济转型任务基本完成。

2017年11月，山西省委十一届五次全会确立了建设“资源型经济转型发展示范区”、打造“能源革命排头兵”和构建“内陆地区对外开放新高地”三大战略目标，会议指出，要横下一条心，集中力量，着力培育新产业、新动能，构建现代产业体系。

此后，全省致力于将深化供给侧结构性改革和深化资源型经济转型综合配套改革试验区建设相结合，围绕“示范区”“排头兵”“新高地”集中发力，全力改造提升传统产业，打造制造业强省，整合黄河、长城、太行三大文化旅游板块，打造全省全国旅游示范点、全国文化旅游发展新高地和世界知名旅游目的地，山西资源型经济转型和产业结构调整进入新境界。

第三节　山西产业结构调整的反思

改革开放40年来，顺应内外部发展形势的变化，以不同阶段的发展战略为标志，山西持续推进产业结构调整，契合了国家发展战略变化的要求，取得了突出成绩，全省经济社会发展产生了许多积极变化，但客观地看，结构性矛盾仍是制约全省经济社会全面、协调、可持续发展的关键因素。全省产业结构调整仍存在诸多缺憾，对这些经验教训进行系统总结，有利于我们在新的起点上，在新时代继续将产业结构优化调整引向深入。

一　发展战略存在短视，产业结构调整主动性不强

综观改革开放 40 年来山西产业结构调整的历程，虽然在不同时期和经济社会发展阶段，能够明确提出产业结构调整的方向和战略，且这些方向和战略在今天看来仍具有较强的指导意义和引领作用，但是，产业结构调整过程存在思路多变、发展短视、缺乏定力、贯彻不力、急功近利等问题。第一，这种调整结构的努力没有能够做到一以贯之、一脉相承，而往往由于主政者的变化而改变，调整思路不够明确和统一，各级领导干部缺乏久久为功、功成不必在我的政绩观、价值观和考核机制。第二，即使在调整思路已经确定的条件下，全省上下切实推动产业结构调整的主动性不强，思维固化、急功近利，普遍存在不作为、慢作为现象。第三，国内资源型产品（主要是煤炭）市场状况的冷热对山西产业结构调整产生巨大影响，对山西产业结构“畸重”和低级化发展起到推波助澜的作用，某些时期甚至出现“越调越重”的初级化复归现象。究其原因，主要是长期以煤焦冶电等资源型产业为基础和主导的产业结构导致的路径依赖、技术锁定，经济好时不愿调，经济困难时无力调。一方面，全省各级财政、资源型国有企业及其从业人员严重依赖煤炭及其相关产业，“挖煤”始终是较为简单快速且利润较高的生产方式；另一方面，以国有企业为主导的资源型产业的日益壮大和发展模式的日益固化，持续不断地集聚和吸纳各类生产要素，导致非煤产业、新兴产业、民营经济先天发育不足，后天“营养不良”，结构调整必然举步维艰。

二　传统产业大而不强，新兴和接续替代产业发育不足

从全省产业发展进程看，传统产业总体上以生产煤炭、焦炭、钢材等资

源型、初级产品为主，技术含量不高、劳动生产率低下。改革开放以来，伴随国内经济快速发展以及由此带来的对资源性产品的庞大需求，山西煤炭、焦化、冶金等产业规模虽然不断扩大，但企业生产经营长期粗放，可谓大而不强。同时，随着产业结构调整的深入，山西新兴产业也有一定进步，但仍主要围绕煤炭做文章，在重型机械制造等方面占据一席之地，新兴产业总体发育不足。具体看，一是产业规模总量较小和层次偏低，部分重大项目战略性不强，主要从事的仍是技术密集程度相对较低的终端产品的加工装配，劳动生产率低、产品附加值低，产业竞争力不足。二是高新技术产业化水平低，技术创新能力不足，创新成果还没有完全转化为实实在在的产业活动，R & D 经费投入规模和强度、高新技术产业化总指数、规模以上企业研发活动等指标长期低于全国平均水平，处于全国末流位次。三是产业布局不尽合理，各产业的空间集聚特征不明晰，产业选择与各地的区位优势结合不够紧密，部分地市或领域存在低水平重复建设。四是支撑战略性新兴产业发展的体制机制不健全，产业发展、大众创业、市场主体创新的政策环境和制度环境不宽松，成果转化、市场培育、财政支持、金融扶持等方面的制度有待完善。[①]

三　调整方式和手段单一，结构调整机制不完善

长期以来，在全省产业结构调整过程中，片面依靠政府手段，市场手段应用不充分，且调控效果不佳，产业结构调整机制不完善。各类优势资源长期向资源型产业流入，客观上对非资源型产业、新兴产业形成挤出。市场化改革长期滞后，尤其是煤炭、电力等传统强势产业领域的改革力度偏弱，要素配置的市场化改革力度不大，国有企业改革进展缓慢，民营经济活力不足。有些调产政策的针对性不强，缺乏相应的政策手段，难以发挥应有的引导和

① 参见《山西省“十三五”战略性新兴产业发展规划》。

约束作用。有些调产措施的操作性不够，往往流于形式，难以产生实际效力。此外，产业结构调整没有能够充分重视开放发展，利用好省内省外、国内国外两种资源、两个市场。开放发展水平和层次较低是山西省经济发展的突出问题。长期以来，山西省进出口总额和实际利用外资规模处于落后地位，位列中部六省末位。开放发展的不足导致省外资本进入少，缺少重大转型调整项目以及充足的资金支持，同时，技术和人才等高端资源也难以形成有效集聚。既有的固化格局自身没有勇气和动力去打破，外部驱动也没用足够的力量形成有效冲击。没有扩大开放的新进展，没有招商引资的大推进，就不会有结构调整的新突破。对外开放不足，特别是招商引资、招才引智滞后，长期成为山西产业结构战略性调整的主要障碍。

四 资源型产业过度发展，生态欠账巨大

山西煤炭产业增加值一度占到全省工业增加值的60%以上，煤焦冶电等资源型产业合并计算，有的年份甚至接近85%。山西煤炭及其相关资源型产业过度膨胀，不仅导致了非资源型产业的没落、轻工业的没落，造成产业结构单一化、重型化、资源化，发展模式惯性化、刚性化，同时造成了巨大的生态环境破坏。

以煤炭为例，其开采、运输、利用等过程存在的对生态环境的破坏主要体现为“三大二高一多”。“三大”：一是指排污量大，据2013年调查统计数据，全省煤炭行业全年二氧化硫排放量达到3.2万吨，烟粉尘5.5万吨，氮氧化合物1.4万吨，生产生活废水1.4亿吨，固体废物（含煤矸石）1.3亿吨；电力、冶金、焦化、化工等煤炭利用四大行业全年排放二氧化硫84.5万吨，烟粉尘52.3万吨，氮氧化物65.6万吨，分别占山西当年全部工业排放量的74.1%、75.8%和58.2%。二是生态破坏程度大。据调查，截至2010年，全省矿山采空面积约5000平方公里，总开采沉陷面积约3000平方公里，约90%的沉陷区是因煤炭开采造成的。据2011年调查统计，全省矿山企业

占用破坏土地面积总计达2234.5平方公里，其中耕地338.43平方公里，林地147.55平方公里，草地961.71平方公里，其他土地786.79平方公里。按照国有煤矿每挖1吨煤要损耗2.48吨水资源的标准测算，改革开放40年来山西累计生产原煤163.22亿吨，煤炭开采造成的水资源破坏总量超过400亿吨。三是经济损失量大。根据2005年山西省完成的《山西省煤炭工业可持续发展政策研究环境专题报告》，以2003年为基数，山西省煤炭开采导致的环境污染损失量为13.78元/吨煤，生态破坏损失量为47.29元/吨煤，两项合计61.07元/吨煤。据此计算，改革开放以来，山西省煤炭开采共造成环境污染和生态破坏经济损失近万亿。[①]“二高”：一是指矿山生态环境恢复治理难度高，二是恢复治理的成本高。“一多”指历史欠账多。粗略计算，山西省矿山生态环境历史欠账2013年时已超过8000亿元。

如此规模巨大的生态欠账，不仅严重影响全省经济社会的可持续发展和民生保障水平，同时也削弱了全省进一步调整产业结构的生态基础和资金支撑、物质保障，要彻底优化调整产业结构，实现经济社会可持续发展，生态治理成为必须逾越的一道坎。

第四节　坚定不移推进全省产业结构优化调整

虽然山西省在产业结构调整过程中仍存在突出问题，但总体看，改革开放40年来全省产业结构优化调整取得了显著成效。在新时代，站在新的历史起点上，我们要保持定力、持续发力，坚决跳出以往“市场好时无暇调整、市场差时无力调整”的怪圈，彻底摆脱对资源型产业的过度依赖，着力构建多元化中高端现代产业体系，将产业结构优化调整和资源型经济转型引向深入，在全国产业格局中重塑比较优势和竞争优势。

① 根据山西省环境保护厅在2013年山西省委组织的煤炭管理体制座谈会上的汇报材料计算整理。

一 大力发展现代特色农业

农业是国民经济的基础。没有超越于农业劳动者需要的农业劳动生产率，就不可能有工业的独立发展和飞跃，更不可能有工业化的实现和经济的持续增长。因此，在推进工业化的同时，必须加强农业建设，促进农业产业结构向科学化、合理化的方向发展。以农业转型发展为方向，加快发展现代特色农业，推进山西农业的特色化、高质化、融合化和开放化发展，走产出高效、产品安全、资源节约、环境友好的山西特色农业现代化道路，推动特色农业大省向特色农业强省转变。一是突出山西省优势杂粮、有机旱作、功能农业（食品）三大特色，全面推动杂粮、畜牧、蔬菜、酿造等特色产业集群化推进、园区化承载、功能化提升。二是实施质量兴农战略，推动农业由增产导向转向提质导向，发展多种形式适度规模经营，提高农业的集约化、专业化、组织化、社会化水平。三是推动农业产业与第二、第三产业交叉融合，发展城郊农业、农产品加工、农林文旅康等新产业、新模式、新业态。四是加快推进山西农谷、雁门关农牧交错带示范区、运城农产品出口平台“三大战略”，引领示范带动提升全省农业创新力、竞争力和全要素生产率。

二 促进传统优势产业优化提质、改造升级

能源产业要顺应能源革命要求，坚持煤炭清洁高效利用，大力发展新能源，形成多轮驱动、低碳绿色的综合能源体系，以能源结构优化促进工业转型升级。坚定不移推进煤炭去产能，提高先进产能占比和综合经济效益。加快三个千万千瓦级外送电基地建设。稳步提升煤层气抽采利用水平。扩大风电、光伏装机规模，推进大型水电项目建设，因地制宜开发生物质能、地热能。焦化产业加快实现“以焦为主”向“以化为主”转变，提高产品附加值。

钢铁、铝等冶金产业推进精深加工。制造业要紧盯同行业最高水平，持续加大技术改造力度，淘汰低端、提升中端、发展高端。下大力气推动“山西智造”，实施中国制造2025山西行动纲要，发展先进装备制造业，明显提升自主设计水平和系统集成能力。发挥军工企业技术优势，提高军民协同创新能力，建设军民融合产业基地。因地制宜发展轻工业，逐步解决轻重工业比例严重失衡问题，培育轻工知名品牌，重振山西轻工业。

三 大力发展战略性新兴产业

代表未来发展方向的战略性新兴产业，是必须千方百计抢占的制高点。以大数据、云计算、物联网、智能手机等为重点，加快发展信息产业，培育数字经济，建设智慧山西，实现“一化”促“四化”。依托独特资源电源条件，做大做强铝镁合金、半导体材料，加快石墨烯、碳纤维等前沿新材料产业化。以清洁生产、低碳技术为重点发展节能环保产业。加强前瞻布局，以市场换项目，发展新能源汽车产业。整合现有资源优势和产业基础，做大生物医药产业。现代煤化工要发挥专业团队优势，跨企业联合发展，尽快走出一条与石油基不同的差异化、高端化、规模化、国际化的煤基化工发展路子。

四 集中力量发展文化旅游产业

第三产业发展滞后、水平不高是山西省产业结构不合理的突出表现。要在创新体制机制、重大项目开发上实现新突破，使文化旅游产业成为转型的新引擎、新支柱。面对资源约束趋紧、生态保护要求日益提高的条件，要利用好“表里山河”的地理风貌和丰富的人文、生态资源，集中力量发展文化旅游产业。黄河、长城、太行是大美中国的亮丽名片、华夏文明的重要载体、中华民族的独特符号。要以黄河、长城、太行三大板块为支撑，构筑全省文化旅游产业发展新格局。同时，注重旅游与文化、体育、休闲、养生等相融合，打造“康养山西、夏养山西”品牌。以文旅产业的增量投资和产业规模的不断壮大，转变山西对外形象，加速全省产业结构调整进程。

五　以壮大民营经济激发结构调整活力

民营经济的活跃度和发达程度一定程度上决定了一个地区经济发展的活力和总体质量。作为典型的资源型省份，山西产业结构调整之所以长期举步维艰，也在于民营经济不发达，以国有企业为主导的传统产业长期占支配地位，以资源型产业为主导的产业结构及长期以来固化、僵化的发展模式吸纳了大量的要素和资源，对民营经济形成挤出。发展民营经济是增强山西省经济社会发展活力的必然选择，是山西省调整产业结构和促进资源型经济转型的重要支撑。要推动产业结构优化，必须下大力气激发民营经济发展活力，通过民营经济作为改革的“增量”活力因素带动以国有企业为主导的资源型传统产业这一“存量”的优化调整。

一是切实做到“法无禁止即可为”，鼓励民营企业进入法律法规未明确禁止的领域，切实降低准入门槛，打破区域行政壁垒。政府和社会资本合作（PPP）项目主要吸引民间资本参与。在招标投标、政府采购、用地指标等方面对民营企业一视同仁。二是健全归属清晰、权责明确、保护严格、流转顺畅的现代产权制度，依法保护非公有制财产权。保证各种所有制经济主体依法平等获取生产要素，公开、公平、公正参与市场竞争，同等受到法律保护。三是破解民企资金短缺难题，重点解决民营企业融资难、融资贵问题，畅通社会投融资渠道，为民营经济发展提供金融支撑。四是推进国有企业股权多元化改革，有效解决山西省国有企业“一股独大”和资源依赖、政府依赖等问题，吸引民营企业广泛、深入参与国企股改。通过改革，让国有企业真正建立产权清晰、权责明确、政企分开、管理科学的现代企业制度，成为自主经营、自负盈亏、与民营企业公平竞争的市场经济参与主体。

六 下决心持续优化营商环境

营商环境是一个国家或地区综合竞争力的重要标志，是难以复制的竞争力和显性生产力。长远来看，促进产业结构优化调整必须有优良的营商环境做保障，只有良好的营商环境才能有效吸引资本、技术、人才等各类要素的集聚，才能培育民营经济发展沃土，从而实现全省产业结构的持续优化。由于历史、观念、体制等多重因素影响，山西省营商环境不优、制度性交易成本偏高的问题还没有根本解决，各项政策措施还有待落到实处，已经成为制约全省产业结构深度优化调整、转型综改和创新驱动的瓶颈，成为市场主体和人民群众反映强烈的突出问题。①

一是“六最”目标常抓不懈。建立长效机制，与中央和省要求对表，与发达地区对标，与国际投资贸易通行规则对接，深化放管服效改革，敢为人先、奋发有为、只争朝夕、一抓到底，以最高标准和最严要求推动各项改革措施落地，壮士断腕、刀刃内向，打造审批最少、流程最优、体制最顺、机制最活、效率最高、服务最好的“六最”营商环境。

二是深入推动“三个彻底转变”：彻底转变唯 GDP 的政绩观，彻底转变“官本位”思想，彻底转变服务理念，把爱民亲商内化为各级干部的人生观、价值观，打造“亲”“清”政商关系，把创优营商环境作为政府和干部考核的重要因素，把市场主体和人民群众的满意度和获得感作为最终考核标准。

三是充分重视人才环境的重要性。人才是第一资源，人才环境是营商环境的重要组成部分，是吸引项目落地、支撑企业持续发展的重要战略资源。山西省要始终把人才作为支撑发展的第一资源，出台地域适应性强的系统性人才政策，优化人才发展环境，既重视引才，更要重视留才，尤其是注重用好已有人才，激发已有人才的积极性、主动性、创造性。要有魄力破除一切

① 刘晓明：《持续优化营商环境，培育发展不竭动力》，《太原日报》2018 年 7 月 3 日。

制约人才发展的限制政策，改革人才评价的刻板教条，打破人才流动限制，构建能上能下、能进能出的人才机制。打造人人渴望成才、人人努力成才、人人皆可成才、人人尽展其才的良好局面，打造厚积薄发、绵延不绝的人才优势和发展动力。

四是更加重视改善民生环境、社会环境。资本、人才、技术等要素看中的不仅是投资环境，良好的民生环境、人文环境、社会环境等对企业和人才具有巨大吸引作用。必须加快改革进度，转变工作作风，简化办事流程，回应社会关切。从细节着手，最大限度方便群众办事，转变服务理念，从根本上扭转办事靠关系的沉疴陋习。要以太原建设国家可持续发展议程创新示范区为引领，综合系统治理大气和水环境质量等民生环境突出问题，创新驱动、绿色发展，提升全省的对外形象和要素吸引力。

实现产业结构优化调整不是一朝一夕的易事，要抱定必胜信念，破障碍、去烦苛、筑坦途，努力改造提升传统产业，培育壮大新兴产业，持续创优营商环境，放手发展民营经济。要保持政策和导向的连续性，克服发展短视，确保促进产业结构优化调整的孜孜以求，不因当政者的改变而改变，不因当政者看法和注意力的改变而改变。只要全省上下团结一致，保持历史耐心，以非常之力，下恒久之功，就一定能使战略性新兴产业加快壮大，传统产业再造新优势，部分产业达到全国一流水平，促进山西在全国产业版图中的地位不断提升，为振兴崛起奠定坚实基础，走出一条具有山西特色的产业结构优化调整之路，推动山西经济健康可持续发展。

重点篇

第四章　改革开放以来山西农业农村经济发展回顾与展望

改革开放40年来，全省农业和农村经济生产条件显著改善、综合生产能力不断提升、农业经济发展质量进一步优化、农民生活水平持续提升、农村面貌发生积极变化，全省农业全面转型升级、农村全面繁荣进步、农民全面富裕发展，为农村全面建成小康社会奠定了坚实基础。40年风雨兼程，40年铸就辉煌，改革开放以来山西农业农村经济的发展历程，既是遵循经济规律的科学发展之路，也是遵循自然规律的可持续发展之路，更是遵循社会规律的包容性发展之路。全省农业和农村经济的全面发展，标志着山西农业农村已进入了一个新的历史时期，也为全国农业农村不断实现新的发展跨越提供了山西思路，打造了山西模板。

第一节　改革开放以来山西农业农村经济发展历程

改革开放40年来，山西农业和农村经济发展经历了改革开放初期快速发展、农业经济调整发展、农村经济发展优化转型和新时代高质量发展四个阶段。总体来看，全省农业和农村经济内部结构不断优化，产业化和现代化水平不断提高，农村经济发展的内涵更加丰富。

一 改革开放初期快速发展阶段（1978~1990年）

1978 年，山西农村开始普遍推行家庭联产承包责任制。通过小段作业、定额计酬、包工包产、联产计酬、专业承包、包产到户等多种形式，以家庭联产承包责任制为基础的新型合作经济逐步成为山西农业经济的主体，农村原有的社员自营经济和个体经济成为农业经济的重要补充。家庭联产承包责任制极大地调动了广大农民的生产积极性，为有统有分、统分结合、因地制宜地推动农业生产发展创造了良好条件。全省农业承包的领域不断拓展和完善，从种植业逐步发展到林业、牧业、水利和农机制造与服务领域，农业生产经营效率也随之大幅提升，山西农业出现了生产发展、经济繁荣的大好局面。

在农业经营体制改革的同时，这一时期山西从加强农业基础地位出发，极大地增加了对农业的投入，乡、村两级采用多种政策和经济举措调动农民积极性、增加农业新技术推广应用、加强农业基础设施建设，资金重点投入新建、续建和修复水利工程、加固病险水库、盐碱地开发治理、农业技术服务体系建设等方面，有效恢复和提升了农业生产能力。特别是 1989 年全省重点组织实施了"丰收计划"①、"温饱工程"②、"星火计划"③、

① "丰收计划"是我国依靠科学技术发展农业的一项系统工程。1987 年 3 月，由农牧渔业部和财政部共同制定并组织实施。计划具体提出了推广 10 项投资少、收效大，对提高生产力起重要作用的技术项目：农牧渔业的新品种；农作物高产模式栽培和低产田土壤改良增产技术；设施农业和地膜等利用技术；绿肥和科学施肥技术；节能、省水的农机具和科学灌溉技术；对农作物病、虫、草、鼠害和畜、禽、鱼疫病的综合防治技术；优化配方饲料和科学饲养、繁殖技术；水产品精养和水产资源增殖技术；农牧渔产品保鲜、加工、储运技术，机械化先进技术。

② "温饱工程"是中国从 20 世纪 80 年代起在农村贫困地区实施的一系列科技扶贫工作的总称。"温饱工程"包含两个密切相关的举措：一个是贫困地区实施以县、乡道路、人畜饮水、基本农田和农业水利为重点的以工代赈计划，并在农业科技专家的论证和指导下，综合性地投入技术和资金，如广泛采用地膜、化肥、农药等，以提高粮食单产，做到口粮自给；另一个是加强民政部门和科协组织的配合，普及科技知识，切实提高贫困地区人民的素质水平。

③ "星火计划"是经中国政府批准实施的第一个依靠科学技术促进农村经济发展的计划。1985 年 5 月，国家科委向国务院提出了"关于抓一批短、平、快科技项目促进地方经济振兴"的请示，1986 年初，中国政府批准实施这项计划。

“六六六”① 工程，同时还开展了以集体承包为主的多种形式的技术承包活动。这些举措有力地促进了全省农、林、牧、渔业生产的全面快速发展，种植业内部结构也由粮食、经济作物二元结构向粮食、经济、饲料作物三元结构过渡，基本实现了由单一追求数量高产型向以效益为中心的高产、优质、高效的农业生产格局转变。

家庭经营的多样化和随之带来的农业产业结构的调整，激活了农业经济，增加了农民收入，为全省农业生产提供了资金和物质基础。这一时期全省各地农业“专业户”和“重点户”不断出现和发展壮大。专业户和重点户充分利用了农村零散的资源和劳动力，出现了个体私营经济和股份合作制等多种形式的经济联合体，从而集中了更多的资金、人力、物力和技术力量，有力促进了全省农村商品生产的发展和多样化的经济联合。

多种经营的发展和“两户”的兴起发展，促进了乡镇企业的出现和发展。1979 年国务院颁布《关于发展社队企业若干问题的规定》后，山西先后出台了一系列扶持社队企业发展的政策措施。全省社队企业开始迅速发展，最终为全省乡镇企业的大发展奠定了基础。1984 年党中央、国务院批转农牧渔业部《关于开创社队企业新局面的报告》，提出将“社队企业”改称“乡镇企业”。同年，山西对全省社队企业发展做出“进一步完善社队企业的责任制”“继续抓好企业整顿，全面提高经济效益”等七项要求，将乡镇企业作为振兴地方经济的突破口。1985 年，中共山西省委、省政府做出《关于加速发展乡镇企业的决定》，对乡镇企业的作用做出肯定，并且提出了关于加速发展乡镇企业的具体方针政策。全省乡镇企业由此迅速发展起来，而且逐步突破了乡、村两级办企业的框架，实行“五个轮子”② 一起转，从单一经济形式过

① “六六六”工程是山西省农业科学院根据中共山西省委、山西省人民政府指示实施的一项以粮为主大面积增产增收工程，其主要内容是建立 30 个中心示范点，摆出 6 万亩粮食高产样板田，指导带动 60 万亩生产片，辐射促进 600 万亩粮田产量的提高，简称“六六六”工程。

② “五个轮子”指乡办、村办、联办、户办、其他合作办等五种形式办企业。

渡到多层次的经济形式；突破了封闭式企业的“三就地”[①]，发挥各自优势进行广泛的协作和联合；突破了乡办乡有、村办村有、个人办个人有的模式，出现了股份合作经营形式；实行新的经营管理，推行“一包三改”[②]的新经营管理制度。乡镇企业的快速发展标志着山西农业经济开始从自给半自给经济向大规模的商品生产转化、从传统农业向传统农业与现代农业相结合的方向转化。

在家庭联产承包责任制、多种经营发展以及乡镇企业发展的基础上，山西农业经济发展初步出现了农业产业化经营的新趋势，各地从自己的资源优势出发，着力培养主导产业，积极兴办农产品加工企业，努力探索产加销“一条龙”、贸工农一体化经营方式，以粮食、畜牧、水果和蔬菜为主的主导产业和农副产品生产基地建设较快发展，一大批从事农产品加工、经销的龙头企业也开始逐步崛起。

二 农业经济调整发展阶段（1991~2000年）

在改革开放后全省农产品产量大幅增加的基础上，山西逐步改革农产品购销体制，先后对水果、水产品、畜产品、蔬菜的经营实行市场调节，相继放开了粮食、棉花、油料、甜菜等农产品的市场价格，为全省农业产业结构调整和农村全面转入市场经济开辟了道路。这一阶段的农业发展以提高农业经济效益为核心，以调整结构为突破口，以种养加、农工商、内外贸、农科教结合为基本途径，农业现代化、商品化步伐不断加快。种植业结构向效益型调整，在将粮食作物和经济作物种植比例由8∶2调整为7∶3的基础上，优质农产品品种比重继续增加，粮食作物中小麦、玉米、高粱和豆类的种植面积不断扩大，市场需求较好的豌豆、绿豆、莜麦等名优小杂粮生产发展较

① “三就地”即就地采购、就地加工、就地销售。

② “一包三改”即乡村集体企业和经济实体全面实行经济承包责任制；改干部任免制为招聘制；改工人录用制为合同制；改固定工资（补贴）制为浮动工资制。

快，传统的棉花、油料、甜菜、烟叶、药材、桑麻等经济作物种植也逐步发展起来。畜牧业、林业和农产品加工业发展迅速，初步形成了农林牧全面发展、种养加综合协调的大农业结构。通过实施“星火”“燎原”“丰收”三大计划和一批重点工程项目，节水灌溉农业和旱作农业综合配套技术迅速推广，全省农业发展的重点开始转移到依靠科技进步和提高资源利用率、产出率，改善农业生产条件，加快实现农业的集约经营，实现高产与高效的统一。

农业产业结构的不断调整和优化，为推进农业产业化经营奠定了坚实基础。1992~1994 年，山西开展了探索农业产业化经营的具体实践，全省各地农业产业化实践的力度不断加大，不同形式的产业化模式初具雏形，一批农业产业化开发的典型也逐步涌现。按照以工促农、农工商一体化、种养加“一条龙”的思想，山西兴建了一批科技含量高、起点高、产品附加值高的农产品加工企业，粮、畜、果三大产品加工的广度与深度不断加大。1995 年山西农村工作会议明确提出推进农业产业化发展的任务，同年 10 月全省农村小康建设阳泉会议明确提出把产业化作为山西农村改革与农业发展的主攻方向。以农业产业结构调整优化为基础，在资源比较优势驱动和产业政策的引导下，山西农业生产布局逐步向优势产区集中，逐渐形成了运城的苹果、吕梁的红枣、长治的小米、晋中的蔬菜、晋北一带的小杂粮等一批布局相对集中、区域特色明显的优质农产品生产基地，初步奠定了全省农业产业化经营发展的基本方向和格局。1997 年山西省委、省政府下发《关于进一步推进农业产业化经营的实施意见》，农业产业化经营进入实质性推进阶段：一是将农副产品加工业作为全省新的经济增长点，将“三基四重”[①] 完善为“三基五重”；二是通过实施集团化战略，组建农副产品加工大型龙头企业；三是依托山西大学、山西农业大学等科研机构，采用高新技术，确保农副产品加工企业的市场竞争力；四是加快企业股份制、股份合作制改制步伐，增强农副产品加工企业内在活力。山西农业产业化经营开始以市场为导向，扶持农产品加工龙头

① 1992 年起山西全省实施的经济发展战略，“三基”指农业基础、基础设施、基础工业，“四重”指挖煤、输电、引水、修路。

企业，开发名优农产品，积极探索有中国特色、符合山西实际的农业产业化开发之路，从而在家庭联产承包责任制的基础上，努力推进农业经济发展的第二次飞跃。到 2000 年，全省农副产品加工业已基本形成贸工农、产供销一体化的生产经营方式，成为全省农业产业化的核心产业。与此同时，在大力发展杂粮、干鲜果、草食畜牧、蔬菜等四大产业的基础上，山西省形成了一批具有区域特色的优质农产品基地、商品粮基地和小杂粮基地，山西农业产业化进入实质性推进、大跨步发展的新阶段，有力促进了全省农业经济的稳步发展。

三　农村经济发展优化转型期（2001~2012年）

这一阶段，山西在稳定发展粮食生产基础上大力发展特色主导产业，全省农业产业结构进一步调整优化。

21 世纪初期，面对当时粮食产量大幅下降的严峻形势，山西采取了粮食收购保护价等一系列稳定粮食生产的政策举措，迅速扭转了粮食生产的下滑势头。在稳定粮食生产的基础上，山西农业产业结构调整从“八五”和“九五”时期的适应性调整向更加积极主动的战略性调整转变，种养业品种结构进一步优化，特色农业发展迅速，优质杂粮、草食畜、水果、蔬菜四大特色主导产业向优势区域集中，林果苗木、农作物制种、特种养殖、中药材四大亮点产业不断发展壮大。2009 年山西又启动了总投资 300 亿元的晋中、运城、大同三个现代农业示范区建设，着力实施了创建粮食高产、高效园艺建设、规模健康养殖、农产品加工增值“四大工程”。

以农业产业结构的进一步优化为基础，这一时期山西把农业产业化经营作为推动经济结构调整、增加农民收入的重要举措，积极培育扶持农业产业化龙头企业和农业产业化经营大户，发展农民专业合作经济组织，着力推行“举龙头、搭桥梁、建基地、带农户、促增收”的产业化经营模式。2000 年山西出台《中共山西省委、山西省人民政府关于进一步推进经济结构调整实施“1311”规划的意见》，将农业产业化经营龙头企业同战略性工业潜力产品项目、十大旅游景区项目和高新技术产业化项目并列作为推进全省经济结构调整、促进经济健康快速发展的战略举措，提出按照扶优、扶大、扶强的原则重点发展100个农业产业化龙头企业，在资金、项目和企业人才队伍建设上进行重点扶持。2001年，全省正式启动农业产业化“百龙工程计划”①，省级农业产业化资金重点扶持了以陈醋集团、古城乳业集团为代表的20个农畜产品加工龙头企业。上述举措有力地促进了山西特色农业发展和农业产业化经营龙头企业的培育与壮大，全省农业产业化由20世纪90年代的探索阶段进入稳定发展阶段，企业数量逐年增多，资产规模继续增大，涉及领域不断拓宽。

2007年，山西将农业产业化与新型工业化、特色城镇化并列作为全省经济发展的战略思路，提出要提高农业的规模化、标准化、产业化水平，重点在提高农民组织化程度、发展畜牧业和培育农业产业化龙头企业上实现突破。2008年，党的十七届三中全会通过的《中共中央关于推进农村改革发展若干重大问题的决定》，提出我国总体上已进入以工促农、以城带乡的发展阶段，进入加快改造传统农业、走中国特色农业现代化道路的关键时期。新形势下的农村发展，要把建设社会主义新农村作为战略任务，把走中国特色农业现代化道路作为基本方向。山西出台了相应的具体实施意见，以转变农业发展方式为突破加快发展现代农业和以完善农村公共服务体系为突破推动农村社会全面进步开始成为这一时期山西农业和农村经济发展的主线。

2009年，山西正式启动实施农产品加工龙头企业“513”工程②，对产业

---

① “百龙工程计划”：集中力量建设20个省级大型农产品加工企业，每个企业年销售收入达到3亿~5亿元；建设30个地、市骨干农产品加工企业，每个企业年销售收入达到1亿元；建设50个县、区重点农产品加工企业，每个企业年销售收入达2000万元以上。

② “513”工程：按照省、市、县三级总体规划、分层次推进、重点扶持的原则，做大做强450家农产品加工龙头企业，其中省级梯次在全省现有农业产业化国家级及省级龙头企业中选择30个企业，在全省资源型企业转产和招商引资企业中选择20个投资额在亿元以上的企业，共50个企业；市级梯次选择100个有一定规模、发展前景好、带动力较强的农产品加工龙头企业；县级梯次选择300个成长性好的农产品加工龙头企业。

链条长、辐射带动面广、市场竞争力强的农产品加工龙头企业的扶持力度进一步加大，有力推动了农产品加工龙头企业体制、机制和科技创新以及企业品牌打造和产品结构的优化升级，进一步促进了全省农产品加工龙头企业做大做强。为夯实农业产业化基础，2011 年山西开始发展“一村一品、一县一业”[①]，从产业基础较好的行政村中，每年选择 2000 个专业村重点培育，并以发展“一村一品”为基础，从基础条件较好、产业集中度较高的优势农产品大县选择建设 36 个“一县一业”基地县，以后根据建设情况逐年增加。

虽然这一时期全省农业经济迅速发展，但农村基础设施建设和社会事业发展滞后的问题也在逐渐凸显，特别是在一些“老少边穷”地区，老百姓行路难、上学难、看病难、吃水难等问题严重阻碍了全省农村的经济发展、社会进步和农民生活水平的提高，广大农村居民在享受政府提供的公共服务上与城市形成了巨大反差。在此背景下，随着全省农业产业结构调整和产业化程度不断提升，山西农村经济发展内涵也在不断深化，以农村基本公共服务均等化的深入推进为标志，新农村建设成为全省农村经济发展的重要内容。

2006 年中共中央、国务院《关于推进社会主义新农村建设的若干意见》提出，我国农业基础设施脆弱、农村社会事业发展滞后、城乡居民收入差距扩大的矛盾依然突出，解决好“三农”问题仍然是工业化、城镇化进程中重大而艰巨的历史任务。同年山西出台《中共山西省委、山西省人民政府关于加快建设社会主义新农村的意见》，提出要在大力加强农业综合生产能力建设、稳步发展粮食生产、发展壮大特色优势产业的同时，通过推行“四化四改”[②]使农民生产生活条件明显改善。2009~2012 年，山西投资 640 亿元，在

① “一村一品、一县一业”：以村、县为基础，在一定区域范围内，依托资源优势，按照市场需求，整合各类生产要素，整村整乡整县推进优势资源开发，推行农业专业化、标准化、规模化、集约化生产和产业化经营，培育特色优势品牌，促进主导产业优化升级，使每个村、每个乡、每个县，甚至更大的区域内拥有一个或几个区域特色明显、产业集中度高、市场潜力大的主导产业和产品，大幅度提升农业和农村经济综合实力和市场竞争力，带动农民增收致富。

② “四化四改”：街巷硬化、村庄绿化、环境净化、路灯亮化和改水、改厨、改圈、改厕。

全省农村实施了两轮“五个全覆盖”[①]工程。“四化四改”和两轮农村“五个全覆盖”的推进，不仅大幅提高了山西农村公共服务水平，同时也为城乡统筹的基本公共服务体系的建立探索了一条新路。

四　新时代高质量发展期（2013~2018年）

党的十八大以来，山西农业农村经济持续发展、农业现代化进程不断加快，全省农业农村发展再上新台阶，呈现出“现代农业取得新突破、农民群众得到新实惠、新农村建设取得新成效”的良好局面，为全面建成小康社会奠定了坚实基础。

2013 年山西开始实施粮食、杂粮、畜牧、设施农业、水果、中药材、酿造业七大产业振兴翻番工程，以汾河平原、上党盆地、雁门关区域、太行山区域、吕梁山区域、城市郊区六大区域为代表的特色现代农业快速发展，在此基础上，山西着力推动了运城、太原、上党和朔州四大现代农业集群示范区域建设。

在特色现代农业迅速发展的同时，为进一步提升现代农业发展质量，2016 年山西启动特色现代农业增效工程，全省杂粮、草食畜、鲜干果、蔬菜、中药材等特色产业发展进一步推进，以开发功能食品为重点的农产品精深加工规模也在不断扩大，启动建设了全国小杂粮产地交易市场，加快发展休闲农业和乡村旅游，农业对外开放不断拓展，“晋”字品牌农产品的知名度和市场竞争力不断提升。2017 年，为进一步顺应农业发展新趋势、培育发展新动能、提高农业效益和市场竞争力，山西启动特色农产品优势区和现代农业产业园建设，重点布局“3+X”，“3”是依托雁门关农牧交错带、山西农谷、运城农产品出口平台三个省级战略，集中布局草牧业、蔬菜、水果等特优区和

---

① “五个全覆盖”：第一轮“五个全覆盖”，即具备条件的建制村通水泥（油）路全覆盖、中小学校舍安全改造全覆盖、县乡村三级卫生服务体系特别是村级卫生室全覆盖、村通广播电视全覆盖、农村安全饮水全覆盖；第二轮“五个全覆盖”，即农村街巷硬化全覆盖、便民连锁商店全覆盖、文化体育场所全覆盖、中等职业教育免费全覆盖、新型农村社会养老保险全覆盖。

产业园；“X”就是在现代农业示范区建设和“一村一品、一县一业”发展的基础上，围绕杂粮（马铃薯）、畜牧、蔬菜（食用菌）、鲜干果、中药材五大特色产业，科学布局若干特优区和产业园。

在农业产业结构优化升级和农业现代化发展不断加速的同时，全省农民生活质量也在不断提升。两轮“五个全覆盖”全面完成之后，2013 年山西投入400亿元为农民群众办“五件实事”①，行政村街道亮化工程已提前完成，其他四件全部完成序时任务。之后山西将新型职业农民培训也列入“五件实事”继续推进。2014 年以来山西投资 350 亿元实施了改善农村人居环境、建设美丽乡村的完善提质工程、农民安居工程、环境整治工程、宜居示范工程“四大工程”②，并将改善农村人居环境工程同巩固两轮“五个全覆盖”成果、办好“五件实事”相结合。2014~2017 年，全省每年出台相应具体行动计划。“四大工程”实施以来，全省农民的生产生活条件明显改善，农村基础设施公共服务水平明显提升，农村整体面貌发生了可喜变化。

第二节　改革开放以来山西农业农村经济发展成就

改革开放 40 年来，山西农业农村经济走过了波澜壮阔的发展历程，取得了令人瞩目的巨大成就。全省农业农村经济实现农业全面转型升级、农村全面繁荣进步、农民全面富裕发展，初步走出了中国特色社会主义乡村振兴的山西路径，为全省农村全面建成小康社会奠定了坚实基础。

① “五件实事”：改造农村困难家庭危房 8.5 万户，新建改建农村幼儿园 300 所，易地搬迁农村贫困人口 10 万人，深入推进乡村清洁工程，培训新型职业农民 10 万人。

② “四大工程”：完善提质工程主要内容是完善路水电气等基础设施，提升农村文化教育、医疗卫生、社会保障等公共服务水平；农民安居工程主要内容是在采煤沉陷区、地质灾害易发区、连片特困区重点实施易地搬迁，改造农村困难家庭危房；环境整治工程主要内容是以农村垃圾治理、污水治理为重点，兼顾农业面源污染治理；宜居示范工程主要内容是在改善农村人居环境的基础上，鼓励支持有条件的村开展美丽乡村建设，打造一批家园美、田园美、生态美、生活美的美丽乡村。

一 农业生产条件显著改善

农业机械化水平迅速提升。改革开放以来，山西农业机械化从无到有逐步发展，由推广畜力式、改良农具到运用机电动力和机械化农机具，由发展单纯种植业机械化到面向农林牧副渔业、加工、运输全方位机械化，由单一国家投资发展到千家万户农户自己经营农机，全省农业机械装备水平、技术服务体系等不断完善，2017 年全省机械耕地面积 2733.2 千公顷，比 1978 年的 1936.99 千公顷增长了 41.1%；2016 年全省农用机械总动力 1744.26 万千瓦，[①] 是 1978 年 462.68 万千瓦的 3.8 倍；2016 年农用大中型拖拉机 13.81 万台，是 1978 年 2.43 万台的 5.7 倍；2016 年农用小型拖拉机 35.4 万台，是 1978 年 2.7 万台的 13.1 倍；2016 年全省农用化肥使用折纯量达到 117.07 万吨，是 1978 年 35.6 万吨的 3.3 倍；2016 年全省农村用电量 97.52 亿千瓦时，是 1978 年 12.3 亿千瓦时的 7.9 倍。

农田水利建设成效显著，已初步建成包括防洪、灌溉、除涝改碱、山区水土保持、农村小水电站以及水产养殖等互相配套与基本完整的水利工程体系。2016 年全省机电排灌面积 1141.2 千公顷，比 1978 年的 766.30 千公顷增长了 48.9%；全省农村小型水电站装机容量 5.95 万千瓦，是 1978 年 1.87 万千瓦的 3.2 倍；2016 年全省水库总库容量 69.44 亿立方米，比 1978 年的 42.1 亿立方米增长了 64.9%。

农业科技水平显著提升。改革开放以来山西不仅建立了门类齐全、功能多样、手段先进、水平较高的科研机构队伍，而且建立完善了省、市、县、乡四级农业技术推广网络，农科教相结合的农业科技推广体系逐步形成，农业科技在全省农、林、牧、渔、农产品加工等各个领域得到广泛的推广应用。“十二五”时期通过国家审（鉴）定农作物新品种 30 个。山西省科学家在国际上首次发现梨的甜菜碱合成与其耐旱性密切相关；首次将偃麦草的抗病基

① 由于资料所限，全省农业机械化程度水平部分数据使用 2016 年数据，下同。

因导入小麦；气象灾害防御能力和综合气象观测能力显著提升，突发气象灾害监测率达 87%，基本实现了重点地区主要灾害性天气的连续监测。农业科技创新能力显著增强，农业科技进步贡献率达到 56%。基本形成了现代设施条件、先进技术装备水平支撑农业发展的新格局。

农业生态环境保护取得新进展。国家天然林保护、三北防护林、太行山绿化、京津风沙源综合治理等国家林业工程扎实推进，“两山”造林、“两网”绿化、“两区”增绿、“两林”富民、“双百”精品、“双保”管护等省级林业六大工程顺利实施。通道绿化、交通沿线荒山绿化、村镇绿化等省级十大造林绿化工程成效显著，水土保持和水生态修复工程取得积极进展，草原建设和保护力度不断加大，草地退化趋势有所遏制。

二 农业综合生产能力不断提升

2016 年全省农业总产值 1534.03 亿元，是 1978 年 29.01 亿元的 52 倍。其中，农业产值达 958.11 亿元，是 1978 年 23.97 亿元的 40 倍；林业产值达 100.31 亿元，是 1978 年 1.74 亿元的 57.6 倍；牧业产值达 376.17 亿元，是 1978 年 3.29 亿元的 114.3 倍；渔业产值达 9.9 亿元，是 1978 年 0.0066 亿元的 1501 倍。全省农业经济总量大幅增加，农业经济实力显著增强。

农林牧渔业全面发展，主要农产品产量迈上新台阶。改革开放 40 年来，山西农业综合生产能力明显增强，主要农产品产量都有较大幅度提高。全省粮食总产量连创历史新高，1978~1996 年，山西粮食产量相继登上了 80 亿公斤、90 亿公斤和 100 亿公斤的台阶。2010~2014 年实现新中国成立以来首次粮食产量“五连增”，2017 年粮食总产量达到 1299.9 万吨，比 1978 年的 706.96 万吨增长了 83.9%，粮食总产量连续 12 年迈上千万吨新台阶。2016 年全省小麦产量 273.41 万吨，玉米产量 888.89 万吨，分别是 1978 年 129 万吨、271 万吨的 2.1 倍和 3.3 倍。2016 年蔬菜及食用菌产量达到 1339.8 万吨，是 1980 年 180.42 万吨的 7.2 倍；2016 年水果产量 840.77 万吨，是 1978 年 30.8

万吨的37.3倍。同时、甜菜、烟叶、药材等农产品产量也达到新的水平。

林业建设步伐加快、成绩显著。改革开放以来，山西林业建设步入了以实现林业现代化为目标的振兴时期。全省广泛开展全民义务植树运动，推行平原绿化，营造三北防护林，建设用材林和经济林基地，全面推行林业承包经营责任制，出现了国家、集体、个人多层次、多形式发展林业的新局面，全省造林数量增加、质量提高，林业建设取得了显著成就。2017年全省森林覆盖率提高到20.5%。[①]2016年全省林业总产值达到100.31亿元，是1978年1.74亿元的57.6倍。

全省畜禽养殖由分散的传统养殖向规模化、集约化、标准化、商品化的现代养殖业转变，主要畜禽生产总量大幅提高，畜禽规模养殖业迅速发展，一大批规模化、标准化、现代化养殖企业应运而生。全省逐渐形成了雁门关区牛羊草食畜、晋东南生猪、晋中南家禽三大产业板块，培育出恒天然应县牧场有限公司、金沙滩羔羊肉业公司、山西大象农牧集团有限公司、晋宏天兆农牧有限公司等优质龙头企业，吸引了双汇、雨润、伊利、蒙牛等国内畜产品龙头加工企业投资建厂。新西兰恒天然、天津宝迪、中粮集团等国际国内知名企业落户山西，以公司制、合作制为特征的现代畜牧业格局基本形成。2016年山西畜牧业产值达到376.17亿元，是1978年3.29亿元的114.3倍，已发展成为大农业中仅次于种植业的第二大支柱产业；2016年全省猪牛羊肉总产量68.1万吨，是1978年18.23万吨的3.7倍。水产品产量5.23万吨，是1978年0.07万吨的74.7倍。2016年末全省生猪出栏748.86万头，牛出栏40.27万头，羊出栏517.78万只，分别是1978年274.1万头、1.5万头、92.5万只的2.7倍、26.8倍和5.6倍。

全省渔业生产也有长足发展。2016年全省养殖水面发展到1.57万公顷，比1978年的1.31万公顷增长了19.8%，鱼类产量50734吨，是1978年719吨的70.6倍。

---

① 森林覆盖率数据来源于《山西省2017年国民经济和社会发展统计公报》。《公报》中森林资源数据标注为2015年山西省第九次森林资源清查结果。

二 农业经济发展质量进一步优化

改革开放以来，山西从自身资源条件出发，以市场需求为导向，着力培育区域性主导产业，积极兴办龙头企业，努力探索产供销、贸工农一体化的途径，已基本形成由特色农业向现代优质农业转型升级的动力结构、产业结构、要素结构和形态更高级、分工更优化、结构更合理的现代农业产业体系、生产体系、经营体系，农业经济的产品优势、产业优势和竞争优势不断提升，已成为全省农业供给侧结构性改革和乡村振兴的新引擎。

（一）农业生产经营方式不断创新，农村第一、二、三产业加速融合

改革开放 40 年来，山西在不断加强农业基础地位、促进农业稳步增长的同时，大力发展农村第二、三产业，以农产品加工业为代表的农村非农产业得到迅猛发展，基本形成了市场带龙头、龙头带基地、基地连农户的生产经营模式。一是规模农业发展迅猛，新型经营主体明显增多。从第三次农业普查对全省农业生产经营户和农业生产经营单位的基本状况和生产条件的调查结果来看，2016 年末，全省共有农业生产经营户 585.1 万户，比 1996 年第一次全国农业普查时的 542.32 万户增长 7.8%。在农业生产经营户中共有 6.1 万规模农业经营户。全省共有农业生产经营单位 4.2 万个。2016 年末，在工商部门注册的农民合作社总数 9.3 万个，合作社行政村覆盖率达 96% 以上。全省认定家庭农（牧）场 9032 家，流转土地总面积 779 万亩。规模经营的家庭农场、合作社土地产出率、资源利用率、劳动生产率普遍高出全省平均水平 10% 以上。二是农产品加工龙头企业迅猛发展，初步形成农产品加工龙头企业集群。随着农产品加工“513”工程的顺利推进，全省农业产业化龙头企业迅速崛起，它们上联市场，下联基地，发挥了强大的辐射和带动作用，逐步把分散的小农户生产带入现代市场。2013 年全省农产品加工企业销售收入迈上 1000 亿元台阶，到 2016 年，全省涌现出年销售收入亿元以上企业 190 余

家，其中超百亿元企业1家，超50亿元2家；有国家级农业产业化企业32家、省级重点龙头企业413家。以“屯玉”和“强盛”为代表的制种业品牌，以“绛绿”和“寿绿”为代表的蔬菜品牌，以“冠云”牛肉、“水塔”陈醋、“沁州黄”小米、“稷山”板枣、“厦普赛尔”黄梨汁、“双合成”月饼等为代表的名优土特产品等一大批名牌龙头企业和名牌农产品迅速崛起，获得中国驰名商标企业25家、中国名牌产品企业7家，入选“中华老字号”企业27家。山西连续举办“中国山西特色农产品交易博览会”和“山西特色农产品北京展销周”，先后推出300多个金奖产品，1000多个畅销农产品。同时在上海、昆明等省会城市建立了山西特色农产品展示直销中心。农业生产的特色优势正在向市场优势转化，越来越多的山西特产走出娘子关。目前全省已形成粮食、畜禽、乳品、果品、蔬菜、薯类、油脂、中药材等八大农产品加工产业链，辐射带动农户超过400万户，吸纳农民工就业近50万人，不仅推动了全省农业产业化经营水平的整体提升，夯实了现代农业发展基础、加快了农业发展方式的转变，而且对促进农业提质增效、农民就业增收、提高人民群众生活质量和健康水平、保持全省经济平稳较快增长发挥了十分重要的作用。

（二）特色农业基础不断夯实，基本形成现代农业主导区域和发展极

一是农业产业结构不断优化，为特色农业发展打下了坚实基础。山西各地依托自身资源优势，“一村一品、一县一业”不断发展壮大。“一村一品”主要发展了杂粮、蔬菜、干鲜果、畜牧、农产品加工、中药材、蚕桑、民间工艺、观光农业、农村服务业等涉农产业或产品；“一县一业”主要发展了杂粮、马铃薯、蔬菜、苹果、梨、红枣、核桃、生猪、奶牛、肉牛、羊、禽业等优势产业。通过“一村一品、一县一业”建设，全省涌现出了一批特色明显、效益较高并具有一定知名度的专业村、专业乡，初步形成了一批优势农产品基地县和集中连片的产业区、产业带，为农业产业化发展打下了坚实的基础。

二是特色农业发展区域特征显著。目前，山西已形成汾河平原、上党盆地、雁门关区域、太行山区域、吕梁山区域、城市郊区为代表的六大特色现

代农业发展区。汾河平原区域南部重点发展优质小麦、水果和家禽产业，积极推进粮食主产区建设和旱作节水农业发展；北部重点发展酿造业和农产品深加工，积极推进农产品物流体系建设。上党盆地重点发展优质杂粮、中药材和生猪产业。雁门关区域重点发展优质肉牛肉羊等草牧业和优质杂粮产业，积极推进粮改饲、休耕轮耕制度。以上三个区域农业生产的重点是以“菜篮子”“米袋子”为主的优质大宗农产品；吕梁山区域重点发展苹果、枣和核桃等优质干鲜果和马铃薯产业。太行山区域重点发展谷子等优质杂粮和道地中药材产业。这两个区域农业生产的重点是干鲜果、中药材和杂粮等健康养生产品。城郊农业区域重点发展休闲农业，积极开发农业多种功能和促进三次产业融合，引领现代农业示范和新技术试验，重点在于休闲、农产品加工等多功能农业发展。

三是现代农业发展极初步形成。在六大特色现代农业示范区迅速发展的同时，山西着力推动了现代农业四大集群示范区域的建设。其中，运城优质果麦产业化示范区的发展重点是优质果麦生产和农业信息物流集散；太原都市农业多功能示范区的发展重点是现代农业新业态、新农村建设和新型职业农民培育；上党特色生态农业示范区的发展重点是绿色无公害农产品、生态循环农业和道地中药材集中连片发展；朔州草牧业种养加发展示范区的发展重点是种养加、粮经饲三元现代草牧业。全省 5 个国家级[①] 和 26 个省级现代农业示范区已经成为引领全省农业现代化建设的发展极与增长点。

（三）农业供给侧改革深入推进，农业经济发展质量不断优化提升

一是适应农产品消费升级需要，农业产业布局继续优化，特色优势产业加快发展。近年来，山西以六大特色农业发展区域[②] 为重点，按照稳粮、优经、扩饲的原则，稳定小麦等粮食生产、强化杂粮和果菜生产、扩大畜牧和

---

① 山西国家级现代农业示范区为 2 市（晋中、长治）5 县（运城市盐湖区、大同市南郊区、定襄县、高平县、曲沃县）。

② 汾河平原、上党盆地、雁门关、太行山、吕梁山和城郊农业六大特色农业发展区域。

药材产业。2017 年，杂粮、鲜干果、畜牧业等特色产业产值占农业总产值比重已达到 72%。[①] 二是农业新产业、新业态不断涌现，形成发展不断加快的良好态势。休闲农业、乡村旅游、农村电子商务等农业新产业、新业态快速增长，农业产业链、价值链不断拓展，已成为全省农业经济发展的新动能。三是绿色优质农产品供给不断加强。山西相继开展了以“享用三晋品牌、提升生活品质”为主题的“山西品牌中华行”“山西品牌丝路行”“山西品牌网上行”等“品牌行”系列活动，有力促进了农业产业链的延伸拓展和农产品供应结构的优化提质。同时面向中高端消费市场，加快黄芪等药食同源产品开发，大力发展保健食品等高附加值产品，推动了功能农业的发展壮大。

四　农民生活水平持续提升

改革开放以来，山西农村居民生活水平持续提升。1985 年，农村居民生活从贫困进入了温饱，之后随着全省农村经济建设持续发展，农民收入大幅度增长，为满足农民日益增长的物质文化生活需求提供了有力的保证。特别是党的十八大以来，全省始终把增加农民收入放在农村经济工作的突出位置来抓，农村居民收入又实现了新的跨越。2015 年全省农村居民人均可支配收入突破 9000 元大关，达到 9454 元，连续三年超过全国平均增速，连续五年超过城镇居民收入增速，增幅实现“五连快”，城乡居民收入比由 2010 年的 2.95∶1 缩小到 2015 年的 2.73∶1。2017 年全省农民人均可支配收入达到 10788 元，是 1978 年 101.61 元[②] 的 106.2 倍，年均增长率 13.8%。全省贫困地区农民收入水平显著提升。党的十八大以来全省累计减贫 275 万人，贫困发生率从 13.6% 降到 3.86%，贫困村由 7993 个减为 3193 个。2017 年，山西贫困地区农村居民人均可支配收入 7330 元，比上年增加 707 元，增长 10.7%，增速比全国农村居民人均可支配收入高 0.2 个百分点，比全省高 3.7 个百分点。

① 2017 年前三季度数据。

② 统计口径为农民人均纯收入。

贫困地区农村居民人均可支配收入占全省农村居民人均可支配收入的67.9%，比上年提高2.2个百分点，贫困地区农民人均可支配收入与全省平均水平的差距进一步缩小。2017年，全省贫困地区农村居民收入增速在全国有国定贫困县的22个省（市、区）中居第10位，位次前移11位。增速在中部六省中居第4位，前移2位。

农民生活消费支出全面增长，消费结构趋向合理，农民家庭“吃、穿、用、住”全面改善。改革开放以来，山西农民消费支出和消费观念发生重大变化，长期以来以吃、穿为主的消费结构得到改变，改善居住条件和丰富文化生活，购买中、高档耐用生活消费品已逐步成为农民改善生活的重点。1978年以来的40年间，农民生活消费支出迅猛增长，2017年山西农民人均消费支出为8424元，是1978年90.64元的93倍，年均增长12.3%。

与农民消费水平提高相适应，农民消费结构日趋合理，由生存资料为主开始向享受资料和发展资料转变。与改革前相比，山西农民生活消费已实现了四大转变：吃由非温饱型向营养型转变；穿由简单雷同型向多样选择型转变；住由旧式简陋型向美观舒适型转变；用由实用简朴型向高档耐用型转变。农民整体生活水平在解决温饱的基础上实现基本达小康。农民的消费优先序由改革前的“吃、穿、用、住”转向“吃、用、穿、住”。在生活消费支出中食品支出比重由1978年的67.3%下降到2016年的28.3%，而住房消费支出由0.5%上升到22.4%，文化生活服务支出由2.6%上升到14%。

“吃”由非温饱型向营养型转变。改革开放以来，随着农村经济的不断发展和农民收入的显著增加，山西农民生活逐步改善，食物消费已由追求数量转向数量、质量并重，主要表现在由粗粮消费为主转向细粮消费为主，由主食消费为主转向主副食消费并重，优质高档水果、营养补品等高级食品也迅速进入农民消费序列。

“穿”由简单雷同型向多样选择型转变。改革开放以来，山西农民衣着由以棉布为主，自制为主，穿衣颜色、品种、款式单一，向衣着消费数量大幅度增加，档次明显提高，商品化、成衣化倾向显著转变。在衣着消费中，呢绒、绸缎、皮革服装消费逐步普及，农民对服装的选择正在向多样化方向发展，农村青年追求穿着式样、质地，对中高档穿着的消费逐步扩大。

"住"由旧式简陋型向美观舒适型转变。改革开放以来特别是农民温饱问题基本解决后，改善居住条件成为山西农村居民的迫切要求。农民建房投资大幅度增加，居住面积迅速扩大，农村住房由土坯和砖瓦结构向砖混合钢筋混凝土结构转变，农民居住条件大为改观。

"用"由俭朴型向高档耐用型转变。改革开放以来，农民购买耐用消费品的势头持续高涨，农民家庭生活消费品经历了由低到高的档次转换过程。各种中高档家具、家用电器等从无到有，迅速增加。到2016年，全省平均每百户农民家庭拥有彩色电视机105.9台、洗衣机88.4台、冰箱70.53台、摩托车51.39辆，分别是改革开放初期水平的79.6倍、31.5倍、1410.6倍和119.5倍；2016年，全省平均每百户农民家庭拥有移动电话215.5台、空调12.85台、电脑33.85台，分别是20世纪初期水平的321.6倍、25.7倍和112.8倍。[①]

五　农村面貌发生积极变化

改革开放以来，山西围绕新农村建设，先后实施了两轮"五个全覆盖"和农村人居环境改善工程等一系列举措，全省乡村生活条件焕然一新。第一轮"五个全覆盖"工程完成村通水泥（油）路2.5万公里，新增通水泥（油）路的建制村3184个，实现了全省具备条件的建制村通水泥（油）路全覆盖。改造和加固中小学校9729所，改造校舍面积2224万平方米，提前一年实现了全国中小学校舍安全工程提出的目标。通过新建、改造、租用农村闲置用房和联村共建等方式，对6971个卫生室"空白村"实现全覆盖，提前近1年全面完成目标任务，并按照每村不低于5000元的标准为村卫生室配备了基本

① 资料来源于历年《山西统计年鉴》。彩色电视机、洗衣机、摩托车数据根据1985年水平计算；冰箱数据根据1987年水平计算；移动电话数据根据2000年水平计算；空调和电脑数据根据2002年数据计算。

医疗设备。村通广播电视工程完成了剩余 9638 个村的通广播电视任务。建成农村安全饮水工程 12301 处，解决了 15585 个村、588 万农村人口的饮水安全问题，完成率达到 120%。新一轮“五个全覆盖”完成 27763 个行政村 13.68 万公里的农村街巷硬化任务。建设 8427 个便民店，加上 2010 年底前全省已建成的便民店 15502 个，农村便民连锁店实现全覆盖；建成农家书屋 21239 个，加上 2010 年底建成的农家书屋 7100 个，提前半年实现农家书屋全覆盖；完成剩余 5354 个村的体育场所建设，并解决了“两区”县 2139 个行政村体育场地合建的历史遗留问题，加上 2010 年底前已建的 22846 个村体育场所，实现了农村体育场所全覆盖；为 4383 个村配送价值 5000 元的“农村流动书库”或农村文化活动器材，加上 2010 年底前已建的 23852 个村文化室，完成村级文化活动场所全覆盖；截至 2016 年底，完善提质工程完成农村公路建设 2778 公里；[①] 解决了 44.5 万农村人口安全饮水问题；新建、改扩建农村老年人日间照料中心 1000 个、农村幼儿园 152 所；完成 8 万户农村广播电视卫星户户通提质工程；农民安居工程集中解决了 68 万困难群众的安居问题，实施了 7.6 万户、22 万人采煤沉陷区综合治理搬迁安置、4000 户农村地质灾害治理搬迁、10 万户农村困难家庭危房改造、10 万贫困人口易地扶贫搬迁及 1 万户农村住房抗震改建试点工程，全部达到年度序时进度；环境整治工程累计清理“四堆”85 万处，清理积存垃圾 191 万吨。在清徐、灵丘等 11 个县及孝义、侯马等 8 个县（市），启动了农村垃圾治理、污水综合利用试点建设，同步启动了农村厕所革命试点工程。推进病死畜禽无害化处理，建设日处理能力 5~10 吨的中大型病死动物无害化处理场 3 个，日处理能力 5 吨以下的中小型无害化处理场 13 个。宜居乡村建设开展了 100 个省级美丽宜居乡村创建工程，各市县也都开展了本级示范村的创建工作。重点实施了 70 处国家级传统村落保护修复工作，全省国家级古村落达到 279 个，省级古村落达到 286 个。启动实施了全省农村公共浴室试点建设工程，建成 98 个农村公共浴室，解决

---

① http://www.scio.gov.cn/xwfbh/xwbfbh/wqfbh/35861/36110/xgbd36117/Document/1540340/1540340.htm.

了16万余农民群众的洗澡问题。

两轮“五个全覆盖”的顺利完成和农村人居环境改善工程的持续推进，使全省农村基础设施和公共服务水平明显提升，农村整体面貌发生了较大变化。截至2016年末，全省有火车站的乡镇占14.1%，[①] 有高速公路出入口的占23.9%。全省99.2%的村通公路，92.8%的村内主要道路有路灯，99.7%的村通电，8.4%的村通天然气，98.7%的村通电话，61.8%的村安装了有线电视，77.6%的村通宽带互联网，12.7%的村有电子商务配送站点；全省84.5%的乡镇集中或部分集中供水，79.4%的乡镇生活垃圾集中处理或部分集中处理，63.9%的村生活垃圾集中处理或部分集中处理，8.5%的村生活污水集中处理或部分集中处理，27.0%的村完成或部分完成改厕；全省94.9%的乡镇有图书馆、文化站，13.4%的乡镇有剧场、影剧院，17.1%的乡镇有体育场馆，70.6%的乡镇有公园及休闲健身广场，68.9%的村有体育健身场所。全省92.0%的乡镇有幼儿园、托儿所，97.9%的乡镇有小学。25.1%的村有幼儿园、托儿所。全省100%的乡镇都有医疗卫生机构，48.2%的乡镇有社会福利收养性单位，83.6%的村有卫生室；全省33.3%的村有50平方米以上的综合商店或超市，18.3%的村有营业执照的餐馆；全省99.2%的农户拥有自己的住房，23.9%的农户使用经过净化处理的自来水，4.7%的农户使用水冲式卫生厕所。农村基础设施建设的迅速发展，使广大农民群众多年来想解决却一直解决不了的迫切需要解决的困难得以解决，结束了很多地方行路难、吃水难、就医难和上学不安全、信息不畅通的历史，乡村生活条件的改善明显提升了农民的生活质量，为广大农民安居乐业奠定了良好的基础。

第三节　改革开放以来山西农业农村经济发展的思考

改革开放以来，山西探索出了一条符合中国国情和山西实际的农业农村

① 资料来源于《山西省第三次全国农业普查数据公报》（第二号、第三号），下同。

经济发展道路，农业农村经济发展取得了显著成就。回顾改革开放以来山西农业农村经济的发展，可以得出以下一些规律性认识。这对今后山西农业农村经济的发展也同样具有参考价值。

一 对改革开放以来山西农业农村经济发展的认识

改革开放以来山西农业农村经济的发展历程，既是遵循经济规律的科学发展之路，也是遵循自然规律的可持续发展之路，更是遵循社会规律的包容性发展之路。

（1）以发展动力转型为农业农村经济发展提供持续驱动

改革开放以来山西农业农村经济的发展，从实行以家庭联产承包制为基础、统分结合的双层经营体制，到改革粮食购销体制和乡镇企业的发展，再到通过农业产业化推动现代农业转型升级和乡村振兴目标的提出，实质是通过调动广大农民的积极性，实现农业农村发展动力由“外部输血”向“自我造血”的转变，从而增强农村的自我积累和可持续发展能力，为农业和农村经济发展注入强大动力。这是由农业生产规律决定的，也是由生产关系一定要适应生产力发展要求的客观规律决定的。山西作为一个农业“小”省，家庭承包制本身就是农村集体经济最有效的实现形式之一，以此为基础加上通过合作社和农业产业化实现的农业生产经营的社会化服务，立体式复合型新型农业经营体系基本形成，能够更好地适应不同的农业生产力水平，充分保障了农民生产经营的自主权，极大地调动了农民的生产积极性，从而促进了农业农村经济的持续稳定协调发展。

（2）以发展伦理[①]转型为稳定农业农村经济发展提供价值判断

改革开放以来，山西在农业农村发展中将以基础设施建设和公共服务均

---

① 发展伦理是近年来兴起的应用伦理学的分支学科，是用伦理学视角去审视经济社会发展的合理性，对人类社会传统的发展模式和实践方式重新进行价值和伦理的反思和评价，并根据人类可持续生存和发展对人类的整体行为和实践进行约束和规范。

等化为指征的农村社会发展状况作为衡量农业农村经济发展质量和发展增量的基本方面，一方面强调缩小农村居民不同群体之间的差距，特别是在农业经济发展中让农村贫困人口等弱势群体的利益得到保护，缩小农村居民中不同收入群体之间的差距，让更多农村居民分享经济增长的成果；另一方面强调农村经济和社会的协调发展，通过新农村建设和乡村振兴等战略举措推动农村社会发展，为农业经济发展提供精神动力、智力支持和必要条件。这表明改革开放以来山西农业农村经济的发展，内在地包含了经济增长与社会建设的和谐统一，尊重公平与效率之间相互依存和良性互动的内在规律性，才能通过推动经济社会发展的和谐统一来实现经济发展逻辑的民生导向，从而促进农业农村经济的包容性发展，保证经济发展成果被农村居民公平合理地分享。

（3）以推动人的全面发展为农业农村经济发展提供新的主体

按照传统的以物为本的经济增长模式，物质经济增长固然是改革开放以来山西农业农村经济发展的重要内容，以农产品产量为代表的物质生产高速度、以农民收入水平提升为代表的物质财富高积累和以农民生活水平改善为代表的物质生活高消费是全省农业农村经济发展的突出特征。但从农村居民“人”的发展这一视角来看，发展问题是社会进步的核心问题，一切发展的最终目的都应当是人的发展。改革开放以来山西农业农村经济的发展，一方面通过城乡基本公共服务均等化实现农村居民个人身份转型，使农民个人身份由乡土社会的人向市民社会的人转型。这不仅是市场经济发展的必然，也是社会的进步，是传统社会向现代社会的提升。随着这种社会结构的变化，农村居民生活方式也发生了变化，进而促进了农业农村经济发展。另一方面通过市场经济发展实现农村居民人格形态的转型，使农民人格形态由依附型人格向独立型人格转型，使农村居民每个个体依靠自己的独立思维和个性进入市场，在市场竞争中都具有均等的选择机会，并通过竞争意识、创新意识、开放意识、进取精神等现代行为方式参与市场竞争。这表明改革开放以来山西农业农村经济发展过程中把农村居民的全面发展放在了核心位置，把拓宽农村居民的发展空间、维护农村居民的发展权利作为农业农村经济发展的终极目标，人文关怀和人文向度成为改革开放以来山西农业农村经济发展所具有的更为显著的特征。

二 乡村振兴战略实践下山西农业农村经济发展政策建议

当前和今后一段时期山西的农业农村经济发展，需要以习近平总书记“三农”思想为内在依据，既要看到新时代下我国乡村经济社会发展的共性特征，也要看到山西作为中部欠发达省份“三农”发展的个性特点；既要看到内外部条件给山西乡村全面振兴带来的历史机遇，也要直面山西乡村全面振兴面临的种种挑战，以习近平总书记“三农思想”和视察山西重要讲话精神为指引，立足省情、农情，加快实施乡村振兴战略，着力解决城乡发展不均衡和农村发展不充分问题。

走稳现代农业发展之路：以深化农业供给侧改革、促进有机旱作农业与功能农业发展为主线。从实际省情、农情出发，继续以“粮经饲统筹、种养加结合、一二三产融合”为统领，通过实施特色现代农业增效工程，调优、调高、调精农业产业，促进有机旱作农业与功能农业继续发展壮大，打造农业全产业链，推动具有山西特色的现代农业生产、产业、经营体系构建逐步完善，加快农业由增产导向向提质导向转变步伐。一是在坚守耕地红线、巩固提高粮食生产能力的基础上，立足区域优势，调整优化农业产业结构，壮大特色产业，提升优势农产品的竞争力。通过延长产业链条，促进农产品加工转化增值、农业功能拓展和农产品品牌知名度提升，促进种植业、林业、畜牧业、农产品加工流通业、农业服务业转型升级和融合发展，实现一产优、二产强、三产活，全面提升粮食、畜牧、果业、杂粮、蔬菜、中药材、农产品加工、休闲观光农业八大产业发展质量。二是在实施耕地质量提升和农水集约增效工程、推进高标准农田建设和农田水利基本建设、夯实有机旱作农业发展基础的同时，加快旱作良种攻关工程、农机配套融合工程、农技集成创新工程，为有机旱作农业发展打造品种资源储备、物质技术装备支撑和农业技术服务体系。同时，依托“互联网+”农业发展、农业大数据建设以及有机旱作农业生产标准体系建设，打造有机旱作农业品牌。三是通过建立产业专家帮扶和农技人员对口联系制度，充分发挥县乡农民合作社辅导员指导作用，加快更多有文化、懂技术、善经营、会管理、能创业的职业农民培育。四是进一步巩固和完善农村基本经营制度，按照“家庭农场增量、农民合作社提质、龙头企业做大做强”的思路，多种形式推动小农户和大产业衔接、小公司和大行业叠加，实现农业种、养、加、销产业链条纵向一体化，构建立体式复合型新型农业经营体系。

走宽农民生活富裕之路：以构建持久增收机制、打赢脱贫攻坚战为导向。要通过拓展农民收入来源，稳定持续增收机制，继续提升农民收入水平。同时以重大扶贫工程和精准施策扶贫为抓手，坚决打好脱贫攻坚战。一方面要继续健全覆盖城乡的公共服务就业体系，为农民开展全方位公共就业服务。围绕七大特色优势产业，鼓励引导农民按照全产业链、全价值链的现代产业组织方式开展创业创新，建立合理稳定的利益联结机制，让农民分享二、三产业增值收益。大力发展乡村特色产业，推进乡村经济多元化和农业增收多样化。通过大力发展吸纳就业能力强的产业、企业和加强劳务协作，吸纳农村劳动力就地就近就业和转移就业；深化农业农村制度改革，坚持以“三变”改革为切入点，把推动农村土地流转、盘活集体资产、发展新型农村集体经济与壮大规模经营、发展特色品牌农业结合起来，使改革红利更充分、更全面地惠及广大农民。另一方面要以重大扶贫工程和精准施策扶贫为抓手，坚决打好脱贫攻坚战。在培育带贫产业、壮大村集体经济、改善基础设施、提高公共服务方面对标贫困退出标准，为贫困地区脱贫筑牢硬件支撑。巩固完善建档立卡、因村因户因人精准施策。通过大力实施贫困村产业扶贫提升工程、农村贫困劳动力技能提升工程、整村异地扶贫搬迁工程、落实保障性扶贫举措、完善贫困地区公共服务体系、扶贫与扶志扶智相结合等途径，在制约贫困人口增收的关键问题上精准发力，构建“一策为主、多策跟进”的稳定脱贫长效机制。

走活社会主义新农村建设之路：以绿色生态宜居、乡风文明和谐为指针。要深入践行习近平总书记“绿水青山就是金山银山”的发展理念，坚持节约优先、保护优先、自然恢复为主的方针，加快补齐农村人居环境突出短板，推动城镇基础设施向农村延伸，切实改善农村环境面貌，实现农村人居环境干净、整洁、和谐、有序。一是科学把握乡村的差异性和发展走势分化特征，分类施策、循序渐进，因地制宜选择整治和建设模式，稳步建设中心村，改造提升保留村，保护开发特色村。二是大力开展村容村貌整治。全面推进农村生活垃圾治理，加快推进农村垃圾中转站和无害化处理设施建设，开展非正规垃圾堆放点集中整治，推行适合农村特点的生活垃圾就地分类减量和资源化利用方式，着力解决“垃圾山”、“垃圾围村”和工业垃圾“上山下乡”等突出问题。梯次推进农村污水治理，按照规模大小有效处理当前污水横流严重的中心村、重点村、旅游村、生态村，常住人口规模在千人以上的中心村及沿河、沿湖、沿渠村的污水；根据农村不同区位条件、村庄人口聚集程度和污水产生规模，因地制宜采用污染治理与资源利用相结合、工程措施与生态措施相结合、集中与分散治理相结合的建设模式和处理工艺，将农村水环境治理纳入河长制管理。有序推进农村厕所改造，将农村厕所改造与新农村建设、美丽乡村建设、农村环境连片整治和生态示范区建设相结合，加强改厕与农村生活污水治理的有效衔接。

第五章　改革开放40年山西工业经济发展述评

改革开放初期，山西在能源重化工基地建设和全国市场需求有力拉动的背景下，工业经济结构趋向重型化、单一化，随后以1999年召开的运城经济结构调整工作会议为起点，省委、省政府先后制订了“361”工业调产计划、“1311”“5533”产业结构调整规划，深入推进新型工业化和工业供给侧结构性改革，工业结构持续向现代工业体系迈进。经过40年的调整、发展、壮大，山西工业经济总量迈上了新台阶，工业主要产品产量大幅增长，工业综合经济效益不断提高，大中型企业综合实力明显增强，但是规模以上工业指标全国排位有所下降，优势企业相对较少，创新能力仍显不足。新时代、新阶段，山西要在煤炭“减”“优”“绿”和传统产业提质改造升级上有大的推进，在发展战略性新兴产业特别是先进制造业上有大的作为，持续提升开发区对工业集聚集约发展的承载能力，持续提升工业企业技术创新能力，构建多元化、高端化、集约化山西现代工业体系，推动全省如期实现工业的结构性反转。

经过40年改革开放的现代化建设，山西工业经济总量迈上了新台阶，工业结构发生了深刻变化，工业化水平明显提高，实现了由工业化初期向工业化中后期的历史性跨越，实现了由工业基础薄弱、技术落后、门类单一向工业基础显著增强、技术水平稳步提高、门类逐渐齐全的重大转变，为促进国民经济发展和人民生活质量提高发挥了重要作用，尤其是为全国各地输送了源源不断的能源，为国家经济发展做出了巨大贡献。与此同时，在工业发展中也形成了“一煤独大”“一企独大”等问题，工业整体素质不高，需要在反思中加以改进，推动全省工业实现高质量发展。

第一节　山西工业发展的主要阶段及反思

第一阶段：1978~1998 年，能源工业加速发展，工业结构趋向重型化。1979 年 12 月，山西省五届人大二次会议系统论述了山西能源基地建设问题，并随后向国务院呈报了《关于山西能源重化工基地建设综合规划的报告》。为此国务院专门成立了“山西能源基地建设办公室”，推动山西能源基地建设，对山西能源基地建设给予巨大投资，总额约 1000 亿元人民币。在“六五”“七五”时期，山西集中了全国 1/10 的重点建设项目。特别是 20 世纪 80 年代中期，省委、省政府制定了“有水快流”的方针，放手让有煤地区的群众发展小煤矿、小煤窑，社会和民间资金也大量向煤炭行业集中。这一时期也建设了大量的火力发电厂、地方铁路。到 90 年代末，省委、省政府认识到产业结构单一化问题后，开始对经济结构做战略性调整，在实施能源重化工基地发展战略时主要强调挖煤、卖煤，这时强调“输煤、输电”并重。后来结构调整中虽然强调培植多元支柱产业，对传统产业升级换代，但对能源工业仍给予极大重视，特别是受全国市场需求的有力拉动，山西的能源工业得到了更快的发展，工业结构向重型化发展。

这一阶段以建设能源重工基地为特征，山西的能源资源优势得到极大发挥，为满足全国改革开放对能源的需求做出了重大贡献。但由于对轻工业重视不够、投资不足，导致全省一大批轻工名品逐渐衰落。“有水快流”的提出，更是造成了山西小煤窑遍地开花，1983~1990 年的 7 年间，全省煤矿净增 3 倍达到 6000 多座，形成对煤炭的掠夺式开采，导致水资源被极大破坏，环境污染和安全事故频发。在实施这一战略前山西是工业多元结构，在实施这一战略的过程中工业逐步形成单一结构。

第二阶段：1999~2003年，工业结构不断调整优化，产业链延伸和新兴产业发展取得初步成效。本阶段以1999年的运城经济结构调整工作会议为起点，同年12月，在七届九次全体会议上明确提出了“以经济结构调整为中心，以改革开放为动力，抓好五项创新，实现三个提高”的发展战略，用十年时间分两个阶段推进经济结构调整的目标任务要求。在山西省九届人大三次会议上，做出了“一年起步，两年入轨，三年初见成效，五年明显见效”的具体工作安排。省委、省政府从山西经济发展的大局出发，把工业经济结构调整作为支撑全省经济快速发展、实现全省调整战略顺利起步的着力点，制订了“361”工业调产计划，即2000年重点扶持36个重点调产项目，由省政府筹措10亿元贴息入股资金，带动银行贷款及社会资金100亿元，以培育“一增三优”（培育新经济增长点，扶持优势产业、优势产品和优势企业）为主攻方向，以不锈钢、电解铝、高技术机电产品、精细化工产品、特色纺织品、生物制品及医药新产品、高性能磁性材料、高浓度化肥、煤炭深加工产品及超细粉体材料10大类优势产品为重点，对全省工业结构进行战略性调整。随后又制定了“1311”“5533”产业结构调整规划，颁布了《山西省实施行业结构调整的意见》等结构调整实施方案和办法。

这一阶段全省上下大力推动工业结构调整，一批工业重点调产项目相继建成投产，陆续开发了一批带动全省经济增长的新产品，初步形成了煤—焦—化、煤—铁—钢和煤—电—铝三大产业链。虽然一批高新技术项目陆续建成投产或部分投产，工业结构有所优化，2002年全省实现新产品产值55.18亿元，比上年增长59.5%，新产品产值率达到3.27%，比1998年提高了1.21个百分点。但是，受制于能源重化工时代的影响，冶金、煤炭、电力等主导行业高速增长，按工业总产值（1990年不变价格计算）统计，2003年煤炭开采和洗选业增长23.3%，炼焦业增长49.8%，黑色金属冶炼及压延加工业增长50.1%，有色金属冶炼及压延加工业增长26.1%，电力生产和供应业增长18.0%，传统工业的快速发展进一步挤压了高新技术产业发展的空间，工业重型化结构仍未发生明显改变。

第三阶段：2004~2008 年，新型化工业加速推进，工业结构向传统产业主导、新兴产业支撑迈进。本阶段以全省提出建设新型能源和工业基地为标志，旨在解决支柱产业单一化，过度依赖煤炭，从而使整体经济缺乏应对市场变化的弹性，面临较大市场风险，周期性地出现全省经济与煤炭一荣俱荣、一损俱损的问题。坚持通过产业的延伸与创新，通过优化存量与调整增量的互动，解决传统产业不“新”和新兴产业不“大”的问题，实现传统产业新型化和新兴产业规模化的有机统一，使山西的产业结构和经济形态发生深刻变化，更好地适应国际国内产业结构演进的趋势。工业方面则提出大力发展以煤炭为基础、以电力为中心的能源产业及其延伸与开发，以不锈钢和铝镁合金为主的金属材料及其制品工业，装备制造业，具有山西优势的化学和医药产业，新型材料产业。

2007 年，全省新型工业化水平达到 45.09%，比 2000 年提高 33.84 个百分点。传统产业新型化总体推进较好，全省坚持用高新技术和先进适用技术改造传统产业，大力发展循环经济和延伸产业链，不断增强传统产业的竞争优势，在节能减排、资源整合、科学管理、产品结构、行业内部结构优化和产业升级方面取得突破性进展，传统产业新型化水平达到 43.52%，比 2000 年提高 32.97 个百分点，平均每年提高 4.71 个百分点。其中煤炭工业新型化水平得分为 61.5 分、焦炭工业新型化水平得分为 40.71 分、冶金工业新型化水平得分为 65.33 分、电力工业新型化水平得分为 42.41 分、化学工业新型化得分为 34.19 分。在大力改造提升传统产业的同时，新兴产业中重点领域、重点项目、优势品牌发展水平不断提高，装备制造业、新材料工业、高新技术产业得到快速发展，新兴产业规模化水平达到 38.42%，比 2000 年提高 27.58 个百分点，平均每年提高 3.94 个百分点。

这一阶段全省工业发展总体较好，传统产业新型化、新兴产业规模化取得了一定成效，“三个方阵”进一步优化了企业组织结构，但是地区间新型工业化总水平差距较大，如 2007 年新型工业化水平最高的太原市与最低的吕梁市相比差距达一倍多；行业发展不平衡，如在监测的 6 个传统产业中，新型化水平最高的冶金工业为65.33%，最低的建材工业为16.97%，二者相差2.8倍。同样受制于能源重化工时代的影响，以及资本、劳动、科技等要素的配置偏好煤炭及相关资源型产业的局面，工业结构仍未发生实质性反转。

第四阶段：2009~2012年，全面推进工业转型发展，工业结构向以煤为基、多元发展迈进。以2010年12月在习近平总书记的亲自推动下山西省正式获批资源型经济转型综合配套改革试验区为标志，全省工业发展也进入了一个新阶段，提出了“以煤为基、以煤兴产、以煤兴业、多元发展”的结构调整思路。秉承“高碳资源低碳发展、黑色煤炭绿色发展”的原则，2013年，山西不但生产了9.6亿吨煤炭，还开采了80亿立方米、使用了近50亿立方米煤层气；风电总装机达到320万千瓦，太阳能发电总装机达27万千瓦，240多万千瓦的水电站。煤炭资源整合后，全省矿井总数由2598座减少到1053座，单井平均规模达到年产120万吨。2013年，全省煤炭产量达到9.6亿吨、外运量达到6.2亿吨，11户大型煤炭集团产量占全省的70%以上，建成现代化矿井54座。焦化行业兼并重组基本完成，企业减少到80户，户均产能由70万吨提高到200万吨。潞安集团煤—油循环经济园区成功生产出合成柴油，现代煤化工基地陆续布局投建。全面实施装备制造业调整振兴规划，特别在先进装备制造业方面，着力培育龙头企业，重点打造带动性强的整机成套产品。重型机械、铁路装备、煤机、液压件、纺机等一批传统优势产业得以提升。重型汽车、新能源装备、新型电子装备、高速列车装备等一批新兴潜力装备产业发展迅速。2013年，以太重锻造出第一件百吨级以上的33万千瓦电机转子为代表，全省装备制造业快速增长，成为继煤炭、冶金产业之后拉动全省经济增长的第三大产业。电子信息及软件服务、新能源汽车、无人飞机等高新技术产业产品成为山西工业发展新亮点。

这一阶段工业调整力度不可谓不大，虽然有效促进了经济发展，但是由于产业转型的科技、人才、市场等基础支撑不够，“老树即将枯萎，新木远未成林”，结构调整的成效并不显著，反而愈调愈重。特别是资源型企业纷纷响应政府转型号召，向非资源产业投入了大量资金，甚至盲目追求高端化、新型化、规模化，求新求大，很多资金投向了与原有产业毫不相关的产业领域。特别是2008年金融危机后国家对经济刺激的政策以及随之而来的煤炭价格新一轮反弹，不少干部和企业认为市场转型压力存在，但周期不长，困难很快就会过去，对煤炭周期性好转的预期仍然存在，在痛苦中犹豫，在亏损中观望，在转型中徘徊，延滞并错失了调结构的最佳时机。

第五阶段：2014年至今，深入推进工业供给侧结构性改革，工业结构向现代工业体系迈进。2014年以来，全省主动适应经济发展新常态，加快推进构建多元化中高端现代产业体系，深入推进工业供给侧结构性改革，推动全省经济发展由“疲”转“兴”，经济增长步入合理区间。坚决破除煤炭依赖，全面落实“三去一降一补”重点任务，2016年压减煤炭产量1.4亿吨，占全国压减量的39.5%，退出煤炭产能2325万吨，关闭25座煤矿，煤炭减产量、去产能均为全国第一；2017年分两批关闭、退出27座煤矿，退出2265万吨煤炭产能，有力带动了市场供求关系改善，大幅提升了煤炭先进产能占比。加快晋北风电基地建设，推动光伏全产业链发展，促进新能源产业提质发展，增加清洁能源外送，谋划用五年时间使煤炭产量和占比“双下降”的战略安排。2018年，山西省明确提出工业结构“反转”的目标，要求全省全年煤炭行业增加值占工业比重下降一个百分点，目前已将指标细化分解到各市。同时明确提出到2020年煤炭产量基本稳定在9亿吨左右，煤炭先进产能占比达到60%。突出技术改造对产业转型升级的引领作用，聚焦先进装备制造、新材料、节能环保、新能源汽车、新一代信息技术产业、生物医药等新兴产业，积极推动新旧动能接续转换。2017年，全省规模以上工业中，战略性新兴产业增长10.0%，占规模以上工业增加值的比重为9.0%。其中，新能源汽车产业增长1.8倍，高端装备制造业增长47.6%，新材料产业增长8.6%，生物产业增长11.1%。全年全省规模以上工业企业实现主营业务收入17725.3亿元，增长25.7%。其中，能源工业实现主营业务收入10359.6亿元，增长30.4%；材料与化学工业实现4342.0亿元，增长24.1%；消费品工业实现988.2亿元，增长0.1%；装备制造业实现1972.0亿元，增长22.0%；其他工业实现63.5亿元，增长13.2%。全年全省规模以上工业实现利税2175.8亿元，增长1.3倍；实现利润1024.5亿元，增长3.5倍，其中，国有控股企业实现利润430.4亿元。规模以上工业企业每百元主营业务收入中的成本为80.56元，下降4.05元。

本阶段全省认真贯彻习近平总书记视察山西重要讲话精神、国发42号文件和省委“一个指引、两手硬”工作思路和要求，聚焦稳增长、调结构、促转型、增动能，精准发力深化供给侧结构性改革，多措并举巩固工业稳步向好势头，工业结构调整取得积极成效。但是，全省“一煤独大”的结构仍未发生实质性改变，新兴产业形成支柱仍需加大力度，要按照习近平总书记视察时提出的摆脱对煤炭和煤炭价格“两个过度依赖”的要求，围绕“示范区”“排头兵”“新高地”三大目标定位，以“中国制造2025”为统领，以促进集群、集聚、集约发展为导向，加快构建现代产业体系。

第二节 山西工业发展壮大过程中的成就与不足

工业经济总量不断迈上新台阶，主导地位有所下降。1978年全省全部工业增加值仅48.12亿元，1985年一举突破100亿元大关，1996年突破500亿元大关，2003年突破1000亿元大关，2005年突破2000亿元大关，2007年突破3000亿元大关，2017年完成4225.3亿元，突破4000亿元大关。与此同时，工业在全省国民经济的地位也发生了重大变化，1978年以来全省工业增加值占GDP的比重长期处于40%以上，全省工业增加值占GDP的比重由2004~2007年的47.1%、49.3%、50.1%和51.3%降至2014~2017年的42.9%、34.1%、31.5%和34.6%，可以看出，十年前，工业还稳居全省国民经济的主导地位，十年后，由于三大产业结构趋于高质量发展，虽然工业经济总量不断攀升，但主导地位已经悄然消失。

规模以上工业经济持续发展，全国排位有所下降。改革开放40年，全省工业（1978~1997年为全部乡及乡以上工业，1998年以后为规模以上工业，下同）总体实现持续稳定增长，经济波动明显趋缓。除了1979~1981年（国民经济调整时期）、1989~1991年（治理整顿时期）和1998~2000年（国有企业“三年走出困境”时期），绝大多数年份全省工业持续稳定高速增长。1979~1997年全省全部乡及乡以上工业总产值年均增长（按照1990年为不变价格计算）8.86%。1997年亚洲金融风暴后，1998~2000年全省实施了声势浩大的国有企业“三年走出困境”攻坚。攻坚结束的2000年全省工业增加值增长9.7%，超过1997年增速2.2个百分点，全省工业进入了新一轮高速增长期。进入21世纪的山西工业发展更为迅猛，增速明显超过全国平均水平。全省工业增加值在全国各省（区）的位次由2000年的19位上升至2007年的15位，在改革开放30年时，山西工业体现出发展速度明显加快的鲜明特征，自2012年起，山西开始以壮士断腕的决心进行转型改革，由于对煤炭产业的整合调整，山西产业重心开始转移，“煤老大”的地位不断被削弱，山西工业增加值开始逐年下降，截至2016年在全国各省（区）的位次跌至20位。

工业主要产品产量大幅增长，产品结构有所优化。2017年全省原煤85581万吨，居全国第2位，比2007年增长22560万吨，是1978年的8.7倍；焦炭8383万吨，比2007年下降1514万吨，是1978年的23.5倍；发电量2765.5亿千瓦小时，比2007年增加1000亿千瓦小时，是1978年的近26倍；生铁3951.9万吨，比2007年增加200多万吨，是1978年的26倍；粗钢4429.7万吨，比2007年增加近2000万吨，是1978年的近40倍；钢材4335万吨，比2007年的2倍还多，是1978年的58.5倍；化肥373.1万吨，比2007年略有增加，是1978年的11.5倍；水泥3506万吨，比2007年增长26.1%，是1978年的13.7倍。山西传统工业产品发展趋势从十年前的势头强劲转化为理性收缩，从产量上看，高耗能、高污染、高排放产业增速放缓。新兴工业产品从无到有，2017年，煤层气产出46.8亿立方米，较上年增长8.7%；新能源汽车24781辆，较上年增长153.6%；车轴53590吨，较上年增长46.5%；光伏电池19.78亿瓦，较上年增长30.6%，呈现明显的加速发展态势。但是，全省工业产业结构仍然不尽合理，1978年全省轻重工业比例（按 1990 年不变价格工业总产值计算）为 23.5 : 76.5，到 1997 年变化为 19.2 : 80.8，从 2000 年起，全省轻工业增加值比重持续下降的步伐一直没有停止，2003 年首次下降到 10% 以下，2017 年全省规模以上工业中轻工业增加值仅增长 2.7%。

工业综合经济效益不断提高，发展质量有所改善。40 年来，全省工业发展虽然有过短暂的低潮期，但绝大多数年份工业利润保持稳定增长，增速均在 10% 以上。40 年来，全省工业经济综合实力显著提高。2017 年全省工业实现主营业务收入 17725.3 亿元，较 2007 年增长近 1 亿元，是 1978 年的近 218 倍；实现利润 1024.5 亿元，较 2007 年近翻一番，是 1978 年的 97 倍多；实现利税2175.8亿元，是1978年的132.19倍。工业销售产值达12757.28亿元，是 2007 年的 1.67 倍；资产总计 33621.95 亿元，是 2007 年的 3 倍多。2017 年，山西省 PPI（工业产品出厂价格）首次结束了自 2012 年以来的持续下降态势，这表明山西省发展的质量效益得到显著改善。

大中型企业数量明显增加，综合实力不断增强。改革开放 40 年，全省企业规模大幅上升，涌现出了一批大中型企业，享誉海内外。1978 年全省共有大中型企业 153 个，2002 年增加到 347 个。2003 年起实行新的企业划型标准，全省大型企业 57 个，中型企业 550 个。2007 年全省大型企业增加到 114 个，中型企业增加到 873 个，全省大中型企业增加到 987 个。2007 年全省大中型企业资产总计 9162.37 亿元，主营业务收入 6472.24 亿元，利税总额为 502.60 亿元。2016 年全省大型企业达到 223 个，中型企业 843 个，与 2003 年相比，大型企业数量翻两番。2016 年全省大中型企业资产总计达到 28367.09 亿元，主营业务收入达 11294.72 亿元，利税总额达 876.27 亿元。分别占全省工业的 84.37%、79.39% 和 83.32%，资产综合和主营业务比率基本与 2007 年持平，利税总额上涨 6.66 个百分点，分别比 2003 年提高 0.8 个、–0.13 个和 14.27 个百分点。

工业科技创新支出大幅增长，创新能力仍显不足。近年来全省工业企业研发投入总体增长较快，但企业的研发投入力度不大，自主创新能力亟待提高。2005 年、2006 年、2007 年全省规模以上工业企业研究开发费用分别为

10.22亿元、19.59亿元和47.9亿元，占同期主营业务收入的比重分别为0.21%、0.33%和0.61%，2015年、2016年全省规模以上工业企业研究开发费用为100.9亿元和97.6亿元，两年均占主营业务收入的7%。2007年有173个企业技术开发机构，2016年这一数字已达323个。截至2017年底，全省国家企业技术中心共有26户，省级企业技术中心达到270户，省级行业技术中心建成17户。2017年全省重点推进了三大类14个行业57个细分行业的关键共性技术研发，部分领域技术实现与国内先进水平并肩甚至超越。如山西钢科宇航级碳纤维批量持续稳定生产调控技术达到国内先进水平，太钢集团笔尖钢炼钢技术实现了进口替代，太重轧钢设备公司盾构机关键零部件加工工艺和盾构机装配工艺方案取得了技术突破。

各地市工业发展增速迅猛，均衡化发展仍显不足。2007年11个地市中工业主营业务收入超过1000亿元的只有太原市，500亿元到1000亿元的有临汾市、运城市、长治市、吕梁市、晋中市和大同市，最低的忻州市仅221.18亿元。2016年，太原市工业主营业务收入已超过2000亿元，达到2346.11亿元，大同市为1782.83亿元，吕梁市、运城市、长治市、临汾市、晋中市均介于1000亿元到1500亿元，晋城市、朔州市、阳泉市和忻州市均在1000亿元以下。与十年前相比，纵向来看，各地市发展迅速；横向来看，地区之间差异并未缩小，地区发展仍不平衡。

第三节 构建多元化、高端化、集约化山西现代工业体系

大力发展战略性新兴产业。战略性新兴产业是现代产业体系的重要组成部分，是引领转型发展的新动能。按照项目为纽带、人才为核心、企业为主体、创新为支撑、产业为根本的总体思路，坚持龙头带动、重点突破、示范引领，大力实施招商引资、招才引智，加快补齐创新链、资本链、服务链、政策链短板。重点发展新一代信息技术、高端装备制造、新材料、新能源汽

车、新能源、节能环保、生物医药等新兴产业集群，前瞻布局人工智能、量子通信、基因测序等未来产业，发展航空测绘、通用航空、航空仪表等航空航天产业。紧跟5G时代步伐，推进云计算、大数据、物联网、人工智能等技术向各行业全面渗透。

深入实施“云聚山西”“云惠山西”“云殖山西”“云安山西”四大工程。推进智慧农业、智慧旅游、智慧交通、智慧物流、智慧健康、智能机器人、智能安防等研发和产业化发展。以实施大数据战略为牵引，以信息安全、传感器、人工智能等为重点，打造新一代信息技术产业集群。要以智能制造为切入点，积极开展微纳制造、仿生制造、精密制造、增材制造、高档数控机床、工业机器人和再制造等新技术、新装备研发和产业化。加快培育网络化协同、个性化定制、在线增值服务、分享制造等“互联网+制造业”新模式。培育壮大轨道交通、能源装备、重型机械、通用航空产业，加快推动“山西制造”向“山西智造”转变。要顺应新材料高性能化、多功能化、绿色化发展趋势，以新型金属材料、无机非金属材料、化工材料、前沿新材料等为重点，打造新材料产业集群。在石墨烯、低成本增材制造材料、智能仿生材料、纳米材料、超导材料、极端环境材料等领域前瞻布局，发挥山西省高铝耐火黏土、煤系高岭土、侏罗纪煤资源等资源优势，大力发展特色新材料，推进新材料融入高端制造供应链。要以扩大整车和关键零部件生产能力为重点，加快布局推进整车设计组装、高储能电池等重点项目，打造新能源汽车产业集群。加快充电基础设施建设，推进动力电池梯次利用。深入开展节能与新能源汽车试点示范。要以风力发电、光伏发电为重点，推进新能源开发有序布局，加快推进晋北风电基地、光伏领跑基地建设，打造新能源产业集群。大力推进智能电网建设。因地制宜开发生物质能、地热能。力争到2020年，风电、光伏、煤层气发电装机总容量分别达到1800万千瓦、1200万千瓦和700万千瓦。要以工业固废综合利用、高效节能机电产品、煤炭及其衍生物循环综合利用为重点，打造节能环保产业集群。支持合同能源管理、特许经营、监测咨询等节能服务业快速发展。扩大资源综合利用、废旧消费品再利用和节能环保服务产业规模。做大做强原料药、中成药、化学药品制剂、生物药品、卫生材料及医药用品制造，推动建设晋北化学原料药及制剂、晋中中成药、晋南新特药三大基地，打造医药产业集群。

全面推动传统产业提质改造升级。传统产业依然是山西经济发展和财政收入的重要支撑。按照“淘汰低端、提升中端、发展高端”的原则，以“控产能、提素质、优结构、增效益”为方向，以化解过剩产能、促进兼并重组、提升装备水平、调整产品结构、优化产业布局、绿色循环发展为主要路径，深入推进智能制造示范、技术创新提升、绿色制造推广、制造业与互联网融合、军民产业融合、工业转型强基、服务制造创新、公共平台建设等八大技改工程，积极推动钢铁、有色、焦炭、食品、轻工、纺织等产业向中高端突破。

煤炭行业要坚定实施“减”“优”“绿”方针，着力实施减量置换和减量重组，推进绿色矿山和智能矿山建设，着力提升先进产能占比。大力发展高精度煤炭洗选加工，实现煤炭分级分质利用。以煤的气化为基础，通过热电气多联产实现能源梯级利用，加快实现煤炭清洁高效开发利用。电力行业要积极推进增量配电业务试点，继续推进中润吕梁铝循环产业园区局域电网建设，探索局域电网运营新模式。防范煤电产能过剩风险，发展清洁煤电。进一步加强与京津冀、湖北、江苏等受电省市协作，积极推进发电企业与受电企业进行股权合作，扩大晋电外送规模。消费品工业要大力开展消费品工业“三品”专项行动，促进消费品工业迈向中高端。传承发展漆器、铜器、木雕等传统工艺产品，推动振兴汾酒、东湖、广誉远等“中华老字号”，将玻璃器皿、日用陶瓷、白酒、食醋等打造成在国内外具有广泛影响力的优势区域品牌。冶金行业要落实去产能任务，全面推进钢铁工业优化升级，进一步提高400系不锈钢、双相不锈钢、耐热不锈钢、管线钢、轮轴钢等战略品种占比。启动“煤—电—铝—材”一体化改革试点，重点推动吕梁、运城百万吨铝加工基地建设，推进中润吕梁合金铝项目尽快投产。建设高端铝镁产业基地，发展高附加值铝镁精深加工产品，支持创建铝镁合金创新中心。建筑业要推动传统建材升级换代，培育一批特级、一级资质建筑龙头企业，打造“三晋建造”品牌。大力发展装配式建筑。大力推广建筑信息模型（BIM）技术的集成应用，培育数字建造能力。

以开发区为载体促进工业集聚、集约发展。推动开发区深化改革、创新发展，真正把开发区打造成推动转型发展的主战场、集聚先进要素的主平台。深化开发区改革创新。发挥转型综改示范区的先行先试作用。省级开发区要积极推广示范区经营，全面完成“三化三制”改革任务，加快推进整合改制扩区调规工作。探索“建管办分离”，推行开发区市场化运营改革。坚持“一次规划、滚动开发”，加快园区土地征收盘整步伐，完善基础配套设施，实现“九通一平”，确保入区项目一律“熟地”供应。优先在开发区布局产业项目。工业项目要一律入园进区。要立足园区现有产业，明确主导产业发展方向，按照延链、补链、强链要求，壮大龙头企业，强化产品研发，引进配套企业，完善产业链条，推动集聚、集群发展。实施集约开发。对标先进地区，强化投入产出效益考核，加强产业链耦合和配套协作，提升园区承载力，促进土地、资金、技术等集约利用，提高工业项目投资强度、单位面积产出和税收贡献。

持续提升工业企业技术创新能力。按照“建立以企业为主体、市场为导向、产学研深度融合的技术创新体系”要求，强化以企业技术中心为核心的技术创新体系建设。开展制造业创新中心建设，新培育一批省级制造业创新中心，创建智能制造创新中心和铝镁合金、碳纤维等新材料创新中心。支持在工业重点领域组建标准推进联盟，围绕山西省主导产业和战略性新兴产业重点建设一批高水平的国际级、国家级公共创新平台，鼓励所有规模以上企业建设企业技术创新中心、标准创新研究基地，实现研发机构全覆盖。积极提高工业领域已有的创新平台、技术中心发展质量，细化创新平台年度考核，择优扶持一批省级创新平台申请国家级创新平台，协同推进新一代信息、高端装备制造、新能源汽车、新材料、生物医药、节能环保等产业的标准研制和推广。积极争取中科院等国内一流科研机构与山西深化“院地合作”，借鉴中国科学院深圳先进技术研究院的经验，推动在山西工业领域创建具有独立法人资格、运行机制灵活、功能定位清晰、实行企业化管理，侧重先进适用技术转化的新型研发机构，在政府项目承担、职称评聘、人才引进、建设用地、投融资等方面享受国有科研机构待遇。围绕新一代信息技术、智能装备制造、节能环保、新材料、新能源汽车、生物医药等重点产业创新发展需要，整合现有省内研究机构，吸引大中型企业参与，探索推动组建山西省战略性新兴产业技术综合研究院，解决资金人才分散、科研机构重叠、研究课题重复问题，对相关产业涉及的核心、重大、共性技术进行集体攻关。

第六章　改革开放以来山西文化产业发展回顾与展望

改革开放以来，山西文化产业发展历程与山西经济改革的历程是一致的，主要经历了产业萌芽与探索期、体制机制改革期、产业调整优化与提升期这三个阶段。山西文化产业的改革实践告诉我们，要树立新的资源观，尊重产业发展规律，处理好社会效益与经济效益的关系、文化事业与文化产业的关系、“引进来”和“走出去”的关系。展望未来，要不断提升山西文化产业的创新能力，包括管理体制创新、技术创意创新、市场运营创新、产品创新以及文化消费、文化服务等各方面的创新，要推动文化旅游业成为山西战略性支柱产业，为建成文化强省、推动山西转型发展提供坚强保障。

山西是华夏文明的摇篮，是中华文化资源宝库。山西保存有一大批国家级乃至世界级的文化瑰宝。山西现有国家级文物保护单位 452 处，占全国的 10% 以上，被列入世界文化遗产（景观）名录的有 3 处，70% 以上宋金以前的地面古建筑都保存在山西。近代以来，山西继承、发扬并创造出晋商精神、太行精神、太旧精神、右玉精神、锡崖沟精神、吕梁精神、刘胡兰精神等一大批具有鲜明时代特征和山西地域特征的精神文化遗产。从有形到无形，从精神到物质，山西可供开发的宗教、民俗、古建、红色、上古等文化资源形态多样，内涵丰富。改革开放至今，山西文化产业的发展道路，是一条从传统的资源观到新的资源观，从传统的产业经济到新的产业经济的蜕变过程，它经历过探索、起步、成长、改革与优化，最终与旅游相融，将成为山西重要的战略性支柱产业。

第一节 改革开放以来山西文化产业发展的三个阶段

改革开放以前，山西的文化发展处于计划经济体制的背景下，文化主体和文化产品单一，既没有真正的文化市场，也不存在严格意义上的文化“产业”。山西的文化产业诞生于改革开放之后，从产业萌芽到成长壮大主要经历了三个发展阶段。

一 产业萌芽与探索期（1978～2000年）

1978年，随着国家改革开放的推动，国内部分文化事业单位开始推行“以文养文”的收费服务模式，这一模式成为山西文化产业发展的最初形态，也形成了计划体制和市场体制同时存在的特殊的双轨期。这一时期，山西文化产业发展主要以两种方式存在：一种是“以文养文”，文化事业单位不改变原单位属性，但开展了文化产品的市场化收费，作为文化经营单位拨款不足的有效补充；另一种是“多业助文”，由社会资本承包文化单位的经营场所，以文化企业主体开展市场化经营，帮助文化事业单位提升经济收益。双轨制阶段是山西文化产业的萌芽、诞生与初步探索期，主要呈现几个特点：一是一些大众文化产品开始了规模化生产，包含报纸、杂志、书籍、录音带、录像带等在内的大众文化消费品开始出现；二是文化市场不断发育，从书摊、报摊、民间卖艺、文玩的简单市场向美术、演艺、电影、音像、书刊、艺术品等专业市场过渡；三是文化行业条块分割、行业壁垒较高、文化产业投资主体单一仍是制约文化产业发展壮大的重要原因。

二 体制机制改革期（2001～2011年）

在长达十年的文化体制改革阶段，2001 ～ 2002 年是改革的酝酿过渡期，它从顶层设计层面确定了山西文化产业化走向，并规划了下一步山西文化产业改革的目标和路径。“山西文化产业创新与发展研讨会”“WTO 与山西文化产业发展研讨会”等一系列专家论证研讨会在太原召开，会上对文化走入产业化的观点非常明确：“文化就某一个单位讲，选择了产业化不一定生，但不选择产业化就一定得死。”时任山西文化厅厅长的成葆德提出：“文化历来被我们当作事业，现在要过渡到产业化运作，首先需要的就是观念的大转变和思想的大解放，也就是说必须向传统的观念和习惯宣战。”① 由此可见，文化真正走向产业化发展道路，是中国加入 WTO 的大背景下山西文化发展的必然选择，也是这一阶段的主要任务。

2002 年，党的十六大报告中提出，要“抓紧制定文化体制改革的总体方案”，由此全国范围内开始了大规模、大范围、时间跨度长达十年的文化体制机制改革。2003 年，山西省委、省政府出台《山西省建设文化强省规划纲要（2003~2010）》，山西文化领域的体制机制改革全面展开，主要呈现几个显著特点。

一是产业发展进入快速化轨道，产业规模不断壮大，成为拉动山西经济增长的主要动力。据第二次全国经济普查数据显示，2008 年山西文化及相关产业实现增加值 207.75 亿元，比 2004 年增加 124.39 亿元，年均增长 25.6%，超过同期 GDP 增速。文化产业增加值占 GDP 的比重由 2004 年的 2.33% 提高到 2008 年的 2.84%，对山西经济增长的贡献率达到 3.1%（见图 6–1）。

---

① 焦玉强：《满目春意逐潮来——山西文化产业创新与发展座谈会侧记》，《山西日报》2001 年 4 月 3 日。

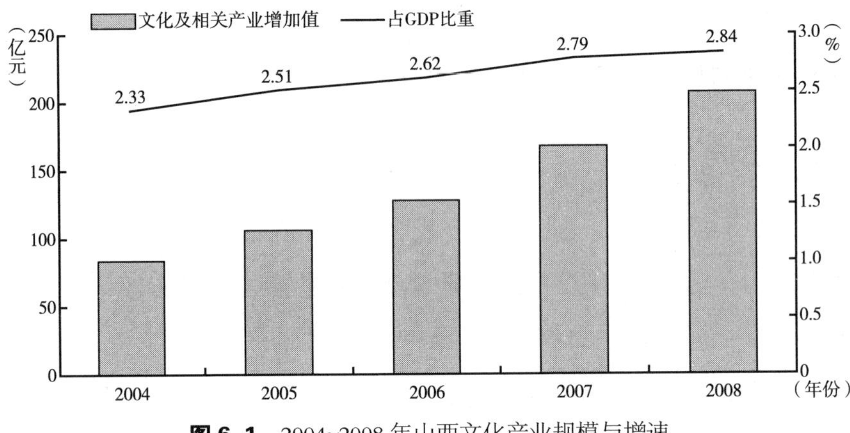

图 6-1 2004~2008 年山西文化产业规模与增速

二是所有制结构出现显著变化。私营企业成为文化经营单位的最主要类型，其中私营独资企业占所有登记注册内资企业的 46.91%，国有占 29.06%。[①] 反映出山西文化事业的企业化进入一个新的阶段。走入市场、适应市场、遵循市场经济发展规律成为文化产业发展的主旋律。一些走在改革前列的文化市场主体成长为山西文化产业的重要品牌。如山西教育出版社成为全国文教图书市场上一支有较强竞争力的新生力量，被誉为“文教新六家”之一，《英语周报》《语文报》《童话大王》等报纸杂志成为全国发行市场的佼佼者。[②]

三是文化体制机制改革取得突出成果。截至 2011 年底，山西 488 家经营性文化单位全部完成改革任务，核销事业单位编制 1.5 万余个，120 家出版发行单位、154 家电影发行放映和电视剧制作单位完成转企改革，163 家文艺院团全部完成改革，山西及 11 个市被评为“全国文化体制改革工作先进地区”。组建了山西出版传媒集团、广电网络集团、演艺集团、山西日报传媒集团、广电传媒集团、影视集团等省级六大文化集团。

① 焦斌龙：《创新与文化产业发展》，经济科学出版社，2013，第 6 页。

② 郭玉兰：《发展我省文化产业应研究的几个问题》，《山西日报》2003 年 7 月 25 日。

三　产业优化调整与提升期（2012年至今）

文化体制机制改革为山西文化产业发展释放出巨大的动能。2012 年以来，山西文化产业继续保持快速增长势头，并呈现优化、调整、提升的特点。综合看，山西文化及相关产业的平均增速达 13.8%，远高于山西国民经济其他产业的平均增速。截至 2015 年底，山西文化及相关产业增加值达到 268.65 亿元，较上一年增长 12.11%，占山西 GDP 的比重上升为 2.10%（见图 6-2）。山西文化法人单位数为 1.6 万个，其中规模以上文化企业 350 家；山西文化产业的平均增速高于全国文化产业增速 1 个百分点，实现了与全国文化产业基本同步的发展，综合发展水平在全国第二梯队，人民大学发布的文化产业发展驱动力指数山西连续位居前十位。

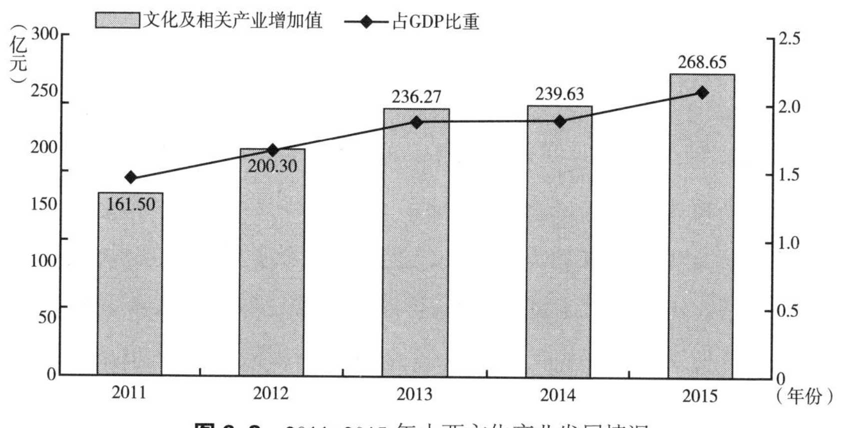

图 6-2　2011~2015 年山西文化产业发展情况

资料来源：2011~2016 年中国文化产业统计年鉴、山西统计年鉴。

从文化企业发展情况看，组建成立七大国有骨干文化集团，并涌现出太原高新区火炬创意产业联盟、阳城县皇城相府集团、宇达集团等一些知名的民营（集体）文化企业，有 10 家企业入选国家级文化产业示范基地（见表 6-1），总数在31省市中排名第10位；2016年8月，山西首家文化类企业，睿信智达传媒科技股份有限公司实现在新三板挂牌上市。山西文化体制改革“四轮驱动”改革经验在全国推广，连续四次被评为“全国文化体制改革先进地区”。

表6-1 山西省国家级文化产业示范基地

单位：家

批次	年份	全国数目	全国累计	山西省国家级文化产业示范基地
第一批	2004	42	42	山西灵石县王家大院居民艺术馆
第二批	2006	33	75	山西宇达集团公司
第三批	2008	59	134	大同市广灵剪纸文化产业园区
第四批	2010	70	204	阳城县皇城相府集团实业有限公司、晋阳嫦娥文化艺术有限公司
第五批	2012	69	273	太原高新区火炬创意产业联盟、平定古窑陶艺有限公司
第六批	2014	71	344	山西本命年文化创意有限公司、平遥县唐都推光漆器有限公司

山西文化精品创作取得丰硕成果，说唱剧《解放》、舞剧《粉墨春秋》等剧目先后入选国家舞台艺术精品工程，山西获此殊荣的作品达到8部，名列全国前茅。大型舞剧《粉墨春秋》、话剧《立秋》等一批优秀文化作品荣获国家“五个一工程”奖（见表6-2）；山西剪纸、面塑、漆器、陶瓷等一大批工艺美术作品入选“中国工艺美术百花奖”文化精品；电视剧《一代廉吏于成龙》、大型文化旅游类电视竞演栏目《人说山西好风光》实现收视率与口碑双丰收，成为“现象级”电视作品。截至目前，山西列入世界文化（景观）遗产3处，建成各类博物馆97个，群众文化机构1538个，公共图书馆125个，艺术表演团体226家，文物保护机构141个，文化类社会组织1125个，4A级以上旅游景区92处；[①]并先后建成山西省博物馆、山西省大剧院、山西省图

① 资料来源于2014中国文化及相关产业统计年鉴及山西省旅游局。

书馆、山西省美术馆等大型文化类活动场馆；2013 年、2015 年成功举办了第一、第二届山西文化产业博览会。

文化产业的优化、调整与提升得益于山西文化管理体制改革的成果。一方面，山西省级新闻出版和广电合并成立省新闻出版广电局；市县两级文化、广电、新闻出版三局合一；省市县三级广电“局台分开”，电台、电视台合并，出版、发行、影视、演艺、新闻网站等行业领域共完成 578 家经营性文化事业单位的转企改制，并成立了文化市场综合执法机构。另一方面，山西初步形成了以省、市、县三级联动、统筹发展、文化事业促进产业发展的良好局面；文化体制改革走在全国前列；文化精品层出不穷；平遥国际摄影大展连续举办 16 届，成为中国最具国际影响力的十大著名节庆之一；省政府设立了文化产业发展投资基金和旅游文化体育产业投资基金；《山西省支持文化产业加快发展的若干措施》《关于深入推进文化金融合作的实施意见》《山西省推进文化创意和设计服务与相关产业融合发展行动计划》《关于支持外贸稳定增长的实施意见》《促进文化与旅游融合发展合作意向书》等一系列促进和支持文化产业发展的专项政策或意见，对带动山西文化产业发展发挥了重要政策引导作用。

表 6–2　近十年山西“五个一工程”获奖作品

获奖作品	类别	获奖时间	获奖作品	类别	获奖时间
《粉墨春秋》	舞剧	2014 年	《走西口》	电视剧	2009 年
《立秋》	话剧	2004 年	《八路军》	电视剧	2005 年
《少年的荣耀》	图书	2014 年	《赵树理》	电视剧	2005 年
《夜袭》	电影	2007 年	《革命人永远是年轻》	电视剧	2011 年
《种树人》	广播剧	2014 年	《终极大冒险》	动画片	2014 年
《一代廉吏于成龙》	电视剧	2000 年	《幸福生活万年长》	电视剧	2013 年

资料来源：根据网络资料整理。

第二节　山西文化产业发展的经验与启示

回顾改革开放 40 年，山西文化产业发展与改革的推动始终齐头并进。改革是发展的动力，也是发展的首要任务。只有继续坚持改革、不断深化改革，才能建立起符合市场经济规律的文化产业体系；只有坚定改革的方向，明确改革的目标，才能最终推动文化产业服务文化事业，植入山西的文化精神之中。改革开放 40 年的经验告诉我们，文化产业有其发展的自身规律，并担负着政治、经济、文化等多重使命，正确处理好五大关系，对推动山西文化产业保持健康发展、建成文化强省至关重要。

一　认识文化产业的市场经济规律，处理好“挖文化”与“挖资源”的关系

文化是一种知觉、一种主张、一种主意、一种风格和一种方式，而文化产业则是运用产业化的运营管理手段、技术和制度，将抽象的文化转变为符合人们需求的具体文化产品和服务的活动。“挖文化”不是简简单单的“挖资源”，它要满足的是人们对文化产品和服务的“高级需求”，绝不能用挖煤的思路去挖文化。作为国民经济的一个新兴产业，文化产业与其他产业一样，有产业发展的基本规律，需要资本、人才、技术和市场等推动产业可持续发展的基本要素。因此，说到底，山西文化产业改革与发展的过程，实质上就是培育文化产业要素与市场、优化政策与环境的过程。

在山西文化产业的发展实践中，出现过将文物遗迹“圈起来”，即所谓的“搞文物资源开发”、卖门票的产业发展方式。事实证明，这种“粗鲁”如“挖煤”一般的资源开发方式与文化产业的经济规律是背道而驰的，迟早会被清出文化市场。

二 认识文化产业的内部特点，处理好文化产业与其他产业的关系

文化产业与一般物质生产行业不同，它提供的是精神文化产品，这种产品的供给与需求有其特殊属性：一方面，文化消费属于“高层次”的消费品，居民的文化消费水平取决并直接反映一个地区的经济发展水平。另一方面，文化产品供给发挥重要的导向性作用，文化产品的供给对需求起决定性作用，文化产品的方向、类别和形式直接决定消费者的审美偏好、价值取向和消费方式。文化产业既能主导自身产业的发展，包括新闻、出版、演艺、文化娱乐、影视、广告、传媒、艺术品制造等在内的文化产业；同时，文化还具有强大的渗透融合效应，文化元素的加入会直接提升其他产业的升级，如餐饮业、服装业、设计业，加入了文化元素，其附加值也会不断提升。在山西文化产业发展历程中，添加晋商文化元素的旅游业、加入国学文化的汾酒生产制造业就是典型的产业融合与提升。

三 认识文化产业发展的最终目的，处理好文化产业与文化事业的关系

文化产业的改革开放并不是一帆风顺的，改革的深浅、开放的宽窄都在不断进行调适。一方面，文化事业承担公共文化服务职能，其责任主体在政府，因此要坚持“底线原则”，以政府为主体，以财政投入为主，保障人民群众基本的文化权益，建立和完善公共文化服务体系；另一方面，文化产业承担经济职能，其主体在市场，要按照产业经济的客观规律办事，发挥市场在资源配置中的决定性作用，发挥文化企业的主体性作用，激发市场创新活力，完善国有文化资产管理体制，推动文化产业发展壮大、走向成熟。

改革开放 40 年的经验告诉我们，文化发展既不能完全交由市场，走向“娱乐至上”的深渊，也不能全由政府说了算，回到计划体制的老路，按照全国宣传工作会议精神，我们要“推动文化产业高质量发展，以高质量文化供

给增强人民的获得感、幸福感，要坚定不移将文化体制改革引向深入”。在文化产业发展过程中，我们既要让市场在资源配置中起关键作用，也要把握社会主义文化这个轨道不能偏离，“有形的手”和“无形的手”要为社会主义先进文化的建设同时发力。

四 认识文化产业发展的两大主体，处理好经济效益与社会效益的关系

文化发展的目标主体是人民群众及其日益增长的精神文化需求；文化产业发展的市场主体是文化企业。对文化企业来说，居民文化消费的意愿、能力和水平是开展文化经营的前提，离开了文化的社会属性，企业经营犹如无源之水。在文化产业改革开放的实践中，网络游戏、出版传媒、新媒体等领域的文化产品曾一度出现低俗化、恶趣味取向，对社会造成了极坏的影响，这种不顾社会效益的企业行为，不但行政部门给予了严厉打击，文化消费者也“用脚投票”，将这些企业清出文化市场。因此，文化企业在经营过程中，一定要把握文化产业社会效益与经济效益之间的先后关系：社会效益是基础，文化产品必须首先实现一定的社会效益，企业才可能实现规模化生产和盈利；经济效益是目标，同样的文化消费市场下，企业如果能够运用更新的技术、提供更高质量的产品、更好的服务，就能够获得更高的经济效益。可以说，文化产业对企业社会责任的要求更高，因承担社会责任所能够获得的回报也更多。

五 正确处理“走出去”与“引进来”的关系，树立山西文化自信

山西文化底蕴深厚，是华夏文明重要的起源地之一。深刻认识山西文化在中华文化中的地位和价值，树立起文化自信，是推动山西文化“走出去”、壮大文化产业的基本前提。在山西文化体制改革过程中，有过“外来的和尚

会念经”、盲目崇拜外来文化的经历和教训。但是改革开放的实践告诉我们，文化不是要“引进来”照搬照抄，也不能“走出去”自说自话，而是要遵循产业发展规律，依靠自主创新，依靠自己进行技术、人才等产业要素的不断积累，依靠自己进行市场秩序的引导和规范，只有“固本清源”，才能“强身健体”。山西文化产业的壮大，要充分发掘自身传统文化中的精华，培育起适应现代文化市场经济规律的产业体系，才能找到“山西文化”在全国文化市场中的位置，才能刻画出属于山西的文化符号，树立起山西的文化品牌。

第三节　山西文化产业发展的展望与政策建议

2015年，山西文化产业增加值达268.65亿元，增长12.1%，高于全国同期1.1个百分点，占山西GDP比重2.1%，比2014年提高0.22个百分点。在山西经济下行的压力下，文化产业仍然保持良好的发展势头。2018年，山西文化旅游将完成管理部门整合，产业也将迎来新的融合发展机遇，预计到2020年，山西文化旅游产业占GDP比重将突破5%大关，成为山西国民经济的支柱型产业，也成为山西实现转型发展的战略支撑。

但是也要看到，不论是从文化资源的开发利用深度，还是产业的发展规模方面，山西距离“文化强省”的建设目标仍有不小的差距。目前，山西的文化产业仍存在市场主体数量不足、文化科技与创意滞后、管理体制机制不够灵活等短板与制约因素。

展望未来，文化产业是山西最具潜力的朝阳产业之一。大力发展文化产业是山西摆脱“资源诅咒”下的传统经济发展模式、培育全新发展动力的重要源泉。只有树立新的资源观，提高山西文化产业的创新能力，才能在全国文化产业走向新的发展阶段的历史洪流中找到属于山西的文化产业定位，树立起山西的文化自信。文化产业创新既包括管理体制上的创新，也包括技术手段中的创新、市场运营中的创新，产品生产上的创新以及文化消费、文化服务等各方面的创新；发挥创新主观能动性的主体则涵盖企业、政府、文化事业单位、高等院校和科研院所，以及全社会的文化消费者。我们可以从以下几点出发。

一 加快山西文化产业管理体制机制创新

加快山西文化事业、文化产业管理机构体制机制改革进程。要以政治功能、文化事业功能和产业经济功能三大界限为基本依据，整合山西文化事业类、产业类和宣传类文化行政管理机构，明确工作职能范畴。进一步加强对山西文化产业发展的规划、指导和管理，建议成立独立的山西国有文化资产监管委员会，行使山西国有文化资产监管职能，同步成立山西文化资产运营企业主体，与规模以上文化企业进行资源整合，组建全国领先的大型文化集团、山西文化龙头企业。

继续深化省属文化企业改革。一是要尽快明确国有文化企业出资主体，加强对文化企业的资产监管。二是要加大对省属文化企业的绩效考核力度，形成“政治导向”、“效益导向”与“社会导向”三位一体的企业责任体系。三是加大文化企业创新力度，鼓励在省属文化企业成立文化研发中心，重点在文化科技、文化创意方面取得突破。

培育和壮大山西民营文化企业。在环渤海经济圈、京津冀一体化及“一带一路”经济合作项目中，重点推荐山西的民营文化企业、文化类上市企业、国家文化产业示范基地以及其他规模以上文化企业，鼓励山西本土的文化企业，特别是民营企业发展壮大并“走出去”，在国内市场上打响品牌。培育和孵化山西文化创新型中小微企业，鼓励国内外中小微创新型文化企业入驻山西省内的高科技产业园区、科技创新城、大学创业园、文化创意园区、文化保税区等产业集聚区，并给予不低于其他类别企业的相同优惠待遇。

二 推动文化产业的技术与创意创新

一是发展文化创意行业。顶层设计方面，启动实施“山西文化创意工程”，在产业立项、土地供给、财税投入、人才引进、对外宣传等方面配套系列政策，形成合力，实现文化产业内“创意为先”的发展格局。财政投入方面，重点对文化创意类产品研发、文化创意类企业和文化创意与科技融合项目给予资金扶持和政策倾斜，出台支持文化创意和设计类中小企业扶持的专项优惠政策；产业发展方面，支持引进全国一流的文化创意公司、动漫设计与制作、影视剧创作团队、会展企业、媒体公关公司以及文化科技类企业入晋，进驻山西综改试验区和山西各市、县的高新技术开发区，大力推动文化创意与设计行业与科技创新类企业融合发展；借鉴“太化工业园”模式，在山西的科技企业孵化园、城市文化中心、大学城、大型文化旅游目的地等建设文化创意和设计类中小企业创业园，形成中小企业集聚区，大力培育山西本土的文化创意类配套服务业；人才引进和培养方面，重点扶持山西文化传媒、影视剧、软件设计与制作等学科专业发展，整合山西演艺集团、戏曲院校、文化专业院校等资源，建设一批文化类产学研合作基地。创新山西文化宣传模式，融合现代科技及创意元素，打造新的山西文化形象，包装与挖掘山西精品剧目，入全国演艺院线巡演。

二是要鼓励文化创意与设计研发。根据现代消费理念和趋势，不断开发和挖掘新的山西文化形象，包装和打造一批符合现代文化资本运营需求的山西文化 IP；鼓励文化企业对山西民间艺术、文学、音乐、优秀影视剧、舞台剧进行包装和改造，通过现代企业运营手段和市场推广渠道形成全新的山西文化产品形象，改变“不接地气”“刻板守旧”“自说自话”的传统形态。

三是要改进财政对当前文化产业的扶持方式。首先，在省级文化专项扶持资金中，要重点对文化科技创新、文化创意设计提供补贴专项，重点支持互联网、信息技术类企业向文化产业渗透；其次，建议在省级科技、文化、教育等创新项目中，单设山西“文化科技创新与创意设计”科技专项，在文化科技与创意设计类的课题研究领域推出一批标志性成果；最后，要运用财政人才专项资金，加强动漫、3D、视频剪辑、摄影摄像软件、新型印刷等技术类人才的引进。

三 鼓励与支持文化产业的资本运营创新

活跃文化产业资本市场。选择长治、晋中等文化产业基础较好的市县，开展文化产权交易试点，探索具有山西特色的国有文化资产、无形资产、非物质文化遗产的资产入股、专业化运营模式，探索国有文化资产企业化运营的资产、人事、产品开发、日常管理、国有企业间合作、国有民营企业间合作的操作模式，形成可以复制与推广的经验。

发挥山西文化产权交易平台作用，活跃文化产业市场。加快与国有及省属银行、金融担保机构、城市银行、村镇银行、证券公司等金融机构开展文化产业投融资合作，开发文化主题类金融产品、建设省级文化产权交易市场。鼓励省内各类金融企业、担保公司及大型投资集团开展文化产业的资本运作。发挥山西已有文化基金及专项资金的引导作用，吸引社会资本进入文化产业。

加快文化资产证券化进程。灵活运用各类融资工具，盘活省内各类文化资产。开发文化产业信托产品、保险产品、理财产品等金融信贷产品。推动成立文化产业小额贷款机构和文化创意产业融资担保机构，解决中小微文化企业融资需求，对文化企业贷款进行融资担保和再担保。

加大文化项目与金融业对接。充分发挥各类投资基金、政府引导基金、私募基金、PPP 基金等作用，定期开展文化产业类投资促进商会、项目资本对接商会，以及文化产业项目推介招商会。

四 突出文化产业的产品创新

鼓励企业开展文化产品创新。为省内文化产品专利申请、文化知识产权登记、文化群团组织设立提供绿色通道和“一条龙”服务；针对文化产业相关的行政收费采用最低标准，或在权限范围内取消文化产业行政管理相关收费。利用互联网平台和新媒体技术手段，发起“山西特色文创产品创新行动”，在山西广电、互联网平台为中小企业开辟专栏，发布介绍山西特色文创产品，鼓励中小企业利用移动终端、电子商务平台进行创意产品设计、开发、销售及服务类创业；联合省内广播、电视、互联网、报纸等媒体，定期发布年度、季度山西特色文创产品推荐名录。

建立以创新为导向的政府公共文化产品采购制度。在公共文化产品采购、政府办公用品采购、工程项目采购以及重点公共文化项目投资中注重向“文化 +”产业融合领域的创新产品倾斜；以“文化 + 旅游”“文化 + 农业”“文化 + 制造业”等领域为重点，建设山西“文化 +”产业投资项目库；在对外招商、文化外事交流活动中加强山西文化创意新产品推介。

五　以消费创新为背景，扩展文化产业融合领域

跟踪研究全国文化消费趋势，把握文化消费前沿动态。以文化产业联盟、文化产业发展论坛、文化产业研究中心、文化研究会为平台，及时发布和跟踪全国文化消费热点；创新发布形式，通过公众号、网络视频等形式跟进文化消费态势，为企业发展提供趋势信息；组织文化产业类专项课题，研究全国乃至世界各地文化消费热点，推出一批山西“文化 +”新产品名录，以市、县为单位，发布山西各市县文化消费热点，文化强市（县）名录。

定期发布“山西大众文化消费热点”“山西大众文化消费指南”。由省商务厅、文化厅、省博物院等相关单位牵头，定期整理和发布山西文化消费新热点、新趋势，持续推荐山西省内博物馆、美术馆、文化馆、歌舞剧、出版物、影视剧目等文化场馆和文化产品，为中小企业减免相关费用，发起“山西文化推广志愿者”活动，鼓励中小企业和公益组织为重点文化场馆及产品提供文化知识服务和相关配套服务。

“文化产业融合”既是文化产业发展方式和路径选择的一个新维度，也是

解决山西文化产业发展遇到的各种问题的一种新视角。在当前山西推进供给侧结构性改革，加快资源型经济转型，全面建成小康社会进程中，要重点推进文化与其他产业的融合发展、文化产业内的融合发展，在山西文化产业寻求自我壮大、不断提质升级的改革进程中实现新的突破。

六 加快山西文化产业对外开放

一是要继续加强对外文化交流，特别是要创新对外传播、文化交流、文化贸易的形式，在交流互鉴中挖掘产业潜力，推动三晋文化走向世界。

二是要加快文化保税园区建设。充分抓住山西打造内陆地区对外开放新高地的契机，发挥好文化保税区的优势，将文化保税区打造成为引领山西文化贸易的龙头、文化产业发展的新引擎。

三是要放开文化市场准入。鼓励和支持山西文化企业加入国内外一流文化产业集团产业链、网络，帮助其整合山西文化产业相关资源。选择部分博物馆、文物单位、文化艺术场馆、工艺美术馆、纪念馆等文化事业单位进行试点，放开市场准入，吸引社会资本进行投资运营，利用山西特色文化资源开发文化产品，提供文化类配套服务。培育和壮大山西民营文化企业。在环渤海经济圈、京津冀一体化及“一带一路”经济合作项目中，重点推荐山西的民营文化企业、文化类上市企业、国家文化产业示范基地以及其他规模以上文化企业。

四是要鼓励省内文化企业“走出去”。建立山西文化出口重点企业项目名录，积极推进山西特色文化产品和服务出口，持续扩大对外文化贸易。培育一批有竞争力的外向型文化企业和中介机构，开发省外境外受众易于接受的文化产品和服务，鼓励和支持山西优秀文化产品和服务进入境外市场。

第七章　改革开放40年山西财政收支状况回顾与展望

自1978年党的十一届三中全会开启改革进程以来，山西的改革事业已走过了40年的光辉岁月。在这个承前启后、继往开来的关键节点，有必要回顾和梳理40年来的成就、经验和教训，为即将开启的新一轮改革探索更多可借鉴的经验。

改革开放40年间，伴随全省改革开放事业的深入发展与时俱进，山西财政理财观念不断创新、理财思路不断丰富；财政收入持续快速增长、财政实力稳步提高；财政支出结构不断优化、保障能力明显增强；财政改革不断深化、公共财政体制日益完善。全省财政事业取得了前所未有的好成绩，为山西改革开放事业的蓬勃发展做出了积极而重要的贡献。

第一节　山西省地方财政收支情况

财政收支规模与结构，是衡量一个地区经济发展动力的重要指标，也是政府宏观调控力度的主要推动力。财政总收入具体包括地方财政收入（即一般公共预算收入）和上划中央收入两部分，本文的财政收入是指地方财政收入，即一般公共预算收入，这是衡量一个地方政府可支配财力的重要指标。

一 一般公共预算收入规模与结构特征

财政收入即表明政府获取社会财富的状态，它是政府为实现其职能的需要，在一定时期内以一定方式取得的可供其支配的财力。1978 年，山西省地方一般公共预算收入只有 19.64 亿元，到 2017 年已经达到 1866.78 亿元。

（一）一般公共预算收入规模

改革开放以来，山西一般公共预算收入增长速度明显、增长效果显著；财政收入与 GDP 之间存在一个长期相互依存增长的关系；在经济高速增长阶段，GDP 与财政收入之间呈现明显的不平衡增长关系，财政收入增长率往往大大高于 GDP 实际增长率。

1. 一般公共预算收入总量

1994 年分税制改革以来，山西一般公共预算收入持续快速增长，特别是 2003~2012 年，全省一般公共预算收入由 186.05 亿元增加至 1516.38 亿元，除 2007 年和 2009 年之外，其他年份同比增速均在 20% 以上，特别是在 2005 年和 2006 年，一般公共预算收入增速超过 40%，分别达到 43.68% 和 58.38%（见图 7–1）。

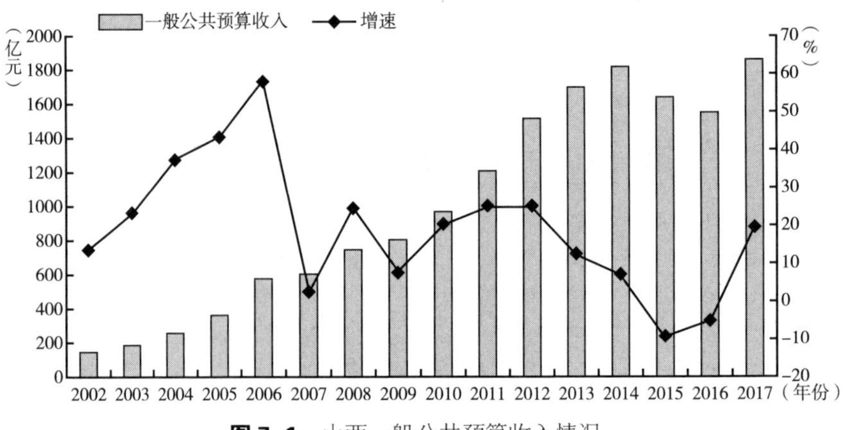

图 7–1 山西一般公共预算收入情况

资料来源：国家统计局网。

山西是一个煤炭资源型省份，经济和社会发展严重依赖煤炭资源，财政收入也受到煤炭行业的较大影响。2003 年是中国煤炭对世界煤炭市场的影响力增大之年，煤炭市场行情一路飙升，煤炭供需不断增加，随之价格和销售收入也一直攀升，山西经济在此拉动作用下快速增长，全省一般公共预算收入也由 2003 年的 186.05 亿元升至 2006 年的 583.38 亿元。2006 年的一般公共预算收入增速达到最高点 58.38%，2007 年收入增速却跌落到 2.49%，其中原因主要是源于为实现经济的持续、健康和协调发展，在制度层面进行的改革和继续实行双稳健的财政政策和货币政策的宏观调控政策的影响。2009 年受到美国次贷危机的影响，山西一般公共预算收入增速明显回落，由 2008 年的 25.11% 降低至 7.73%。2012 年，全省经济出现振荡下行，2013 年 GDP 增速由 2012 年的 10.1% 回落至 8.9%，2014 年、2015 年更是断崖式下滑至 4.9% 和 3.1%。受经济形势直接影响，2013~2016 年全省一般公共预算收入经历了增收缓慢直至减收的过程，2015 年、2016 年一般公共预算收入进入负增长区间，收入规模急剧缩小，进入了改革开放以来最困难的时期。2016 年下半年开始，全省经济低位企稳回升，呈现出回升步伐加快、积极因素增多、一季好于一季的良好态势，2016 全省 GDP 增速 4.5%，比 2015 年加快 1.4 个百分点，2017 年全年增长 7.0%，增速创 2014 年以来新高，在全国位次由 2016 年的 30 位前移至 2017 年的 21 位，增速位次前移居各省之首。随着经济稳步向好态势明显，全省一般公共预算收入显著提高，收入规模明显扩大，增速由 2016 年的 -5.2% 跃升至 2017 年 19.9%（见表 7-1）。

表 7-1　山西一般公共预算收入、GDP 情况

年份	一般公共预算收入（亿元）	一般公共预算收入增速（%）
2002	150.82	13.60
2003	186.05	23.36
2004	256.36	37.79

续表

年份	一般公共预算收入（亿元）	一般公共预算收入增速（%）
2005	368.34	43.68
2006	583.38	58.38
2007	597.89	2.49
2008	748.00	25.11
2009	805.83	7.73
2010	969.67	20.33
2011	1213.43	25.14
2012	1516.38	24.97
2013	1701.62	12.22
2014	1820.64	6.99
2015	1642.35	-9.79
2016	1557.00	-5.20
2017	1866.78	19.90

资料来源：国家统计局网。

2. 一般公共预算收入增速

改革开放以来，山西财政运行大体经历了四个不同的发展阶段：第一阶段是从改革开放到分税制改革实施前，这一阶段的一般公共预算收入由1978年的19.64亿元上升至1993年的72.42亿元，增长了2.68倍。第二阶段是1994~2002年，呈现“温和增长”的特征。第三阶段是2003~2012年，呈现“大幅增长”的特征。2012年一般公共预算收入突破1500亿元，比2003年增长7.15倍。第四阶段是2013~2017年，一般公共预算收入增长呈现“先抑后扬”的特征，增速呈“V”字形走势（见图7-2）。

从总体来看，随着经济总量的不断增长，财政收入规模也不断扩大，财政收入增长与GDP增长的波动趋势基本同步。但是由于产业结构、产品结

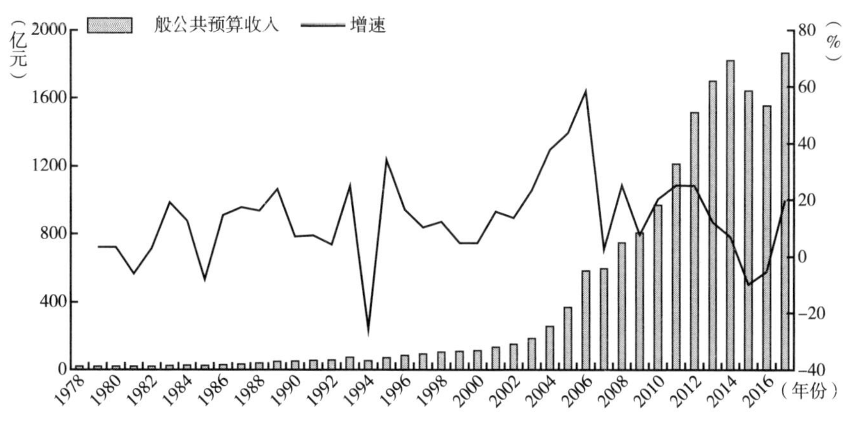

图 7-2 山西一般公共预算收入规模及增长情况

资料来源：国家统计局网。

构、所有制结构、财税体制和财政改革等因素的影响，个别年份出现财政收入增长速度明显快于 GDP 增长速度的情况，如 2002~2006 年是山西经济增长最快的时期，也是财政收入增长率大大高于 GDP 实际增长率的时期。

3. 一般公共预算收入占GDP的比重分析

财政收入占 GDP 的比重，一方面反映了政府对经济和社会发展调控能力的大小，另一方面反映了政府在经济总量中提取的财政比例是否得当。它是衡量财政收入规模的相对指标，反映政府以财政方式支配和使用社会资源的份额。财政收入占 GDP 的比重越高，说明社会资源由政府集中配置的数额就越多，私人经济部门的数额就相应减少；反之，财政收入占 GDP 的比重越低，表明政府参与国民收入分配的份额就越小，私人经济部门的份额就相应越高。

从改革开放以来山西数据看，山西一般公共预算收入占 GDP 的比重随国家分配政策的变化呈现“V”字形轨迹。如图 7-3、表 7-2 所示，改革开放初期到 90 年代中期，全省一般公共预算收入占 GDP 的比重是逐步下降的过程。1978 年山西一般公共预算收入占 GDP 的比重为 22.32%，之后，随着改革开放初期国家为了调动企事业生产积极性而广泛实行减政放权的政策，财

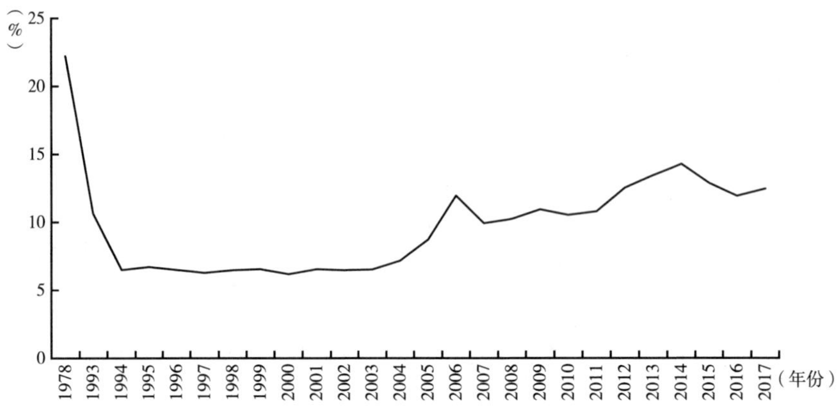

图 7-3 山西一般公共预算收入占 GDP 比重

资料来源：国家统计局网。

政收入占 GDP 的比重逐年下降，1994 年一般公共预算收入占当年 GDP 的比重下降到 6.51%。1994 年分税制改革之后，随着政府强化宏观调控、统筹区域发展的需要，国家强化了财力集中的政策，出台“提高两个比重”的政策，一是提高财政收入占 GDP 的比重，二是提高税收收入占财政收入的比重。1994~2017 年山西财政收入占 GDP 的比重呈现为由 1994~2003 年的基本平稳转为 2004~2017 年逐级回升的特征，2017 年占比 12.47%。总体而言，改革开放 40 年山西一般公共预算收入占 GDP 的比重经历了“高—低—高”的过程，这是宏观经济政策调控的正常结果。

表 7-2 山西一般公共预算收入、GDP 情况

单位：亿元，%

年份	一般公共预算收入	GDP	一般公共预算收入占 GDP 比重
1993	72.42	680.41	10.64
1994	53.82	826.66	6.51
1995	72.21	1076.03	6.71
1996	84.17	1292.11	6.51
1997	92.81	1476.00	6.29

续表

年份	一般公共预算收入	GDP	一般公共预算收入占 GDP 比重
1998	104.19	1611.08	6.47
1999	109.18	1667.10	6.55
2000	114.48	1845.72	6.20
2001	132.76	2029.53	6.54
2002	150.82	2324.8	6.49
2003	186.05	2855.23	6.52
2004	256.36	3571.37	7.18
2005	368.34	4230.53	8.71
2006	583.38	4878.61	11.96
2007	597.89	6024.45	9.92
2008	748.00	7315.40	10.23
2009	805.83	7358.31	10.95
2010	969.67	9200.86	10.54
2011	1213.43	11237.55	10.80
2012	1516.38	12112.83	12.52
2013	1701.62	12665.25	13.44
2014	1820.64	12761.49	14.27
2015	1642.35	12766.49	12.86
2016	1557.00	13050.41	11.93
2017	1866.78	14973.5	12.47

资料来源：国家统计局网。

4. 财政收入弹性分析

财政收入对生产总值的弹性系数是财政收入增长速度与生产总值增长速度的比率，其经济含义是分析二者增长协调程度。实证经验显示，财政收入弹性系数处于区间［1，2］内比较合适，表明财政收入与经济发展较为协调。

从图 7–4 可知，1993 年以来山西一般公共预算收入弹性有些年份小于 1，如 1997 年、1999 年、2000 年、2007 年，表明这些年份 GDP 的增速高于一

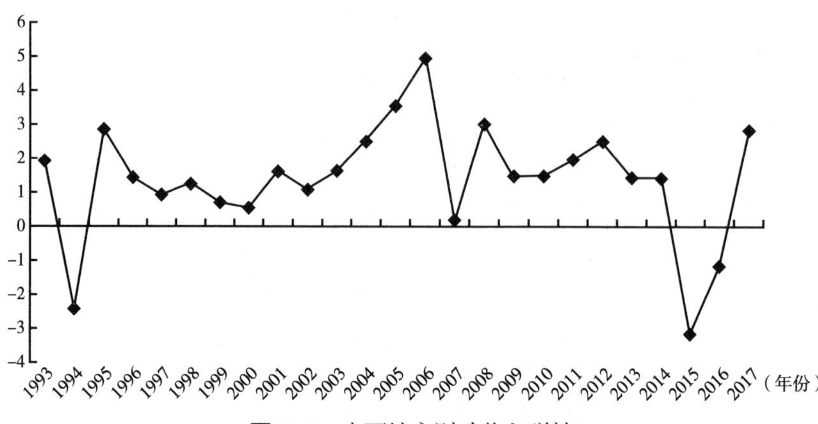

图 7–4 山西地方财政收入弹性

资料来源：国家统计局网。

般公共预算收入的增速；有些年份一般公共预算收入的弹性系数大于 1，如 2001~2014 年的大部分年份一般公共预算收入的弹性系数均大于 1，特别是 2005 年、2006 年达到 3.47 和 4.95，2008 年也达到 2.95，说明这些年份一般公共预算收入增速明显高于 GDP 增速；而有些年份一般公共预算收入弹性系数为负数，如 1994 年、2015 年和 2016 年。2015 年一般公共预算收入与 GDP 弹性系数最低，为 –3.16，2017 年却高达 2.84，二者相差 6 个百分点。

结合山西经济运行的阶段特征可以看出，全省财政收入的波动幅度明显大于经济增长的波动幅度，在经济高速增长与经济低迷阶段，GDP 与财政收入之间呈现明显的不平衡增长关系，财政收入增长率大大高于或是明显低于 GDP 实际增长率，这一特征在 2002~2006 年和 2014~2016 年表现最为明显。2002~2006 年是山西经济增长最快的时期，也是财政收入增长率显著高于 GDP 实际增长率的时期；而在 2014 年、2015 年山西经济增速明显下滑，财政收入增速大幅下降，财政收入弹性系数跌至负数。

（二）一般公共预算收入结构

一般公共预算收入主要由税收收入和非税收收入两部分组成。税收收入是主要来源，为公共财政收入和政府部门职能的发挥奠定基础。税收占一般公共预算收入的比重，是衡量财政收入质量最重要的指标。一般来说，税收收入在一般公共预算收入中的占比越高，非税收入在一般公共预算收入中的占比越低。分税制改革以来，除 2006 年、2014 年和 2015 年以外，税收收入占一般公共预算收入的比重都超过了 65%，说明税收收入占财政收入的很大部分，很大程度上影响着财政收入总量和结构。2017 年山西税收收入与非税收入的比例关系为 74.8 ：25.2，税收占比较上年提高 8.2 个百分点，成为自 2009 年以来税收占比最高的一年（见表 7–3、图 7–5）。

表 7–3　税收收入与非税收收入情况

单位：亿元，%

年份	税收收入	税收收入占比	非税收入	非税收入占比
2003	147.60	79.33	38.46	20.67
2004	170.71	66.59	85.65	33.41
2005	272.75	74.05	95.60	25.95
2006	331.51	56.83	251.87	43.71
2007	430.50	72.00	167.39	28.00
2008	566.49	75.73	181.51	24.27
2009	581.91	72.21	223.92	27.79
2010	692.71	71.44	276.96	28.56
2011	872.88	71.93	340.55	28.07
2012	1045.22	68.93	471.16	31.07
2013	1136.89	66.81	564.74	33.19
2014	1134.34	62.30	686.29	37.69
2015	1056.60	64.33	585.75	35.67
2016	1036.67	66.58	520.33	33.42
2017	1397.21	74.85	469.57	25.15

资料来源：国家统计局网。

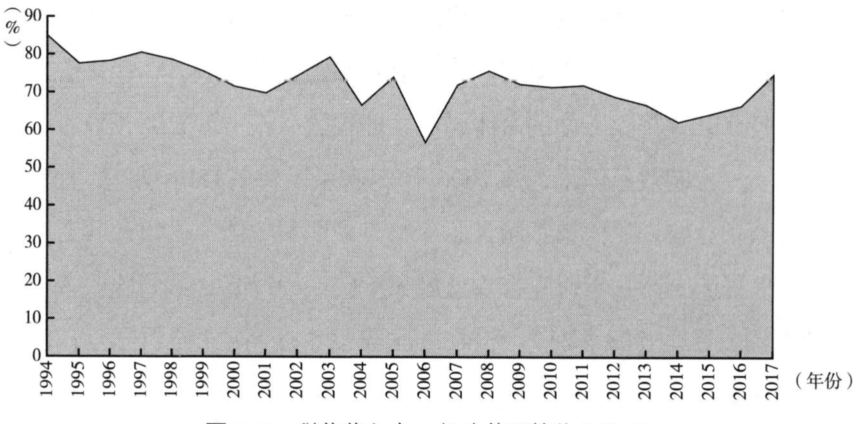

图 7-5 税收收入占一般公共预算收入比重

资料来源：国家统计局网。

1. 税收收入规模与结构分析

改革开放以来，为了适应经济发展的需要，我国的税收制度经历了重大的变革。特别是1994年的分税制改革后，我国初步形成了相对健全和稳定的、适应社会主义市场经济的税收制度。自1996年之后，甚至延伸到1985年两步利改税之后，税收收入就一直成为小口径财政收入的主要组成部分。这就意味着税收收入的变化直接决定着财政收入的变化，所以分析财政收入的总量和结构特征必然要分析税收的总量和结构特征。

（1）税收收入规模

地方财政的税收收入，主要包括增值税25%（暂50%）、营业税、企业所得税和个人所得税的40%、资源税、房产税、印花税等。1994年分税制改革以来，随着山西经济迅速增长，税收收入从1994年的45.72亿元增加到2017年的1397.21亿元，翻了30倍，税收绝对增长额为1351.49亿元，实现了税收的较快增长。从个别年份来看，税收收入增幅波动较大，如1985年增长迅猛，增速达到58.94%；1994年税收收入负增长（-41.66%），两者相差100个百分点左右（见图7-6）。

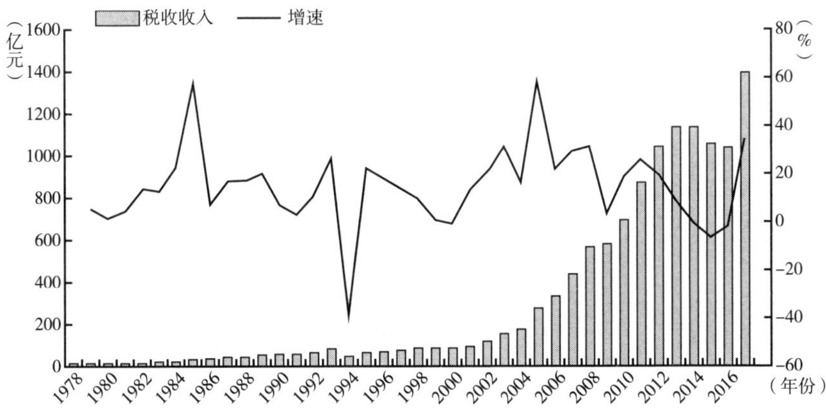

图 7-6　山西税收收入规模及增速

资料来源：国家统计局网。

如图 7-7 所示，山西省税收收入增幅波动性较大。由于受亚洲金融危机影响，山西省 GDP 增速下滑直接导致 1999 年税收收入增速迅猛下降，2000 年税收收入出现负增长，说明山西资源依赖型经济更容易受到大的冲击影响。2002 年后，资源价格逐渐回稳，山西经济增长在 2002 年到 2012 年增长较快。在经济快速增长的同时，税收收入每年以两位数的速度增长，税收

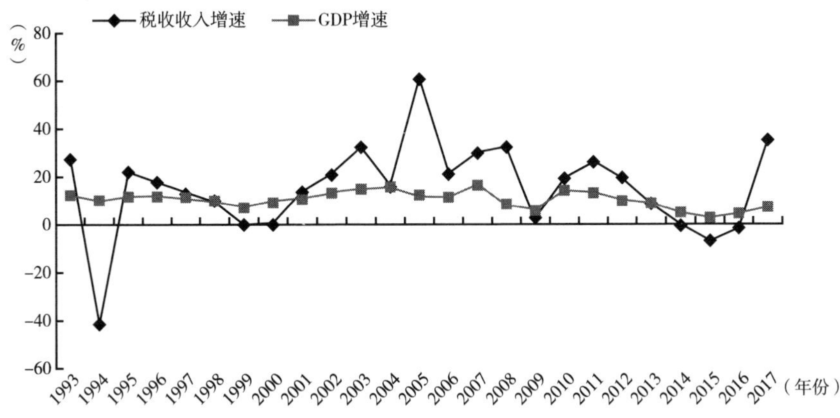

图 7-7　山西税收收入及 GDP 增长情况

资料来源：国家统计局网。

收入增长速度超经济增长速度的特征明显。2012 年至 2016 年，是山西改革开放以来最困难的时期，税收收入增速也猛烈下滑，并且税收收入下滑速度明显快于经济增速下降速度。2017 年随着全省经济稳步向好，税收收入增收明显，增长较快，全年全省税收收入 1397.2 亿元，增收 360.6 亿元；增速处于高位水平，较 2016 年增长 34.8%，增速高出 2016 年 36.7 个百分点。

从全省 GDP 和税收收入的增长情况看，两者增长趋势基本保持一致。这一方面说明了经济发展保证了税收的增长，因为税收来源于经济；另一方面地区经济的快速增长也是税收快速增长所推动的表现，因为税收收入的增加会带来政府财政能力的增加，这会为政府进一步加强宏观调控、调整经济结构、加快经济增长提供充足的资金支持。

（2）税收收入结构分析

自 1998 年亚洲金融危机以来，由于实施积极的财政政策，经济发展速度加快，主体税种的税基不断扩大。从山西省来看，增值税、营业税、企业所得税和个人所得税等四大主体税种之和由 1998 年的 64.68 亿元增加到 2017 年的 845.21 亿元，年均递增 14.48%。

如图 7-8 所示，山西地方财政税收收入主要以增值税和营业税为主。增值税占比长期保持在 30% 左右，2012 年开始受经济形势影响，占比有所下降，伴随着经济向好和“营改增”的实施，2016 年起增值税收入增收明显，2017 年占比达到 44.41%。营业税收入受全面推开“营改增”改革的影响，2016 年开始大幅下降，占比由 2015 年的 28.37% 急速下降至 2017 年的 0.18%。这意味着，在山西整个税收收入中，实质上是以增值税为主，增值税在各个税收收入中占了举足轻重的地位。从所得税情况来看，企业所得税一直占据所得税主导地位，占整个税收收入比重也呈现逐年上升趋势，而个人所得税占整个税收的比重变化不大，且略有下降，总体而言，自 1998 年以来，山西的企业所得税增速加快，而个人所得税在整个税收中的重要性显现不大。

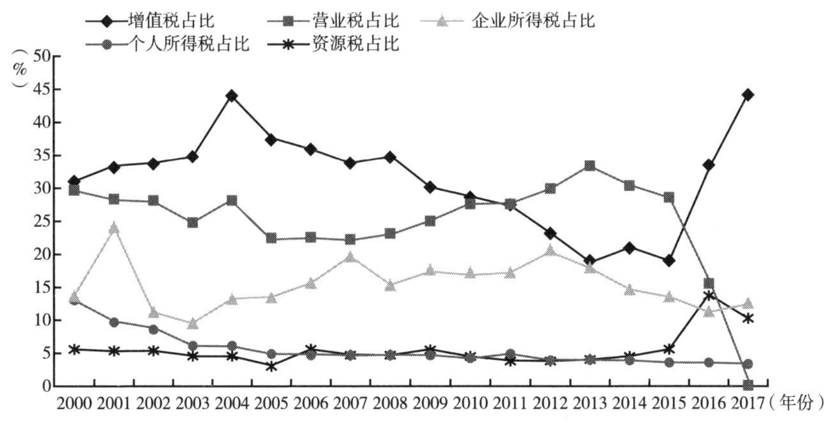

图 7-8 山西主体税种占比情况

资料来源：国家统计局网。

2. 非税收入的规模与结构分析

非税收入，包括专项收入、行政事业性收费收入、罚没收入、国有资源（资产）有偿使用收入和其他收入等。一个国家和地区的税收规模受到政府财政收入中非税收入的影响较大。在经济增长率既定的情况下，政府以非税形式取得的收入占政府财政收入的比例越大，税收规模相对就越小。

（1）非税收入规模分析

此处分析小口径的非税收入。小口径的非税收入是指一般公共预算收入中的非税收入。从小口径非税收入的数量上看，2007~2017 年，山西非税收入规模从 167.39 亿元增加到 469.57 亿元，年均递增 10.87%。非税收入占一般公共预算收入的比重波动性比较大，近年来处于一种上升趋势，在 2012~2016 年占比均在 30% 以上。在非税收入中，专项收入、行政事业性收费收入、罚没收入增长较快，是非税收入的主体。

非税收入占财政收入的比重在很大程度上反映了不同经济发展阶段市场经济体制的发育程度。从世界范围来看，经济发展水平越低、市场经济体制越不健全、税收制度越不完备的国家，非税收入在政府财政收入中的占比越大。非税收入的存在，虽然促进了地方财政收入规模的扩大，但同时也造成地方可用财力的下降，抵消财政正面调控的作用，使财政的监管难度加大，干扰财政宏观的实施效果。

（2）非税收入结构分析

专项收入。直至 2014 年，专项收入规模一直呈现明显的上升趋势，由 1999 年的 4.88 亿元上升到 2014 年的 444.21 亿元，是小口径非税收入中比重最大的一部分。专项收入迅速增加主要是由于增值税、营业税、消费税的快速增长带来的城市维护建设税和教育附加费的大幅增加所致。2015 年开始，专项收入呈现明显降低趋势，2015 年、2016 年和 2017 年分别降至 386.54 亿元、149.46 亿元和 115.86 亿元。

行政事业性收费收入。行政事业性收费收入占小口径非税收入的比重仅次于专项收入。1998~2014 年，山西省行政事业性收费收入由 3.47 亿元增长到 97.56 亿元，年均递增 23.19%。行政事业性收费收入过快增长反映出政府规模的不断扩大趋势。2015~2017 年，在国家清理规范行政事业性收费政策作用下，行政事业性收费逐渐降低，2017 年降至 78.92 亿元。

国有资源有偿使用收入。随着财政体制改革的不断深入和完善，国有资源有偿使用收入主要是一些行政事业单位的资产出租、出借收入。偶尔会出现国有企业闲置的土地及附着物处置收入、国有股份的出让收入。这些资产虽少，但每处置一笔都会对国资收入计划造成很大的冲击。2016 年和 2017 年国有资源有偿使用收入在政府非税收入中的比重分别占到 37.61% 和 38.73%。

二　一般公共预算支出规模与结构特征

财政支出的规模与结构，是衡量政府干预经济程度及广度的指标。财政支出流向在一定程度上代表了政府宏观调控的方向，反映出政府政策的选择，也是政府发展战略的实现机制。

（一）一般公共预算支出规模

党的十一届三中全会以来，山西经济建设和各项事业持续快速发展，全省财政状况不断好转，财政支出规模迅速扩大，财政支出由 1978 年的 21.1 亿元增加到 2017 年的 3756.7 亿元，年均递增 14.21%。在此基础上，山西财政调整优化支出结构，积极适应改革开放深入发展对财政支出保障提出的新要求，在保证经济建设需要的同时，全省财力积极向“三农”、民生等社会发展相对薄弱的环节倾斜，不断建立和完善保障改善民生的长效机制。

（二）一般公共预算支出结构

随着改革开放带来的民生支出需求增加，山西财政支出结构不断优化，财政公共服务保障能力有效提升。

财政民生八项支出指用于公共服务、公共安全、教育、科学技术、社会保障和就业、医疗卫生与计划生育、节能环保、城乡社区共八项民生支出，简称财政“八项支出”。财政八项支出是非营利性服务业增加值的核算基础数据，非营利性服务业增加值是第三产业增加值和地区生产总值的重要组成部分。非营利性服务业是指不以营利为目的，并且主要由政府或社会团体和事业单位提供的社会公益性服务业。包括公共管理和社会组织，教育，卫生、社会保障和社会福利，科研、技术服务和地质勘探业，水利环境和公共设施管理业共五个服务行业。根据上述核算指标之间的逻辑关系，财政八项支出增速直接决定非营利性服务业经济增速，进而影响第三产业和 GDP 的增长。

由表 7–4 可看出，2007~2017 年，山西民生八项支出规模由 820.17 亿元增加至 2582.81 亿元，占一般公共预算支出比重经历了降低又提高的过程，2007 年八项支出占比 78.12%，之后比重逐渐下降，2014 年缩小至 63.83%，2015 年开始缓慢提升，2017 年回升到 68.75%。

山西一般公共预算对科学技术以及环境保护的支出占比与全国相比有不同的特点。从科学技术支出占比来看，山西省整体水平偏低，科技投入严重不

表 7-4 2007~2017 年山西财政民生八项支出及比重

单位：亿元，%

年份	财政八项支出合计	占一般公共预算支出比重
2007	820.17	78.12
2008	1022.21	77.73
2009	1136.65	72.78
2010	1268.63	65.69
2011	1536.58	65.00
2012	1793.18	64.98
2013	1949.61	64.34
2014	1969.25	63.83
2015	2238.71	65.40
2016	2326.71	67.86
2017	2582.81	68.75

资料来源：国家统计局网。

足，一定程度上制约了科技创新的动力。2016年，全国科学技术投入占比为2.42个百分点，而山西仅有1.01个百分点，低于全国平均水平1.41百分点。而从环境保护支出的占比可以看出，山西投入比全国平均水平更多的财力用来治理环境，但是，资源型经济的弊端造成的生态环境破坏仍然严峻（见表7–5）。

表 7-5 2007~2017 年山西教育、科技、环保支出比重

单位：%

年份	科技支出占比		环保支出占比	
	山西	全国	山西	全国
2007	1.50	2.24	4.28	2.51
2008	1.34	2.14	4.89	2.81
2009	1.13	2.15	4.52	3.11
2010	1.04	2.15	4.26	3.21

续表

年份	科技支出占比		环保支出占比	
	山西	全国	山西	全国
2011	1.15	2.03	3.48	2.77
2012	1.21	2.09	3.20	2.71
2013	2.05	2.27	3.24	2.79
2014	1.76	2.23	3.09	2.69
2015	1.09	2.25	2.91	2.93
2016	1.01	2.42	3.37	2.77
2017	1.35	—	3.43	—

资料来源：国家统计局网。

第二节　面临的问题及影响因素分析

多年来，山西因其丰富的煤炭资源赋存，并受国家区域经济发展战略布局及全省产业投入政策等多重因素影响，逐步形成典型的资源型经济特征，经济发展主要依赖于当地丰富的煤炭资源开发，这种发展模式不仅带来严重的生态环境压力，而且受到“资源诅咒”效应影响，产业结构单一化，经济抗风险能力较差，可持续增长动力不足，由此也导致一系列财政收支运行可持续问题。

一　财政收支运行面临的问题

受国内国际宏观经济环境以及深层次矛盾的影响，山西财政运行稳定性偏低，多年来积累的“一煤独大”和“一税独大”的结构性矛盾尚未从根本上解决，新兴产业虽然发展较快，但财政支撑力尚显不足。

（一）财政收入稳定性较差

山西是能源和原材料生产大省，曾经为东部沿海地区乃至全国经济的高速增长提供能源动力，为我国的经济翻倍增长做出巨大贡献。随着资源的消耗和超负荷开采，山西省的煤炭储存量越来越少，开采难度越来越大，导致煤炭开采成本不断上升，生态环境也遭到严重的破坏，经济和社会的可持续发展面临着严峻的考验。

从改革开放以来山西省一般公共预算收入增速的波动趋势看出，山西省财政收入波动较大，容易受到内在因素和外在因素的干扰。过度依赖能源资源的经济发展模式，导致山西省公共财政收入和经济发展更容易受到煤炭及相关产业行情和国内国际经济环境的影响。

（二）“一煤独大”问题尚存

“一煤独大”是山西长期以来资源型经济特征的必然结果。大量且易于开发的煤炭资源，无疑加速了山西经济增长和财政收入增长的速度，但税源结构的单一也会在很大程度上影响财政经济的平稳快速发展。

长期以来的经济重型化，尤其是以煤炭作为主要资源的经济增长点，使得山西财政长期呈现“一煤独大”与“一税独大”的局面。煤炭、焦炭、冶金、电力作为四大支柱行业，税收总额几乎占到山西全部财政收入的半壁江山，对税收的贡献度极高，而煤炭行业则长期居于首位。2017 年，煤炭行业对税收增收贡献最大，对税收收入的拉动作用最为突出。全年煤炭行业税收收入 615.8 亿元，同比增长 118.9%，占全部税收收入的 44.4%；增收额 334.5 亿元，占全部税收收入增收额的 92.8%。这就意味着，仅凭煤炭行业的拉动，主体税收就基本实现了全部的增收额，煤炭这一传统主导行业对税收收入的支撑力十分明显。

（三）新兴产业财政收入贡献有限

在经济转型过程中，新兴产业的支撑力尚且不足，对税收收入的贡献还比较有限。从当前情况来看，虽然2017年以来全省经济活力不断增强，中高端制造业发展势头良好，部分高技术含量、高附加值的制造行业税收收入明显增加，一些具有现代服务业特征的软件和信息技术服务业、商业咨询与调查业、航空运输业等新兴产业税收快速增长，成长前景看好，但客观而言，这些高技术含量、高附加值的新兴产业规模小，对税收贡献仍很有限，短时间内难以形成有力支撑，全省新旧动能转换仍然面临新的挑战。

（四）财政刚性支出压力增大

财政除了与经济息息相关，还与政治、文化、生态文明建设等方面紧密联系。全面深化改革后，更多事项需要财政的参与，如解决中央与地方的财权事权关系，要以财政为基础；随着人口老龄化程度的不断加深，财政社保支出压力增大；急需解决的环境治理等问题，也加重了财政投入的责任。这些问题导致近几年山西省财政支出总量持续增加。

2017年山西一般公共预算支出3756.73亿元，比上年增长9.56%，增支约315亿元，其中，用于医疗、社保、教育、居住等事关人民群众生活的民生支出增加约161.5亿元，占全部增支额一半以上。全年社会保障和就业支出633.42亿元，增长19.2%；节能环保支出128.93亿元，增长11.7%；城乡社区支出282.28亿元，增长9.5%；债务付息支出41.68亿元，增长60.9%。财政刚性支出的增长，加大了财政压力。

（五）科学技术支出比重过小

科技创新能力是确保地区竞争力的内生能力体系，是资源型地区经济转型的重要支撑和动力来源。政府财政支出对提高经济转型过程中科技创新投入能力和产出能力起着非常重要的作用，进而会对经济转型产生重要影响。由于一般公共服务支出等刚性支出的不可逆性，全省财政用于科学技术等其他方面支出逐步减缓。

从近十年山西省科技支出情况看，一般公共预算支出中用于科学技术的支出比重过小。虽然 2009 年山西省被确定为资源型经济转型综改试验区后，政府财政支出中对科学技术投入力度有所加大，在 2013 年达到了 2.05% 的最高水平，但从整体情况来看，该项支出比重除在 2013 年和 2014 年水平较高外，其余年份均不足 1.5%。在全国 31 个省（区、市）中，山西省排名中等偏后。2017 年全省财政科学技术支出 50.82 亿元，占全部一般公共预算支出的比重仅为 1.35%（见表 7–6）。

表 7–6 山西科学技术支出及比重

单位：亿元，%

年份	科技支出	科技支出占比
2007	15.80	1.50%
2008	17.64	1.34%
2009	17.61	1.13%
2010	20.12	1.04%
2011	27.17	1.15%
2012	33.32	1.21%
2013	62.06	2.05%
2014	54.26	1.76%
2015	37.47	1.09%
2016	34.56	1.01%
2017	50.82	1.35%

资料来源：国家统计局网。

（六）财政收支不平衡问题突出

在财基不稳、财源单一的情况下，随着资源型经济转型的推进，山西财政支出的规模在不断增加，由此导致财政收支缺口越来越大，财政收支不平衡问题越来越突出，这将严重阻碍资源型经济转型的顺利进行。

财政收支差率是财政收支差额与财政收入之比。它可以用来分析财政收支不平衡的数量界限以及程度。近些年来，山西财政收支不平衡问题越来越突出。2007 年山西地方财政收支差率为 75.6%，到 2015 年、2016 年和 2017 年山西地方财政收支差率达到了 108.42%、120.22% 和 101.24%。虽然运用财政赤字来刺激内需、拉动经济增长是我国经常采用的财政政策，但赤字并不是可以无限扩大的，财政收支差额需要维持在一个合理适度的范围内。

二　影响因素分析

从当前情况分析，虽然经济运行中的积极因素不断增加，但山西长期存在的结构性矛盾、体制性矛盾和素质性矛盾依然存在，对全省财政收入的稳定增长造成影响。另外，经济运行中尚存在不确定、不稳定因素，财政收入持续稳定增长的基础仍不牢固。减税降费等政策性因素的持续作用也会对财政收入产生影响。总体来看，有利因素和不利因素叠加交织，共同影响全省财政收支运行。

（一）财政收入持续稳定增长的基础仍不牢固

虽然当前全省经济持续向好，但多年积累的“一煤独大”结构性矛盾、“一股独大”体制性矛盾、创新不足素质性矛盾远未从根本上解决。当前山西经济增长依然是以传统产能释放驱动为主，实体经济尚存困难，经济发展的内生动力仍需加强，市域发展不平衡，环境改善任务艰巨，环保约束对工业生产影响较大，特别是近期以煤炭为主的主导产品价格出现波动，将会增加今后一段时间财政收入增长的不确定性。山西财政税收中煤炭比重较大，煤炭市场波动必然会对全省财政收入平稳增长有较大影响。

（二）减税降费政策对财政收入的影响

对财政收入产生影响的还有政策性因素的作用。为了切实减轻企业和个人负担，促进实体经济发展，国家推出一些减税降费政策，随着这些减税降费政策逐步落实到位，对全省财政收入的减税效应将逐渐显现，对后期财政收入增幅将产生回落影响。减税政策包括，自 2017 年 7 月 1 日起将增值税税率由四档减为 17%、11% 和 6% 三档，取消 13% 的税率；进一步扩大享受企业所得税税收优惠的小微企业范围。提高科技型中小企业研发费用税前扣除比例；将 2016 年到期的部分税收优惠，如对物流企业自有的仓储用地减半计征城镇土地使用税、对小额贷款利息收入免收增值税等延期至 2019 年底。降费政策包括，从 4 月 1 日起取消或停征 41 项中央设立的行政事业性收费，涉及企业收费 35 项，包括房屋转让手续费、农业转基因收入安全评价费等；涉及个人收费 6 项，包括预防性体检费、婚姻登记费等。取消 2 项政府性基金，包括城市公共事业附加、新型墙体材料专项基金。扩大 1 项政府性基金（残疾人就业保障金）的优惠范围。

第三节　政策建议

一　完善财政调节机制

财政自诞生之日起，便是经济调节的手段。资源型经济的转型，需要“看得见的手”来指引转型方向，而政府的行为体现最直接的方式便是财政制度。

（一）从收入和支出两条线来促进资源型经济转型

资源型经济转型，产业结构的调整，需要财政制度的调节与优化，保障对资源收益的重新分配，形成新的针对资源型经济转型发展的财富增量分配机制，推进经济社会的可持续发展。

从财政收入角度来看，税收制度结合产业发展规划的倾斜与配合、对科技创新以及生态保护的投入、对新兴产业的支持，都将在很大程度上影响地区经济结构的调整，引导资源型经济产业结构优化升级。从财政支出角度来看，无论是直接投资还是间接干预，都会对经济社会的发展产生重大的影响。但是值得注意的是，财政支出应当逐渐从竞争性领域退出，严格控制固定资产的直接投资，除了提供物质形态的公共产品之外，财政支出的重点应当偏向人力资本、研发以及技术进步等方向，为资源型经济转型和发展提供可持续动力。

1. 建立推进产业结构升级优化的财税机制

一是对衰退产业的财税援助机制，二是对替代产业的财税支持机制，二者相辅相成，缺一不可。对衰退产业的援助，体现为对创新与再创业的税收减免措施，以及对产业衰退引起的失业问题的关注。对替代产业的支持机制，表现为对替代产业与高新技术产业的税收优惠，对旅游业、金融业、物流业等新兴行业的减免税力度，以及为现代服务业的发展营造更为优化的环境。这样的体制机制，不仅能够保障衰退产业的稳定，更能保证替代产业与新兴产业的进入。

2. 财政支出以产业结构转变、保证社会稳定为目的

对衰退产业的援助机制，不仅可以通过财政收入即税收来调节，还可以通过财政支出来实现。如采用财政贴息、财政补贴等方式扶持和发展中小企业与高新技术产业，尤其是劳动密集型产业，以吸纳更多的劳动力；为衰退企业整体或部分搬迁、带动企业职工异地就业等提供资金和制度保障；完善对中小企业的财政担保、财政补贴制度，加速中小企业的发展，使得中小企业成为吸引劳动力的重要支柱。

对替代产业的支持机制，不仅要从财政收入角度入手，更要从财政支出角度大力支持产业转型。一是要加强对科技创新的支持，增加科技投入，保持科技投入的稳定增长。加大对基础研究的投入力度，加大对关键、核心技术，尤其是战略性新兴产业的技术革新的投入和支持力度，支持实施重大科技专项。二是加大对现代服务业的支持力度，通过财政转移支付与补贴的方式，支持服务业发展，以政府资金引导资金流入，扩大服务业的投资范围与投资规模。

（二）构建规模稳定、结构优化并重的财税体系

对于地方财政而言，税负的稳定对政府支出规模的稳定有着很大的影响，税负的稳定要做到税收收入占 GDP 的比重处于稳定状态，如果经济增长幅度变大，政府税收增幅也随之增大，这样可以促使政府支出规模更加稳定。

税源持续不断的增长，可以促使税收收入稳定增长。产业及产品结构对地方税收的结构和增长力度有着直接影响。在三次产业中，地方税收主要来源于第三产业提供的税收。所以，从发展长远考虑，要使税收体系可持续发展，就要合理调整三次产业结构，转变经济发展方式。

（三）积极争取国家支持

积极争取提高国家均衡性转移支付水平，争取国家对山西水资源保护、环境污染治理以及生态修复等方面的支持，加大对社会保障、基础教育、公共卫生等民生项目的转移支付，以及其他专项转移支付，如争取国家对“综改试验区”专项转移支付。争取有利于资源综合利用和促进循环经济发展的税收优惠政策，为解决资源型经济转型中社会问题提供物质保障。增加转移支付补助范围，使转移支付补助范围囊括生态、环境、水资源以及社会保障等方方面面，确保资源型经济的顺利转型。

二　政策建议

针对当前山西财政经济运行中存在的突出问题，需要继续发挥财政“调节器”作用，综合运用多种政策措施为经济增长和转型升级加力增效，进一步优化财政支出结构和支出方式，提高财政资金使用效益，推动经济社会平稳健康发展。

（一）紧抓机遇促转型

山西“因煤而兴”“因煤而困”，摆脱经济发展和财政收入过多依赖煤

炭产业、过多倚重煤炭价格，破解“资源诅咒”，是山西一道绕不过去的坎儿。转型不仅是山西自身经济结构变革的必然要求，而且是国家重大战略，是党中央、国务院赋予的重大使命。《关于支持山西省进一步深化改革促进资源型经济转型发展的意见》（国发〔2017〕42号）的颁布体现了国家给予山西资源型经济转型的支持，为全面深化山西转型升级提供了有利的战略机遇。要把握好资源型地区经济转型发展这样的历史机遇，放大倾斜政策的红利，把山西转型发展放到全国大格局中谋划和推进，举全省之力建设国家资源型经济转型发展示范区，牵引全省经济转型升级。要以产业转型为核心，加快全省传统产业改造升级，以提高供给体系质量为主攻方向，提升新兴产业比重和传统产业素质，建设清洁能源供应体系和现代产业体系。密切跟踪中央政策制定、资金分配相关情况，积极主动向中央反映山西经济财政运行困难，争取中央在转移支付、新增债券、国企改革等方面给予山西更大的资金政策支持。

（二）发挥调控职能优环境

通过实施减税降费，帮助企业降本增效，改善企业经济效益。强化“放水养鱼”意识，继续落实并完善“营改增”试点和其他已经出台的减负政策，再取消、调整和规范一批行政事业性收费项目。规范政府引导基金，清理评估政府性投资基金，调整资金投向转型发展急需领域。做大用好产业基金，整合现有政府投资基金，撬动金融资本和社会资本支持实体经济转型发展。启动运作供给侧改革发展投资基金，设立促转型、增动能基金和技术改造专项资金。全面落实山西科技计划和科研项目资金改革管理举措，支持基础研究和关键技术研发。加大财政对“双创”的支持力度，鼓励民营经济发展。落实供给侧结构性改革“三去一降一补”财政重点工作任务，将预算安排、政府债券与购买服务、推广PPP模式相结合，大力推进PPP工作，加快推进PPP示范项目建设。引导更多社会资金投向新兴产业和创业创新，放大财政资金乘数效应。落实已经出台的鼓励投资财政政策措施，支持山西重大招商引资和投资促进活动。加强政银企合作，进一步撬动银行金融机构为全省重大项目融资。

（三）精准发力惠民生

坚持尽力而为与量力而行相结合，将有限的资金用在最需要的人、最紧要的事和雪中送炭的民生工作上。着力推动脱贫攻坚，在全面落实国家和山西各项强农、惠农、富农政策的基础上，整合出台新的强农、惠农政策。加大涉农资金统筹整合使用力度，提高财政扶贫资金投入精准度，强化精准管理、精准拨付。加大投入力度，支持深度脱贫，开展统筹整合涉农资金专项督查，坚持脱贫攻坚政策，落实“最后一公里”。推进“一事一议”财政奖补，扩大“美丽乡村”试点范围，整合资金支持发展休闲农业和乡村旅游。开展财政资产收益扶贫试点和扶持农村集体经济试点。加快省以下农业信贷担保体系建设和运营，着力保基本运转，对收入持续下降的区县，通过加大转移支付力度等方式予以救助。加大必要的民生投入，统筹用好各类民生资金，解决人民群众关心的教育、就业、医疗、住房等突出问题。完善城乡义务教育经费保障机制，改善贫困地区义务教育薄弱学校办学基本条件，推进职业教育产教融合。加强财政政策与就业创业政策配套衔接，以创业带动就业，统筹中央奖补资金、就业专项资金和失业保险基金，做好去产能职工分流安置工作。继续提高退休人员基本养老金水平，提高城乡居民医保财政补助标准和人均基本公共卫生服务标准，推动农村低保线和脱贫线的有效衔接。

（四）深化改革提效益

为充分发挥财政资金的保障作用，促进全省经济社会健康发展，财政部门要进一步提高财政资金的使用效益。盘活存量，优化增量。大力调整优化财政支出结构，压缩一般性支出，着力保障基本民生需求和全省战略重点投入。加大一般性转移支付力度，清理、整合、规范专项转移支付项目，特别是对常年安排、用途固化的支出集中进行清理。调整完善财政支出政策，压减或取消一些不合理的支出或由于政策环境发生变化的支出。统筹整合，集中财力。结合全省财力状况和经济社会发展实际，加大各类财政资金的整合力度，对资金性质、使用方向一致，扶持对象交叉重复的项目予以归并整合，加大国有资本经营预算、政府性基金与一般公共预算统筹力度，调整优化资金使用方向。集中财力投向经济社会发展重点建设领域，避免财政资金使用“碎片化”、重复安排和固化投向。讲求绩效，杜绝浪费。引入竞争性使用省财力机制，对分配结果具有可选择性、没有固定使用对象的省级财政专项资金实行竞争性分配管理。加大绩效评价结果反馈运用力度，适时组织第三方机构对重点项目开展再评价，促进部门落实绩效责任，确保财政资金安全高效使用。

第八章　改革开放 40 年山西交通建设发展与展望

交通运输业是国民经济和社会发展的重要基础。改革开放以来，山西省交通运输业开启了新的篇章。1978~2018 年，山西省经济社会发展的“先锋官”得到了长足发展，截至 2017 年底，山西省铁路营业里程由 1978 年的 2057 公里增加到 5293 公里，公路通车总里程由 1978 年的 3.18 万公里增加到 14.3 万公里（高速公路通车里程达到 5335 公里），民用机场由 1978 年的 1 个增加到 7 个，航空航线增至 211 条。经过 40 年的发展，山西省已形成以铁路、公路和民用航空等多种方式组成的综合交通运输网络，具有天地呼应、干支衔接、内通外连的典型特征，为山西省经济社会的全方位、跨越式、高质量发展奠定了坚实的基础。

第一节　改革开放40年山西交通建设回顾

改革开放 40 年来，山西交通运输的大发展，打破了阻碍山西经济发展的壁垒，打通了走出山西、走向全国、走向世界的通道，在铁路建设、公路建设、民航建设的发展史上铭刻下一段段创奇。

一　铁路建设回顾

改革开放初期，伴随着市场经济的快速发展，山西铁路运能与需求量之间的矛盾日益突出，运输持续紧张，每年有数千万吨货物积压，重点长途旅客列车长期超员，乘车难、运货难严重制约着山西经济社会发展，为此，国家和山西省政府在铁路建设方面投入了巨大的人力、物力和财力，使山西铁路建设取得长足进步，运输设施不断增加和改善，运输能力显著提高。从改革开放 40 年的发展历程看，大秦线、侯月线、石太铁路客运专线的建设和通车在山西的铁路建设发展史上有着重要的意义。经过 40 年的发展，山西省已成为华北重要的交通枢纽，同蒲、京包、大秦、石太、太中银、太焦、神黄、石太客专、大西客专等重要干线在山西交汇。

大秦铁路是我国建成的第一条双线电气化开行重载单元列车的运煤专用铁路，是路、港、矿、电综合规划，装、运、卸能力配套的系统工程，也是山西第一条开行重载单元列车的电气化铁路。大秦铁路西起大同枢纽，在北同蒲线韩家岭站接轨，共分两期进行修建，第一期工程经河北阳原、涿鹿进入北京延庆，至河北省三河市大石庄，经联络线引入京秦铁路，在秦皇岛站外吴庄出岔，经秦皇岛、柳村到达新建的秦皇岛三期煤港码头，正线长 410.8 公里，1985 年 1 月开工，1988 年 12 月 28 日建成通车。第二期工程自大石庄，经天津市蓟县、河北省玉田、遵化、迁西、迁安、卢龙、抚宁，在吴庄与一期工程修建的三期煤港码头的引入线相接。二期工程于 1988 年下半年开工，1992 年 12 月 21 日建成投入运营，全线贯通。大秦铁路的开通，充分发挥了规模化大通道的战略功能，对确保晋煤外运，加速山西、陕西、内蒙古煤炭业发展起到了重大的作用，对蒙晋陕区域的协调发展影响深远。

侯月铁路的建设极大强化了晋煤外运的南部通道，线路自南同蒲线的侯马北站向东引出，经曲沃、翼城、沁水、阳城等县境，抵达河南省济源市，在济源站与焦柳铁路相接。国务院于 1984 年批准侯月铁路设计任务书，1990 年 6 月侯月铁路开始全面开工，1994 年侯月铁路全线铺通，并进入二期复线工程，1997 年 3 月侯月铁路复线建成通车。2004 年 9 月，铁道部启动了侯月亿吨煤运通道建设工程，投巨资对铁路网线路进行了大幅改造，省地方投资 2 亿元对煤炭集运站进行了扩建，满足了 5000 吨重载列车的通行。随后，侯月线又完成了侯马北至嘉峰段电气化改造。沁水县嘉峰站作为目前侯月线上的一个较大的煤运站，基础设施得到很大完善，煤炭存储能力和装车能力有了明显提高。2005 年 4 月 5 日，由中国铁路工程总公司所属中铁电气化局集团一公司承建的侯月铁路侯马北至嘉峰段电气化改造工程建成。侯马北至嘉峰段是制约侯月铁路运能的“瓶颈”地段，该段电气化改造工程的完成，为实现侯月线增运 5000 吨、2005 年运量 1 亿吨目标奠定了基础，对缓解当时中国北部煤炭运能不足的紧张状况、畅通煤炭运输通道、促进我国经济持续发展起到了巨大的作用。

石太铁路客运专线的正式通车，开启了山西高速铁路发展的篇章，改写了山西没有高速铁路，没有“动车组”的历史，开创了中国铁路客运专线建设的先河。石太铁路是我国开工最早的高速铁路，是我国中长期铁路网规划的“四纵四横”客运专线的“一横”——青太客运专线的重要组成部分，也是一条沟通华东地区和华北地区的交通动脉。石太客运专线于 2005 年 6 月 11 日开工，正线全长 225 公里，总投资 130 亿元，双线电气化高速客运专线，于 2009 年 4 月 1 日正式通车，最高设计速度为 250 公里 / 小时，动车组主要采用 CRH5 型、CRH380AL 型，且运行其他旅客列车。石太客运专线与京石、京津、胶济等客运通道组成了环渤海经济区域铁路交通网的主骨架，快捷便利的交通圈发展为经济圈，使太原与石家庄、北京等城市产生同城效应，使山西与京津冀及沿海地区的时空距离大大缩小，与发达地区的互动成本更低，为山西加快融入环渤海经济区和区域经济一体化提供了新的通道和重要平台。

二　公路建设回顾

党的十一届三中全会之后，在国民经济“调整、改革、整顿、提高”的方针指引下，山西公路交通得到较快发展，但是，由于煤炭产量和社会物资运输量的增加，交通运输滞后的矛盾显得越来越突出，1980 年，全省 27261 公里历程中，四级公路和等外路占到 77% 以上，到 1983 年，全省有路面历程仅占到 60%，尚有 11091 公里为土路，11 个县不通油路，1240 个乡镇不通公路，4203 个行政村不通机动车。许多干线公路日交通量超过设计标准几倍、十几倍。通向河北、北京、天津、河南等邻省的重点公路，因通过能力小，经常出现堵塞现象。如太旧路原路，小堵天天有，大堵三六九，最长一次堵车整整七天七夜，引起了国际舆论的关注，其他出省通道，大部分为低等级公路或断头路，落后的交通成为能源重化工基地建设的主要制约因素之一，仅 1983 年全省积压待运煤炭就有 3000 余万吨，不少煤矿积煤出现自燃和被洪水冲走，面对全国各地对晋煤的迫切需求，山西省委、省政府决心打破全省公路交通半封闭的状态，在加强省内干线和县乡公路建设的同时，打开通向省外的出口。

1980~1996 年是山西公路建设的初始发展期。“六五”期间，全省新建公路 1411 公里，桥梁 516 座，高级、次高级公路 1200 公里，新修通 7 个县油路和 175 个乡公路，新建大同倍加皂至孙启庄、阳泉白毛岭至地都、晋城至大口、晋城至张路口 4 条晋煤外运公路，总长 248 公里。“七五”期间，完成基建投资 11.35 亿元，全省新增公路通车里程 2022 公里，总里程达到 30784 公里。先后建成和顺至董坪沟、薛村至单度、陵川至修武、原平至长城岭、长治至下涜、左权至涉县、晋城新房洼至河南光华、长治荫城至壶关 8 条晋煤外运出省公路。被列为全国“七五”建设重点公路项目、全长 737 公里的大运公路于 1990 年 9 月 28 日胜利竣工通车，为缓和交通运输紧张局面、加速山西煤炭资源的开发利用创造了有利条件。全省新增通油路县 9 个，实现了全省县县通油路。“八五”期间，山西省委、省政府高举“改革开放”和“艰苦奋斗”两面旗帜，从兴晋富民的迫切需要和经济发展的客观要求出发，制定了交通优先发展战略，把公路建设作为重中之重来抓，出台了支持公路重点工程建设的“八条”优惠政策，带领全省人民大打公路建设翻身仗，掀起轰轰烈烈的全民义务修路热潮，取得了辉煌的建设成就。“八五”末期，全省公路通车里程达到 33644 公里，较“七五”末期增加 2859 公里，公路密度达到每百平方公里 21.53 公里；公路等级里程达到 29506 公里，二级以上高等级公路 4303 公里，高速公路 94 公里。从 1992 年至 1995 年底的 3 年间，全省共筹资 132 亿元进行公路建设，总投资是 1983 年至 1992 年 10 年投资 37 亿元的 3.6 倍，拓宽二级以上国、省道公路 16330 公里，新建公路 16330 公里，改造公路 25186 公里，修建油路、水泥路 10468 公里，新建村间道路 37845 公里，分别是前 10 年的 2.3 倍、2.2 倍、1.9 倍、1.4 倍和 1.7 倍。

1996~2005 年是山西公路建设的稳步建设期。“九五”期间，全省公路建设累计完成投资 338 亿元，新增公路通车里程 21764 公里，新增二级以上高等级公路 5018 公里，新增高速公路 424 公里，新增高级次高级路面里程 14954 公里。继 1996 年第一条高速公路——太旧高速公路全线建成通车后，全省主要建成了原太（原平至太原）、京大（北京至大同）、太原南过境、太原东山过境、运风（运城至风陵渡）、夏汾（夏家营至汾阳）、晋阳（晋城至阳城）等 424 公里高速公路，霍侯（霍州至侯马）、祁介（祁县至介休）、汾介（汾阳至介休）等 484 公里一级公路，太古（太原至古交）、东长（东关至长治）、忻台（忻州至五台）等 4110 公里二级公路，离临柳石、晋西北等 2900 公里扶贫公路和忻州东（冶）芙（城口）公路，阳泉巨（城）龙（庄）公路，临汾马务汾河大桥、太原小店汾河大桥为代表的一批国防公路，开工建设了晋焦（晋城至焦作）、长邯（长治至邯郸）、运三（运城至三门峡）、祁临高速公路等。工程质量和建设水平进一步提高，建成了一批在全国具有影响的公路和桥梁，太旧高速公路、武宿立交枢纽双双荣获国家建筑工程质量最高奖“鲁班”奖，晋焦高速公路丹河特大石拱桥获“大世界吉尼斯之最”。到 2000 年底，全省公路通车里程达到 55408 公里，高速公路达到 518 公里，公路密度由“八五”末的 21.5 公里 / 百平方公里提高到 35.4 公里 / 百平方公里。全省提前三年实现了“镇镇通油路、乡乡通公路、行政村通机动车”的战略目标，并有 81.7% 的乡和 43.5% 的行政村通了油路，94% 的行政村通了公路。全省公路无论是技术等级，还是通达深度都得到了进一步提高。“十五”时期，在省委、省政府的领导下，以科学发展观统领全局，以调整路网结构和运输结构为主线，大力实施“三小时高速通达”、县际公路改造、乡通油路、村村通水泥路“四大工程”。五年间，全省公路建设完成投资 700 亿元，是“九五”的 2.1 倍，约占“十五”全省固定资产投资的 12%。新增公路通车里程 14155 公里，新增高速公路 1168 公里，新增一、二级公路 4693 公里。到 2005 年底，全省公路通车里程达到 69563 公里，公路密度达到 44.5 公里 / 百平方公里。其中，高速公路达 1686 公里，在全国排第 9 位；二级以上高等级公路达到 14283 公里，在全国排第 8 位。山西新改建的农村水泥路、油路里程占全国同期建成的农村油路、水泥路总里程的近 1/3，全省 100% 的乡镇、80% 的建制村基本通了水泥（油）路。同时，大力推进农村客运网络化，先后建成乡镇汽车站 105 个、农村候车厅 1797 个、公路站牌 11534 个。全省 100% 的乡镇、83.6% 的建制村通了客车，并有 30 个县市实现了城乡客运一体化。

2006~2017 年是山西省公路建设的高速发展期，“十一五”时期是山西省构建综合交通运输体系的重要战略期，交通运输由传统交通向现代交通加速转变，其中最突出的特征就是高速公路建设突飞猛进，形成了“三纵十一横十一环”的高速公路基本网络（2015 年，《山西省高速公路网规划调整方案》在此基础上调整形成了“三纵十二横十二环”的新布局）。“三纵”，东纵是天镇马市口至泽州道宝河，中纵是新荣得胜口至芮城刘堡，西纵是右玉杀虎口至芮城风陵渡；“十一横”，第一横是阳高孙启庄至右玉杀虎口，第二横是广灵加斗至平鲁二道梁，第三横是灵丘驿马岭至偏关天峰坪，第四横是五台长城岭至保德，第五横是平定杨树庄至临县克虎寨，第六横是平定旧关至柳林军渡，第七横是和顺康家楼至柳林军渡，第八横是黎城下浣至永和永和关，第九横是黎城下浣至吉县七郎窝，第十横是陵川营盘至河津禹门口，第十一横是垣曲蒲掌至临猗孙吉；“十一环”，分别是太原环线、大同环线、朔州环线、忻州环线、晋中环线、阳泉环线、吕梁环线、长治环线、晋城环线、临汾环线、运城环线。十一条连接线分别是太原至古交、太原小店至长治、大同马连庄至肥村、东阳至祁县城赵、平顺河坪辿至逢善、泽州韩家寨至沁水、安泽至沁水、明姜至南尹壁、垣曲华峰至垣曲古城、阳城至阳城蟒河、运城张金至平陆。“十二五”时期，公路建设仍然是山西省促进经济平稳快速增长的核心力量，高速公路、干线公路、农村公路建设成效显著。截至2015年底，五年间全省高速公路完成投资1703亿元，是“十一五”时期的1.6倍，建成高速公路2025公里，达到5028公里，是“十一五”末期的1.7倍，全省119个县（市、区）有112个通了高速公路，打通省界高速公路互联互通出口9个，达到19个，山西省与河北、河南、陕西、内蒙古四个周边省区实现了省会城市、相邻地级市高速直达。“十二五”时期全省干线公路完成投资190亿元。五年新改建国省干线公路2538公里，一、二级公路在普通干线路网中的比重达到86.34%，改造国省干线公路危桥177座，实施安保工程923公里、灾害防治及应急抢修工程1334处、大中修工程3245公里。“十二五”时期全省农村公路完成投资248亿元，五年新改建农村公路1.9万公里，改造农村公路危桥498座，实施安保工程7462公里，极大地改善了农村生产生活条件。

三 民航建设回顾

1978年山西省只有一个民用机场，太原机场设施简陋，运力低下，空运物资和旅客极其有限，据统计，1978年太原机场客运量不足2万人，旅客周转量仅508万人/公里，货运量只有900万吨，货物周转量只有77万吨，航空事业成为山西省交通运输发展的短板。随着改革开放的进一步深入，省委、省政府针对山西省的资源要素禀赋和对航空事业的特殊需求，制定了一系列促进民用航空建设发展的政策，使山西民用航空从无到有、从小到大、从少到多，实现了跨越式发展。

机场建设是山西区域经济振兴、产业结构调整的龙头工程，是山西省发展文化旅游事业，推进城乡融合发展的重点基础设施工程，也是山西对外开放、走向世界的桥梁工程。截至2017年底，山西共有太原武宿国际机场（飞行区等级 4E）、运城关公机场（飞行区等级 4D）、长治王村机场（飞行区等级 4C）、大同云冈机场（飞行区等级 4C）、吕梁大武机场（飞行区等级 4C）、临汾乔李机场（飞行区等级 4C）、忻州五台山机场（飞行区等级 4C）7 个民用机场。

太原武宿国际机场位于太原市区东南部，距太原南中环 9 公里，距太原南站仅 4.6 公里，机场始建于 1939 年，曾于 1968 年、1992 年、2007 年进行过三次扩建，经过 2007 年的扩建，航站楼面积为 8.08 万平方米，跑道及滑行道延长至 3600 米，并加宽跑道及滑行道道肩，飞行区等级升格为 4E 级，可满足 A380 等飞机的备降要求，为国内干线机场及首都国际机场的备降场。2007 年，经中国民用航空总局批准，"太原武宿机场"更名为"太原武宿国际机场"，2017 年 10 月 25 日，太原武宿国际机场年旅客吞吐量首次突破 1000 万人次，正式跨入全国大型繁忙机场行列。

运城关公机场又称运城张孝机场，位于运城市东北方向 11 公里处陶村镇张孝村，机场于 2005 年 2 月建成通航。跑道长 3000 米，宽 60 米，飞行区等级 4D，可起降 B767~300 以下系列机型。机坪面积 6 万多平方米，有 6 个廊桥，可同时停放 10 架飞机。现有两座航站楼，T2 航站楼面积 2.7 万平方米，T1 航站楼面积 3059 平方米，为国际、港澳台到发，机场先后开通航线 26 条，通航城市 30 个，2017 年，运城关公机场完成旅客吞吐量 144 万人次，稳居山西省第二大民航机场。

长治民航机场始建于 1958 年，位于山西省长治市北 7.5 公里处，机场占地 1500 亩，现有航站楼 7500 平方米，三个廊桥，机坪可同时停放 6 架 C 类飞机。目前机场飞行区等级为 4C 级，可供波音 737（含）和空客 A320（含）以下机型起降。2017 年 3 月起机场进行扩建，目前工程进展顺利，新建机坪、中心变电站已完工，待民航华北局行业验收通过后正式投入使用。工程全部完工后，机场将可以满足年吞吐量 150 万人次的要求。

大同云冈机场原名大同倍加造机场，2012 年 7 月 27 日经中国民用航空局批准更名为"大同云冈机场"。机场位于云州区倍加造镇北，距大同市中心 15.2 公里。由山西民航机场集团运营管理，为大同市提供民航服务，它是山西省北部最大的民航支线机场，同时也是山西省第四大民航机场。

吕梁大武机场为支线机场，位于方山县大武镇西北（位于大武镇木格塔墕村附近的黄土梁上），距吕梁市区约 20.5 公里，距城市规划边缘约 9 公里，地面标高 1167.4 米，占地面积 2672 亩。截至 2017 年底，吕梁机场地处典型的湿陷性黄土地区，是国内施工难度最大、土方量最大、填方最多的支线机场，机场飞行区等级为 4C，能起降 CRJ-200、波音 737-800、空中客车 A319、空中客车 A320 等系列飞机，航站楼面积 13259.3 平方米，设计旅客年吞吐量 20 万人次，货运吞吐量为 900 吨。

临汾乔李机场坐落于临汾市尧都区乔李村北，距中心城区 15 公里，占地总面积 2086 亩，机场新航站楼面积 26000 平方米，按照满足 2025 年旅客吞吐量 187 万人次、货邮吞吐量 6200 吨目标设计，总投资 12.9 亿元。

忻州五台山机场是一座军民合用机场，距五台山核心景区 71 公里，位于山西省忻州市定襄县宏道镇无畏庄村，是由军用机场扩建而成的军民合用支线机场，机场飞行区按 4C 标准设计，跑道全长 2600 米，宽 45 米，航站楼 1.3 万余平方米，内设 5 个机位，机场于 2015 年 12 月 25 日正式通航，每年可运送旅客 5 万人次，货邮 1570 吨。

第二节 改革开放40年山西交通建设的成就与问题

40 年来，山西交通建设无论是在交通基础设施规模、运输服务质量和技术装备等方面，还是在发展理念转变、体制创新和市场化发展等方面都取得了前所未有的成就，创造了“山西速度”，打造了“山西模式”。

一 数字下的山西交通建设变革

经过 40 年的建设和构筑，山西交通建设在铁路建设、公路建设、民用航空机场建设和水路建设方面取得了辉煌的成就，全省的客运水平、货运水平、物流业发展水平得到了显著提升，一个个数字见证了山西交通的变革。

（一）铁路建设日新月异

1978 年山西省铁路营业里程 2057 公里，2001 年突破 3000 公里，2014 年突破 5000 公里，2018 年初增加到 5293 公里，40 年增加了 3236 公里，增长了 157.32%，年均增长速度为 2.45%（见图 8-1）。当前山西省已经建设形成干支线相结合、站点合理、网络通顺的“叶脉形”铁路运输网络体系，从南到北有南北同蒲线和太原到焦作 3 个纵向铁路干线，由东到西有大同至秦皇岛、北京到包头、北京至原平、石家庄至太原、邯郸至长治、侯马至西安、侯马至月山多条横向铁路干线，其中大同铁路枢纽衔接了大包、丰沙大、大秦、北同蒲和大准线等 5 条铁路干线以及口泉支线、云岗支线，各干线间通过联络线相连，形成了环形铁路枢纽布局，太原铁路枢纽衔接了南北同蒲线、太焦线、石太线等干线和枢纽内的西山支线、上兰村支线及太古岚线，侯马铁路枢纽衔接了南同蒲、侯月、侯西等铁路干线、担负着山西省、河南省、陕西省客货到发任务，并有高曲联络线连接南同蒲线与侯月线，形成了“十字形”网络体系。

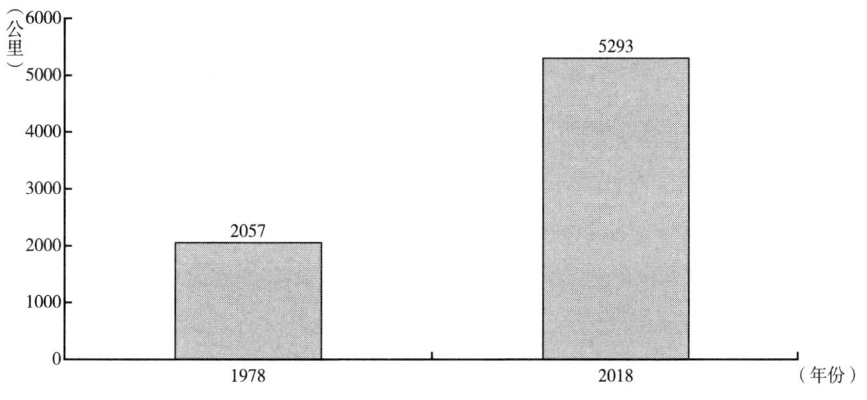

图 8-1　改革开放 40 年山西铁路营业里程对比

铁路线路的质量明显提高，铁路的电气化、现代化水平不断提高，于 2009 年正式运营的石太铁路客运专线是全国第一条开工建设的铁路客运专线，更是开启了铁路高速的新时代。铁路基础设施的快速发展带动了全省经济社会的全面发展，截至 2017 年底，山西省全年铁路货运量为 7.46 亿吨，占到全省全年货运总量的 39.35%，其中铁路运输煤炭 5.36 亿吨，是 1978 年 0.76 亿吨的 7.05 倍，年均增长 5.27%，铁路货物周转量 2426.30 亿吨公里，是 1978 年 189.65 亿吨公里的 12.79 倍，年均增长 6.94%（见图 8–2）；铁路客运量达到 7664.3 万人，是 1978 年 2267 万人的 3.38 倍，年均增长 3.26%，铁路旅客周转量达到 223.30 亿人公里，占到旅客周转总量的 59.75%，是 1978 年 30.98 亿人公里的 7.21 倍（见图 8–3），

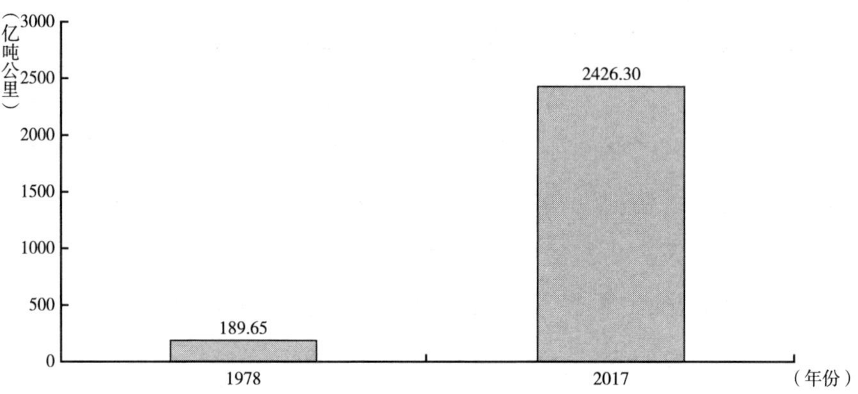

图 8–2 1978 年和 2017 年山西铁路货物周转量对比

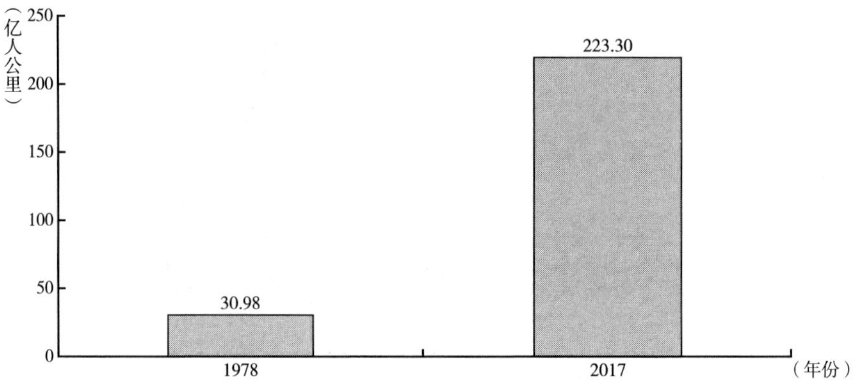

图 8–3 1978 年和 2017 年山西铁路旅客周转量对比

年均增长 5.34%，山西铁路运输为全国各地的经济建设、社会发展做出了巨大的贡献。

铁路外运能力不断提升。2017 年 2 月 15 日，山西首班次中欧班列 75006/5 次列车驶出太原，由太原重工生产的 2 台具有完全自主知识产权的大型矿用挖掘机搭乘班列，远赴俄罗斯列索西比尔斯克。这趟中欧班列由 31 辆敞车和 10 辆集装箱组成。列车从中鼎物流园始发，经满洲里，开往俄罗斯列索西比尔斯克，全程运行 6000 公里，其中，国内 2491 公里，国外 3509 公里。中欧班列（山西—俄罗斯）的往返开行，解决了中欧班列箱源不足的问题，极大地降低了企业物流成本，为山西及周边省份进出口企业开辟了一条安全、便捷、高效的贸易通道。

（二）公路建设迅猛崛起

1978 年山西省公路里程为 2.73 万公里，1989 年突破 3 万公里，1997 年突破 4 万公里，1999 年突破 5 万公里，2007 年实现了大的飞跃，从 2006 年的 6.96 万公里增加到 11.29 万公里，截至 2017 年底，山西公路里程总数为 14.21 万公里，40 年增加了 11.48 万公里，增长了 4.2 倍，年均增长率为 4.43%（见图 8–4）。

山西省的高速公路发展水平不断提升，截至 2017 年底，山西省对外可以通过 33 个高速公路出省通道与周围的省份快速相通相连，对内 119 个县（市、区）

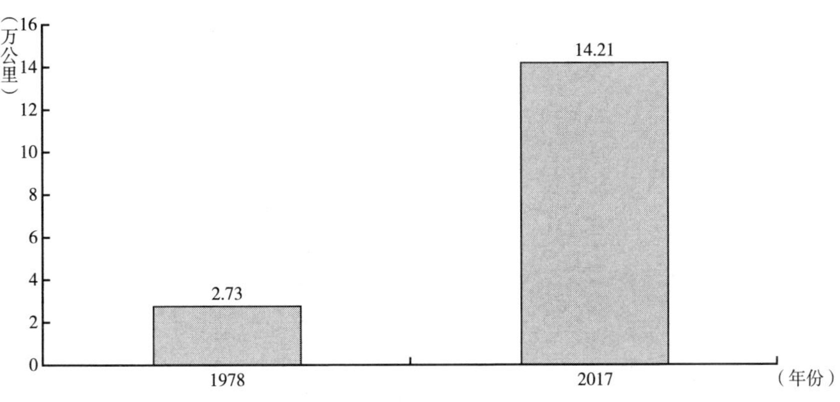

图 8–4　1978 年和 2017 年山西公路里程对比

达到县县通高速公路，实现省会到相邻省会、省会到地级市、相邻地级市之间高速公路直接连通，极大地方便了人民群众的出行需求，特别是太旧、太长、长晋、大运等高速公路的建成，对山西经济建设产生了巨大地影响和有力的推动，也极大地影响了山西经济社会生活的方方面面。“三纵十二横十二环”的高速公路网络（见表 8–1）体系已基本形成，到 2020 年山西省高速公路总里程将达到 7258 公里。

表 8–1 山西省“三纵十二横十二环”高速公路网络

总体布局	分布	线路	公里数
三纵（共计 2276 公里）	东纵	天镇平远堡—泽州道宝河	747
	中纵	新荣得胜口—垣曲古城	732
	西纵	右玉杀虎口—芮城刘堡	797
十二横（共计 3785 公里）	第一横	阳高孙启庄—右玉杀虎口	181
	第二横	广灵加斗—平鲁二道梁	253
	第三横	灵丘驿马岭—河曲	338
	第四横	五台长城岭—保德	316
	第五横	平定杨树庄—临县克虎寨	348
	第六横	平定旧关—柳林军渡	356
	第七横	昔阳龙坡—柳林军渡	348
	第八横	和顺康家楼—柳林军渡	314
	第九横	黎城下浣—永和永和关	326
	第十横	平顺河坪迪—吉县七郎窝	354
	第十一横	陵川营盘—河津禹门口	295
	第十二横	泽州韩家寨—芮城风陵渡	356
十二环（共计 1223 公里）	第一环	太原环线	87
	第二环	太原二环	244
	第三环	大同环线	105
	第四环	朔州环线	74
	第五环	忻州环线	79
	第六环	晋中环线	88
	第七环	阳泉环线	104
	第八环	吕梁环线	79
	第九环	长治环线	115
	第十环	晋城环线	63
	第十一环	临汾环线	98
	第十二环	运城环线	87

其他等级公路的建设也取得了显著成绩，截至 2017 年底，全省一级公路达到 0.26 万公里，二级公路达到 1.54 万公里，分别占到全省公路总里程的 1.83% 和 10.84%。此外，为配合城乡一体化建设和乡村振兴战略的实施，2017 年省交通运输厅与全省 11 个市签订了省市共建“四好农村路”协议，共同推进全省“四好农村路”建设，到 2020 年全面实现山西省“建好、管好、护好、运营好”农村公路总目标，项目计划新改建农村公路 6 万公里，实施农村公路安全生命防护工程 2.3 万公里，总投资约 1000 亿元。其中，改造县乡公路 2.9 万公里，总投资 730 亿元；建设村通水泥（油）路 3.1 万公里，总投资 200 亿元；实施农村公路安全生命防护工程 2.3 万公里，总投资 70 亿元。

公路基础设施的快速发展带动了全省经济社会的全面发展，截至 2017 年底，山西省全年公路货运量为 11.49 亿吨，占到全省全年货运总量的 60.63%，是 1978 年 7032 吨的 16.34 倍，年均增长 7.63%，公路货物周转量 1758.7 亿吨公里，是 1978 年 14.57 亿吨公里的 120.71 倍（见图 8–5），年均增长 13.44%。公路客运量达到 1.73 亿人，占到旅客运输总量的 65.04%，是 1978 年 2743 万人的 6.32 倍，年均增长 4.97%，公路旅客周转量达到 150.40 亿人公里，占到旅客周转总量的 40.25%，是 1978 年 12.12 亿人公里的 12.41 倍（见图 8–6），年均增长 6.85%。

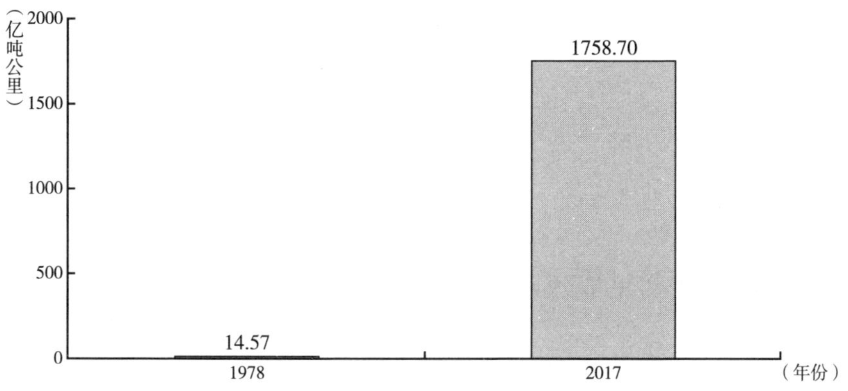

图 8–5　1978 年和 2017 年山西公路货物周转量对比

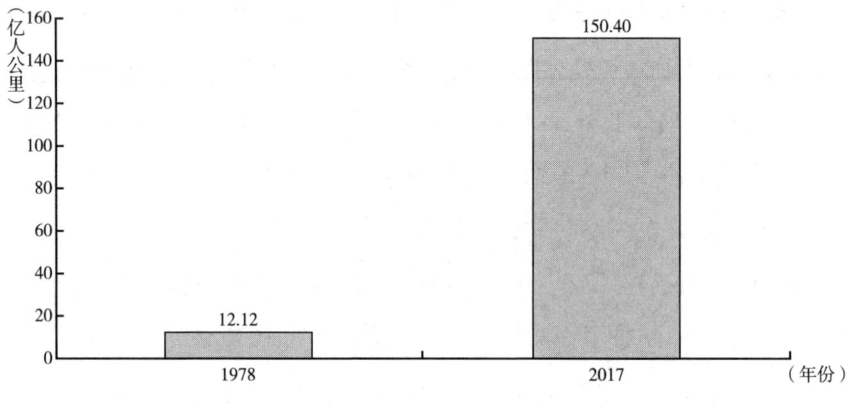

图 8–6 1978 年和 2017 年山西公路旅客周转量对比

（三）民航建设突飞猛进

航空在国民经济建设中占据着十分重要的位置。1978 年太原机场客运量不足 2 万人次，旅客周转量仅 508 万人次公里。货运量只有 900 吨，货物周转量只有 77 万吨公里，低水平的运输条件和运输能力严重制约着山西经济的发展。党的十一届三中全会以后，随着改革开放的进一步深入，省委、省政府针对山西的实际情况，制定了一系列调整产业结构的政策，在大力抓公路建设的同时，下大力气抓山西的航空事业，各项工作均取得了可喜的成绩，特别是机场建设实现了跨越式发展。机场的建设是山西振兴经济、调整产业结构的龙头工程，是发展旅游业、带动城市经济发展的重点基础设施工程，也是山西对外开放走向世界的桥梁工程，到 2017 年底，山西已拥有了 7 个飞机场，空中航线达 211 条，全年发送旅客 1583.4 万人，是 1978 年的 791.7 倍，全年发送货物 5.50 万吨，是 1978 年的 61.11 倍，以太原为中心辐射全国的山西空中运输网络已基本形成（见图 8–7、图 8–8）。

（四）水路运输初见成效

山西省属内陆省份，位于黄河中游，黄土高原东部，是水运不发达地区，非水网省份。省内河流分属黄河、海河两大水系，共有大小河流 1000 余条，流域面积超过50公里的河流有902条，主要干流有黄河、汾河、桑干河、滹沱河、沁河、潇河、御河等，截至2017年底，全省已建成的水库609座，其中大中型水库77座，其中太原市2座，大同市6座，朔州市6座，忻州市8座，吕梁市9座，晋中市13座，阳泉市2座，长治市11座，晋城市8座，临汾市8座，运城市4座，大型水库有太原市汾河水库、汾河二库、大同市册田水库、吕梁市文峪河水库、吕梁市柏叶口水库、长治市漳泽水库、长治市关河水库、长治市后湾水库、晋城市张峰水库，为山西水运的发展提供了较好的自然条件。

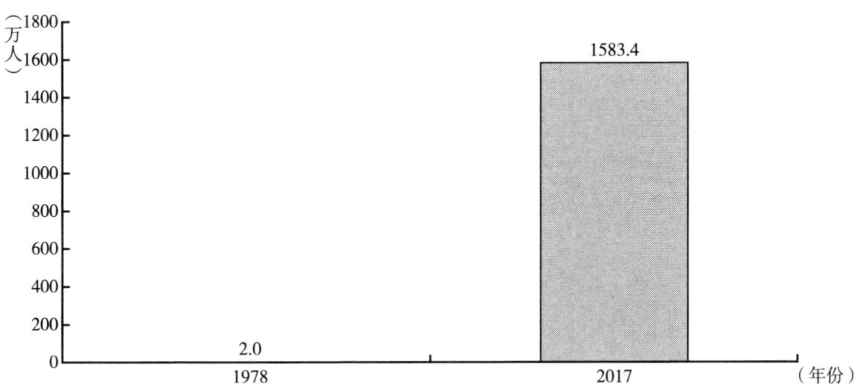

图 8-7　1978年和2017年山西航空旅客运量对比

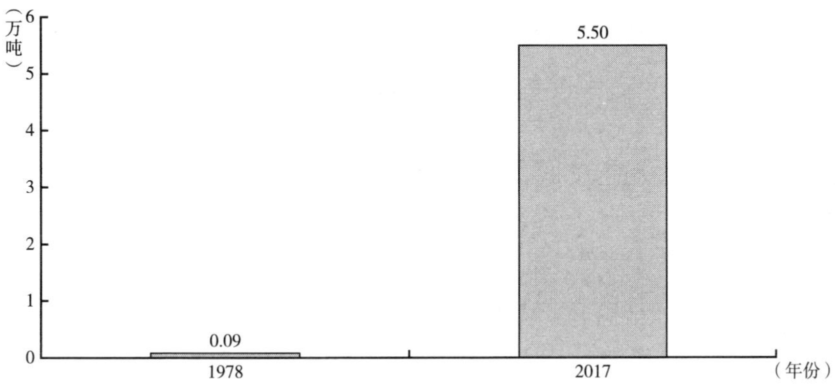

图 8-8　1978年和2017年山西航空货运量对比

二 山西现有交通体系建设存在的问题

从地理环境方面看，山西承东启西，过路运输量大，通道建设任务重；从经济发展看，山西的产业结构决定了交通运输以煤炭等资源型产品为主的发展特征，目前的山西交通体系建设存在以下一些突出问题。

（一）交通运量承载较大，运输结构较为单一

省域发展定位和承东启西的区位决定了山西省交通运量承载较大。山西省作为国家重要的能源基地，能源用户群辐射到全国26个省市自治区、港澳台地区和世界15个国家，其能源经济特性需要交通运输的配套发展。与经济发展相适应，山西地方铁路分布在霍西煤田、河东煤田、宁武煤田和沁水煤田的腹地，是连接新建大型煤矿与国铁干线的桥梁，是陕、蒙、宁煤炭过境山西铁路运输网的纽带。在全省三大煤炭基地，地方铁路均与国铁干线连接，分别有与国铁石太线、邯长线相接的阳涉铁路和武左铁路，与南同蒲接轨的孝柳地方铁路，与北同蒲、朔黄线接轨的宁静地方铁路等。长期以来，运输紧张尤其是铁路运力短缺，成为制约山西经济发展的“瓶颈”。在山西，除了电煤、重点保证企业的焦炭和钢材等物资外，其他货物的请车满足率较低。在现有货物运输中，为保煤炭运输，致使黑白运输的比例严重失衡，铁路运输的煤炭与其他货物比例一直为8∶2倒挂。另外，在近年山西省的公路运输中，煤炭和煤制品都占到货物运量的半数以上。

（二）线路建设标准较低，公路桥梁老化严重

山西铁路除京包、石太等少数省际干线建设标准较高，运输能力较大外，其余线路建设标准普遍较低，主要铁路干线综合能力利用率达到90%左右，其中京包线更是高达150%，铁路货运平均每公里10.5万吨，居全国之首，而与此对应的是新建铁路步伐较慢，高等级公路养护不够，三四级及

等外公路所占比重过大，公路桥梁荷载能力相对较低，干线公路超负荷运行现象较为普遍。

（三）各种运输环节之间协调与配合薄弱

首先，铁路与公路之间衔接不够，铁路运力不足，限制了公路与铁路联运整体的深度和广度，使省内公路的短途集散能力不能充分发挥；其次，铁路、公路内部某些环节不协调，铁路方面表现为某些干线、区段及支线、运用线利用率较低；再次，省内铁路与省外铁路不配套，山西境内铁路运输总体来看是处于饱和状态的，但是同蒲线、邯长线、太焦线等干线的运输潜力仍未得到充分发挥，其主要原因是省外陇海、京沪、京山、京广等铁路干线的限制口较多，通过能力不足，从而限制了山西铁路运输能力的充分发挥。

（四）交通资源存在分布不均衡的现象

近年来，山西通过铁路和公路完成客流运送量占到客运总量的90%左右，而航空和水运所占比重较少。山西铁路受工业布局和大量煤炭东运南调的影响，大都集中在中、东部地带，其中以大同、原平、太原、榆次、长治、临汾等地为主要集结点，东、中、西发展极不平衡。公路建设更是如此，受地质环境的影响，在山区、丘陵地带修筑公路的成本要比在平原地带高好几倍，因而，山西的公路也是中部较多，西部较少，主要集中于省内农业较发达的大同、太原、长治、临汾、运城几个盆地。

（五）资金和土地成为山西交通建设中的两大难题

随着省级财政不再对全省高速公路建设进行资金投入，交通运输部门只能采取市场运作的办法自筹资金进行投资，自国家银监会将山西交通厅纳入政府融资平台以来，高速公路建设贷款受到严格限制，资金缺口一再加大，据不完全统计，山西交通建设的资金缺口达数百亿元，面对较大的建设资金缺口，单纯依靠交通运输部门质押收费权向银行贷款的传统融资模式已经不能满足目前的要求。同时，普通公路由于取消收费而失去融资平台，加之财政投入不足，改造升级没有可靠的资金来源。另外，建设用地指标严重不足，项目建设手续办理困难，也严重制约了贷款资金到位。

第三节　构建新型的山西现代综合交通体系

构建网络设施配套衔接、运输装备先进适用、运输服务安全高效的综合交通运输体系是山西省交通建设的主要目标和方向，要坚持以信息化促进交通现代化的发展理念，重点加快公路、铁路、航空相互协调发展，加速完善交通信息基础设施建设，构建布局合理、统筹协调、有效衔接的现代综合交通体系。

一　总体布局

未来山西现代交通体系的总体布局为“一轴两纵三辐射，四网五横六枢纽”。

“一轴”。依托既有的大运高速公路、南北同蒲铁路以及太原、大同、运城机场，新建大西客运专线、大同至原平、大同至张家口、大同至呼和浩特、运城至三门峡等铁路，构建一条北起大同、途经太原、南至运城的主轴通道；该通道向北辐射至内蒙古、京津、河北等省（区），向南辐射至陕西、河南、湖北、湖南等省份，省内沿线区域覆盖全省主要的经济文化中心、煤炭产区和重要的工业基地，城镇密集，经济总量占到全省的 80% 以上。

“两纵”。“东纵”是依托既有的阳泉至涉县、武乡至左权、太原至焦作等铁路，新建天镇至泽州的高速公路，构建北起天镇南至焦作的东纵通道。该通道位于太行山山脉，覆盖沁水煤田等重要煤炭基地，向东与北京、石家庄、郑州等主要城市衔接。“西纵”是依托偏关至瓦塘、中南部通道等国有铁路以及风陵渡至吉县壶口、噪县等地方铁路，构建北起偏关、南至运城风陵渡，以铁路为主的西纵通道。该通道穿越山西省河东煤田腹地，毗邻黄河，与陕西榆林、内蒙古鄂尔多斯等资源型城市相邻。

“三辐射”。依托既有的公路、铁路、航空等对外交通网络，构建三条对外开放大通道，分别辐射至环渤海经济圈、中部地区并延伸至东南沿海的长三角、珠三角经济圈以及西部大开发地区。向东北方向辐射至环渤海经济圈。依托京津唐、京深高速公路网络体系，京石客运专线、津秦客运专线以及秦沈客运专线等铁路干线，连通天津、秦皇岛等主要港口，缩短太原都市圈与环渤海经济圈之间的距离。向东南方向连通中部地区，辐射长三角、珠三角经济圈。依托中南部铁路通道、二连浩特至广州高速公路、陇海铁路、焦柳铁路、京广、京沪等高速铁路，连通中原城镇群、武汉都市圈等中部主要经济区，促进太原都市圈与长三角、珠三角经济圈的合作，增强其承接东南沿海和境外产业转移的能力。向西北方向辐射至西部大开发地区。依托大西客专、太中银铁路、准朔铁路、京包铁路、陇海铁路、青银高速公路等线路，连通陕西、内蒙古、宁夏等西部地区，进一步发挥太原都市圈承东启西的区位优势，把大西北能源基地与环渤海经济圈和东部沿海地区紧密联系在一起，加强西北与华北地区间的联系，为西部大开发提供支撑。

“四网”。分别是太原都市圈城市轨道交通网、晋北中部城镇群城市轨道交通网、晋南中部城市轨道交通网、晋东南中部城市轨道交通网。

“五横”。“一横”是依托既有的北同蒲、大同至秦皇岛铁路以及大同机场，建设准格尔至朔州铁路专线以及大同至张家口客运专线，新建阳高孙启庄至右玉杀虎口、广灵加斗至平鲁二道梁的高速公路，形成西起朔州平鲁二道梁，横穿大同，东至河北秦皇岛的第一条横向通道。该通道向西辐射至内蒙古、陕西，向东辐射至京津唐等环渤海经济圈。“二横”是依托神朔铁路、宁奇铁路、京原铁路，新建灵丘骚马岭至偏关天峰坪、忻州至阜平、保德至五台长城岭等高速公路，建设五台山机场，新建忻州至保定客运专线及沙泉至五寨、静乐至静游等地方铁路，形成西起偏关天峰坪，横穿忻州，东至河北阜平，辐射陕西、河北、北京、山东等省市的第二条横向通道。“三横”是依托石太客专、石太线、太中银铁路、太旧高速公路、柳林军渡至平定杨树庄高速公路、太原武宿机场，新建吕梁机场以及魏家滩至沙泉等地方铁路，临县克虎寨、柳林军渡至和顺康定楼等高速公路，形成西起柳林，途经吕梁、太原，东至平定的第三条横向通道。“四横”是依托既有的长治至邯郸铁路和长治机场，以中南部铁路通道建设为主线，新建临汾机场、新建沁源至安泽、武乡至介休、沁源至洪洞、和顺至邢台等地方铁路，新建黎城下洗至永和永和关、黎城下洗至吉县七郎窝等高速公路，形成西起临汾大宁，东至长治平顺的第四条横向通道。“五横”是依托既有的侯月铁路和运城机场，新建韩城至侯马、太原至焦作等铁路，新建陵川营盘至河津禹门口、垣曲蒲掌至临沂孙吉等高速公路，形成西起陕西韩城，东至河南焦作的第五条横向通道。

“六枢纽”。按照“零距离换乘”和“无缝化衔接”的要求，大力加强公路、铁路、航空运输枢纽及客货集散中心建设，增强综合枢纽城市的客货运枢纽布局与城市空间布局规划衔接。规划建设太原、大同、运城、临汾、长治和吕梁六个综合交通枢纽。按照建设综合交通枢纽的要求，选择一个条件成熟的城市为试点，推进综合交通枢纽建设。

二　发展重点

重点围绕公路、铁路、航空、城市轨道交通、综合交通枢纽的建设，以交通设施建设为基础，带动交通信息基础设施、铁路装备制造业、交通服务业等相关产业的发展。

（一）铁路

全面推进客运专线建设，完善晋煤外运通道建设，加大既有线扩能改造力度。建设客运专线，建成大西客专和太中银铁路。大西客专的建成，实现大同至西安铁路通道内客货分线运输，大幅提高运输能力和质量，建设大同至张家口、太原至焦作两条客运专线。通过与石太客运专线、太中银铁路、陇海客运专线、西成客运专线有效衔接，进一步拓展快速客运网覆盖面，形成以大西客专为骨干，山西通往全国各地高效便捷的快速客运网，对促进地方区域经济可持续发展将产生重要作用。远期建设忻州至保定、太原至北京、大同至呼和浩特客运专线，完善山西省连接周边省区四通八达的铁路快速客运网体系。

发展高速客运铁路，建成大同至张家口、太原至长治至晋城至焦作等高速铁路项目，加快建设原平至大同、忻州至保定等高速铁路。强化国家干线铁路作用，新线建设与既有线改造相结合，扩大快速铁路客运服务覆盖范围，形成快速客运网，快速铁路运输服务覆盖所有设区城市。强化大能力通道建设，有序建设蒙西至华中地区煤运通道、和顺至邢台等铁路项目；完善重载运输网，加快新建货运铁路沿线战略装车点建设，加快改造既有铁路，尽快形成功能布局完善、覆盖范围广、通道能力强、技术结构合理的运输网络。加快推进山西省地方铁路和城际铁路建设，合理规划、优化布局，充分利用既有的和已规划建设的国铁干线项目，发挥地方铁路和城际铁路灵活性的优点，提高铁路客货运输的便捷性。

（二）公路

按照“三纵十二横十二环”高速公路网规划，继续推进高速公路网建设，加大国省干线公路改造力度，加快农村公路建设、省内运煤专线以及旅游专线建设。推进高速公路连线成网。加快实施高速公路网规划，优先安排国高网项目，同时推进省高网项目。进一步优化普通干线路网结构，加快新增普通干线公路建设改造，继续推进交通拥挤路段及“瓶颈”路段改造升级，强化普通干线与高速公路有效衔接，发挥高等级公路快速通达的效益。普通干线建设里程 1777 公里，其中新建国省干线 130 公里，升级改造国省干线 1647 公里。普通干线公路里程达到 15700 公里，其中二级以上公路 12628

公里，占普通干线总里程的 80%，普通国道连通所有县，普通干线连通 60% 以上的乡镇。

加快城乡交通协调发展。集中加强县乡公路改造，实现县乡公路标准化，逐步形成与干线公路网相配套的县乡公路网络；有重点地安排乡村道路连通工程和农业产业区、农村旅游点等道路建设，实施农村公路危桥改造工程，抓好商品粮生产基地公路和贫困地区开发公路的建设，促进区域交通和城乡交通协调发展。构建快捷的旅游专线。围绕全省旅游景区、景点，结合周边省市旅游资源分布，按照大客流量重点景区直达通畅、一般景区和景点衔接成网的原则，根据观光、度假的不同特点，新建和改造提升交通基础设施相结合，协调发展公路、铁路、航空运输，构建覆盖全省的旅游综合交通网络。

（三）航空

完善全省机场布局，加强省会城市太原武宿国际机场基础设施建设，构建以太原机场为中心，连接全国、面向国际的民航运输格局。规划建设运输机场通用航空保障功能区和直升机场，科学合理布局通用机场，根据地方需求、场址、空域等因素，适度调整通用机场布局，构建完善省内通用机场网络体系，满足农林航空、航空测绘、应急救援、抢险救灾、公务出行、观光旅游等需求。

拓展航线、航班。大力发展经停航线，提高中转服务品质，完善省内航线，构建省内轮辐式航线网络，将长治、大同和运城等机场的旅客会集至太原机场，实现“以支促干”，逐步将太原机场打造成为全国一流的区域枢纽机场，提升长治、大同和运城等支线机场航线网络通达性，迅速提升省内干线和支线机场的客运量。

（四）水路

以保障安全为前提，在有条件的地区建立水运枢纽，为旅游业发展服务，提升服务品位，满足群众多样化的运输需求。积极推进航道建设。建设黄河老牛湾至龙口段（山西段）、黄河小浪底库区老鸦石至三门峡库区（山西段）和汾河二库航运工程，建设总里程 125 公里。建设重点水域客运 100 吨级泊位 20 个。继续组织实施水路交通安全保障工程、危桥改造工程，拓展水路安全保障工程范围。高度重视桥梁质量和安全性，加强监测监控运行状况，建立和推行桥梁定期检验制度，切实做到防患于未然。

（五）城市公共交通

按照山西都市圈、城镇群“一核一圈三群”的城镇化发展布局，确定山西城市轨道交通总体结构为“四网四廊七连线”的空间形式，构建以太原都市区城市轨道交通为核心，太原都市圈城际轨道交通网和三个区域城镇群城际轨道交通网，都市圈、城镇群及省际城际轨道网相互接驳的现代轨道交通网络体系。

优先发展公共交通，提高公共交通出行分担比例。完善城市公共交通基础设施，科学优化城市交通各子系统关系，统筹区域交通、城市对外交通、市区交通以及各种交通方式协调发展，加快智能交通建设，合理引导需求，提升城市综合交通承载力，支撑城市可持续发展。加快推进太原市轨道交通建设。旧城改造和新城开发必须坚持交通基础设施同步规划和建设，发挥大容量公共交通在引导城市功能布局、土地综合开发和利用等方面的作用。统筹规划，优化城市道路网结构，改善城市交通微循环。合理分配城市道路资源，落实地面公共交通路权优先政策，加快公共交通专用道建设，强化公交专用道管理。规范出租车健康、有序、合理发展。完善机动车等停车系统及与公共交通设施的接驳系统。有效引导机动车的合理使用，推进公共自行车、步行等交通系统建设，方便换乘，倡导绿色出行。

（六）综合交通枢纽

按照“零距离换乘”和“无缝化衔接”的要求，规划建设太原、大同、运城、临汾、长治、吕梁六个综合交通枢纽。太原枢纽。以太中银、石太、南北同蒲、太焦、太兴铁路等为依托，进行榆次编组站改扩建，充分利用太原机场航路资源优势，建设铁路太原南站、公路北营客运站、太原武宿货运中心、晋中城北客运站、忻州汽车客运西站、阳泉客运北站、晋中鸣李货运站、忻州豆罗货运站、阳泉东物流中心等枢纽站场，将太原建设成为面向本市、晋中，辐射阳泉、忻州及陕北等周边地区，联通东北—西北、东北—西南和环渤海—中西部的重要交通枢纽。

加强以铁路和公路货运场站、主要港口和机场等为主的综合货运枢纽建设，完善货运枢纽布局和功能。依托货运枢纽，加强各种运输方式的有机衔接，建立和完善能力匹配的铁路、公路等集疏运系统与邮政、城市配送系统，实现货物运输的无缝化衔接。依托铁路建设口岸站，发展无水港，联通京津冀一体化共同发展。积极组织开行中欧、中亚铁路集装箱班列。

第九章　改革开放40年山西开发区发展回顾与展望

经济技术开发区是指经国务院批准设立的国家级经济技术开发区和山西省人民政府批准设立的省级经济开发区。经济技术开发区是山西省加快改革开放、促进产业转型、实现工业化和现代化的重要载体，也是山西省经济转型发展的特殊区域，还是山西省对外开放的主要平台。其中，国家级经济技术开发区是山西省国家层面的对外开放平台，省级经济技术开发区是山西省省级层面的对外开放平台，在构建全省开放型经济中起着非常重要的作用。作为山西省重要的产业发展平台，新时期山西省开发区肩负体制机制创新，探索产业转型新经验、新路径，打造产业强区的重要历史使命。

第一节　山西开发区发展情况

开发区是指一个国家或地区为吸引外部生产要素、促进自身发展而划出一定范围并在其中实施特殊政策和管理体制的特定区域，对带动当地经济发展具有重要作用。我国开发区是指由国务院和省、自治区、直辖市人民政府批准在城镇总体规划区内划定一定区域，实行特定政策，以发展先进制造业和现代服务业及科技服务业为主的、产城融合的特定区域。

一 山西开发区分布情况

自 1992 年 11 月设立首批开发区以来，经过 20 多年的发展，截至 2017 年底，山西开发区数量达到 30 个（见表 9-1）。有 5 个国家级开发区，25 个省级开发区。

5 个国家级开发区，分别是太原高新技术产业开发区、太原经济技术开发区、大同经济技术开发区、晋城经济技术开发区、长治高新技术产业开发区。

表 9-1 山西省省级以上开发区市域分布情况

地市	数量（家）	开发区
太原	5	太原经济技术开发区（国家级）、太原高新技术产业开发区（国家级）、太原不锈钢产业园区、太原工业园区、清徐经济开发区
大同	3	大同经济技术开发区（国家级）、左云经济开发区、大同塔山循环经济开发区
朔州	1	朔州经济开发区
忻州	1	忻州经济开发区
吕梁	3	孝义经济开发区、文水经济开发区、交城经济开发区
阳泉	1	阳泉经济开发区
晋中	3	晋中经济技术开发区、榆次工业园区、祁县经济开发区
长治	4	长治高新技术产业开发区（国家级）、壶关经济开发区、襄垣富阳循环经济工业区、长治经济技术开发区
晋城	2	晋城经济技术开发区（国家级）、高平经济开发区
临汾	2	临汾经济开发区、侯马经济开发区
运城	5	运城经济开发区、运城空港经济开发区、运城盐湖工业园区、风陵渡经济开发区、绛县经济开发区

25 个省级开发区，分别是阳泉经济开发区、风陵渡经济开发区、绛县经济开发区、榆次工业园区、朔州经济开发区、运城盐湖工业园区、祁县开发区、晋中经济技术开发区、太原工业园区、太原不锈钢产业园区、清徐经济开发区、忻州经济开发区、孝义经济开发区、文水经济开发区、壶关

经济开发区、临汾经济开发区、侯马经济开发区、运城经济开发区、交城经济开发区、左云经济开发区、大同塔山循环经济开发区、襄垣富阳循环经济工业区、运城空港经济开发区、高平经济开发区、长治经济技术开发区。

二　山西国家级开发区基本情况

国家级经济技术开发区是由国务院批准成立的经济技术开发区，在我国现存经济技术开发区中居于最高地位。国家级经济技术开发区是山西省对外开放地区的重要组成部分，分别位于省会太原和大同、晋城、长治等中心城市，成为所在城市及周围地区发展对外经济贸易的重点区域。

（一）太原高新技术产业开发区

太原高新区成立于 1991 年 7 月，1992 年 11 月经国务院批准成为国家级高新区，规划面积 8 平方公里。2015 年 12 月，太原市政府研究决定将汾东板块（3.22 平方公里）、阳曲板块（34.68 平方公里）和晋源板块（2.86 平方公里）空间拓展规划范围委托高新区管理，共计 40.76 平方公里。总面积达到 48.76 平方公里。

近年来，太原高新区初步形成了以新一代信息技术、光电、生命科学、新材料与环保节能、文化创意为特色的高新技术产业格局，是山西省高新技术人才、项目、企业最为聚集的区域和发展战略性新兴产业自主创新的重要基地。太原高新区共有各类入区企业 5200 余家。其中，高新技术企业 211 家，占全省总数的近 30%；拥有国家文化产业示范基地、国家火炬太原信息安全特色产业基地、国家火炬计划软件产业基地、国家级文化与科技融合示范基地等 9 个国家级基地；拥有国家企业技术中心 4 家、山西省企业技术中心 27 家、太原市企业技术中心 6 家；国家工程技术研究中心 2 家。根据 2016 年全国高新区评价结果，在全国 115 个国家级高新区和苏州工业园（共 116 个单位）中，太原高新区综合排名第 47 位。

2015 年，按在地统计口径，太原高新区完成地区生产总值 87.1 亿元，同比增长 10.2%；服务业增加值 40.08 亿元，同比增长 16.4%；规模以上工业增加值 47.66 亿元，同比增长 6.7%；固定资产投资 89.29 亿元，同比增长 21.9%；一般公共预算收入 11.46 亿元，同比增长 –14.7%，剔除清理过渡户集中入库因素，增速为 17.7%。

（二）太原经济技术开发区

太原经济技术开发区于 2001 年 6 月经国务院批准为国家级经济技术开发区。自 2002 年 7 月 1 日起，经济区与太原高新技术产业开发区分离，开始独立运行，规划面积 9.6 平方公里。2015 年底，入区企业达到 1721 家，其中世界 500 强企业 23 家。目前，经开区已形成装备制造、新能源新材料、电子信息、食品及农产品加工、生物医药等五大支柱产业。装备制造产业聚集了太重煤机、中煤科工、太重轨道交通、智奇铁路设备、江铃重汽、宇航客车等知名企业；新能源新材料产业聚集了鸿富晋、中电科、拓力拓等知名企业；电子信息产业聚集了富士康精密电子、中天信安防科技园、山西长城微光等行业名企；食品及农产品加工产业主要有青岛啤酒、蒙牛乳业、康师傅、宏全食品等国内食品行业龙头企业；生物医药产业主要有亚宝药业、千汇药业、瑞福莱药业、大宁堂药业等知名药企。区内拥有院士工作站 7 个，拥有研发机构 14 个，博士后工作站 1 个，博士后创新实践基地 1 个，海外高层次人才创新创业基地 1 个，建成企业孵化器 1 个。2015 年，全区地区生产总值 220.6 亿元，规模以上工业增加值 218.1 亿元。

（三）大同经济技术开发区

大同经济技术开发区是 1992 年经山西省人民政府批准设立的省级开发区，2010 年 12 月 30 日，国务院批准大同经济开发区升级为国家级经济技术开发区，定名为大同经济技术开发区。2017 年 5 月，大同市委、市政府决定整合扩区，开发区总规划面积达到239.4平方公里。下辖现代服务园区、医药工业园区、装备制造园区、高新技术园区、新能源产业园区、通航产业园区、中银智能科技纺织产业园七大特色产业园区，初步形成了以医药和装备制造为支柱，新能源、新材料、电子信息、通用航空、节能环保、商贸物流、食品加工为辅助的产业布局。开发区是大同对外开放、能源革命的主阵地，创新驱动、转型发展的试验田。拥有国家火炬计划医药特色产业基地、山西省科技创新园、省级外贸转型升级示范基地等七个政策平台。区内建有集保税、仓储、加工、物流于一体的大型综合性国际陆港，100万平方米标准厂房，2万平方米科技孵化器，2万平方米电子商务产业园，为企业来同投资兴业搭建了良好的发展平台。

（四）晋城经济技术开发区

晋城经济技术开发区，始建于1992年8月，是1997年经山西省政府正式批准的省级开发区，2013年3月3日，国务院批准晋城经济技术开发区升级为国家级经济技术开发区。晋城经济技术开发区位于晋城市主城区东部，辖“一区一园”（高新技术开发区和新兴产业工业园），区域批准规划面积达9.86平方公里，管辖面积23.95平方公里。

（五）长治高新技术产业开发区

长治高新区成立于1992年9月，是经山西省人民政府批准设立的省级高新区，2015年2月，经国务院批复升级为国家高新区，成为继太原高新区后全省第二家国家高新区，同时也是国家新型工业化产业示范基地。原有规划面积7.53平方公里，整合扩区后，高新区规划面积由原来的7.53平方公里调整为104.31平方公里，共辖科技工业园、漳泽工业园、老顶山物流园、翟店工业园4个园区。近年来，特别是升级为国家高新区以来，初步形成了生物医药、装备制造、电子信息、健康食品、现代服务五大重点产业，入区企业4000余家，其中工业企业267家，规模以上工业企业17家，比较有代表性的企业有潞安环能（总部经济）、康宝药业、达利食品、立讯精密电子、潞安太阳能、澳瑞特健身器材、铱格斯曼航空科技等。2017 年，全区共完成营业收入 358.26 亿元，规模以上工业总产值 297 亿元，财政总收入 26.9 亿元。

第二节　山西开发区发展成就

经过 20 多年的开拓创新和探索实践，山西开发区取得了巨大的发展成就，在全省工业化、城镇化进程中充分发挥了示范、辐射与带动作用。

一　经济总量初具规模

近年来，全省开发区经济得到持续发展，主要经济指标每年增速高于全省平均水平，占全省经济比重不断提高。“十二五”期间开发区地区生产总值年均增速达到 18.7%、固定资产投资年均增速达到 46.5%、税收收入年均增速达到 22%、工业增加值年均增速达到 20.4%、工业总产值年均增速达到 19.4%、主营业务收入年均增速达到 21%、进出口总额年均增速达到 30.5%、实际利用外资年均增速达到 19.9%。2014 年，全省开发区地区生产总值、固定资产投资、进出口总额、实际到位外资占全省比重分别为 13%、9.3%、44.3%、40.6%，分别比“十一五”末的 2010 年提高了 3.8 个百分点、5.5 个百分点、24.8 个百分点和 2.2 个百分点。

2015 年，全省 27 个开发区批准规划面积共 362.57 平方公里，其中实现统计（新设立的左云、原平经济技术开发区尚未纳入统计）的 25 个开发区批准规划面积共 241.56 平方公里。2015 年，在全省经济下行压力加大的持续影响下，全省开发区经济运行平稳，主要经济指标中地区生产总值、固定资产投资、进出口总额仍然实现增长。全省纳入统计的 25 个开发区共实现地区生产总值 1704 亿元，比上年增长 2.9%，占全省 12802.6 亿元的 13.3%；财政收入 209 亿元，比上年下降 0.7%；公共财政预算收入 65.7 亿元，比上年下降 3.8%；税收收入 193.55 亿元，比上年增长 0.8%。工业总产值 3898.52 亿元，比上年下降 0.5%；工业增加值 1133.6 亿元，比上年下降 5.2%；高新技术产业增加值 481 亿元，比上年下降 2.4%；入区企业主营业务收入 6184.44 亿元，比上年增长 4.4%；企业利润总额 351.86 亿元，比上年下降 0.6%。固定资产投资 1145.1 亿元，比上年增长 2.5%，占全省 14137.2 亿元的 8.1%；进出口总额 82.72 亿美元，比上年增长 15%，占全省 147.2 亿美元的 56%；实际到位外资 9.42 亿美元，比上年下降 21%，占全省 28.7 亿美元的 33%；实际引进境内省外投资 739 亿元，比上年增长 5%。

二　产业集聚初步形成

经过多年发展，山西开发区初步形成了装备制造、电子信息、生物医药、新材料、食品及农产品加工和现代服务业六大产业集群。截至 2015 年底，全省开发区注册企业 19600 余家，其中规模以上工业企业 511 家，限上商贸流通企业和有资质房地产、建筑业企业突破 1155 家，外商投资企业 139 家。2015 年，全省 25 个开发区按从业人员计算的人均 GDP 为 29.6 万元，投入产出比（地区生产总值 / 固定资产投资）为 1.49，开发区产业集聚效应十分明显，充分体现了开发区要素集中、企业集群、产业集聚的载体和平台效应，对全省经济有明显的示范、辐射、引领和带动作用。

三　开放型经济取得发展

近年来，开发区开放型经济总体水平显著提高。2015 年，全省 25 个开发区外贸依存度（净出口额 / 地区生产总值）为 8%，开发区外向型水平明显提升。

开发区进出口额稳步增长。2014 年全省开发区有进出口实绩的进出口企业 220 家，占全省的 18.2%；进出口总额 71.92 亿美元，比上年增长 23.7%，占全省 162.5 亿美元的 43%，发挥了主力军的作用。实现进口额 25.59 亿美元，比上年增长 47.8%；出口额 46.33 亿美元，比上年增长 13.5%，增速高于全省平均水平。与“十一五”末相比，2014 年开发区进出口总额是 2010 年的 1.52 倍，年均增速 23.3%。

开发区利用外资占全省较高比重。2014 年全省开发区外商投资企业 134 家，占全省的 22%；实际利用外资 12 亿美元，占全省的 40.6%。截至 2014 年末，世界 500 强企业中有 44 家在山西开发区投资企业共 99 家，其中，具有代表性的有富士康、可口可乐、沃尔玛、家乐福、西门子、卡特彼勒、日本 JX 控股公司、日本小松公司以及中国移动、中国石油化工集团有限公司、国家电网、中国工商银行、中国兵工集团、中航工业集团、中国船舶重工、中国电子信息产业集团、中国医药集团、中国化工集团、中粮集团、华润集团等。

四 集约开发效果良好

全省 25 个开发区批准规划面积 241.56 平方公里，截至 2014 年底，规划工业用地面积 107.3 平方公里，已开发面积 191.7 平方公里，工业项目实际用地面积 100.6 平方公里，基础设施实际用地面积 44.78 平方公里。规划工业用地率 44.4%，已开发工业用地率 52.5%，基础设施实际用地率 21.13%。生产、生活配套设施用地结构基本合理。2015 年，全省 25 个开发区单位面积投资强度（固定资产投资累计值 / 年末已开发面积）为 3432.6 万元 / 公顷，单位面积产出强度（地区生产总值 / 年末已开发面积）为 890 万元 / 公顷，单位面积税收强度（税收收入 / 年末已开发面积）为 101 万元 / 公顷，开发区土地集约化程度和土地利用效率明显提高。

全省开发区的建设带动了区内区外商贸物流、总部经济、专业服务等现代服务业的发展，创造了大量就业岗位，转移了农业劳动力，推动了农村人口向城市的加速聚集。2015 年，全省 25 个开发区人口有 86.32 万人，其中城镇人口 50.6 万人，人口城镇化率（城镇人口 / 全区人口数）为 58.6%，开发区建设和发展对城镇化的推动作用十分显著。

第三节　山西开发区存在的主要问题

山西开发区 20 多年的发展取得的成就是巨大的，但还存在数量少、体量小，管理体制不顺、运作机制不活，以及低水平、同质化发展，核心竞争力不强等问题。

一　数量少、体量小

山西省级以上开发区只有 25 家，批准规划面积 241.56 平方公里，仅占全省面积的 1.54‰。不仅规划面积偏小，而且实际可开发利用面积也少，规划工业用地面积 114.03 平方公里，实际工业项目用地面积 95.1 平方公里，基础设施实际用地面积 42.13 平方公里，其他商贸物流等实际用地约为 62.1 平方公里。体量小，意味着开发区承接产业转移的承载力不足，产业发展壮大的空间有限，整体开发潜力小，融资难度大，基建水平不高，综合发展能力不足，大项目引进难度大。大部分开发区面临无地开发的窘境，扩区迫在眉睫。2014 年，全省开发区地区生产总值、固定资产投资、进出口总额、实际到位外资占全省比重分别为 13%、9.3%、44.3%、40.6%。与东中部其他省市经济总量平均占全省 40%~60% 相比，山西开发区这个比重显然还不够大，对全省经济发展贡献有限，但要看到这是在仅占全省 1.54‰国土面积、部分开发区基础设施建设和公共服务平台建设不够、产业配套聚集和承载能力不足的基础上创造出来的。东中部省市开发区的数量和规模都远远超过山西，东中部省份开发区平均数量为 80~100 家，有的还达到近 200 家，开发区面积约占各省国土面积的 7‰ ~2%，板块经济规模大、产业承载能力强、贡献也大。

二 管理体制不顺、运行机制不活

体制不顺、机制不活是制约瓶颈。开发区区别于县区的最大优势应当是开发区的管理体制和运行机制。但这恰恰是山西开发区的短板。其中最主要的：一是现行的管理体制导致开发区与当地形成两张皮，对区域经济发展的辐射、带动作用不明显；二是开发区经济和社会管理权限不落实，部门的管理权限下不到开发区，与区县相比，开发区对经济和社会的管理权限有名无实，没有形成开发区应该具有的“比部门更综合、比区县更灵活”的管理体制和运行机制优势。

开发区经济和社会管理权限不落实，开发区与当地经济融合发展不够，长期制约开发区发展的体制机制问题还没有得到全面解决。

三 低水平、同质化发展，核心竞争力不强

山西开发区初期发展“捡到篮子里都是菜”，造成主导产业不明确、全省 25 个开发区还没有形成各自特色，低水平同质化发展。一些开发区对资源的依赖性较大，造成产业结构雷同。朔州、交城开发区和榆次工业园区受煤炭市场影响，2014 年主要经济指标都出现了较大滑坡。产业集聚度不高，产业链条较短，像太原经济开发区、晋城经济开发区等发展比较好的开发区一企独大、一品独大的现象严重，抗风险能力较低。产业结构不优，传统产业低端运行，优势产业没有做大做强，新兴产业发育较慢，开发区创新能力较弱，核心竞争力不强。部分开发区基础设施建设和公共服务平台建设不够，产业配套聚集和承载能力不足。

第四节　山西开发区进入改革创新发展新阶段

建设山西国家资源型经济转型综合配套改革试验区是党中央国务院赋予山西的重大历史使命。2016 年下半年以来，为全面落实党中央、国务院关于加快开发区转型升级创新发展的重要精神及省委、省政府推进转型综改的系列要求，用改革创新的思维、市场化的办法，解决开发区改革创新发展中存在的突出问题，省委、省政府做出推动新一轮开发区改革创新的重大战略部署，把开发区作为转型综改的主战场、产业转型升级的重要载体、创新驱动发展的新动能引擎，推动开发区改革创新发展。

一　山西开发区改革创新持续深化

贯彻落实《国务院办公厅关于促进开发区改革和创新发展的若干意见》（国办发〔2017〕7 号），山西着力破解转型综改空间布局、平台载体等“瓶颈”制约，推进开发区改革创新发展。

（一）加强顶层设计，加快开发区统筹规划布局

2016 年 12 月 17 日，山西省委、省政府出台了《关于开发区改革创新发展的若干意见》（晋发〔2016〕50 号），提出以国家级开发区和发展较好的省级开发区为主体，通过整合以及一区多园等模式拓展开发区空间，着力解决开发区数量少、规模小、发展空间严重不足等问题。

在符合全省主体功能区规划、城镇体系规划、土地利用总体规划、环境保护规划和产业发展规划的基础上，制定出台全省开发区总体发展规划，合理确定开发区数量、规模和布局，提升存量，培育增量，做大总量，按照占全省面积 2% 左右来规划布局开发区建设，加快构建布局合理、产业集聚、结构优化、功能完善、绿色生态、用地集约、区域平衡的开发区发展格局。

根据整合、改制、扩区、调规的思路，按照“一次规划到位、分步滚动开发”的要求，实现“十三五”期间“一市一国家级、一县一省级”开发区空间布局基本安排到位。按照“一市一国家级”在各设区市布局国家级开发区，全省共布局10个国家级开发区，用地规模1600平方公里左右，太原、晋中两市积极整合现有开发区，布局600平方公里左右，推进山西转型综改示范区建设；大同开发区布局200平方公里左右，其他8个设区市每市布局1个国家级开发区，每个开发区布局100平方公里左右。大同、长治、晋城等已有国家级开发区的市要做好整合和扩区工作，其他6市原省级开发区整合扩区后，要争取升级为国家级开发区。按照“一县一省级”在各县布局省级开发区，安排工业类项目为主的开发区80个左右，生态文化旅游或现代农业产业开发区20个左右，用地规模1600平方公里左右。已设省级开发区可在原有开发区基础上适当扩区，一般不超过30平方公里，新设省级开发区原则上布局10~20平方公里。对位于沿黄等生态脆弱和敏感的县以及主体功能定位为限制开发的农产品主产区的县，一般不布局工业类开发区，可布局生态文化旅游开发区和现代农业产业开发区，空间规模可适当扩大。

（二）推动开发区整合扩区

以国家级和发展较好的省级开发区为主体，通过整合、共建、一区多园等模式实现扩区，拓展发展空间。鼓励区位相邻、相近的开发区（产业园区）整合发展，实行统一管理、统一规划、统一政策。太原市作为省会城市，率先整合市区各开发区，建设山西转型综改示范区。坚持整合优先、规模适度，开发区布局优先整合原有市、县、乡三级各类园区、产业集聚区，在整合现有园区的基础上，适度进行扩展。开发区设置要因地制宜、立足实际，与所在地中心城区规模、建设用地规模、人口规模、经济社会发展水平相协调，适度布局开发区规模，不搞平均主义、不摊大饼。发挥重点城市和经济带的引领和辐射作用，在重点城市（镇）进行重点布局。

（三）推进开发区改革创新

加强对开发区的统一归口管理，为避免政出多门、令出多人，按照部门分工服从于专项分工的原则，将全省各类开发区统一归口商务部门主管，其他有关部门按照部门职责做好配合，形成合力，为开发区的设立、升级、扩区、创新驱动、转型升级、对外开放提供服务。2017 年 4 月 13 日省政府出台了《山西省开发区设立升级扩区和退出管理办法》，规范开发区设立升级扩区管理，建立开发区动态管理机制。各相关部门制定了 20 项配套政策文件，形成了“1+N”的政策效应。2016 年以来，全省先后批准新设 16 个省级开发区，12 个开发区实现扩区，整合 8 个国家级、省级开发区组建了山西转型综合改革示范区。目前，全省省级以上开发区总数由原来的 25 个增加到 41 个。全省开发区全面开展“三化三制”改革，市县与开发区管理体制、财税分享机制基本明确，大部分开发区都实行了管委会主任、党工委书记“一肩挑”和领导班子任期制，全员聘任制基本得到落实，绩效工资制开始兑现。大部分开发区社会管理事务已基本移交地方政府，各开发区在基础设施建设、招商引资、企业服务、市政建设等多领域引入了专业公司，实现“管运分离”。

二 山西转型综改示范区成立

2016 年下半年，山西省委、省政府提出了建设山西转型综合改革示范区的战略构想。2016 年 10 月 20 日，由楼阳生省长任组长的示范区建设领导小组成立。2017 年 2 月 25 日示范区党工委、管委会正式揭牌。

（一）为全省开发区发展开辟主战场

大力度整合扩区。山西转型综合改革示范区位于太原都市区的核心区域，横跨太原、晋中两市。在区域上整合了原太原高新技术产业开发区、太原经济技术开发区、太原武宿综合保税区、晋中经济技术开发区 4 个国家级开发区和太原工业园区、山西榆次工业园区、山西科技创新城3个省级开发区及山西大学城区8个产学研园区。在整合8个园区现状规划区域约150平方公里的基础上，南边向太原、晋中两市潇河区域扩展约350平方公里，北边向太原市阳曲县扩展约100平方公里，总面积达到约600平方公里。同时紧紧围绕理顺示范区管理体制、运行机制和各类利益关系，强化示范区经济属性，剥离社会管理职能，形成了一个主战场、两个集团军协同作战的工作格局。

高起点调规布局。示范区按照“五规合一”要求，坚持依法依规、集约节约原则，在积极做土地利用总体规划调整完善和永久基本农田划定工作的基础上，统筹调整城镇总体规划、城镇体系规划，科学划定城市功能区，合理确定示范区布局、选址、规模，为示范区长远发展奠定了坚实基础。根据规划布局，示范区从空间上分为三大片区。一是北部阳曲产业园区。规划面积约104平方公里，重点布局新材料、节能环保、绿色食品、文化旅游、健康休闲等产业。二是中部产业整合区。包括除原太原工业园区以外的7个现状园区，规划面积140多平方公里，重点布局大数据、物联网、电子信息、高端装备、生物医药、绿色食品、文化创意、跨境电子商务、保税物流、科技研发等产业。三是南部潇河产业园区。规划面积约350平方公里，重点布局新一代信息技术、先进制造、新能源、新材料、生物医药、节能环保等产业。

高标准设定目标。示范区“十三五”期间，地区生产总值、规模以上工业增加值、一般公共预算收入等主要经济指标保持年均两位数增长。装备制造、新材料、电子信息、生物医药、食品加工、煤基低碳研发等新兴产业成长为支柱产业。到“十三五”期末，主要经济指标翻一番，引领带动全省非煤产业增加值占工业增加值的比重提高5~10个百分点。重点产业领域科技创新取得明显突破，煤基低碳、智能装备、新材料等科技创新能力走在全国前列。到“十三五”期末，研究与试验发展经费投入达到全国先进水平，专利申请量翻一番，高新技术产业增加值占规模以上工业增加值的比重提高15个百分点。通过5~10年的努力，把示范区建设成为新体制、新机制、新政策先行先试的配套改革先导区，战略性新兴产业创新发展高地，对内对外全面开放的综合平台，智慧化、低碳化的新型城区，管理规范、廉洁高效的样板区，为全省域转型综改试验发挥示范引领作用。

（二）为全省开发区发展注入新动力

强化顶层设计。省委、省政府出台了《关于建设山西转型综合改革示范区的实施方案》，对示范区体制机制做出全面设计。省人大常委会通过的《关于山西转型综合改革示范区行政管理事项的决定》和省政府《关于落实〈关于建设山西转型综合改革示范区的实施方案〉的若干意见》授予了示范区部分省级和市级行政、经济管理权限，明确了示范区 20 条核心创新政策措施。示范区在以上“1+2”省级政策的大框架下，对标先进，集成创新，围绕体制机制、行政效能、产业升级、创新驱动、人才支撑、复制自贸区经济等 6 个方面，出台了 26 项系列配套政策。“1+2+26”的制度体系框架初步形成，为示范区高效运行提供了较为完善的制度保障，为创新驱动、转型升级提供了较为全面的政策支撑。同时，为便于各项政策的把握和实施，示范区制定了 106 条优惠政策清单，并划分为普惠、评审、合同三大类，全部实现“窗口式”兑现。从项目落地、土地供应、人才引进、设备购置、技术创新、产品研发、市场开拓到企业成长壮大，伴随企业入区发展全过程，使政策扶持更加精准、便捷、公平。

推进“三化三制”。示范区以“三化三制”改革为突破口，大力推进“改制”工作，管理体制和运行机制日趋完善。一是以专业化、市场化、国际化为目标，按照大部制、扁平化原则，紧紧围绕创新引领、发展经济核心，将管委会、事业单位、国企平台公司的机构职能重组整合，实现人力资源优化组合，机构职能优化重整，形成了从项目引进、落地、建设、运营“一条龙”服务机制，更加适应新形势、新任务、新目标的要求。管委会管理机构由 6 个整合为 1 个，内设机构由 52 个减少为 12 个；事业单位由 79 个减少为 29 个；领导职数由 34 人缩减了 8 人。区属国有企业由 59 个整合为 1 个集团公司和

1 个投资公司。二是按照领导班子任期制、全员岗位聘任制、绩效工资制的要求，探索实施职员制改革，在人员选聘、薪酬分配、职务晋升、考核奖励等方面引入竞争机制，打破身份限制，实行以事定岗、以岗择人、以绩定酬，提高业绩性绩效工资占比和服务绩效考核权重。目前，领导班子任期制、全员岗位聘任制、绩效工资制的制度建设已经完成，以绩定酬、服务至上、激励一线的运行机制基本形成。

打造“六最”营商环境。示范区把深化“放管服效”改革作为打造“六最”营商环境的重大举措，全面推进企业投资项目承诺制、行政综合执法等改革，着力营造审批最少、流程最优、体制最顺、机制最活、效率最高、服务最优的营商环境。一是实现了一枚印章管审批。除建设用地审批外，所有审批事项全部集中到行政审批局办理，由原来 15 个部门的 26 枚公章减为 1 枚审批专用章。在全国率先实施“政府服务承诺 + 企业信用承诺”双承诺制管理，在土地前置准备就绪后，可以实现“43+3”天内办结所有手续，快于企业项目建设的前期准备。二是实现了一个大厅管服务。以政务大厅为平台拓展增值服务，形成了一个大厅、两大功能、三类服务、四大平台、一网链接的“12341”服务格局。将服务内容从企业登记、行政审批延伸到投资建设、科技创新、日常运营、政策兑现、问题诉求等九大类 230 项服务，让企业和群众只进一个门办完所有事。三是实现了一支队伍管执法。按照监管、执法相分离原则，将住建、城管、地震、安监、人社、房管、发改、林业等 8 个行业领域 330 项行政处罚权，全部集中到综合执法局统一行使，真正实现综合执法，切实减轻企业负担。“三个一”管理模式实现了对企业的系统专业快捷服务，走在了全国前列。

经过一年多的探索和实践，山西转型综合改革示范区经济社会发展呈现出良好的发展态势。2018 年一季度，示范区经济指标实现快速增长。地区生产总值同比增长 15.4%，高出全省 9.2 个百分点；规模以上工业增加值同比增长 17.9%，高出全省 12.4 个百分点；固定资产投资同比增长 33.0%，高出全省 42.7 个百分点；一般公共预算收入同比增长 41.2%，高出全省 17.8 个百分点。

第五节　加快山西开发区发展的对策建议

山西将开发区作为深化转型综改的主战场，把开发区改革创新发展作为战略举措、作为突破口来抓，这是经济发展规律的客观要求，也是先进地区加快转型发展的成功经验，更是山西深化转型综改的必由之路和必然选择。山西开发区既要放眼全国，对标一流，学习先进，更要立足实际，着眼全省改革发展大局，牢牢把握开发区发展的大方向，充分发挥先行先试、示范引领的作用，推动全省开发区创新发展。

一　着力打造产业集群

随着经济发展进入新常态，开发区的传统优势正在发生改变，招商引资优惠政策难以持续，开发区内外的政策差异逐步缩小。从产业结构来讲，山西开发区的产业大多还处于产业链和价值链的中低端，要摒弃过去“捡到篮子的都是菜”的思维惯性，培育特色产业集群。要从自身资源禀赋和产业基础出发，从细分领域和行业中确定自己的特色产业和主攻方向，着力打造现代产业园区，推动开发区转型升级。在集聚创新资源上，既要有眼光，又要有魄力，既要有办法，更要有韧劲，集中力量、集聚资源、集成政策，久久为功。

二　必须抓实项目落地

项目是经济工作的牛鼻子，没有项目，工作就没有抓手、增长就没有后劲、发展就没有基础。抓实发展第一要务，必须突出项目这个重中之重。推进转型发展，更要把项目建设作为硬任务、硬抓手、硬指标。要紧扣“示范区”“排头兵”“新高地”的目标定位和决策部署，高起点、高质量、高标准谋划好各开发区的重大转型项目，着力提升开发区新兴产业占比率、合同履约率、资金到位率、项目开工率、投产达产率，带动全省形成转型发展的强劲动力和蓬勃势头。

三 必须坚持改革创新

推动开发区向现代产业园区转型，必须勇于改革，善于改革，持续改革，使改革成为推动开发区各项工作的强劲动力。山西转型综合改革示范区建立以来，创造了示范区速度、示范区经验，形成了一批可复制可推广的制度成果。全省各开发区要积极复制推广示范区的先进经验，并在投资贸易便利化、投融资体制改革、金融创新等方面加快改革创新的步伐，大力实施“互联网+政务服务”，做到“应上尽上、全程在线”。要建立熟地储备制度，让土地等项目，不让项目等土地。要制定出台产业发展、选商引智、科技研发、成果转化、创业孵化等政策措施，形成完善的政策支撑体系。要培育敢于开拓、勇于创新、善于实践的专业化管理队伍，塑造具有国际视野、清正廉洁、热心服务的新形象，营造亲商、安商、助商的开发区文化。借鉴先进经验，复制成功范例，大胆先行先试，在体制机制上创造可复制、能推广的范式和经验，对于落实中遇到的问题和“瓶颈”制约，要认真疏理，分析原因，采取有效措施，确保应落实尽落实，使开发区真正成为先行先试的“试验田”。

四 必须坚持对外开放

开发区要在构建开放型经济新体制、打造全面开放新格局实践中成为对外开放的“桥头堡”。推进开发区发展必须根据形势的发展，拓展开放的深度和广度。当前，世界经济格局深度调整，新一轮科技和产业革命正在孕育之中。习近平总书记在博鳌亚洲论坛上提出了10项重大举措，在庆祝海南建省办经济特区30周年大会上宣布支持海南建设自由贸易试验区和中国特色自由贸易港，这些都宣示了我国新一轮对外开放的坚定决心和重大部署。这对开放步伐明显滞后的山西来说是难得的机遇，开发区要率先在思想理念上跟进、在政策运用上积极、在举措谋划上借鉴。要发挥好开发区、保税区、海关特殊监管区等开放平台的示范引领作用，争取创造更多的经验。要密切跟踪、加强研究国内各自贸区正在或即将开展的改革事项，积极争取一些改革事项能够同步试验。抓住国家实施“一带一路”建设的重大机遇，引导和支持企业走出国门、开拓市场，争取更多国际产能和装备制造合作，参与全球竞争。开发区要主动服务有积极性“走出去”的优势企业，重点支持企业收购和建设海外研发机构、人才队伍、营销网络和技术品牌，深度融入全球产业链、创新链、价值链、物流链。

第十章　改革开放 40 年山西城镇化发展的回顾与展望

城镇化是现代化的必由之路。我国城镇化发展始终伴随着改革开放经济飞速发展，快速城镇化促进了经济增长、内需扩大和产业结构优化升级等，城镇化是我国改革开放后经济发展的另一条主线。对改革开放以来城镇化发展的回顾与展望，将为中国特色新型城镇化道路积极探索积累更多可供借鉴的经验，为建设具有中国特色的社会主义奠定坚实的基础。

改革开放以来，我国城镇化水平得到了大幅提升，中国城镇人口由 1978 年的 1.72 亿增加到 2017 年的 8.13 亿，城镇化率由 1978 年的 17.92% 上升到 2017 年的 58.52%，年均增长约 1 个百分点。当前，中国正处于城镇化深入发展的关键时期，城镇化进入了以提升质量为主的转型发展新阶段。改革开放 40 年以来，山西城镇化水平稳步提升，城镇化建设成就显著，城镇体系不断完善，但新型高质量城镇化发展道路任重道远。

第一节　山西城镇化时空格局演变

改革开放以来，山西的城镇化发展无论从发展历程，还是从空间结构演变来看，城镇化发展水平不断提升，空间格局不断优化。

一　发展历程

从 1978 年到 2017 年，山西城镇化率从 19.18% 上升到 57.34%，城镇人口显著提高，城镇化水平不断上升，通过对改革开放以来山西不同年份的城镇人口和城镇化水平分析，将城镇化进程划分了启动恢复、快速发展、缓慢发展、高速发展和转型发展五个明显不同的阶段。

（一）城镇化启动恢复时期（1978~1981年）

党的十一届三中全会以来，在改革开放政策的推动下，全省经济社会发展步入正常轨道，城镇化发展也从徘徊停滞阶段进入了新的启动恢复时期。改革的帷幕首先从农村拉开，家庭联产承包责任制的实施，极大地激发了广大农民的生产积极性，农村地区经济发展迅速，为城镇化发展注入了强大动力。与此同时，知青与下放的城镇干部、居民大批返城，城乡集市贸易开放，吸引了一大批农民进城开店办厂，城镇人口迅速增加。这一时期，山西城镇化率由 19.18% 上升到 20.61%，三年间城镇化率提高了 1.43 个百分点，年均增长约 0.5 个百分点（见图 10–1）。

（二）城镇化快速发展时期（1982~1989年）

这一时期，我国进入以乡镇企业和城镇经济体制改革为动力的时期，全省经济社会迅速发展，城镇化步入了快速发展时期。乡镇企业的异军突起，使农村非农化取得了突破性进展，为农村城镇化奠定了坚实的产业基础。政府开始采取严格控制大城市扩张和鼓励小城市成长及发展农村集镇的新政策，新兴小城镇迅速发展起来。与此同时，1984 年和 1986 年我国先后放宽建制市镇标准，建制市镇数量大量增加。山西城镇化率由 1982 年的 21.47% 上升到 1989 年的 28.27%，年均增长约 1 个百分点（见图 10–1）。

（三）城镇化缓慢发展时期（1990~1999年）

随着邓小平南方讲话和党的“十四大”召开，我国进入了全面建设社会主义市场经济体制时期，城镇化全面推进，以城市建设、小城镇发展为主。市场化改革为城镇化发展带来了强大的动力，全省工业化、城镇化全面展开，到 1995 年，山西城镇总人口数达到 926.57 万人，人口城镇化率提高到 30.11%，超过 30%，标志着城镇化水平从初级阶段正式进入了城镇化发展的第二阶段。但是，这一时期是改革开放以来山西城镇化率增长最为缓慢的时期，城镇化发展出现了新的特点。从 1990 年到 1999 年，山西城镇化率由 28.90% 增长为 31.35%，年均增长约 0.3 个百分点（见图 10–1）。经济的快速发展使得城市对流动人口的凝聚力不断上升，包括太原在内的山西 7 个地级市（地区）在这一时期城镇化水平均有重大发展。然而，大同、晋城、阳泉、朔州这 4 个以煤炭为主导产业的市由于这一时期的煤炭价格的降低，出现了人口大量减少的现象，山西的城镇化总体水平受到较大影响。

（四）城镇化高速发展时期（2000~2011年）

这一时期，城镇化发展模式发生了重大转变，由以前的优先发展小城镇转变为多元协调型的城镇化发展模式，强调大中小城市和小城镇协调发展，并把推进城市化提升为国家战略。随着经济体制改革迅速推进、国民经济高速增长、农村剩余劳动力大量转移以及国家城市发展政策的正确导向，城镇化发展进入了历史上高速发展阶段，山西城镇化的发展也不例外。特别是城市住房制度改革对城镇化推动作用逐步显现，建设用地不断扩张，建成区面积不断增长，城市不断由中心区向郊区扩展，新区建设突飞猛进，以城市规模迅速扩大和城市群的出现为主要特征的城镇化得到快速发展。经过 11 年的发展，山西城镇化水平从 2000 年的 35.09% 跳跃式上升到 2011 年的 49.68%，上升了 14.6 个百分点，年均增长约 1.3 个百分点，达到了改革开放以来最快的增长速度。2000 年前后，山西农村人口规模达到极值，为 2199.29 万人，此后农村人口规模持续下降。

（五）城镇化转型发展时期（2012年至今）

党的十八大以来，我国经济发展进入新常态，城镇化进入深入发展的关键时期。党中央、国务院高度重视城镇化建设，为了深入贯彻落实党中央、国务院有关城镇化建设的决策部署，2015 年 6 月，山西出台了《山西省新型城镇化规划（2015~2020 年）》；2016 年 6 月，山西发布了《山西省人民政府关于深入推进新型城镇化建设的实施意见》等政策。2012 年以来，山西城镇化发展进入了以人为本的新型城镇化时期，城镇化发展从高速增长转变为更加注重高质量发展，增长速度逐渐放缓，从 2012 年到 2017 年，城镇化增长速度分别为 1.3%、1.23%、1.24%、1.18%、1.13%。2012 年，山西城镇化率为 51.26%，历史性地突破 50%，城镇人口首超农村人口，标志着山西已经正式迈入了城市型社会为主体的新型城镇化时期（见图 10-1）。

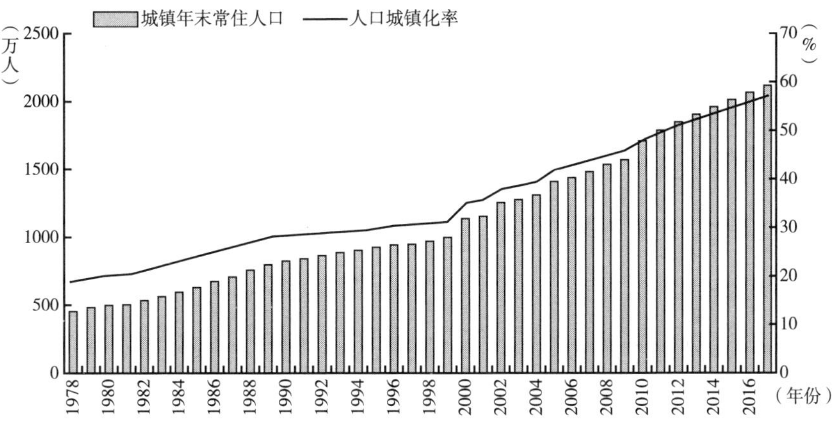

图 10-1　1978~2017 年山西城镇人口及城镇化率

二 空间格局演变特征

多年来，山西积极推进城镇化建设，特别是党的十八大以来，新型城镇化建设取得了显著成效，城镇化空间格局不断优化、“一核一圈三群”城镇格局逐渐显现、中心城市集聚辐射作用增强、“大县城”战略实施成效显著，小城镇建设初显成效，这些为全省提升城镇化发展质量奠定了坚实的基础。

（一）区域城镇化空间结构不断优化

山西区域空间结构的分布深受其地理环境影响，“两山夹一川”的地势使得中部一系列串珠式盆地成为省内人口密集和经济发达地区。城镇化空间格局随着社会经济发展需要而不断发展变化。

初期，城镇化空间结构依托主要交通轴线和工矿型城市形成“K字形”空间格局。以太原都市圈为核心，大运城镇发展轴带为主干，晋北、晋中、晋南、晋东南四个城市经济圈域为主体，整合城镇体系结构，形成“一核一带四片”的城镇空间发展格局。按照“中心集聚、轴线拓展、外围协作、分区组织”的非均衡发展策略，以纵贯南北的大运高速公路、大运公路、同蒲铁路构成城镇与经济发展的一级轴带，太焦线、石太线分别构成向东南、向东的两条城镇与经济发展的二级轴线。

在“K字形”空间结构的基础上，山西不断加强轴线拓展，积极构建“叶脉形”城镇体系空间结构，优先发展省域和区域中心城市，择优发展县城和中心镇，逐步形成规模结构适宜、空间布局合理、分工联系密切、大中小城市和小城镇协调发展的城镇体系结构框架。推进太原都市圈、大运城镇重点布局地带整合协调发展，强化省域内部经济联系，提升城镇空间集聚效应；加强太焦、太汾柳等轴带建设，强化东西向区际联系通道，引导省域门户城市与邻域城镇群的经济联系与区域协作，构建开放型省域城镇体系，形成外向拓展与向心聚合相结合的城镇发展空间格局。

在转型发展的大背景下，山西把市域城镇化作为转变经济发展方式的重要抓手，提出了"一核一圈三群"为主体的城镇化空间格局。按照"空间集聚、组群推进、城乡统筹、协调发展"的原则，加快发展太原都市区和都市圈，培育壮大晋北（大同—朔州）、晋南（临汾—运城）、晋东南（长治—晋城）城镇群。"十三五"期间，山西继续推进新型城镇化建设，优化城镇化布局和形态，全力打造"一核一圈三群"城镇化格局。继续支持太原率先发展，积极构筑晋北、晋南、晋东南三大城镇群，加快提升城镇群的整体实力，使三大城镇群成为具有较强竞争力的增长型区域。

（二）中心城市辐射带动作用不断增强

"十五"计划时期，国家从加快发展小城镇的战略方针转变为把推进城市化提升为国家战略，并正式提出新的城市发展方针，明确指出推进城市化要遵循客观规律，走符合我国国情、大中小城市和小城镇协调发展的多样化城市化道路，逐步形成合理的城镇体系。至此，国家不再控制大城市规模，推动了城市化建设。从2001年起，山西城镇化发展模式发生了重大转变，逐渐摒弃了优先发展小城镇的传统理念，强调大、中、小城市和小城镇的协调发展，积极扩大城市规模，完善区域性中心城市功能，发挥大城市的辐射带动作用，积极有序地推进山西城镇化进程。特别是党的十八大以来，提出"以城市群为主体形态，构建大中小城市和小城镇协调发展的城镇化格局"，山西积极发挥城市群辐射带动作用，优化城镇化布局和形态，全力打造"一核一圈三群"城镇化格局。

山西的11个地级市是全省的中心城市，是每个地区的经济、政治、文化中心，对当地的经济社会发展的引领带动作用逐渐增强，城镇人口逐年增加，城镇化率不断提高，城市建成区面积不断扩大，对当地经济社会的贡献率越来越大。

太原的城市化发展水平遥遥领先于全省其他中心城市，"龙头"作用不断显现。一直以来，作为省会城市的太原市都是山西城市化发展的核心城市，始终坚持太原率先发展，以太原都市区为核心，辐射阳平盂、忻定原、离柳中三个城镇组群，构建“一核一区三组群”的太原都市圈，强化太原在全省经济社会发展和对外开放中的“火车头”作用。改革开放以来，太原市城镇化率逐年提高，2016 年城镇化率为 84.55%，而全省平均城镇化率为 56.21%，高于全省 28.34 个百分点，与其他中心城市相比，太原市高于排名全省第二的阳泉市 17.88 个百分点。从城市规模来看，全省只有太原市为 300 万 ~500 万人口规模的大城市，2016 年太原市市区人口为 364.51 万人。

三大城镇群是区域经济发展的核心区域，省级经济增长的重要区域，近年来，区域中心城市和城镇群辐射带动作用不断增强。“十三五”期间，山西积极构筑三大城镇群，不断提升城镇群整体实力。大同市和朔州市是晋北城镇群的区域中心城市，大力推进朔同城镇群发展，使大同、朔州成为环渤海地区的广阔腹地和京津“后花园”；晋城市和长治市是晋东南城镇群的区域中心城市，大力推进上党城镇群和晋城城镇群发展，使长治、晋城成为山西走向冀鲁豫和长三角东部发达地区的重要支撑；临汾市和运城市是晋南城镇群的区域中心城市，大力推进临汾百里汾河生态经济带和盐临夏区域发展，使临汾、运城成为晋陕豫黄河金三角在新欧亚大陆桥、丝绸之路经济带上的重要节点。

（三）“大县城”战略实施成效显著

通过实施“大县城”战略，县城扩容提质步伐不断加快，人口集聚能力进一步增强，县域经济发展水平不断提高。20 世纪 90 年代，山西实施“龙头企业特色县”的发展战略，加快县域经济发展。2000~2010 年，山西择优选择少数基础好的县城率先发展成为小城市。“十二五”期间，山西开始实施“大县城”战略，引导生产要素和优势资源向县城集中，培育一批新的中小城市。2014 年，山西已经有 96 个县（市）编制完成县（市）总体规划，新完成市政设施投资 260.7 亿元，城市框架不断拉大。全省已经有 22 个县（市）的城区人口超过 10 万人，8 个县（市）的城镇化率超过 50%。“十三五”期间，山西继续深入实施“大县城”战略，重点发展一批人口在10万人以上的大县城，逐步减少5万人以下的县城；发展特色县域经济，加快推进重点镇建设和资源型城镇转型。发挥比较优势，宜农则农，宜工则工，宜商则商，宜游则游，宜综合则综合，培育县域富民经济，努力做大做强县域经济。“大县城”战略极大地激发了各市县推进城镇化的积极性和主动性，2016年，全省超过50万人以上的县（市、区）有17个，占14%，20万~50万人的县（市、区）有64个，占54%，20万人以下的县（市、区）有38个，占32%；已有11个县（市、区）的城镇化率达到90%以上，大同城区和矿区、阳泉城区和矿区、长治市城区、晋城市城区城镇化率达到100%，已全部为城镇人口。

（四）小城镇建设效应不断显现

改革开放以来，从加快小城镇建设战略、“百镇建设”工程到特色小镇建设，山西小城镇建设成效逐渐显现，人口集聚能力进一步增强，重点示范镇实现了快速推进，涌现出许多城镇发展的典型模式。2005年，山西出台了《关于加快全省小城镇建设的意见》，提出实施小城镇建设“1323”工程，突出重点，扶持有条件的小城镇优先发展。2011年，山西出台了《关于加快推进城镇化的意见》和《关于印发全省“双百”城镇建设实施方案的通知》，大力推进“百镇建设工程”，在全省选择100个基础条件较好、发展潜力较大的建制镇，予以重点扶持。2014年，100个特色小城镇发展迅速，形成了以沁河流域小城镇群为代表的集群发展、以孝义市梧桐镇为代表的新区建设、以阳城县北留镇为代表的旧区提质、以柳林县留誉镇为代表的园区拉动、以临县碛口镇为代表的文化旅游等五种小城镇建设模式。2014年，山西出台了《关于印发山西省推进新型城镇化2014年重点任务的通知》，提出加快小城镇建设，集中支持20个重点镇建设，带动全省小城镇发展。截至2014年，“百镇建设工程”扩容提质效果明显，城镇人口集聚和就业吸纳能力得到提升。百镇城镇人口104万人，占全省479个建制镇（不含县城）城镇总人口的50%以上，平均城镇化率达到33.9%，与2011年相比年均提高1.03个百分点。2016年，山西出台了《关于深入推进新型城镇化建设的实施意见》，提出加快培育中小城市和特色小城镇，提升重点镇基础设施水平，加快拓展特大镇功能，加快特色镇发展。目前，特色小镇建设加快推进，重点发展了汾阳的杏花村镇、平定的娘子关镇、长治的荫城镇、泽州的巴公镇、洪洞的广胜寺镇等100个特色小城镇。

第二节　山西城镇化发展的现状分析

城镇化是经济社会发展的结果，是一个国家或地区现代化程度的重要标志。改革开放以来，山西经济社会发展成就显著，城镇化水平持续提高，城镇化发展成就显著，呈现出一些城镇化特征，同时也存在制约发展的短板。

一　发展特征

2014年，中国经济发展进入新常态，国家提出在新常态下健康稳定地发展新型城镇化，山西新型城镇化呈现出新特征。

（一）城镇化建设向纵深方向发展

随着中国社会经济进入新的发展阶段，城镇化提升到国家重点发展战略的高度，城镇化发展的方针与道路也更加明确。当前，我国已经进入城镇化的战略转型期。加快推进新型城镇化，全面提高城镇化质量，实现更高质量的健康城镇化目标，是推进城镇化的重要任务。根据世界城镇化发展普遍规律，城镇化水平达到50%~75%，城镇化建设就开始由高速增长向高质量发展转变。2012年，山西城镇化水平超过50%，城镇化发展进入了由高速增长转变为质量提升的关键时期，进入城镇化发展的强化时期。经济发展实现服务经济化，作为城镇化“推进器”的第二产业让位于第三产业，第三产业助推城镇化发展。

党的十八大以来，中央就深入推进新型城镇化建设做出了一系列重大决策部署，决定推进以人为核心的城镇化。山西积极推进城镇化建设向纵深方向发展，以人的城镇化为核心，有序推进农业转移人口市民化；以城市群为主体形态，推动大中小城市和小城镇协调发展；以综合承载能力为支撑，提升城市可持续发展水平；以体制机制创新为保障，通过改革释放城镇化发展潜力，走以人为本、四化同步、优化布局、生态文明、文化传承的中国特色新型城镇化道路。

（二）城镇化空间新格局逐渐显现

围绕“一核一圈三群”总体布局，山西城镇布局和形态进一步优化，太原都市区、太原都市圈和三大城镇群不断发展壮大，辐射带动能力逐渐增强。在“一核一圈三群”城镇化空间格局中，“一核”即由太原市区、晋中市区、清徐县城、阳曲县城构成的太原都市区，是山西城镇体系的组织核心，经济转型发展的增长核。“一圈”即太原都市圈，是以太原都市区为核心，太原盆地城镇密集区为主体，辐射阳泉、忻定原、离柳中城镇组群的都市圈，是中部崛起新的增长极和开放程度高、发展活力足、核心竞争力强的城市群之一。“三群”，一是以大同、朔州为核心的晋北中部城镇群，二是以临汾、运城为核心的晋南中部城镇群，三是以长治、晋城为核心的晋东南中部城镇群。三个城镇群是区域经济发展的核心区域，全省经济发展的重要增长极。

近些年，太原晋中同城化速度明显加快，太原都市区对阳泉、忻州、吕梁的辐射能力明显增加，晋北、晋南和晋东南三大城镇群建设进展顺利，大同都市区、上党城镇群和临汾百里汾河经济带建设加快推进。2016 年，“一圈三群”常住人口占全省总人口比重达到 73.54%，其中居住在城镇区域的人口占全省城镇人口比重达到 80.82%，城镇化率为 61.78%，高于全省平均水平 5.57 个百分点。

（三）城镇职能体系建设逐渐完善

围绕“一核一圈三群”城镇化总体布局，山西城镇职能体系不断完善，初步形成了大型中心城市、中小城市、小城镇各具特色、协调发展的格局。城市规模不断扩大，按照城市人口等级规模划分，山西 22 个设市城市中，特大、大、中、小城市和小城镇的比例从 1998 年的 1∶1∶4∶16∶532 变为 2016 年的 1∶1∶8∶12∶564，中等城市增加了 4 个，小城镇增加了 32 个。中心城市集聚人口的能力逐年上升，从 1996 年到 2016 年，全省人口规模增加了 379.48 万人，年均增长约 19 万人，其中，太原、大同、临汾、晋城 4 个地级市市区人口增长最快，对周边地区人口的吸引力最大。截至 2016 年，山西百万人以上的城市有太原、大同 2 个市，50 万 ~100 万人的城市有 7 个，比 1996 年多 2 个（表 10–1）。

表 10–1 1996 年、2006 年和 2016 年山西 11 个地级市市区常住人口

单位：万人

	太原	大同	阳泉	长治	晋城	朔州	晋中	运城	忻州	临汾	吕梁
1996 年	217.19	120.31	60.19	57.44	22.22	51.72	48.99	54.16	46.20	65.18	19.93
2006 年	270.95	149.05	127.21	68.69	31.71	61.15	56.00	63.71	52.00	78.25	25.72
2016 年	364.51	179.10	73.89	80.04	49.29	73.13	65.83	70.12	56.21	97.63	33.26

资料来源：山西统计年鉴。

山西城镇体系初步形成，中心城市有一定辐射带动能力。太原市作为全省的政治、经济中心和中部地区城镇化的核心城市，龙头带动作用进一步提高，扩容提质取得明显进展，经济集聚水平提升较快。综合经济实力明显增强，2016 年，地区生产总值比上年增长 7.5%，高于全省 4.5% 的平均水平，城镇人口达到 367.32 万人，城镇化率达到 84.55%，接近于全国发达城市水平。按照《山西省新型城镇化规划（2015~2020 年）》，阳泉市、忻州市、吕梁市

作为太原都市圈的中心城市，在推进都市圈建设中，阳泉市正努力建设成为太原都市圈对接环渤海及东部地区的门户，山西省资源型城市转型的先导示范区；忻州市正积极建设成为太原都市圈北部装备制造、能源和旅游服务基地，山西省生态人居环境建设试验区；吕梁市正在打造太原都市圈西部中心和连接西北地区的门户，山西省走新型工业化道路的先进地区。根据《山西省主体功能区划》，大同、朔州为晋北城镇群的中心城市，城市功能定位为国家新型能源与先进制造业基地，首都经济圈产业转移的承接区，资源型城市低碳转型示范区等；临汾、运城为晋南城镇群的中心城市，功能定位为国家资源型经济转型与区域协调发展综合试验区，晋陕豫黄河金三角承接产业转移示范区，山西重要的现代农业、新型制造业基地与文化旅游产业基地等；长治、晋城为晋东南城镇群的中心城市，功能定位为山西面向中原经济区及东南沿海地区开放合作的枢纽型门户区域，国家重要的新型煤化工基地和中西部新兴现代制造业基地等。

二 发展成就

改革开放以来，山西积极推进城镇化建设，城镇化伴随着经济发展而稳步发展，特别是 2016 年 6 月以来，伴随着全省经济发展由“疲”转“兴”，全面走上转型综改、创新驱动之路，城镇化水平稳步提高，城市综合承载能力不断提高，农业转移人口市民化有序推进，新型城镇化建设取得显著成效。

（一）城镇化水平实现新提升

随着经济社会的发展，山西城镇人口不断增长，城镇化水平不断提高，地区间城镇化水平差距不断缩小。2016 年，山西常住人口 3681.64 万人，居住在城镇的人口为 2069.63 万人，城镇人口比上年增长 53.26 万人；居住在乡村的人口为 1612.01 万人，比 2015 年减少 35.74 万人。城镇人口比乡村人口多了 457.62 万人。全省城镇化水平为 56.21%，比 2015 年提高了 1.18 个百分点，高于“十二五”时期平均增幅 0.11 个百分点。五年来，全省城镇化率年均提高 1.22 个百分点，高于全国年均增长速度（1.19 个百分点）。11 个地级市中城镇人口超过 50% 的市由 2006 年的 2 个（太原、阳泉）增加到 8 个（太原、阳泉、大同、晋城、朔州、晋中、长治、临汾）。2016 年全省城镇化率排名第 1 位和第 11 位差距为 36.90 个百分点，低于 2015 年 38.28 个百分点的差距，远低于 2006 年 54.72 个百分点的差距。2006~2016 年，山西城镇化率年均增长为 1.3 个百分点，而晋城、运城、朔州城镇化率上升最快，年均增长率在 10% 左右。11 个地级市市区城镇人口规模在不断增加，城镇人口超过 200 万的地级市逐年增加，2016 年有太原、运城、临汾、大同 4 个城市，而 2006 年只有太原 1 个城市（见图 10–2）。

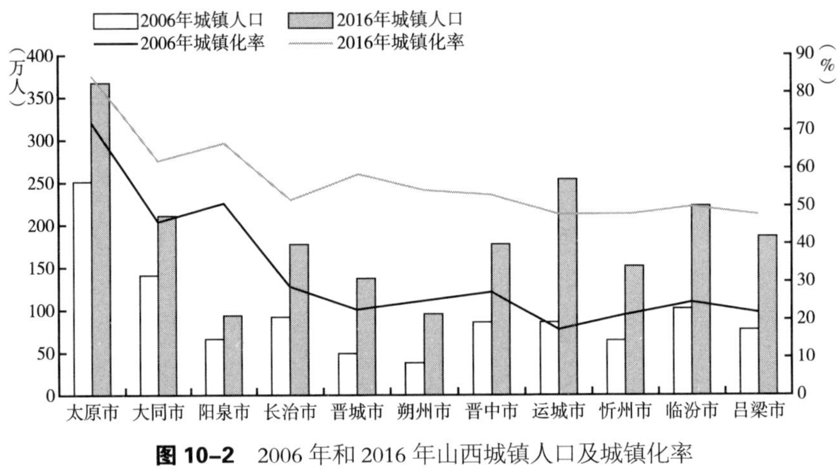

图 10–2 2006 年和 2016 年山西城镇人口及城镇化率

（二）城镇支撑体系实现新突破

城市综合承载能力显著提升，区域综合交通体系、供水工程、区域供气设施和市政公用设施等基础设施不断完善。山西依法启动了《山西省城镇体系规划》修编工作，对全省 11 个市、30 多个县开展了调研，对规划思路、生态空间、功能分区等问题进行了研讨，形成了初步成果。2015 年，县级市控制性详细规划覆盖率达到 50%，县城达到 40%，35 项村庄规划编制试点全部完成。城市规划、建设、管理水平得到了提高。棚户区、城中村、老旧区改造进程加快，道路交通、水利、电力、燃气、信息通信等基础设施网络框架基本成型，城市道路、供暖、排水、污水处理、垃圾处理、园林绿化等市政公用设施建设进一步加强。城市用水普及率、燃气普及率、建成区绿化覆盖率等指标不断提升。2015 年，全年完成城市市政基础设施建设投资 459.78 亿元。创建市容示范街道 40 条，保洁示范街道 44 条。加快“宽带中国”示范城市建设步伐，提升城市宽带接入能力。全省获得绿色建筑标识项目 9 个，大型公共建筑、政府投资类公益性建筑的绿色建筑标准执行率 100%，保障性住房绿色建筑标准执行率 83.45%。加快园林绿化建设，继续深入推进园林城市创建。加强大气污染防治，淘汰燃煤锅炉 1732 台，太原等 7 个市完成重污染天气监测预报预警系统建设。

（三）“人的城镇化”实现新发展

农业转移人口市民化有序推进，促进了农民工积极融入城镇。加快落实户籍制度改革政策，山西出台了《关于进一步推进户籍制度改革的实施意见》《山西省推动非户籍人口在城市落户实施方案》，在全省取消农业户口与非农业户口性质区分，全面放开建制镇和中小城市落户限制，放开高校毕业生、技术工人、职业院校毕业生、留学归国人员的落户限制；全面实行农村籍高校学生来去自由的落户政策等。积极推进《山西省流动人口服务管理办法》的修订工作，省政府办公厅印发《关于解决无户口人员登记户口问题的通知》，积极推进居住证制度，进一步加快居住证发放速度。加快推进义务教育均衡发展，实行中小学教师“县管校聘”管理改革。2015 年，完成农业转移劳动者职业培训 39 万人次，培训合格率达到 91%。加大保障性住房建设力度。全民参保登记计划试点扩大到全省 7 个地市，实现部、省两级全民参保登记系统的数据共享和同步。深入推进“五险统征”体制建设。

三 存在问题

近年来，山西城镇化建设有了较快发展，但是城镇化发展还存在发展水平较低、发展不平衡和不充分等短板问题。

（一）城镇化发展仍处于较低水平

山西城镇化发展取得了一定成绩，城镇化发展水平实现了新提升，但与全国和中部省份还存在一定差距，比如城镇化发展水平质量不高等问题。

1. 山西与全国及中部省份城镇化发展水平存在差距

总体来说，山西城镇化水平较低，虽然城镇化率在中部6个省份中居于前列，但落后于全国平均水平（见表10–2）。全省不仅大城市数量少，而且城市规模较小。2016年，全省11个地级市中没有400万人以上的城市，200万~400万人的城市只有太原市，100万~200万人的城市只有大同市，而在中部其他省份中，湖北12个地级市中有1个400万人以上的城市，1个200万~400万人的城市，4个100万~200万人的城市；安徽、河南、湖南、湖北、江西100万人以上城市数分别为9个、11个、7个、6个、5个，均好于山西（见表10–3）。太原市为山西的省会城市，市区总人口也仅有364.51万人，而湖北省会武汉市区人口超过500万人，几乎是太原的2倍。省会城市尚且如此，省内其他中心城市的规模就更小。

表10–2 2016年全国及中部地区城镇化水平

单位：%

	全国	山西	河南	安徽	江西	湖北	湖南
城镇化率	57.35	56.21	48.50	51.99	53.10	58.10	52.75

资料来源：2017年中国统计年鉴。

表 10-3　2016 年全国及中部地区地级市市辖区城市规模比较

单位：个

	合计	400 万人以上	200 万 ~400 万人	100 万 ~200 万人	50 万 ~100 万人	20 万 ~50 万人	20 万人以下
全国	297	17	43	96	90	43	8
山西	11	—	1	1	7	2	—
江西	11	—	1	4	4	2	—
河南	17	—	2	9	6	—	—
湖北	12	1	1	4	5	1	—
湖南	13	—	1	6	4	2	—
安徽	16	—	3	6	6	1	—

资料来源：2017 年中国统计年鉴。

2. 人口城镇化与工业化、土地城镇化和户籍城镇化发展不协调

近三年，山西城镇化率与工业增加值占 GDP 比重的比值分别为 1.35、1.47、1.39，接近于国际公认的 1.4 ~ 1.5 的合理区间，但全省城镇化水平仍滞后于工业化，城镇化与工业化发展未形成良性互动，产城融合亟待提升。当前山西城镇化存在一个突出问题，就是土地城镇化明显快于人口城镇化。随着产业不断向城市地区迁移，城区土地不断扩张，但是人口没有相应地大规模向城市地区迁移，造成人口城镇化与土地城镇化不协调。户籍城镇化严重滞后于人口城镇化水平，2016 年山西户籍人口城镇化率和常住人口城镇化率相差 17.07 个百分点。目前虽然取消了农业户口与非农业户口性质区别，但长期形成的依附在户口上的各种福利待遇差异仍然存在，还以农业、非农业户口区别对待，与户籍制度相配套的政策相对滞后，许多社会公共福利，仍然以居民的户籍为基础，按城镇、农村来分别实施，配套政策二元结构问题突出。

（二）区域城镇化水平发展不平衡

从全省范围来看，各地市城镇化发展迅速，但城镇化发展区域差异显著，

区域中心城市带动力较弱。大城市功能不够健全，中心城市辐射带动能力弱，县城和建制镇服务能力弱，存在大城市不大、小城市不强、小城镇发展缓慢等问题。大城市数量偏少，百万人以上的城市只有太原、大同两个市，其他城市均为中小城市，人口规模偏小，区域性职能薄弱，对区域城镇化发展的带动作用难以发挥，导致全省各地市城镇化发展水平不平衡。全省119个县（区、市）人口规模差异显著，区域经济社会发展不平衡。2016年，11个地市级的市区人口，晋城和吕梁的人口规模不到50万人，11个县级市的常住人口，古交、潞城、侯马、霍州人口规模在30万人以下，这些中小城市规模和体量偏小，人口与经济实力不强，集聚能力不高，未能发挥各自作为区域中心城市或次中心城市的影响力，对区域的带动力较弱，发展缓慢。

（三）资源型城镇发展不充分

资源型城镇产业结构单一化和初级化突出，第三产业发展滞后，城镇职能体系不健全，服务功能不完善，城镇之间及区域联系薄弱，城市化水平发展不充分。资源型城镇是以本地区矿产、森林等自然资源开采、加工为主导产业的城市。山西是煤炭大省，是典型的资源型经济地区，资源型城镇数量多、分布广、占比大。根据《全国资源型城市可持续发展规划（2013—2020年）》中的资源型城市综合分类，山西22个设市城市中有大同、阳泉、长治、晋城、忻州、朔州、古交、霍州、孝义、晋中、临汾、运城和吕梁13个市属于资源型城市。资源型城市不具备一般城市应有的对社会经济的组织、协调和管理功能，难以承担起对周边区域服务、集聚和扩散的中心功能，且生态环境恶劣，公共服务能力较差，制约着城市进一步发展。还有一些资源依赖型城镇面临着资源枯竭的问题，在传统产业走向衰退的同时，新兴产业和接续替代产业却尚未发展壮大，无法支撑地区经济的发展，城镇的可持续发展令人担忧。

第三节　山西新型城镇化发展趋势展望

2018 年是贯彻落实党的十九大精神的开局之年，是改革开放 40 周年，是决胜全面小康、实施“十三五”规划承上启下的关键一年，是国家新型城镇化发展目标实现的重要之年。山西深刻认识到城镇化对经济社会发展的重大意义，牢牢把握城镇化蕴含的巨大机遇，顺应发展规律，因势利导，趋利避害，积极、稳妥、扎实、有序推进城镇化，努力创造新时代中国特色社会主义山西新篇章。

一　发展态势

随着经济发展进入新常态，山西已进入深化转型发展的关键阶段，新型城镇化面临着新形势、新机遇、新挑战和新困难。

（一）发展机遇

面对复杂严峻的国内外经济形势和艰巨繁重的改革任务，2016 年下半年以来，山西实现了主攻方向的调整和战略重点的转移，开始坚定走上转型综改、创新驱动之路，全省人民攻坚克难，奋发进取，经济社会发展实现了从断崖式下滑到走出困境、再到转型发展呈现强劲态势的重大转折。在中国特色社会主义新时代下，山西深化转型发展的关键时期，新型城镇化建设正处于可以大有作为的重要战略机遇期。

国家高度重视中国特色新型城镇化建设，为山西加快城镇化转型发展提供了良好的政策机遇。资源型经济转型发展的战略机遇将为新型城镇化发展提供强劲持久动力。2017 年 9 月国务院出台了《关于支持山西省进一步深化改革　促进资源型经济转型发展的意见》，该意见提出推动城乡一体化发展，加快发展中小城市和特色小城镇，实现城镇基本公共服务常住人口全覆盖，推动具备条件的县和特大镇有序设市。这在新时代下为山西深度融入国家重大战略、拓展转型升级新空间赋予了新的内涵，注入了新的动能。省委、省政府高度重视城镇化工作，2016 年山西发布了《关于深入推进新型城镇化建设的实施意见》，作为山西城镇化工作的指导性文件，为山西“十三五”推进城镇化提供了重要政治保障和发展机遇。

（二）面临挑战

从国外看，全球供给结构和需求结构发生深刻变化，国际市场竞争更加激烈，我国面临产业转型升级和消化严重过剩产能的严峻挑战，传统高投入、高消耗、高排放以工业化为依托的城镇化发展模式不可持续。

从国内看，随着经济社会的快速发展，缩小城乡差距、让 13 亿人共享发展成果、全面建成小康社会的要求越来越迫切。与此同时，经济增长换挡降速，转型发展刻不容缓。随着劳动年龄人口达到峰值和人口老龄化程度提高，不能继续依靠劳动力廉价供给推动城镇化快速发展；随着资源环境“瓶颈”制约日益加剧，不能继续依靠土地等资源粗放消耗推动城镇化快速发展；随着户籍人口与外来人口对公共服务均等化要求的不断提升，不能依靠非均等化基本公共服务压低成本推动城镇化快速发展。

从省内看，山西积极主动推动新型城镇化建设，各项工作取得了积极进展，但仍然存在城镇化质量不高、城镇化空间布局不合理、城市等级和规模偏小、中心城市辐射带动能力较弱，农业转移人口市民化进展缓慢、对扩大内需的主动力作用没有得到充分发挥等问题。

（三）重要意义

当前，我国已进入全面建成小康社会的决定性阶段，正处于经济转型升级、加快推进社会主义现代化的重要时期，也处于城镇化深入发展的关键时期，必须坚定不移地推动山西新型城镇化建设。

城镇化是保持经济持续健康发展的强大引擎。内需是我国经济发展的根本动力，扩大内需的最大潜力在于城镇化。目前，山西城镇化正处于向高质量发展的潜力阶段，有较大的发展空间。城镇化水平持续提高，会使更多农民通过转移就业提高收入，通过转为市民享受更好的公共服务，从而使城镇消费群体不断扩大、消费结构不断升级、消费潜力不断释放，也会带来城市基础设施、公共服务设施和住宅建设等巨大投资需求，这将为经济发展提供持续的动力。

城镇化是调整产业结构的重要动力。区域产业结构升级必须有城镇空间结构持续优化作为支撑，城市集聚经济是推动产业结构优化升级的动力。山西分散型的城镇布局、资源主导的城镇职能和低水平的城市基础设施，严重制约着全省的投资环境，制约了新型产业、第三产业发展和资源型经济结构的转型升级，推进城镇化发展是山西产业结构调整升级的必然要求。

城镇化是解决“三农”问题、促进县域经济发展的根本出路。只有加快城镇化进程，加快县城与小城镇的发展，才能有效集聚产业、增加就业、吸附人口，提高农民收入，破解城乡二元结构，推进形成以工促农、以城带乡，城乡发展一体化新格局，才能推动农民跨过“富裕坎儿”，从根本上解决农村发展的深层次矛盾。

二 山西城镇化发展的模式

新型城镇化是现代化的必由之路，是最大的内需潜力所在，是经济发展的重要动力，也是一项重要的民生工程。今后在推进新型城镇化建设中，既要坚持实事求是，因地制宜，尊重城镇化发展规律，又要牢固树立新型特色城镇化发展理念，推动城镇化由追求数量向追求质量转变、由粗放型向集约型转变、由城乡分割型向融合共享型转变、由不可持续向可持续发展转变，积极推动具有山西特色的中国新型城镇化发展，促进全省经济社会持续健康发展。

（一）以人为本的新型城镇化

“以人为本”的发展理念，强调人在城镇经济发展、社会进步中的主体地位、中心作用。城镇化的核心，是人的城镇化。推进城镇化，关键是要以人为本，切实提高城镇人口素质和居民生活质量。积极推进各项民生工程建设，加强城市危旧房、城中村、棚户区和边缘区改造，进一步完善城镇安全和社会保障体系，高度关注城市各类弱势群体，逐步消除城乡和城市内部双重二元结构。要更加强调以人的城镇化为核心，更加注重提高户籍人口城镇化率，更加注重城乡基本公共服务均等化，更加注重环境宜居和历史文脉传承，更加注重提升人民群众获得感和幸福感。

（二）集约型新型城镇化

新型城镇化就是以不断提高城镇化质量为核心，注重城镇功能的提升，把生态文明理念全面融入城镇化进程，走环境友好的城镇化道路，推进绿色发展、循环发展、低碳发展，形成资源节约、经济高效、社会和谐的可持续的城镇化发展新格局。建立高效集约、节约利用资源的长效机制，减少城镇化过程中的资源消耗，提高城镇资源配置效率。要科学确定各类城镇建设密度，研究制定各项集约指标和建设标准，充分挖掘城镇土地潜力，集约、节约利用土地，促使城镇从粗放发展向集约发展转变，防止城市过度蔓延和无序发展。

（三）多样化新型城镇化

坚持大中小城市和小城镇协调发展，综合考虑城镇承载能力和人口吸纳能力，合理引导农业人口有序转移，推动形成合理分工、协调发展、等级有序的城镇化规模格局。根据不同地区的自然历史文化禀赋，因地制宜，突出城镇化特色和文化品位，合理规划城镇人口规模，从满足人们日益增长的生态需求和审美需求出发，建设天蓝、水清、地绿、音静、景美的城市生态环境，积极改善城市治理和城市管理，塑造充满人文精神和人文关怀的城市空间，形成符合实际、各具特色的城镇化发展模式。

三　山西城镇化发展的路径选择

山西新型城镇化建设要坚持走以人为本、四化同步、优化布局、生态文明、文化传承的中国特色新型城镇化道路，按照“一核一圈三群”城镇化总体布局，加快推进以城市群为主要形态，以人的城镇化为核心，以提高质量为关键，制定完善土地、财政、投融资等配套政策，推动新型城镇化沿着正确的方向更稳、更好、更快发展，为全省经济持续健康发展提供持久强劲动力。

（一）以“三大战略目标”全面提升城镇化的质量和水平

建设资源型经济转型发展“示范区”、打造能源革命“排头兵”和构建内陆地区对外开放“新高地”这三大战略目标为山西新型城镇化道路指明了方向。“三大战略目标”赋予转型综改新的目标定位，共同构成了山西经济转型升级的新时代精神，推动山西经济高质量发展。建设资源型经济转型发展“示范区”，把构建现代产业体系作为主攻方向，为山西推进新型城镇化建设提供了产业支撑；打造能源革命排头兵，深化能源供给侧结构性改革，促进了山西资源型城镇化转型升级；构建内陆地区对外开放新高地，加快形成宽领域、多层次、高水平全面开放新格局，为山西新型城镇化建设拓展了新空间。

（二）以“一核一圈三群”城镇化布局构建新型城镇化发展格局

按照“一核一圈三群”城镇化总体布局，建立以城市群为主体形态，推动大中小城市和小城镇协调发展的城镇体系。山西城镇化建设不能再走单兵独进、各自为政的老路，必须由外延的扩张转向内涵的发展，走合作型、辐射型、扩容型城市化道路，实施城市间的整合，层级推进城市群建设。把城市群崛起作为提升山西区域核心竞争力的重要途径，加快太原都市圈转型发展和统筹发展，促进全省经济社会的转型发展，加快构筑三大城镇群，壮大城镇群的中心城市，提升中心城市的集聚力和辐射力，强化城市间的协作与联系，统筹城镇、产业、基础设施建设，构筑跨市域的城镇群，带动区域经济社会发展，增强竞争能力。加快推进区域中心城市、中小城市、大县城和重点小城镇建设，提升中心城市集聚力和辐射力，提高县城和重点小城镇承载能力，加快工矿城市的产城融合，为山西资源型经济转型发展创造新的经济增长极和新兴经济成长空间。

（三）以现代城市发展新理念提高城市可持续发展水平

顺应现代城市发展新理念、新趋势，推动城市绿色发展，提高智能化水平，增强历史文化魅力，全面提升城市内在品质。加强新型城镇化顶层设计，加快推进绿色城市、智慧城市、海绵城市、生态城市、人文城市等新型城市建设。加快绿色城市建设，将生态文明理念全面融入城市发展。推进智慧城市建设，统筹城市发展的物质资源、信息资源和智力资源利用，实现与城市经济社会发展深度融合。在城市新区、各类园区、成片开发区全面推进海绵城市建设，在老城区结合棚户区、危房改造和老旧小区有机更新，妥善解决城市防洪安全、雨水收集利用、黑臭水体治理等问题。深入推进园林城市（县城）、环保模范城市、环境优美乡镇、生态文明村创建活动，积极开展宜居城市、人居环境范例奖创建活动。注重人文城市建设，把城市建设成为历史底蕴厚重、时代特色鲜明的人文魅力空间。

（四）以区域协调发展战略推进区域一体化发展

党的十九大报告提出实施区域协调发展战略，要以城市群为主题构建大中小城市和小城镇协调发展的城镇布局，加快农业转移人口市民化。山西省委经济工作会议指出要突出区域协调，增强协同性、联动性和整体性，促进区域之间基本公共服务逐步均等、基础设施通达程度比较均衡、人民生活水平大体相当。山西推进区域协调发展，除了要统筹资源枯竭城市、采煤沉陷区、环境极度脆弱区治理和发展，加强“两山”与平川地区基础设施的互联互通、产业发展的互补互促、生态建设的互利互惠，更要加快新型城镇化建设，强化中心城市辐射带动功能，加快农业转移人口市民化，形成以城镇化为基础推动区域协调发展的新格局。以城镇化发展促进城乡要素自由流动，基本公共服务均等化，社会发展和人民生活水平提高，实现区域一体化和谐发展。

（五）以乡村振兴战略推动城乡融合发展

乡村振兴战略是决胜全面建成小康社会需要坚定实施的七大战略之一，是国家发展的核心和关键问题。乡村振兴战略提出按照实现产业兴旺、生态宜居、乡风文明、治理有效、生活富裕的总要求，推动城乡一体、融合发展，推进农业农村现代化。实施乡村振兴战略，是基于我国城乡关系变化新特征做出的全局性安排，是在城镇化进程中前瞻性、系统性解决乡村问题的战略设计。新型城镇化是乡村振兴的助推器，乡村振兴是新型城镇化的必然结果。山西要协同推进乡村振兴战略和新型城镇化建设，加快城乡统筹发展步伐，推动城乡一体化规划、公共资源均衡配置、基础设施互联互通和公共服务共建共享，促进城乡融合发展，实现人的全面发展。

（六）以体制机制创新为动力深化重要领域改革

山西城镇化过程中要着力加强制度设计，统筹推进人口管理、土地管理、财税金融、城镇住房、行政管理、生态环境等重要领域的体制机制改革。积极推进农业转移人口市民化，加快落实户籍制度改革政策，全面落实居住证制度，推进城镇基本公共服务常住人口全覆盖，加快建立农业转移人口市民化激励机制。完善土地利用机制，规范推进城乡建设用地增减挂钩，建立城镇低效用地再开发激励机制，因地制宜推进未利用土地开发，完善土地经营权和宅基地使用权流转机制。创新投融资机制，深化政府和社会资本合作，加大政府投入力度，强化金融支持。完善城镇住房制度，建立购租并举的城镇住房制度，完善城镇住房保障体系，加快发展专业化住房租赁市场，健全房地产市场调控机制。强化生态环境保护制度，形成节约资源和保护环境的空间格局、产业结构、生产方式和生活方式。

第十一章　改革开放 40 年山西脱贫攻坚的实践与探索

山西有计划、有组织、大规模实施开发扶贫，始于 20 世纪 80 年代初期，是与农村推行联产承包责任制同时进行的。脱贫攻坚，经历了加强山区建设确立山区开发建设方针、帮助贫困地区改变面貌、实施“八七”扶贫攻坚计划、实施农村扶贫十年规划和当前脱贫攻坚精准扶贫五个阶段。在扶贫开发的实践中，探索、积累、创造了黄土高原集中连片特困地区发展建设的丰富经验：持续实施“两个攻坚战”、选择创新黄土高原贫困地区生态治理开发建设的实施路径、培育贫困地区自身发展的能力、不断完善政策保障与体制机制的建设。

进入脱贫攻坚精准扶贫的新阶段，山西贫困地区的治理开发建设，产生了前所未有的转折性变化。坚持以脱贫攻坚统揽经济社会发展全局；坚持脱贫攻坚与生态文明建设紧密结合；坚持脱贫攻坚与社会保障紧密结合；坚持脱贫攻坚与“为官不为”紧密结合；全力推进脱贫攻坚目标任务的如期实现。

生态治理，由突出改变贫困山区农业生产条件的取向，正在转向修复保护生态环境、提高环境承载能力、继续提升资源禀赋质量、调整资源组合利用结构的发展阶段。

开发建设，由突出注重提高农业生产能力的取向，正在转向发展能力增强、传统产业改造提升、农村产业融合的发展阶段。

保障机制，由以突出保障贫困地区在不同时期治理开发工程为重点，转向以精准扶贫、精准脱贫为基本方略，坚持脱贫攻坚统揽经济社会发展全局的发展阶段。

贫困地区迈向生态优先持续开发、构建绿色产业体系、科技支撑绿色发展、产业融合培育发展新动能的生态产业化、产业生态化的绿色发展道路。

第一节　山西脱贫攻坚的历史进程

一　山西贫困地区的概况

改革开放之初，农村人口的温饱问题，特别是山区的大多数农村人口的温饱问题未得到解决。按国家统计局 1984 年确定的贫困线推算，1978 年的贫困线为人均收入 100 元。1978 年，山西农民集体口粮分配平均 188 公斤，人均分配收入 70.6 元。能达到人均收入 100 元的生产队，只占到 10%；50 元以下的生产队占 38%；40 元以下的生产队占 26.3%。60% 以上的生产队，农民分配收入不到温饱线的一半。

吕梁山区、太行山区（以下简称“两山”）是山西贫困乡村集中分布的区域。吕梁山区丘陵沟壑集中分布，是黄河流域水土流失最严重的地段。吕梁山区黄土丘陵沟壑地区，水土流失面积占区内总面积的 73.4%，高出山西省全省水土流失面积占总面积比重 4 个百分点，高出黄土高原水土流失面积占总面积比重 5 个百分点。太行山区的主体是土石山区。山高土薄、高寒冷凉的土石山区，光热制约、石多土缺、水土流失、开发治理艰巨困难。

1994 年国家制定“八七”扶贫攻坚计划，对全国的贫困县进行了重新核定。山西全省贫困县总数为 50 个。确定的 50 个贫困县中，国定贫困县是 35 个，占国家“八七”扶贫攻坚计划核定的 592 个贫困县的 5.9%。在 592 个贫困县分布的26个省区中排第6位，仅次于云南、贵州、甘肃，河北。以国定、省定的50个贫困县排序，山西仅次于云南，与陕西并列第二。山西50个贫困县共有858个乡镇，占全省1930个乡镇数的44%。其中400元以下（农民人均纯收入低于400元，划为国定贫困县）的贫困乡镇为492个，占贫困县乡镇数的57.3%；300元以下的特困乡204个，占贫困县乡镇数的23.8%。50个贫困县的农业人口为784.6万人，占全省农业人口的34.1%。农民人均纯收入400元以下的贫困人口为381万人，占全省农业人口的16.9%，占贫困县总人口的44.5%，占贫困县农业人口的48.5%。其中特困人口有129万人，占贫困地区农业人口的16.4%。在特困人口中，有20万人生活在基本生活条件、生产条件极端恶劣的山庄窝铺中。

以农、林、牧、渔增加值的单位面积平均值，作为衡量区域农业生产水平的简要指标，比较"两山"贫困地区与全省平均水平的差距，能综合反映出贫困地区农业生产的状况。《贫困地区可持续发展道路抉择》（人民出版社，2000）一书中测算了50个贫困县与山西省全省1995年农、林、牧、渔增加值的单位面积平均值。1995年，山西省农、林、牧、渔增加值的单位面积平均值为72元/亩。50个贫困县可分为四种类型：①达到和高于全省平均水平的贫困县共5个，主要分布在中条山区。②低于全省平均水平，高于全省平均水平1/2，介于71元/亩至36元/亩区间的贫困县共20个，主要分布在太行山区、吕梁山区的南部。③低于全省平均水平1/2，高于全省平均水平1/4，介于35元/亩至19元/亩区间的贫困县共14个，主要分布在吕梁山区、太行山区的中部。④增加值的单位面积平均值只占到全省平均水平的1/4，即亩均18元以下的贫困县仍有11个，主要分布在晋西北黄土丘陵沟壑区、黄土丘陵风沙区、晋北高寒山区。50个贫困县中，占贫困县总数90%的45个贫困县农、林、牧、渔增加值的单位面积平均值都低于全省的平均值。其中50%的贫困县不达全省平均水平的1/2；有22%的贫困县低于全省平均水平的1/4。"两山"贫困地区的农业综合生产能力、农业生产要素的禀赋质量都处于极其低度、薄弱的困境。

山西贫困乡村集中分布的吕梁山区、太行山区，农业生态环境恶劣，水土保持治理建设任务艰巨；农业生产条件改造，农业自然资源禀赋质量提升的开发建设困难；农业综合生产能力低下；贫困乡村集中连片，是全国深度贫困的两大片区。

二　山西脱贫攻坚实践历程

山西省有计划、有组织、大规模实施开发式扶贫，始于20世纪80年代初期。依据不同时期扶贫开发的目标取向、规划指导、实施要点，可划分为五个阶段。

（一）加强山区建设，确立山区开发建设方针阶段（1980~1984年）

山西提出加强山区建设，确立山区开发建设方针是与推行农村家庭联产承包责任制同时进行的。1979年，离石、闻喜等县已经出现了统一经营、联产到户到劳的责任制，“三靠队”最先实行包干到户。山西省在推行联产承包责任制的同时，针对山区面临的温饱问题，以及水土流失严重、基础设施建设落后、生产生活处于困境的实际，组织相关部门在深入细致调查研究的基础上，提出加快山区建设的决策意见。1982年，山西省委六次全委扩大会议，确定把山区工作放到战略地位。会议指出，加快山区建设是关系山西经济发展全局的重大战略问题。会议就山区70个县解决温饱问题、生产建设方针、开发治理建设做出决策。接着召开山西省山区工作会议，围绕加强山区建设，确立了山区开发建设方针和相应的政策措施。

1. 确立山区建设的方针

调整农业生产结构，加强山区治理开发建设，以治理开发建设推进山区传统农业生产方式、生产结构的改造。山西提出山区建设的方针是：持续发扬自力更生、艰苦奋斗的精神，从实际出发，因地制宜，发挥当地资源优势，在逐步实现粮食自给的同时，大力发展林业、畜牧业、采矿业和多种经营。

提出加强山区建设的主攻方向：放开手脚进行开发治理，把生产责任制推广到治理开发的各个方面。发挥山区林、牧、煤的生产优势，在逐步争取粮食自给的同时，大力开展促进生产发展的开发项目、旱作农业、水土保持、人畜饮水、道路建设等。重视山区人力资源开发，改革山区教育、有计划派专业人员定点服务。增加对山区各项建设事业投资。

2. 完善生产责任制，推动山区的治理开发建设

1981年，在晋西北贫困县河曲县，农民创造了户包治理小流域的新经验，拓开了山区综合治理建设、农业综合开发的新道路。这是完善生产责任制，推进水土保持治理的新创造。在总结各地经验的基础上，为了完善生产责任制，山西省提出放宽政策，大胆改革，并相应制定了《山西省人民政府关于户包治理小流域的几项政策规定》，省政府印发了林业厅《关于稳定和完善林业生产责任制的具体规定》，省政府批转省乡镇局关于乡镇企业体制改革的试行草案，省政府批转省社队局关于加快发展社队小煤矿有关问题的通知等政策措施。

3. 突出小流域治理，实施山区农业综合开发

山区建设，突出抓小流域治理。山西省提出要求各级党委、政府一定要以愚公移山精神，不反复、不动摇、不松懈地抓下去。省委关于印发《山西省治理小流域政策技术经济讨论会纪要》的通知提出，要加强这一工作的方向领导、政策领导和科学指导。在统一规划下，自留山按人划分、责任山按能承包；坚持实行谁治理、谁管护、谁受益，允许继承的政策；承包流域内原有的林地、草地，可划给承包户管理经营；对小流域内牵涉非承包户的插花地，进行协商调整；在承包面积上，允许并鼓励承包户因地制宜开展种植业、养殖业等多种经营生产；承包户必须按合同完成承包流域的治理任务；社员迁居小流域新建山庄，有利于小流域的治理开发，应予鼓励和支持。

确立山区建设大力发展林牧业，促进粮食和多种经营发展的开发建设方针，开发建设突出完善生产责任制，突出小流域治理开发的建设方向，贫困地区开启了有计划、有组织、大规模的扶贫开发建设。

在推行农业生产责任制的同时，确立山区建设方针。针对山区生产生活贫困的实际，推进治理小流域的开发建设，山西是全国较早开始大规模实施开发式扶贫的省份之一。

（二）帮助贫困地区改变面貌实施阶段（1985~1993年）

1984 年 9 月，国务院发出了《关于帮助贫困地区尽快改变面貌的通知》。通知提出的扶贫目标是：帮助扶贫地区“首先摆脱贫困，进而改变生产条件；提高生产能力，发展商品生产，赶上全国经济发展的步伐”。并且将解决大多数贫困地区人民的温饱，列入国民经济“七五”发展规划。该规划提出：“七五”时期贫困地区发展的取向，就是解决大多数贫困地区人民的温饱问题，使贫困地区初步形成依靠自己力量发展商品经济的能力，并逐步摆脱贫困，走向富裕。

按照中央的指示，山西省委、省政府组织 100 多名干部深入吕梁、太行山区 28 个县，进行了一个多月的调查研究，征求有关地、县、省厅局的意见，制定出山西省帮助贫困地区改变面貌的实施方案。《关于帮助贫困地区改变面貌的实施方案》，经山西省委工作会议讨论确定后，1985 年 3 月印发全省。方案确定了以下四个方面的实施内容。

1. 减轻负担，休养生息

依据当时的贫困县标准，对确定的 31 个贫困县，采取免征农业税（免征 5 年）、减免工商税、减少集体提留、取消农产品统购、核销部分 1978 年以前的呆滞贷款等 10 项措施减轻负担、休养生息，增强地方、家庭自身积累能力。

2. 加强基础设施建设

在基础设施建设方面，贫困山区当期重点解决通路、通电、通水问题。据 1984 年统计，贫困县不通公路的乡镇有 118 个，占贫困县乡镇总数的 20%；不通机动车的村有 1827 个，占行政村的 18%；不通电的村有 3051 个，占行政村的 30%；近一半的行政村人畜饮水困难，缺水人数 113 万人。实施方案确定，国家援助的粮、棉、布 70% 用于贫困县自修公路建设；省交通厅拨出专款安排山区公路建设；贫困县征收养路费，全部留地方支援县乡公路建设。电力建设投资解决通电问题，水利方面集中力量解决人畜饮水问题。

3. 调整农村生产结构、产业结构

针对贫困县 25° 以上的山坡耕地占农耕用地比重较大的问题，要有步骤地开展退耕还林还草，放宽林业政策，继续加强植树造林流域治理。因地制宜发展农村工业，重点扶持山药蛋精加工、发展饲料工业、开发矿产资源。

4. 大力发展教育，加快培养人才，促进科技进步

当时贫困县还有 1 万多名学龄儿童未能上学，成年人中有 1/3 是文盲或半文盲现状。实施方案提出：要大力普及小学教育；要改革中等教育，发展农业职业教育；要增加为贫困地区培养和输送大中专毕业生，定向定量招收贫困地区学生；大力开展科技扶贫，狠抓技术培训，推广实用技术。省委在 1986 年又做出《关于选调一批干部到农村帮助工作的决定》，组织科研单位、大专院校、厂矿企业与贫困地区挂钩，从技术、人才以至资金上支持贫困地区的科技推广，实施科技部门、经济部门固定包县，定点包乡、包村扶贫。

山西省《关于帮助贫困地区改变面貌的实施方案》提出，“七五”期间扶贫工作的目标是解决大多数贫困地区人民的温饱问题。通过放宽政策，改进扶持方法，增强贫困地区自身活力，改善生产、生活条件，发展商品生产，逐步摆脱贫困。在贯彻落实实施方案的过程中，1987 年省委、省政府办公厅又转发了省委组织部、省农业办公室《关于做好今后三年帮贫致富工作的意见》，提出今后三年扶贫工作的主要任务是集中力量解决温饱问题，争取 70% 左右的群众人均收入达到 200 元以上，初步解决温饱。之后，省委、省政府对“七五”后两年的扶贫工作又进行了部署：切实加强党对扶贫工作的领导；进一步加强扶贫资金、物质的管理；办好扶贫经济实体；以建设基本农田为中心，狠抓温饱工程，提高粮食自给率；搞好培训，不断提高贫困地区干部和农民的素质；进一步重视科技扶贫和智力开发；搞好省直机关扶

贫工作。

“八五”期间，国务院提出“加强基本农田建设，提高粮食产量，使贫困地区多数农户有稳定解决温饱的基础”，“发展多种经营，进行资源开发，建立区域性支柱产业，使贫困户有稳定的收入来源”。根据国家“八五”期间扶贫开发要实现“两个稳定”的目标，结合山西贫困地区扶贫开发建设的实际，山西省出台了《山西省“八五”期间扶贫开发工作方案》。总的目标是，在解决大多数群众温饱问题的基础上，以农业开发为重点，以改变基本生产条件、提高农业生产水平为主要内容，大力发展种植业、养殖业、加工业，逐步形成集中连片的主导产业，推进农业综合开发。并依据贫困山区不同的实际情况，实行分类指导：温饱问题尚未稳定解决的贫困山区，要把工作重点放在建设基本农田、改变生产条件、增加粮食产量、奠定解决温饱的基础方面；温饱问题基本解决的地区，要把工作重点放在发展多种经营、进行资源开发、增加收入方面。新增部分专项扶贫贷款，用于进行连片开发，建设脱贫致富的支柱产业。

（三）实施“八七”扶贫攻坚计划阶段（1994~2000年）

扶贫开发建设的推进，山西贫困地区的温饱问题逐步得到解决，同时贫困地区农户返贫问题也在发生。1990 年、1991 年连续两年大旱，贫困地区的返贫率达到 76%。按 1990~1992 年三年平均值计算，包括非贫困县在内，人均纯收入在 300 元以下的贫困人口仍有 381 万，占全省农业人口的 16.9%。稳定解决温饱，仍是贫困地区扶贫开发的攻坚任务。

贫困地区脱贫的基础条件，还需进一步巩固、提高。未解决温饱的贫困人口，主要集中分布在山区，山区连片特困地区的扶贫开发，任务仍然艰巨。《国家“八七”扶贫攻坚计划》提出，1994~2000 年，要集中人力、物力、财力，动员社会各界力量，力争用 7 年左右的时间，基本解决全国 8000 万贫困人口的温饱问题。提出的具体目标是：到 20 世纪末，绝大多数贫困户（按 1990 年价格计算）人均纯收入达到或超过 500 元，形成稳定解决温饱、减少返贫的基础条件；加强基础设施建设，基本解决人畜饮水困难，使绝大多数贫困乡与有农贸市场、商品基地的地方通路通电；改变文化、教育、卫生落后状况，普及初等教育，基本扫除青壮年文盲，开展成人职业技术教育，防治和减少地方病，人口自然增长率控制在国家规定的范围内。

结合山西贫困乡村集中分布在吕梁山区、太行山区的实际，山西省于1994年制定了《山西省1994~2000年扶贫攻坚方案》。方案提出，以解决381万贫困人口的温饱问题为主攻目标；强化基本农田建设，交通、通信、水电等基础设施建设；加强农业，特别是林果、养殖业，建立脱贫支柱产业；加快二、三产业发展步伐。在稳定解决群众温饱问题和稳定解决群众收入来源的基础上，围绕经济效益的提高，以市场导向，通过“修地、栽树、养畜、加工、服务”，实行农工商、产供销结合的新体制，推进农业综合开发，尽快形成若干连片的主导产业开发区。用基本农田、基础设施和主导产业建设工程覆盖贫困乡村。方案提出如下实施内容。

（1）坚持不懈搞好机修农田为重点的基本农田建设，把修地作为扶贫攻坚的战略措施。实施三大温饱工程：吕梁山以机修梯田为主的农田基本建设工程；土石山区以经济林、石坎梯田建设为主的太行山农业综合开发工程；晋北高寒冷凉地区以地膜覆盖为主的高产粮田建设工程。

（2）加快基础设施建设步伐，继续办好“六件实事”。水、电、交、通、教、卫六部门按照1993年与省政府签署的“扶贫基础设施建设责任书”认真落实。

（3）建设区域性支柱产业开发区，形成区域性商品生产基地。沿黄12县红枣经济林带开发区；晋西北8县畜产品开发区；晋南8县烟草开发区；晋西南11县优质苹果开发区；太行山6县蚕桑业开发区；晋北2县商品蔬菜开发区。配套建设一批重点加工企业。

用基本农田、基础设施和主导产业建设工程覆盖特困乡村、覆盖贫困农户。方案简要概括为“二亩地、一亩园、一劳、一畜、一百元”，即每户每人有二亩基本农田，一亩果园，外出一个劳动者，每年出售一头商品畜，每人每年增加 100 元收入。

加强三个基础建设，农业基础建设、基础设施建设、基础文化卫生教育建设；开发三大产业，经济林果业基地建设、养畜业基地建设、农副产品加工业基地建设；构成贫困地区奠定稳定解决温饱问题、稳定解决收入来源基础的开发建设路径。

“八七”扶贫攻坚计划，突出稳定解决温饱、稳定解决收入增长基础的开发建设。到 2000 年使 50 个贫困县人均基本农田和经济林分别达到 1.9 亩和 1.4 亩。在温饱工程项目区实现了人均 2 亩基本农田、1 亩经济林、1 亩地膜覆盖田的建设目标。贫困地区的农业综合生产能力，从农业用地单位面积平均的农林牧渔总产值衡量，与 1991 年相比较，贫困县的农林牧单位面积产值增长幅度，高于全省平均水平 0.01 个百分点。贫困地区的温饱问题基本解决。

（四）实施农村扶贫开发十年规划阶段（2001~2010年）

随着扶贫开发建设的大力推进，贫困地区绝对贫困人口大幅下降。尽快解决温饱，巩固温饱成果，为贫困山区进入小康创造条件，成为扶贫开发建设新的目标取向。

2001 年，国务院颁布实施《中国农村扶贫开发纲要（2001~2010 年）》。纲要提出，尽快解决少数贫困人口温饱问题，进一步改善贫困地区的基本生产生活条件，巩固温饱成果，提高贫困人口的生活质量和综合素质，加强贫困乡村的基础设施建设，改善生态环境，逐步改变贫困地区经济、社会、文化的落后状况，为达到小康水平创造条件。扶贫开发工作明确提出要把贫困村整村推进、劳动力转移培训和产业化扶贫作为工作重点。改革资金管理体制，完善扶贫工作机制。

2002 年 3 月，山西省委、省政府批准了《山西省农村扶贫开发十年规划》。规划提出，要加快改善贫困地区的生产、生活条件，尽快解决剩余贫困人口的温饱问题，巩固温饱成果，实现稳定脱贫，为实现小康目标创造条件。扶贫开发建设的重点是：产业化扶贫、整村推进、扶贫移民和劳动力转移培训。在贫困人口集中连片分布区域，实施旱作节水增收工作、种草养畜增收工程、农产品加工增收工程和移民开发增收工程。

扶贫开发的实施，一是扶贫开发的力量突出向贫困村集中。针对贫困村的整村推进，山西根据国务院扶贫办提出整村推进“三个确保”的目标，制定了《关于确保完成我省革命老区贫困村整村推进工作的意见》。任务、资金、责任、考核、奖惩全部落实到县，由省扶贫开发领导组与县签订完成整村推进“三个确保任务”（“三个确保”，即确保在2010年底前，完成三类贫困村的整村推进工作。其中三类贫困村包括人口较少民族尚未实施整村推进的贫困村、内陆边境国定贫困县中距边境线25公里范围内尚未实施整村推进的贫困村、国定贫困县革命老区县中尚未实施整村推进的贫困村）。同时组织贫困县各级机关定点扶贫工作队进驻“三个确保”贫困村，实行结对帮扶。二是扶贫开发建设，在温饱工程建设与依托当地资源发展具有比较优势和地方特色的支柱产业同步推进的基础上，突出农业产业化开发。贫困地区优质杂粮、干鲜果、草食畜产品规模的扩展和区域性生产基地的建设，给贫困地区农业产业化开发创造了发展的基础条件。突出农业产业化开发，发挥贫困山区在治理开发中具有的农林牧业发展的资源优势，继续推进农业生产基地的建设，调整农业生产结构，改造传统农业生产方式，使农业产业化开发成为扶贫开发建设和治理开发建设的方向。三是扶贫开发建设是针对生产生活条件极其恶劣的特困山村的农村剩余劳动力的资源开发。突出扶贫移民与劳动力转移培训，既是山区治理开发与劳动力资源开发的实施途径，也是特困山村走出困境、农村贫困人口技能提升就业增收的选择。

“四大增收工程”，针对扶贫开发治理建设的重点，围绕解决温饱、巩固温饱建设成果方面，实施持续强化稳定解决温饱，清除返贫因素的基础条件，提高农业综合生产能力。围绕开发治理建设，发挥山区农林牧业资源优势、区域特色，持续发展支柱产业，持续扩大农业生产基地规模，增加稳定收入的来源。围绕农业产业化开发，加强农产品加工环节的建设，联结农业生产基地、联结贫困农户的生产经营。围绕扶贫开发的重点建设，着力从农业生产要素的质量提升，组合配置方面，从人力资源的开发方面，实施传统农业生产方式，农业生产结构、农村产业结构的调整改造。

山西把着力点放在贫困山区的整村推进，以及贫困地区的农业产业开发、贫困地区的劳动力转移培训和特困山村的移民扶贫方面。2001~2010 年贫困县农民人均纯收入从 1271.6 元增长到 3125.4 元，年平均增长幅度为 9.4%，高出全省农村居民年平均增长幅度 2 个百分点。

2011 年中共中央、国务院制定印发了《中国农村扶贫开发纲要（2011—2020 年）》，进一步加快贫困地区发展，促进实现小康社会的建设。提出了“两不愁、三保障”的建设目标。

（五）实施脱贫攻坚精准扶贫阶段（2012年至今）

党的十八大后，党中央把贫困人口脱贫作为全面建设小康社会的底线任务和标志性指标。2015 年发布的《中共中央、国务院关于打赢脱贫攻坚战的决定》，进一步明确了到 2020 年脱贫攻坚的总体目标，即到 2020 年，稳定实现农村贫困人口不愁吃、不愁穿，义务教育、基本医疗和住房安全有保障；实现贫困地区农民人均可支配收入增长幅度高于全国平均水平，基本公共服务主要领域指标接近全国平均水平；确保我国现行标准下农村贫困人口实现脱贫，贫困县全部摘帽，解决区域性整体贫困。提出了精准扶贫的基本原则，并对实施精准扶贫的方略、健全精准扶贫工作机制做出具体安排。《决定》强调，必须解决好扶持谁、谁来扶、怎么扶的问题，做到扶真贫、真扶贫、真脱贫，切实提高扶贫成果的可持续性。要按照扶持对象精准、项目安排精准、资金使用精准、措施到户精准、因村派人精准、脱贫成效精准的要求，通过产业扶持、转移就业、教育支持、医疗救助等措施实现脱贫，其余完全或部分丧失劳动能力的贫困人口实行社保政策兜底脱贫。

党的十八大以来，中央脱贫攻坚、精准扶贫的一系列决策部署，把脱贫攻坚纳入“四个全面”战略布局，贯彻创新、协调、绿色、开发、共享的发展理念，充分发挥中国特色社会主义制度优势，把精准扶贫、精准脱贫作为基本方略。坚持扶贫开发与经济社会发展相互促进；坚持精准扶贫与集中连片特困地区开发建设紧密结合；坚持扶贫开发与生态治理并重；坚持扶贫开发与社会保障有效衔接；实现全面建成小康社会和确保我国现行标准下农村贫困人口如期脱贫、贫困县全部摘帽、解决区域性整体贫困的一体推进。

全面贯彻落实中央、国务院《关于打赢脱贫攻坚战的决定》，山西省委、省政府制定了《关于坚决打赢全省脱贫攻坚战的实施意见》。提出以习近平总书记系列重要讲话为根本指导，全面贯彻落实党中央、国务院《关于打赢脱贫攻坚战的决定》，把精准扶贫、精准脱贫作为基本方略，按照“五个一批”脱贫攻坚的总路径，坚持以脱贫攻坚统揽经济社会发展全局，坚持脱贫攻坚与生态文明建设紧密结合，坚持脱贫攻坚与社会保障紧密结合，坚持脱贫攻坚与治“为官不为”紧密结合，以吕梁山、太行山两大集中连片特困地区为主战场，层层签订责任书、立下军令状，重点工程布局，专项行动推进，政策机制保障，各方合力攻坚，在“一个战场”上打赢脱贫攻坚和生态治理“两个攻坚战”。以产业扶贫、技能扶贫、资本扶贫和不断改善贫困地区基本生产生活条件的工作路径，全力推进、精准实施脱贫攻坚八大工程 20 个专项行动，建立完善脱贫攻坚政策保障六大机制。到 2020 年，确保现行标准下 232 万农村贫困人口实现脱贫，58 个贫困县全部摘帽，区域性整体贫困得到解决。稳定实现农村贫困人口不愁吃、不愁穿，义务教育、基本医疗和住房安全有保障，确保山西与全国同步进入全面小康社会，贫困群众和全省人民同步进入全面小康社会。

根据省委、省政府《关于坚决打赢全省脱贫攻坚战的实施意见》，省政府制定了《山西省“十三五”脱贫攻坚规划》。规划围绕脱贫攻坚总体目标的实现，拟出 10 项脱贫攻坚的量化指标。对脱贫攻坚对象、脱贫攻坚范围，脱贫攻坚重点区域推进、脱贫攻坚进程、脱贫攻坚实施路径做出具体部署。

规划依据不同类型区域扶贫开发的实际，提出精准实施特色产业扶贫、易地扶贫搬迁，培训就业扶贫，生态补偿扶贫、社会保障兜底、基础设施改善、公共服务提升、社会力量帮扶脱贫攻坚八大工程。每项工程的实施项目、实施区域、模式选择、科技进步、产业融合等给出了具体的指导意见。规划针对确保脱贫攻坚目标任务、脱贫攻坚八大工程实施项目的落实，提出创新精准扶贫机制、建立“三位一体”组织体系、强化规划落实措施三个方面，17 项创新脱贫攻坚保障机制的具体内容。

山西省委、省政府以精准扶贫、精准脱贫为基本方略，以脱贫攻坚统揽经济社会发展全局，全力推进全省脱贫攻坚战。到 2020 年，贫困地区自我发展能力明显增强，发展环境和条件明显改善，区域性整体贫困得到有效解决，58 个扶贫开发工作重点县全部摘帽。农村贫困人口稳定实现不愁吃、不愁穿，义务教育、基本医疗和住房安全得到有效保障，贫困地区农村居民人均可支配收入增长幅度高于全省平均水平，基本公共服务主要领域指标接近全国平均水平。现行标准下 232 万农村人口全部脱贫。

第二节　山西脱贫攻坚的历史成就

改革开放 40 年来，山西脱贫攻坚在连续实施的各个阶段，瞄准各阶段计划实施的目标，持续实施“两个攻坚战”；创建稳定解决温饱、收入增长、生产发展的基本条件；扩展特色农业生产基地；推进农业产业化开发；脱贫攻坚取得显著的历史成就。

一　农民收入

1978 年，山西农村居民人均纯收入 101.6 元。贫困发生率在 80% 以上。

到 2017 年底，全省 58 个贫困农村居民人均可支配收入达到 7300 元。贫困发生率下降到 5.5%。有 15 个县摘掉贫困县帽子。

2018 年，又将有 26 个县摘帽。贫困发生率将降到 2% 以下。

二 产业开发

贫困县特色产业片区开发项目 57 个，涉及 2070 个贫困村。

36 个国定贫困县实施特色产业开发为主的整村推进，1440 个贫困村，46 万贫困人口受益。

企业产业扶贫工程带动 2200 个贫困村发展建设农林牧业生产基地。

亚行贷款山西河川流域农业综合开发项目，在 26 县建成种植、养殖特色产业基地 99 个。

贫困地区立足区域比较优势，特色产业开发建设项目，已覆盖全部贫困乡村。定点扶贫帮助贫困村发展特色产业增收项目，累计 3.73 万个。

三 基础设施和社会事业建设

实施以水、电、路等基础设施和学校、卫生室等公共服务为重点的农村两轮“五个全覆盖”工程。

实施惠及广大农民群众的“五大实事”。

实施改善农村人居环境“完善提升、农民安居、环境整治、安居示范”四大工程。

130 万农民吃上了干净水。116 万农民住上了安全房。优化整合小学 4051 所，改造县乡公路、新建改建通村水泥（油）路 2800 公里。4400 个村通天然气。600 个村完成污水处理。乡村清洁工程覆盖所有行政村。农村人居环境显著改观。

四 提高贫困人口自身发展能力

注重贫困户的教育与培训。资助大学、高中、中职中技、高等职业教育贫困生 21.55 万名。

以市场需求为导向，结合贫困人口的实际和就业意愿，开展劳动力转移培训和新型职业农民培训。培训 25.2 万人次。转移就业率 80% 以上。设施农业种植业、养殖业等种养技术培训 28.5 万人次。培养电商扶贫创业带头人 1150 人。

五　改变农业生产条件

贫困地区围绕农业生产条件的改善，持续实施水土保持治理建设。

在 2000 年贫困县人均实现 2 亩基本农田、经济林 1.4 亩之后，治理建设着力于农林牧业生产基本建设与贫困乡村的农业产业化开发建设。实施相应的退耕还林还草工程、水利水保工程、林果业发展工程、饲草地改良工程、流域综合治理工程。改变农业生产条件，保障农林牧业生产基地与农业产业化的开发建设。

六　移民扶贫

已有 100 余万贫困人口，从生产生活条件恶劣的山庄窝铺搬迁到移民新村。

第三节　山西脱贫攻坚的实践经验

从 20 世纪农村经济改革起到当前脱贫攻坚精准扶贫的实施，山西在扶贫开发实践中，探索、积累、创造了黄土高原集中连片特困地区解脱贫困的丰富经验。

一　扶贫开发建设取向

20 世纪 80 年代初，山西针对贫困地区水土流失严重、生态环境脆弱、基础设施落后、广大乡村生产生活处于困境的实际，在联产承包责任推行的同时，提出从实际出发，因地制宜，发挥当地资源优势，在逐步实现粮食自给的同时，大力发展林业、畜牧业、采矿业和多种经营，改变山区贫穷落后面貌的建设方针。大力发展林牧业，促进粮食和多种经营发展的山区建设，是以水土保持建设，改变山区的农业生产条件；以治理开发建设，改变山区生产生活的困境；以小流域的户包治理，组织推进山区的治理开发。山区建设方针的实施把水土保持治理建设，置于山区发展的优先位置，把大力发展林业、畜牧业，促进粮食和多种经营发展作为山区建设发展取向。确立了山西吕梁山区、太行山区扶贫开发建设，坚持实施“两个攻坚战”的方向。

二　生态治理建设路径

贫困地区致贫的重要因素是生态环境脆弱、水土资源长期遭受侵害、传统农业生产处于困境。改变贫困山区农业生产条件是第一要务。水土流失治理处于优先地位。

改变农业生产条件，首先是改变分布于山梁沟坡遭受水土流失侵害的农耕土地，建设基本农田。基本农田建设，既是突破广种薄收、干旱瘠薄、生产能力低下、生产收效极不稳定的制约因素的选择；也是改造山区传统农业“旱、薄、粗”的生产方式，提高土地生产能力，解决温饱问题，创造改变山区土地资源利用结构，改变山区农业生产结构条件的选择。基本农田建设的推进，使耕作土地的水土流失得到控制，种植业的生产能力得到提高。“两山”贫困乡村人均 2 亩基本农田，奠定了解决温饱的基础条件，创造了贫困乡村土地开发利用方式与利用结构调整的基础条件。

在联产承包责任制的推进过程中，晋西北河曲县的贫困乡村创造了户包治理小流域的新经验。户包治理小流域是农村经济改革。新的生产经营体制建立，组织黄土高原水土保持治理建设，实施农业开发建设的新途径。户包治理小流域，把以户为单位的生产经营与以小流域为单元的治理开发结合为一体；把农户的生产经营和土地资源、生物资源、水资源、气候资源的治理、开发、利用结合为一体。这是黄土高原贫困地区治理建设的继续和创新；是贫困乡村农户治理开发经营、改变生产方式、调整生产结构的新路子；也是水土保持治理与农业开发建设、传统农业改造相结合的新进展。户包治理小流域，突出宜林、宜果、宜草、宜农的生物措施选项；突出沟坝地、水平梯田、水平阶、蓄水耕作等工程措施的选项。建设了一批小果园、小牧场、小林场、小农场，形成了具有区域资源优势的生产经营单元。

贫困地区基本农田建设、小流域治理开发，农林牧业生产能力的提高，给退耕还林还草创造了实施条件。退耕还林还草启动了黄土高原贫困地区农业资源整体开发利用的结构性调整。2000 年，山西在贫困户集中分布的 16 个贫困县展开了退耕还林还草试点工程。退耕还林还草工程的连续实施，使农林牧用地结构产生重大转变。据全国第二次农业普查资料统计，1996~2006 年，山西农业用地结构发生显著变化。农耕地减少 11%，其中退耕还林还草的农耕地占到减少耕地的 92%。农业用地结构的变化是：1996 年，耕地面积占农业用地面积的 50.6%；园地面积占 2.6%；林地面积占 39.2%；牧草地面积占 7.7%。到 2006 年，耕地面积占农业用地面积的 43.0%；园地面积占 3.1%；林地面积占 46.9%；牧草地面积占 7.0%。园地面积较 1996 年增长 27%，增长了 94.2 万亩；林地面积较 1996 年增长 25%，增长了 1332.4 万亩；农业用地面积较 1996 年增加了 623.6 万亩。耕地面积与园地、林地、草地面积的比例由 1996 年的 1∶0.98 转变为 2006 年的 1∶1.32。农业用地的重大转变，具有符合“两山”特色农业产业发展，实施土地资源科学配置的积极效应，即宜林、宜草、宜农土地资源利用结构的调整，牵动着贫困山区农业生产结构的调整，发挥区域资源优势的开发治理建设得到推进；农业生产结构的转变，牵动着贫困山区传统农业产业方式的转变，区域性种植业、林果业、畜牧业生产基地的建设得到推进。

三　农业开发建设路径

实施基本农田建设，提高农业生产能力阶段；瞄准稳定温饱基础、增加收入来源、重点实施区域优势资源开发，因地制宜推进畜牧业、林果业开发建设，调整资源利用结构、农业扶贫开发建设的进展，经历了瞄准解决温饱问题，重点生产结构阶段；瞄准贫困地区为实现小康创造条件，重点实施以农业生产基地建设为主的农业综合开发阶段；瞄准贫困户、农村贫困人口实现脱贫、贫困县全部摘帽、解决区域整体贫困，进入小康，重点实施农业产业化开发为主的脱贫攻坚精准扶贫阶段。贫困山区农业开发建设沿着解决温饱的农业基本建设，发挥区域资源优势，发展农林牧果特色农业开发建设，调整农业生产结构和开展区域性农业生产基地开发建设，实施农业产业化开发建设的路径推进。农业开发建设的实践包含了黄土高原集中连片特困地区农业开发建设的实施步骤，不同类区农业开发建设在不同阶段的实施重点与建设取向，以及贫困山区传统农业改造、现代农业建设的选择途径等。

四　发展能力的培育

扶贫开发的主体是贫困地区的干部群众。在扶贫开发的实施进程中，提升贫困地区自身发展能力，主要集中于生产经营能力、科技应用能力、学习创新能力的提高，以及坚持自力更生、艰苦奋斗的精神。

提升贫困地区自身发展能力，是与扶贫开发建设同时并行的过程。在治理建设、农业开发、劳动力转移的发展实践中，以人力资源开发、公共服务事业建设为重点，增强贫困乡村、贫困户自身发展能力的培育。主要集中于三条实施途径：一是实施注重教育、农技推广、技能培训、提高干部群众科技应用能力，生产经营管理能力和文化素质水平；二是加强公共服务事业建设，创造提升贫困地区自我发展能力的环境；三是推动扶贫开发建设示范项目、示范园区、示范农户的培育，增强贫困乡村干部群众学习创新能力的提升。

五　政策保障与机制建设

有组织、有计划、大规模实施扶贫开发建设，是扶贫开发建设取得伟大成就，走出符合我国国情扶贫开发道路的最根本的经验。

坚持党的领导、政府主导，主要是制定扶贫开发的方针政策；制定扶贫开发不同阶段的建设规划、实施方案；组织各级政府部门的力量，实行扶贫工作责任制。

动员全社会力量，主要从科技进步、人力资源开发、公共服务事业推进、农业产业开发等方面，组织动员各界力量，投入扶贫开发建设的具体工程项目之中。

有组织、有计划、大规模实施扶贫开发建设的工作机制逐步得到完善。形成了中央统筹、省负总责、县抓落实、片为重点、工作到村、扶贫到户的工作机制。扶贫工作机制的健全和完善，突出层层落实责任，突出调动干部群众的积极性主动性，突出加强检查督查，突出扶贫工作落实到户。

第四节　山西脱贫攻坚精准扶贫的新进展

进入脱贫攻坚、精准扶贫新阶段，山西贫困地区开发治理建设，正在产生前所未有的转折性变化。

一　发展方向

由突出解决贫困地区温饱、创造贫困地区群众收入增长的开发取向，正在转向树立和落实创新、协调、绿色、开发、共享的发展理念，坚持扶贫开发与社会经济发展相互促进，全面建成小康社会的发展阶段。

以精准扶贫、精准脱贫为方略的脱贫攻坚，一是以“五个一批”为实施路径，通过发展特色产业，扶持115万有劳动力的贫困人口脱贫；通过实施易地扶贫搬迁，帮助居住在“一方水土养不活一方人”地区的45万农村贫困人口脱贫；通过精准培训促进就业，支持带动30万左右建档立卡贫困人口增收脱贫；通过实施生态补偿，使生态特别重要和生态脆弱区内的42万贫困人口实现稳步脱贫；通过低保、五保、医疗救助等社会保障政策和资产收益扶贫，帮助部分或完全丧失劳动能力的50万左右建档立卡贫困人口实现兜底脱贫。确保建档立卡人口一个不落地实现脱贫。二是以58个扶贫开发工作重点县，特别是“两山”集中连片特困地区21个县为主战场，依据不同类区开发治理的发展需求，实施覆盖贫困农户、覆盖贫困乡村的八大开发建设工程。无论是“五个一批”的实施内容，还是“八大工程”的实施内容，在突出生产发展、农业产业化开发建设的基础上，更多地开发建设项目，集中在生态环境治理、基础设施建设、人力资源开发、科学技术进步、基础公共服务、农村产业融合，社会公共事业建设项目的巩固、加强、推进方面。

二　生态建设

由突出改变贫困山区农业生产条件的取向，正在转向改善生态环境，提高生态环境服务功能，提高环境承载能力，继续提升资源禀赋质量，调整资源整合利用结构的发展阶段。

治山治水，一直是山西农业发展的基础建设，也一直是吕梁山区、太行山区扶贫开发集中力量实施改变农业生产条件，奠定稳定解决温饱、扩展农林牧业发展的主要路径。扶贫开发进入农业产业化开发建设阶段，对生态环境服务功能、生态环境承载能力、资源禀赋质量提升的新需求，给生态环境治理提出新的目标取向：建设支撑贫困地区可持续发展生态体系；建设黄土高原水土保持重点生态功能区。生态治理建设，在吕梁山区、太行山区脱贫攻坚精准扶贫进程中，更显突出，处于优先攻坚的位置。

“两山”脱贫攻坚期间，生态治理的目标任务如下。

（一）两个生态安全屏障的建设

吕梁山区，实施生态脆弱区植被恢复、沿黄水土保持重点生态工程建设，推进连片特困区域的综合治理建设，建设黄河中下游生态安全屏障。太行山区，实施三北防护林、天然林资源保护、京津风沙治理、太行山绿化以及湿地保护与恢复等重点工程，构筑京津地区重要生态安全屏障。

（二）水源保护治理建设

加强贫困地区抗旱水源建设、中小河流治理、水土流失治理力度，推进贫困村淤地坝、坡改梯、坝滩联治、小流域治理等水保工程建设。按照“水量保证、水质合格、监控完备、制度健全”的原则，开展水源地达标建设，实施水源地涵养与保护、流域综合治理、水生态保护与修复、饮用水安全监测等重点工程。到 2020 年，贫困地区建起功能完备、保障有力的支撑体系，实现贫困乡村安全饮水目标。

（三）生态产业建设

加快宜林荒山绿化进程，继续新一轮退耕还林，增加森林资源，全省森林覆盖率达到 23.5%。实施生态草地恢复、天然草地保护工程，恢复土石山区、水源涵养区、重点水系区、生态脆弱区和“三化”严重区的草地植被，加大草原重大工程项目建设力度。以草定牧，推进草地合理开发利用。加大干果经济林发展比重，实施经济林提质增效工程。指导贫困户优先发展适宜种植的核桃、红枣、杏仁等传统干果经济林，以及油用牡丹、双季槐、连翘、构树等特色经济林。开展林下经济及特色林果业示范基地创建工作，扶持贫困户发展特色经济林产业。积极发展林下经济、林木种苗花卉、速生丰产林、森林旅游等产业。延伸林业产业链，打造区域特色鲜明的林业产业体系。

三　开发建设

由突出注重农业生产能力提高的取向，正在转向发展能力增强、传统产业改造提升、农村产业融合的发展阶段。

扶贫开发经历突出基本农田建设、小流域综合治理开发、退耕还林还草以及相应的基础设施工程建设，突出注重农林牧业生产能力提高的农业生产条件改善多个阶段。扶贫开发由温饱问题解决，到稳定解决温饱、稳定农林牧业收入来源的开发治理建设，进入以农业生产基地建设为标志的产业开发阶段。

产业扶贫是脱贫攻坚精准扶贫的重点实施工程。在继续提高农业综合生产能力的基础上，提升贫困地区的发展能力；推进农业产业化开发；加强产业融合，坚持脱贫攻坚扶贫开发的建设方向。

（一）特色产业扶贫工程

脱贫攻坚特色产业扶贫工程，一是传统产业改造提升，因地制宜发展杂粮、果业、中药材、蔬菜、畜牧业、农产品加工、休闲农业特色优势产业。二是战略性新兴产业培育，积极推进光伏产业、电商扶贫、乡村旅游，带动贫困乡村产业开发建设。

特色农业产业开发，传统产业改造提升的实施项目有：支持贫困地区开展杂粮新品种、新技术试验示范推广。建设一批谷子、燕麦、荞麦、糜子、高粱及各类杂豆等标准化杂粮生产示范基地，加快杂粮“三品一标”认证步伐，推进杂粮全程机械化作业。加快雁门关、太行山、吕梁山三大马铃薯优势产业带建设，协调发展脱毒种薯，加工专用薯和鲜食薯。支持贫困县建设脱毒种薯繁育基地、优质鲜薯和加工专用薯生产基地；种薯和鲜薯储藏设施；培育马铃薯加工转化企业；加大全程机械化等技术示范推广力度。大力实施果业品种、品质、品牌提升工程。实施高效果业示范园区建设、低产果园改造和果园沃土工程。在贫困村开展“果、畜、沼”小型果园循环经济模式。完善果品储藏库和冷链物流体系建设，培育一批高效运转的果业新型经营主体，打造一批果品品牌，扩大山西果品国内国际市场份额。实施地道中药材良种选育和资源保护工程。建设黄芩、党参、连翘、柴胡、远志等地道药材规范种植基地，建立大田、荒山、林下中药材示范基地。实施中药材产地加工水平提升工程，重点培育贫困县中药材产地加工能力，改善中药材产地初加工设施、设备等基础设施。实施蔬菜产业提升工程。在贫困县建设国家和省级蔬菜标准园30个。支持贫困户新建、改建设施大棚，加快推进老旧日光温室改造。推进贫困县优质蔬菜基地建设，推进贫困地区食用菌产业发展。完善蔬菜产地冷链物流建设。加快雁门关生态畜牧经济区建设。在贫困县实施粮改饲草牧业发展工程、牛羊家庭养殖工程、猪鸡家庭养殖工程、退耕还草工程，建设现代饲草料产业体系，强化标准化养殖园区建设。形成粮草兼顾、农牧结合、循环发展的新型种养结构。发展特色产品加工业，支持贫困县杂粮、林果、中药材、蔬菜、马铃薯、畜禽等农产品全产业链开发，促进第一、二、三产业融合发展，实施休闲农业种植计划。

新兴产业的培育，围绕贫困地区农业产业开发和区域性优势资源的开发，建设农产品进城、消费品下乡的双向通道，开拓贫困村集体经济发展、贫困人口增收脱贫的新途径。加快电子商务网络布局，提升电子商务服务水平、完善县乡物流配送体系，实现贫困地区县有电子商务服务中心、适宜建店行政村有电子商务服务点，保障贫困户能通过电子商务销售自产特色产品，购进生产生活资料。光伏产业扶贫工程，发挥贫困山区光照资源充足、山坡广阔的优势，结合易地扶贫搬迁、采煤沉陷区治理，推进光伏扶贫新产业，这是贫困村集体经济增收、深度贫困人口脱贫的重要实施措施。创建旅游扶贫示范区，挖掘贫困乡村生态价值、文化价值，实施旅游产业扶贫行动，促进贫困山村第一、二、三产业的联动发展。

（二）发展能力提升培育

贫困地区自我发展能力的提升，一方面是生态治理建设、农业产业化开发建设的发展，另一方面是人力资源开发、科技进步以及文化、卫生事业的发展。脱贫攻坚、精准扶贫，要以加快贫困地区教育、科技、文化、卫生事业发展的社会公共服务提升工程为保证，我省做出了部署，提出了 22 项加强贫困地区自我发展能力的实施措施。

教育扶贫实施：促进贫困地区农村学前教育；均衡发展贫困地区义务教育；强化贫困地区普通高中教育；实施营养改善计划；实施贫困地区定向招生就业指导计划；健全就学就业资助体系；实施教育结对帮扶；推进高校定点帮扶；加强贫困地区教师队伍建设。

科技扶贫实施：加快特色产业科技扶贫；提升科技服务与培训保障；提高农业装备科技水平。

文化扶贫实施：推进贫困地区公共文化建设；推进信息化服务普及；构建脱贫攻坚大数据。

卫生扶贫实施：建设医疗扶贫“绿色通道”；增强基本公共卫生服务；加强妇幼卫生健康服务；推进重大传染病、地方病、慢性病防治；强化农村爱国卫生；推进乡村卫生机构建设；强化县级医疗能力建设；提升医院对口帮扶水平；加强基层卫生人才培养。

四　保障机制

由突出保障贫困地区在不同时期治理开发建设工程为重点，转向把精准扶贫、精准脱贫作为基本方略，坚持以脱贫攻坚统揽经济社会发展全局的发展阶段。

以脱贫攻坚统揽经济社会发展全局，山西省委、省政府提出要坚持脱贫攻坚与生态文明建设、社会保障、治“为官不为”紧密结合。严格执行脱贫攻坚“一把手”负责制，五级书记抓脱贫，行业部门履行职责，社会协同发力，整体谋划，统筹协调。建立高效的工作机制，制定科学有效的政策，加强规划的组织实施，确保脱贫攻坚如期实现。

创新扶贫保障机制，山西从创新精准扶贫机制、建立“三位一体”组织体系、强化规划落实措施三个方面提出机制建设的具体内容。

创新精准扶贫机制，着力于建立财政扶贫投入增长机制，完善扶贫开发资源整合机制，推广脱贫增收利益联结机制，健全金融精准扶贫服务机制，落实扶贫开发用地保障机制，探索资产收益扶贫机制，强化资金项目监管机制。

建立“三位一体”组织体系，着力于构建政府、市场、社会脱贫攻坚大格局，建立考核、退出、评估脱贫成效评价机制，管好用好包村领导、驻村工作队和第一书记精准帮扶队伍，完善党政、社会、舆论脱贫攻坚监督体系。

强化规划落实措施，要着力于加强组织领导，构建责任体系，强化考核督查，推行廉洁扶贫，凝聚攻坚合力，加快扶贫立法。

第五节　山西贫困地区持续建设与绿色发展

集中连片特困地区脱贫攻坚、精准扶贫的“两个攻坚战”要大力推进。随着贫困人口、贫困县年度攻坚计划的完成，贫困山区的持续开发建设，仍需坚持生态优先的治理开发路径，走出绿色发展的新路子。

绿色发展是构建高质量现代经济体系的必然要求，是以产业生态化和生态产业化为主体的生态经济体系。要构建节约资源和保护环境的空间格局、产业结构、生产方式和生活方式。

吕梁山区、太行山区的持续治理开发建设，要提升生态环境质量，提供更多优质生态产品；要推进资源全面节约循环利用，实现生产系统与生活系统的链接；要培育壮大新产业、新业态、新模式，以绿色发展促进现代农业建设方面衡量；集中连片特地困的持续治理开发建设，坚持贯彻落实“创新、协调、绿色、开放、共享”发展理念，以绿色发展统领生态文明建设、社会经济建设。这是持续治理开发建设坚持的方向、实施的途径。

一　生态优先的持续开发

“两山”地区当前和今后的生态治理建设任务仍然相当艰巨。适应贫困山区农业产业化开发建设的发展，对生态环境承载能力的提升，对资源禀赋质量提高的需求，对生态环境治理保护的增强，对生态环境提供更多优质产品的供给功能，仍然是生态治理建设不断创新推进、探索实施的内容。

党的十八大以来，以习近平同志为核心的党中央把生态文明建设作为统筹推进“五位一体”总体布局和协调推进“四个全面”战略布局的重要内容。在全国生态环境保护大会上，习近平总书记进一步强调：生态文明建设是关系中华民族永续发展的根本大计。新时代推进生态文明建设必须坚持以节约优先、保护优先、自然恢复为主的方针原则。

“两山”的水土保持治理建设，仍处于连续治理建设阶段。从生产发展治理优先、生态环境保护优先、资源利用节约优先方面考量，持续治理开发建设，包含三个方面的生态优先的建设内容。

一是把治理保护建设放在持续开发建设的引领位置。治理要在提高生态服务功能和生产力方面有进展；保护要在供给更多优质生态产品方面有举措。保护优先，既要根据整体规划，加快形成保护环境的协同行动，还要加大力度巩固和提升已有的治理成果。

二是把资源节约利用放在保护生态环境，保护生态生产力、生态服务功能，改变生产方式的优先地位。优先保护生态生产力，优先保护生态服务功能，资源节约利用是生态环境保护的重要途径。着力推广和探索资源循环利用、防污减排的生产方式，既是保护资源、保护环境、保护人民健康要解决的突出问题，也是贫困地区产业开发优先筹划、优先实施的选项。

三是把山水林田湖草治理保护的整体施策放在统筹兼顾、多规合一的优先地位，进行全方位、全地域、全过程生态治理建设。

二 绿色发展构建绿色产业体系

绿色发展的核心是构建节约资源、保护环境的产业体系。要求相应的产业结构、生产方式、生活方式，都能实现资源全面节约和循环利用以及生产系统和生活系统绿色低碳循环链接。

山西省贫困地区特色产业开发建设，农业产业化开发建设，正在扎实推进。构建节约资源保护环境的产业体系，构建节约资源保护环境，产业相互融合、相互促进的高质量现代经济体系，正在启动。研究、探索、实践、创新产业转型、生产方式转变，生产要素质量提升、产业组织创新，成为持续治理开发、推进绿色发展的主要任务与发展目标。

农业产业化开发，一方面围绕品种、品质、品牌，转变农业生产方式，提升农业综合生产能力，提升农业综合效益。另一方面围绕农林牧果生产基地建设，区域性主导产业建设，按照种养加、产供销、贸工农一体化经营，构建产业组织创新的生产经营体系。生产方式转变与产业组织创新，当前仍然是“两区”持续开发、推进绿色发展的实施重点。

《全国主体功能区规划》(以下简称《规划》)要求：国家重点生态功能区，要以保护和修复生态环境，提供生态产品为首要任务。国家重点生态功能区——黄土高原丘陵沟壑水土保持生态功能区，涉及晋西吕梁山区18县。《规划》对能源、矿产资源开发布局，水资源的开发利用提出的原则要求为：各项开发应当建立在所在区域资源环境承载能力综合评价的基础上；位于限制开发的重点生态功能区的能源基地和矿产资源基地建设，必须进行生态环境影响评估，尽可能减少对生态空间的占用，并同步修复生态环境；水资源开发利用，要求黄河，海河区采取最严格的节水措施，加大水污染治理，强化水源保护，调整经济布局，严格控制高耗水产业发展，增加生态用水量，扭转黄河、海河过度开发的局面，改善水生态系统功能。《全国主体功能区规划》应是“两山”产业开发建设的遵循。“两山”特色产业开发建设，应突出因地制宜地发展符合主体功能定位的适宜产业；应突出节约资源、保护环境的项目选择。

农业产业化生产经营组织的三个链条建设至关重要。当前，尤其是种养加、产供销链条的建设，涉及农业生产方式的转变，涉及绿色农产品的供给；涉及市场通道的建设，涉及生产经营组织的完善。农业产业化开发，对生产力要素、生产方式与生产经营组织创新，提出新的要求和更广泛的建设领域。

三　科技支撑绿色发展

贫困地区持续开发、绿色发展建设，在实施取向、实施项目、实施措施方面具有如下特征。

（一）在实施取向方面

经济增长由数量型增长转向质量型增长；生产方式由粗放型转向集约型；效益目标由经济效益为主的目标转向经济效益、生态效益、社会效益的综合目标。

（二）在实施项目方面

治理建设，由流域治理为重点实施工程措施、生物措施、耕作措施的综合治理转向全方位、全地域、全过程实施生态工程、产业开发措施的综合治理。

产业开发，由注重生产基地建设转向种养加一体、产供销融合，延伸产业链条、提供优质安全产品的产业化开发阶段。

（三）在实施措施方面

资源利用，要建设全面节约资源、循环利用的生产链、生产体系。

环境保护，突出防污减排工程、清洁生产工程、生态产业工程的建设。

生态治理，水源地保护治理、安全饮水工程建设；经济林提质增效；牧草地改良建设等生态治理，要提供更多更优的生态产品。

生产能力，改进以石化投入提高生产能力的方式，逐步增强农林牧增殖联结功能，改变生态农业、生态产业物质能量投入结构。

持续开发、绿色发展的每一个环节都要求科技进步的支撑、引领。以绿色发展科技需求为导向，有力地促进科学技术的成果产出，科学技术的推广应用，多学科协同发力的集成配套，并支撑和引领“两山”持续开发、绿色发展的实施进程。

四　产业融合，培育发展新动能

习近平总书记在全国生态环境保护大会上提出，要加快建设以产业生态化和生态产业化为主体的生态经济体系，这是推动和实施绿色发展的指向和目标。这一论述，更清晰地指明了“绿水青山就是金山银山”的发展理念，更清晰地指明了绿色发展、产业融合的实现途径。以产业生态化和生态产业化为主体的生态经济体系的建设，是生态建设、经济建设、社会建设的综合。随着贫困地区持续开发、绿色发展和相应的生产服务、科技服务、金融服务以及社会公共服务事业的发展创新，将不断融入生态经济的体制机制，并将成为绿色发展的新动力。

五　发展建设的政策建议

立足当前贫困地区发展建设的实践，探讨具有牵动贫困地区特色产业开发，推进贫困地区绿色发展的策略与措施，应是贯彻落实党中央国务院，山西省委、省政府一系列关于脱贫攻坚、精准扶贫战略部署、方针政策的研究内容。

（一）构建生态治理建设统筹管理组织体系

贫困地区生态治理建设，仍处于连续治理阶段，进入全方位、全地域、全过程实施的治理建设阶段。在多规合一的基础上，从投入要素整合、治理力量组织、区域部门协调方面思考，需构建城乡连接、部门组合、区域合作的管理组织体系，统筹贫困地区的生态治理建设。

（二）推进公共服务事业的建设

贫困地区生态产业化、产业生态化为主体的生态经济体系建设，也是农村产业融合的实施过程。科技服务、金融服务、公共服务事业的发展创新，当前更具有启动助力的关键作用。化解一些存在的障碍因素，加强服务创新的投入要素，当前更具有突出作用。

（三）保障科技的有效供给

贫困地区持续开发建设，科学技术具有支撑引领的功能作用。贫困地区生态治理建设、特色产业发展、自身发展能力的提升，需要专业技术的推广应用，需要技术的集成配套，需要人力资源的培育开发，这些都与科技成果的有效供给密不可分。组建省级专家服务团，围绕区域性特色农业产业、新兴产业的发展要求，提供相应的专业技术成果，集成技术成果，是科技支撑引领贫困地区绿色发展的着力点。

（四）加强贫困地区农产品生产经营的支持力度

贫困地区农林牧果业品种、品质、品牌的提升工程，既与标准化生产相关，与产品营销相关，也与生产经营组织相关。生产经营组织的创新，具有带动作用。加强生产经营的支撑作用，目前电子商务网络布局与合作经济组织建设，这两个生产经营的基础环节，更需加强支持发展的力度。

第十二章　改革开放40年山西民营经济发展回顾与思考

改革开放40年来，山西民营经济从萌生到“嫁接”、从排斥到争论、从接纳到鼓励、从传统粗放到现代高效、从投资驱动到创新驱动，走过了不平凡的历程，也走出了一条艰难的转型升级之路。回顾民营经济前进的每一步，几乎都伴随有政府强有力的政策保障和制度支撑。党的十八大以来，以习近平总书记为核心的党中央鼓励、支持、引导非公有制经济发展，提出了一系列新思想、新论断和新举措，重申“两个毫不动摇”，特别强调“三个没有变”，山西省各级政府正以愚公移山的精神，在改革的深水区不断摸索，清除发展障碍，为进一步优化民营经济的发展环境、激发民营经济创造力注入强劲动力，山西民营经济发展空间将越来越大，民营企业必将迎来新的突破。

民营经济是指包括个体、私营经济、自然人控股的混合所有制经济和全部由自然人出资的各种形式的经济实体，“山西民营经济”是指在山西注册登记的非国有制、非外商投资经营，非国家控股的“民办、民有、民营、民管”的经济形态，所称的民营经济单位是对个体工商户、私营企业、乡镇企业、民间资本控股的股份制企业和混合所有制企业的统称。①

---

① 由于统计数据的缺失，所以本专题调研的主体是私营企业、个体工商户和乡镇企业，资料来源于《山西统计年鉴》、《中国统计年鉴》以及官方公布数据。但是由于时间期限较长，统计口径不统一，可能个别数据与有关部门的统计数据有差异。

第一节　改革开放40年山西民营经济发展历程

1978 年 12 月召开的党的十一届三中全会，把党和国家的工作重心转移到经济建设上来。在以经济建设为重心和改革开放方针政策的指引下，民营经济逐步恢复和发展起来。党的历届中央领导集体都从建设中国特色社会主义的客观实际出发，不断总结经验，逐步形成了对民营经济的科学认识，制定出台了一系列有利于民营经济发展的方针政策，特别是党的十九大报告指出，中国特色社会主义进入了新时代，并重申“两个毫不动摇”，标志着民营经济进入新的历史阶段。

一　起步发展阶段（1978~1991年）

1978 年，党的十一届三中全会开启了改革开放历史性时期，以邓小平为核心的党的第二代领导集体积极开展改革开放试点，接连出台一系列政策，肯定个体工商户和民营经济的合法地位。1979 年 9 月，《中共中央关于加快农业发展若干问题的决定》指出：“社队的多种经营是社会主义经济，社员自留地、自留畜、家庭副业和农村集市贸易是社会主义经济的附属和补充，决不允许把它们当作资本主义经济来批判和取缔。”1980 年 10 月国务院在《关于改进合作商店和个体经济缴纳工商所得税问题的通知》进一步指出：“国家鼓励发展集体经济，允许个体经济适当发展。”随着中央对个体经济政策的转变，山西省也开始恢复和发展个体工商户，但是个体经济所占全省经济份额很小。1978 年，山西生产总产值为 88 亿元，其中，非公有制经济增加值为 1.6 亿元，占山西生产总值的 1.8%；个体工商户 1200 户，从业人员 1200 人。1980 年，城乡个人投资占全社会固定资产投资的 7.6%。

1981 年 7 月，国务院肯定了个体工商户的存在与发展，制定了《关于城镇非农业个体经济若干政策性规定》，鼓励待业青年从事个体经营，有计划地将部分服务业和商业包租给个人，使城市个体工商业获得合法发展。1981 年，山西首次出现非公有制工业，其产值占全部工业总产值的 0.01%；城乡个人投资占全社会固定资产投资比重为 15.7%；个体私营经济消费品零售额占全社会消费品零售额的比重为 1.3%。

1982 年 9 月召开的党的“十二大”提出，鼓励和支持劳动者个体经济作为公有制经济必要和有益的补充，同年 12 月全国人大五次会议通过的《中华人民共和国宪法》确立了个体经济的法律地位。在国家政策的鼓励下，山西城镇个体工商户得到发展，到 1982 年底统计，全省个体工商户 38007 户，从业人员 55332 人。

1984 年，山西省创办了第一家中外合资企业——华杰电子有限公司，结束了山西没有“三资”企业的历史，全省非公有经济由此发生了较大变化，国有经济比重开始下降，集体和非公有经济比重出现上升趋势。到 1985 年，全省非公有制工业企业发展到 6 家，非公有制工业产值占全部工业总产值的比重达到 4.4%。在工业内部，国有工业所占的比重由 1981 年的 77% 下降到 1985 年的 68%。

1985 年后，随着社会主义由计划经济向商品经济转变和社会主义初级阶段理论的确立，城乡经济体制改革全面展开，沿海地区率先实现对外开放，山西制定了坚持以公有制为主体，国营、集体、个人一齐上的方针，鼓励发展非公有制经济。1985 年山西首次利用外商投资 43 万美元，拉开了对外开放的序幕。

1987 年 1 月 22 日，中央《关于把农村改革引向深入的决定》中第一次出现“私人企业”的提法；1987 年 8 月，国务院发布《城乡个体工商户管理暂行条例》，指出：“有经营能力的城镇待业人员、农村村民以及国家政策允许的其他人员，可以申请从事个体工商业经营，依法经核准登记后为个体工商户。个体工商户可以在国家法律和政策允许的范围内，经营工业、手工业、建筑业、交通运输业、商业、饮食业、服务业、修理业及其他行业。个体工商户可以根据经营情况请一两个帮手；有技术的个体工商户可以带三五个学徒。个体工商户的合法权益受国家法律保护。”

1987 年 10 月，党的“十三大”第一次提出“私营经济也是公有制经济必要、有益的补充”，允许私营经济有限度地发展，恢复了取缔近 30 年的私营企业。在此期间出现了私营企业，即企业资产属于私人所有，雇工 8 人以上的营利性经济组织。

1988 年 4 月，七届全国人大一次会议通过的《中华人民共和国宪法修正案》，对宪法第十一条增加了下列内容：“国家允许私营经济在法律规定的范围内存在和发展。国家保护私营经济的合法权利和利益，对私营经济实行引导、监督和管理”。至此，中国的私营企业才有了合法地位。在这些政策的扶持下，不仅出现了一批私营企业，而且个别私企通过承包或租用国营企业积累了资产，逐渐改变了企业的所有权，在农村、个体经济及集体、国有企业中衍生出第一批初具规模的私营企业。如山西介休的安泰焦化厂就有雇工 500 多人，资金总额 400 多万元。

1988 年 6 月，国务院颁发了《中华人民共和国私营企业暂行条例》，并于 7 月 1 日起施行。条例对私营企业的种类、开办和关闭、权利和义务、劳动管理、财务税收、监督与处罚等问题作了规定。到 1988 年底，山西个体工商户发展到 42 万户，从业人员 84.3 万人，注册资金 16.7 亿元，当年产值 19.3 亿元，营业额 38.6 亿元，社会消费品零售额 22.69 亿元。这时山西还没有对登记注册的私营企业进行统计。

1989 年，在全国治理经济环境、整顿经济秩序的大背景下，山西个体经济发展受到一定影响。到 1989 年底，全省个体工商户从 1988 年的 42 万户减少到 27 万户；从业人员从 84 万人减少到 44 万人；注册资金从 16.7 亿元减少到 13.5 亿元。

1989 年，私营企业开始注册登记，全省共登记私营企业 2496 户，注册资金 3.46 亿元，从业人员 5.58 万人。这时的私营企业，从事工业、建筑业、交通运输业的户数占总户数的 78.5%，其中工业占 71.5%，而且大部分在农村，农村占总户数的82.8%；这一时期的企业规模以小型为主，户均雇工20人，注册资金13.8万元。

为了加快个体私营经济发展步伐，1991年5月，山西省委、省政府制定发布了《关于鼓励个体、私营经济发展的若干规定》，强调发展个体私营经济的方针政策长期不变，要依法保护个体工商户和私营企业的合法权益，并从资金、信贷、税收、经营范围、个体私营企业从业人员的职称评定、合法权益、党团组织的设立等方面规定了鼓励扶持的优惠政策。这一规定下发后，经过广泛宣传，个体私营经济下滑的趋势初步得到制止。之后，山西的个体私营经济得到了恢复性发展。到1991年底，全省个体工商户发展到34万户，从业人员56万人，注册资金21亿元，产值35亿元，消费品零售额36亿元。私营企业发展到3350户，从业人员7.5万人，注册资金4.93亿元，各项经济指标都有增长。

总之，当时经济社会面临的现实困境，为民营经济破壳而出提供了现实条件，改革开放政策的大幕拉开，为民营企业生根发芽提供了土壤，虽然仍受制于理论认识上的不足，民营企业雇工规模争议很大，但受益于政府解放思想、实事求是的态度，限制民营企业发展的枷锁逐步解除。

二 快速发展阶段（1992~2001年）

进入20世纪90年代，1992年党的“十四大”提出建立社会主义市场经济体制的目标，特别是邓小平同志南方讲话发表后，消除了人们对从事个体私营经济的思想顾虑，全省民营经济得到快速发展，对经济增长的贡献率明显提高。1992年4月，山西省委、省政府制定了《关于进一步解放思想，加快改革开放，促进经济发展的意见》，指出各级党委和政府要把发展个体、私营经济作为振兴山西经济的一个战略重点，统一思想，加强领导，放开发展；要认真贯彻落实党和国家的有关方针、政策，特别是要贯彻好省委、省政府下发的关于鼓励个体私营经济发展的若干规定，把个体、私营经济的发展列入当地国民经济和社会发展规划，协调解决有关重大问题。之后，山西省工商局、山西省经济体制改革委员会制定了《关于落实省委省政府〈意见〉，大力发展个体、私营经济发展的实施意见》，共提出23条扶持发展的具体政策，放宽了对其名称、经营场地、经营范围、方式、注册资金、企业负责人、提供证件等方面的限制，本着先发展、后规范和从实际出发灵活运用现行法规的指导思想，为个体私营经济发展创造了良好的环境，推动了全省个体私营经济的快速发展。

1992年，山西个体工商户恢复到1988年的42万户，从业人员74.2万人，各项指标均得到较快增长。私营企业发展到5334户，从业人员10.8万人，注册资金8.4亿元。山西的个体私营经济已经恢复到1988年的水平，在全国各省市中居于第4位。这一阶段私营企业组织形式以独资居多，分布以农村居多，行业以工业较多。从企业规模上看，雇工在100~500人的私营企业39家，500人以上的有5家；注册资金在100万元以上的有40家，500万元以上的有5家。1992年，全省个体私营经济总产值53.5亿元，其中工业产值22.7亿元，约占全省工业总产值的4%；营业额60.4亿元，其中商品零售额51.3亿元，约占全省社会商品零售总额的22%；缴纳税金4.4亿元，约占全省工商税收的8%。

1993年，山西个体经营户和私营企业从业人员达103.4万人，提前两年实现了省委、省政府提出的到"八五"计划期末达到"百万大军"的目标。在这一阶段，涌现出一批优秀的民营企业家，如闻喜县海鑫钢铁集团公司总经理李海仓、榆次环海实业有限公司总经理梁文海等。

在全国对外开放形势的推动下，山西个体私营经济由内向型向外向型经营发展，有不少产品走出了国门，进入国际市场，而且有80多家私营企业与外商共同申办了合资、合作企业。1993年11月25日，全省私营企业第一次代表大会在太原召开，成立了山西省私营企业协会。1995年，山西省私营企业协会组织部分私营企业家参加了"山西经贸考察团"，分两批赴泰国、新加坡、马来西亚、中国香港、中国澳门等地进行考察，从而进一步扩大了私营企业的视野和眼界，促进了山西私营企业界的对外联系。

伴随着所有制结构调整，山西个体私营企业的规模迅速扩大，经营方式由个人、家庭经营为主向联合和联营的社会型方向发展，由无限责任向有限责任发展。到 1995 年，雇工在 100~500 人的私营企业有 41 家，500 人以上的有 2 家；注册资金在 100 万元以上的有 453 家，500 万元以上的有 41 家。山西清徐煤炭气化总公司、山西环海实业有限总公司、山西古交市巨海煤焦化公司、山西太原环通实业集团有限公司 4 家私营企业进入“全国 500 家最大私营企业”的行列。

1997 年 9 月，党的“十五大”提出“非公有制经济是我国社会主义市场经济的重要组成部分”“公有制为主体、多种所有制经济共同发展，是社会主义初级阶段的一项基本经济制度”。非公有制经济的表述由社会主义经济的“必要补充”转为“重要组成部分”。

为了贯彻落实党的“十五大”精神，1997 年山西省委、省政府制定下发了《关于加速发展民营经济的若干意见》。1998 年 5 月召开了“全省推进个体、私营经济发展工作会议”，要求继续解放思想，放开胆量，放宽政策，加快步子，推动个体私营经济的更大发展。

这一阶段，山西省民营经济的涉足范围不断扩大，由原来主要从事批发零售贸易餐饮业、建筑业、运输业、居民服务业逐步扩展到交通建设、旅游设施、公用事业、环境保护、学校医院等基础建设领域和服务领域。到 1997 年底，全省个体私营经济发展到 67.85 万户，比 1992 年增长了 56.5%，平均每年递增 9.4%；从业人员发展到 152.9 万人，增长了 79.9%，平均每年递增 12.5%；个体私营经济纳税 13.28 亿元，占全省财政收入的 8.7%。

1999 年 3 月，九届全国人大二次会议审议通过的《中华人民共和国宪法修正案》，第一次把“个体、私营经济等非公有制经济，是社会主义市场经济的重要组成部分”写进宪法，给予个体私营经济与国有、集体经济相同的地位和待遇。党对非公经济认识上的突破，为民营经济的发展提供了理论和制度的保障。

2001 年 7 月，政府把私营企业主定位为“有中国特色的社会主义事业的建设者”，提出包括私营企业主在内的六类人都是社会主义事业的建设者，在政治上应该一视同仁，平等对待。山西有不少个体私营企业代表人士被选举为县以上人大代表和政协委员，积极参政议政，开始在政治方面发挥着越来越重要的作用。

从 1992 年到 2002 年，随着国家对非公有制经济发展政策的重大突破和山西省一系列优惠政策的实施，山西民营经济进入快速发展阶段，成为全省国民经济的一支重要力量。山西私营企业从 5334 户增加到 3.4 万户，增长了 5.4 倍，年均增长 20%，注册资金由 8.3 亿元增加到 314.9 亿元，增长了 36 倍，年均增长 43%，从业人员从 10.8 万人增加到 52 万人，增长了近 4 倍；私营经济提供的税收从 1994 年的 0.5 亿元增加到 2002 年的 14.4 亿元，增长了近 28 倍，年均增长 39.9%。

从个体工商业的发展情况看，1992~1996 年是山西个体经济发展较快的时期，个体工商业户数、从业人员分别从 42.8 万户、74.2 万人增加到 67.6 万户、117.7 万人，是历史上的最高值，之后受经济结构调整、环保治理要求加强、统计“挤水分”、加大市场监管力度等方面的影响，全省个体经济发展速度减缓，2000 年下降到 29.9 万户，2001 年以后，个体工商业户数、从业人员、注册资金进入恢复性增长阶段，到2002年，全省个体工商户恢复到34.9万户。

从这一时期（1992~2001 年）山西民营经济的产业、行业及地区分布看，呈现出主要集中于第二、三产业以及地区发展不平衡的特征。同期，山西民营经济在全省经济社会生活中所占的份额由不足 1/4 提高到“三分天下有其一”。

三　持续发展阶段（2002~2008年）

2002 年 11 月，党的十六大报告在阐述坚持和完善基本经济制度时，强调了“两个毫不动摇”和“一个统一”，① 这一论述既是重要的理论发展，又

① 即“必须毫不动摇地巩固和发展公有制经济”“必须毫不动摇地鼓励、支持和引导非公有制经济发展”。同时又指出：“坚持以公有制为主体，促进非公有制经济发展，统一于社会主义现代化建设的进程中，不能把这两者对立起来，各种所有制经济完全可以在市场竞争中发挥各自优势，相互促进，共同发展。”

对非公有制经济发展具有很强的实践指导意义。2003 年 10 月，党的十六届三中全会通过的《中共中央关于完善社会主义市场经济体制若干问题的决定》，在非公有制经济理论和政策方面又有许多重大突破，为非公有制经济的迅速健康发展铺平了道路。2004 年，全国人大十一届二中全会通过的《中华人民共和国宪法》修正案，进一步明确国家对发展非公有制经济的方针，对保护私有财产、明确非公有制人士政治地位等方面的修订，以及《中华人民共和国中小企业促进法》（2002 年 6 月 29 日第九届全国人民代表大会常务委员会第二十八次会议通过）的颁布实施，从宪法和法律上为非公有制经济发展提供了保障。2005 年 2 月，国务院颁布了《关于鼓励支持和引导个体私营等非公有制经济发展的若干意见》，这是新中国成立以来第一部全面促进非公有制经济发展的政策性文件，旨在着力消除影响非公有制经济发展的体制性障碍，确立平等的市场主体地位，明确提出了今后一个时期鼓励、支持和引导非公有制经济发展的总体要求，从放宽非公有制经济市场准入、加大对非公有制经济的财税金融支持、完善对非公有制经济的社会服务、维护非公有制企业和职工的合法权益、引导非公有制企业提高自身素质、改进政府对非公有制企业的监管、加强对发展非公有制经济的指导和政策协调等七个方面具体提出了促进非公有制经济发展的重要政策措施。2007 年，党的“十七大”重申了“毫不动摇地巩固和发展公有制经济，毫不动摇地鼓励、支持、引导非公有制经济发展”的方针，提出了“坚持平等保护物权，形成各种所有制经济平等竞争、相互促进新格局”，“推动公平准入，改善融资条件，破除体制障碍，促进个体、私营经济和中小企业发展”。“两个毫不动摇”“两平等”“一公平”为非公有制经济又好又快发展提供了强大的思想动力和理论政策支撑，我国非公有制经济进入一个新的历史发展阶段。

为了加快山西非公有制经济发展，2002 年以来，山西省连续五年以省政府名义召开了高规格的全省民营经济、县域经济工作会议；同时，在组织结构上进行了调整。2003 年，山西省乡镇企业管理局过渡到民营经济发展局，2004 年，山西省中小企业局挂牌成立，职能从管理服务乡镇企业扩大到管理服务民营经济、中小企业、县域经济，最终形成了“四位一体”的工作新格局。现在，山西省 11 个地级市、119 个县（市、区）全部成立了中小企业局。2004 年和 2005 年，省委、省政府连续出台了《关于进一步加快非公有制经济发展的决定》和《关于加快发展县域经济的若干意见》，提出要以“三个代表”重要思想和党的十六大、十六届三中全会精神为指导，树立和落实科学发展观，将非公有制经济发展与产业结构调整、县域经济发展和对外开放有机结合、统筹推进，按照“政治平等、法律保障，政策公平、放宽准入，突出重点、大力扶持，放手发展、提高素质”的原则，营造良好的发展环境，迅速形成非公有制经济大发展的新局面，不断提高非公有制经济在国民经济中的比重。在发展速度上，以 2000 年全省非公有制经济增加值 650 亿元为基数，到 2020 年，实现非公有制经济总量比 2000 年翻三番。并从全方位加大支持力度、进一步突出扶持重点、努力提高非公有制经济的发展水平、创新人才机制等方面提出了具体措施，省直有关部门和各市县也先后出台了两个文件的配套性政策，初步建立起促进非公有制经济、中小企业发展的政策法规体系。

2006 年 11 月，山西省人大颁布了《山西省实施〈中华人民共和国中小企业促进法〉办法》，从 2007 年 3 月 1 日起正式实施，使山西中小企业发展首次有了地方性法规的推动和保障。这部地方性法规在政府职责、执法主体、资金扶持、维护中小企业合法权益等方面都有具体规定，为全省非公有制经济的发展创造了良好的法治环境。同年 12 月，山西省财政厅、山西省中小企业局印发《中小企业发展专项资金管理办法》（晋财企〔2006〕241 号）。

2007 年 12 月，山西省人民政府办公厅转发省中小企业局关于山西省中小企业成长工程实施意见（晋政办发〔2007〕133 号），指出要重点抓好小企业孵化、最具成长性中小企业扶持、骨干企业培育三大工程。

2008 年 9 月，山西省人民政府办公厅转发省中小企业局关于加快全省中小企业服务体系建设的意见（晋政办发〔2008〕79 号），指出在全省要积极推进以“信用担保、信息网络、创业辅导、人才培训、法律援助、行业协会、市场开拓、管理咨询、技术创新”为主要内容的社会服务体系建设，为中小企业提供多形式、全方位的优质服务。2008 年底，省级和 1/2 的市、1/3 的县建立了中小企业发展资金和中小企业服务体系建设资金，总额度超过 1 亿元。同时，继续完善中小企业担保体系建设，组建省级中小企业再担保机构，为信用担保公司提供风险补偿和再担保支持。山西省中小企业信用担保是被国家发改委确定的全国五个信用服务试点省份之一和全国 8 个再担保试点省份之一，目前全省约有 310 家中小企业担保机构，资本金达到 65 亿元，担保能力达到 200 亿元。2008 年 12 月，为了积极应对全球金融危机，保持经济稳定增长和扩大就业，缓解中小企业融资难问题，山西省人民政府发布了关于进一步做好中小企业贷款信用担保工作的意见，帮助企业解决困难。

到 2008 年，山西省共有私营企业 12.8 万户，从业人员 137.4 万人，分别比 2002 年增长了 2.8 倍、1.6 倍；个体工商户 69.3 万户，从业人员 151.3 万人，分别比 2002 年增长了近 1 倍、1.3 倍。

四　调整、转型发展阶段（2009年至今）

从 2009 年开始，山西经济进入下行通道，特别是 2014 年和 2015 年遭遇了断崖式下跌，经济增长率仅为 4.9% 和 3.1%，为全国倒数第二，与湖南、湖北等中部其他省份形成了明显反差。与此同时，山西民营经济作为经济增长最活跃的微观基础，也进入“寒冬期”，2009 年，山西民营经济增加值同比增长只有 3.2%，2014 年只有 1.26%。

“十三五”时期，山西发布了纲领性文件《关于加快民营经济发展的意见》，召开了全省民营经济发展推进大会，通过推动供给侧结构性改革，实施转型发展、创新驱动战略，不断放松和扩大民营经济的准入端口，大力推进政府职能转变，推进简政放权、放管结合，优化政府服务等措施，优化营商环境，为民营经济发展营造出了和谐的体制环境。

全省创业热情极大迸发，民营企业数量和从业人员实现了跳跃式增长，2016 年山西民营企业及个体工商户主体数量为 170 万个，同比增长 15.6%，民营企业及个体工商户从业人员 575.9 万人，同比增长 10.6%。

企业成本切实降低。2016 年山西规模以上工业企业主营业务成本下降 6.6%，降幅高于主营业务收入 2.9 个百分点；财务费用下降 0.3%；每百元主营业务收入中的成本为 84.6 元，同比下降 2.7 元。全年累计降低实体经济企业成本 891.8 亿元，其中减免成本 723.42 亿元，缓缴各类费用 168.37 亿元。

民营经济总量和企业规模进一步扩大。2016 年山西民营经济实现增加值 6231.1 亿元，增长 4.4%，高出 2016 年全省 GDP 增速 3.1 个百分点；占全省 GDP 比重 48.2%，占比同比上升 1.5 个百分点，扭转 2015 年占比下滑局面。民间投资也日趋活跃，占固定资产投资比重为 65.1%。2016 年全省新培育达规民营企业户数为 1598 户，比 2015 年增长 83.5%。2016 年，注册资本在 100 万 ~500 万元的私营企业有 140562 户，占本省私营企业总数的 36.11%；注册资本在 500 万 ~1000 万元的私营企业有 52810 户，占本省私营企业总数的 13.57%；注册资本在 1000 万 ~1 亿元的私营企业有 2430 户，占本省私营企业总数的 0.62%。

产业结构持续优化。2016 年，山西民营经济产业结构演进加快，转型发展初见成效。2016 年，第一产业民营增加值 764.8 亿元，占民营 GDP 比重 12.3%，同比下降 0.5 个百分点；第二产业民营增加值 2202.3 亿元，占民营 GDP 比重 35.3%，同比下降 1.2 个百分点；第三产业民营增加值 3264.0 亿元，占民营 GDP 比重 52.4%，同比提高 1.7 个百分点，民营经济产业构成由 2015 年的 12.8：36.5：50.7 转变为 2016 年的 12.3：35.3：52.4，“三、二、一”格局继续强化，从增加值现价增速看，2016 年民营第一、二、三产业分别增长 0.2%、1.1%、7.9%，民营服务业继续领跑全省民营经济。

一些新兴产业、新兴业态、新的商业模式加快集聚和发展，“互联网 +”相关行业方兴未艾。2016 年民营企业 500 强中，有 244 家构建了基于互联网的开放、协同研发创新模式，有 241 家提升智能制造装备，开展智能化生产，有 157 家推动服务型制造发展，有 153 家企业基于互联网获取用户个性化需求，实现低成本大规模定制，有 133 家建立“可感知、可计算、可交互”的智能产品，有 82 家建立面向全社会的研发测试、创业培训、投融资、创业孵化等大众创业、万众创新服务平台。

总之，此阶段民营经济在困境中寻求突破，在转型中创新发展，民营经济产业结构明显优化，民间投资比重稳步提高，“双创”和简政放权促进民营企业及个体工商户主体数量快速增加，从业人员保持稳步增长，新达规民营企业培育户数增长 80% 以上，一些新兴产业、新兴业态、新的商业模式加快集聚和发展，民营经济活力不断激发。

第二节　新常态下民营经济发展的机遇与挑战

当前，全球经济增长呈现诸多新趋势，国内经济社会发展也呈现诸多新变化。置身国际国内宏观环境，深刻审视山西省情，民营经济未来发展既面临重大机遇，也面临诸多挑战。

一　民营经济面临的重大战略机遇

当前，山西正处于全面小康决胜期、脱贫攻坚期、转型关键期、发展爬坡期、形象改善期“五期叠加”的关键时期，民营经济作为最具活力的经济形态，与市场高度结合，在山西稳定增长、提供就业、转型升级等诸多方面展现出了强大的生命力，成为山西振兴崛起过程中最为重要的一支有生力量。山西省委、省政府倍加重视和支持民营经济发展，出台了一系列加快民营经济发展的政策举措，更多的政策改革红利将逐步释放，民营经济发展也将迎来难得的发展机遇。

（一）高质量发展为民营经济转型发展带来新机遇

党的十九大对我国经济发展做出了一个重大判断，就是我国经济发展由高速增长阶段转向高质量发展阶段，意味着城乡居民消费由中低端向中高端转变，意味着市场需求开始由数量满足型向质量满足型转变，消费者对衣、食、用等基本生活必需品的消费转向追求品种、品质、品牌，注重安全、健康等方面。面对高质量发展新阶段的基本特征和要求，广大民营企业必须及时顺应市场需求变化，牢固树立高质量发展意识，根据市场需求变化调整投资结构、产业结构和产品结构，为社会提供高质量的产品和优质的服务，这为山西民营经济转型升级、实现“弯道超车”提供了难得的战略机遇。

（二）完善的政策体系为民营经济转型发展带来新机遇

党中央、国务院和省委、省政府对民营经济的发展越来越重视，近两年密集出台了一系列促进民营经济和中小微型企业发展的政策措施：2014 年国务院及各部委针对民营经济发展下发了 5 个政策文件，山西省委、省政府下发了 5 个政策文件；2015 年国务院下发了 1 个政策文件，山西省委、省政府下发了 9 个政策文件；2016 年国务院下发了 5 个政策文件，山西省委、省政府下发了 3 个政策文件，分别在行政审批制度、商事登记制度、土地管理制度、投资制度、地方金融体制、创新创业体制机制以及要素市场化配置等方面推出了许多重大、具体的改革举措，着力破解制约民营经济发展的体制机制性“瓶颈”，为全省民营经济大发展营造了良好的制度环境。

（三）优质的营商环境为民营经济发展带来新机遇

山西省委、省政府为营造优质营商环境，积极与中央要求对表，与发达地区对标，与国际投资贸易通行惯例对接，旨在打造审批最少、流程最优、体制最顺、机制最活、效率最高、服务最优的发展环境，努力帮助企业降低制度交易成本，通过落实税费优惠政策、实行大用户直供电、深化简政放权改革，进一步降低企业经营成本，通过构建“清”“亲”新型政商关系，使民营企业家从“拼关系”向“拼市场”转变。总之，优质的营商环境为山西民营企业营造了服务高效的政务环境、公平竞争的市场环境、公正透明的法治环境和稳定有序的经营环境。

二 民营经济面临的严峻挑战

机遇与挑战并存，山西民营经济仍面临着发展环境不优、要素成本偏高、资源依赖惯性较强、内生动力发展不足等问题。

（一）行政效能偏低

首先是电子政务发展缓慢，部门之间信息分割严重。2016 年国务院第 55 号文提出，要实现互联网与政务服务深度融合，建成覆盖全国的整体联动、部门协同、省级统筹、一网办理的“互联网＋政务服务”体系，要让“数据多跑路，企业少跑腿”。截至目前，我国已经有多个省份实现了“一号申请、一窗受理、一网通办”，大幅提高了审批效率。山西虽然“互联网＋政务服务”框架基本建立，但全省政务信息还没有实现互联互通，各级各地政府网站与职能部门网站许多还是信息孤岛，没有完全实现互联互通。“信息孤岛”是制约全程网上审批的重要障碍。工商、食药监、公安、国土、发改、规划、国地税等多部门都建有自己业务办理的专有系统，这些系统或独立运行，或与上级部门联通，但大多未与政务服务平台联通，政府部门之间数据信息互联共享难度较大，致使并联审批推进不畅。

其次是基层落实政策存在打折扣、“最后一米”梗阻的问题。一是新官不理旧政，许诺政策不落实。个别地方政府在招商引资时承诺的条件，或者因部门管理政策不一致不能实现，或者因“新官不理旧政”而落空，只见“轰轰烈烈签约”，不见项目“扎扎实实落地”。另外，“重招商、轻安商”的现象仍然存在。一些地方在招商引资过程中，只要项目落地就无人过问，需要协调解决问题时，常常推诿扯皮，甚至不作为。二是政策不接地气，难落实。不少基层政府职能部门反映，有的上级部门的简政放权存在闭门造车的问题，基层部门应接不暇，前一波没落实，后一波又来了，来不及研究消化。不少市县也没深入研究，拿不出务实落地举措。三是一些政府机关办事人员“官本位”意识重，服务意识差，不担责，不作为，工作效率低。调查中企业家普遍反映，各级主要领导都非常重视优化营商环境，但不少政府机关办事人员“官本位”意识较浓，缺乏服务意识，基层慢作为、不作为现象依然突出，营商环境障碍主要集中在“最后一公里”“最后五十米”上。

（二）要素成本偏高

民营经济要健康快速发展，有赖于竞争有序、要素成本合理的市场环境。山西与周边省份相比，土地、电力、融资等要素成本仍然偏高。一是山西建设用地资源紧缺，加之由于征地手续办理难，土地价格偏高，绝大部分中小企业用地都是租用的农村集体土地，不受法律保护，所租土地随时有可能被征收，发展蕴藏着极大风险因素。二是作为能源资源富集的省份，电力价格远远高于山东、内蒙古等周边省份。三是民营企业融资难、融资贵，当前金融服务体系建设还不能很好地适应“大众创业、万众创新”形势发展要求，尤其是面对中小微企业“短、小、频、急”的融资需求，现有金融体系还不能有效地提供充足的金融产品和金融服务，不能形成推动中小企业发展的支撑力量。

（三）资源依赖惯性较强

山西民营经济结构依然以资源型企业为主，工业主要汇集在煤焦铁、化工、食品、建材等传统产业领域，技术水平低、管理较为落后，处于产业链的前端和价值链的低端，高精尖产品偏少。第三产业则主要以传统行业为主，并且集中于批发零售业、交通运输仓储邮政业、住宿餐饮业和居民服务业等传统产业，同质化、低端化问题严重，而新技术、新产业、新业态、新模式

“四新”经济发展严重滞后。从全国五百强企业的产业分布看，山西百强民企主要仍集中于第二产业，尤其是钢铁、煤炭、焦化等传统资源型产业，这三大产业集中了百强民企数量的43%，营业收入总额的61.85%，企业资产总额的66.18%，缴税总额的68.58%，从业员工总量的59.98%，而且，山西服务业企业无一上榜。另外，从投资比重上看，2016年采矿业、制造业、批发零售业和房地产的投资占到70%以上，新上项目多数立足传统产业。

（四）内生动力发展不足

山西的科技创新主要是在政府主导下进行的，而民营企业作为实体经济的微观主体，内生动力发展不足，主要表现在：企业创新意愿不强，创新能力不足，由于对知识产权保护不够，很多实体企业根本不愿意或者没能力进行原创性研发；人才短缺、研发投入少，核心技术和高端装备受制于人；企业经营管理模式等方面的创新也有待加强，普遍缺乏新技术、新产业、新业态与新商业模式的推动；缺乏企业家精神，企业持续发展动力不足。目前，山西全省中小微科技型企业有1300多户、省级中小企业技术中心158个，与我国民营经济大省浙江省相比差距较大。最近几年，山西登记的科技成果不足全国总数的1%，其中高校近三年获奖的成果占全省的20%左右，但转化率仅10%左右，民营企业“面对金山无饭吃”的现象十分突出。

第三节　山西民营经济进一步发展的思考

面临新形势下的机遇和挑战，山西省委、省政府强调要全面深化改革，重点打造有利于民营经济发展的“制度高地”“环境高地”“创新高地”，努力推动山西营商环境进入全国第一方阵。民营经济需要积极适应变化，抢抓机遇，着力进行战略方向调整、技术升级、管理创新等，不断提升企业自身竞争力。

一　提升政府行政效能

推广“互联网＋政务”，优化审批流程，持续提升政府行政效能。

（一）完善政务服务平台，加快网上办事步伐

要在建立山西省政务服务平台、山西省公共资源交易平台基础上，加快贯通省、市、县三级的政务服务“一张网”建设，建立纵向、横向全面贯通的政务信息网，实现省、市、县政务服务平台互联互通，推动行政审批事项线上线下融合，真正实现中心之外无审批、平台之外无交易。

（二）打破“信息孤岛”，推动信息“互通共享”

以跨部门、跨层级、跨区域应用为重点，统筹构建数据共享交换平台。推进省级政务信息网站、投资项目审批监管平台、公共资源交易平台、信用信息共享平台、12358价格监管平台、公安厅人口库的数据对接和共享，加快推进省统筹区域全民健康信息平台建设；整合工商、食药监、公安、国土、发改、规划、国地税等多部门业务办理系统和数据，逐步实现全部在线平台系统打通和数据共享，以数据共享促进流程优化和业务协同，推进涉及多个部门的事项并联审批，提高政府政务服务、公共服务和公共管理的质量和效率。

（三）优化审批流程，完善投资项目高效审批机制

以“只要跑一次”为原则重新设计办事流程，全面整合优化部门审批事项业务流程，建立协同办理机制，进一步减事项、减环节、减材料。建立网上预审、网上验证核对等机制，推进实体政务大厅与网上服务平台融合，实现线上线下一体化运行；在投资建设领域采取“多评合一”“多测合一”“多图联审”“联合踏勘”“联合验收”“区域评审”等模式，实现全流程联审联

办；严格规范中介服务，明确中介服务清单并对外公布，建立中介机构信息数据库、行业诚信档案、中介服务市场黑名单制度和退出机制，推动审批中介提速增效。

二 降低各类要素成本

规范涉企收费行为、推进土地管理制度和电价市场化改革、化解融资难题，切实为民营企业降低各类要素成本。

（一）规范涉企收费，降低企业负担

精准做好企业减负工作，从制度性交易、税费负担、用工、融资、用能、用地、物流、外贸、管理等 10 个方面，对降成本进行细分部署。对已发布的降成本政策，要加大宣传力度，主动积极引导创业主体进入政策优惠范围，帮助其争取相关优惠政策；在实施降成本政策后，着重评估政策效应及中间可能存在的问题，及时进行调整。

（二）弹性出让土地，降低企业用地成本

借鉴上海等地经验，探索工业用地弹性出让制度，明确试点地区工业企业在符合产业用地政策和规划的前提下，可选择 10 年、15 年、30 年、50 年等弹性出让年限，出让金按年限计算，降低企业用地成本。试行长期租赁、先租后让、租让结合的灵活土地供应方式。降低土地出让起价，放宽土地出让金交款期限。降低符合产业导向的战略性新兴产业、先进制造业、信息经济产业等工业用地项目的土地出让金起价。

（三）推进电价市场化改革，降低企业用电成本

继续推进电力直接交易，降低直供电的交易门槛，增加交易规模，扩大覆盖范围，推动跨省跨区域电力交易。允许发电企业、微电网用户、公共服

务行业和节能服务公司等成立独立售电公司，允许符合条件的高新技术园区、经济技术开发区、循环经济园区等各类园区组建独立售电公司，允许具备准入条件的售电公司参与市场交易，为电力用户提供更多购电选择权，降低用电价格。拓展交易组织模式。按照山西推进铝工业转型升级、大数据产业发展的部署，对电解铝、大数据企业参与电力直接交易予以重点倾斜支持；对年用电量超过 1 亿千瓦时的国家或省级高新技术园区、经济技术开发区、循环经济园区，允许让园区内采用两部制电价的企业参加电力直接交易。

（四）加大金融扶持力度，拓宽中小企业融资渠道

加快发展地区小金融机构，鼓励大中型商业银行设立普惠金融事业部。完善差异化的小微企业信贷政策制度体系，开发零售模型，实现对小额信贷产品的标准化、零售化管理。在信贷调查、审查审批、贷后管理各个环节，用标准的表格模板代替文字报告，推行标准化、流程化、便利化作业，统一审查审批标准，提高服务效率。对产业集群、商圈、供应链等具有显著共性特点的小微企业客户群体，采取批量营销、批量授信、批量用信模式提供服务。建立专门的风险管理机制。对小微信贷业务设置差异化的风险容忍度，落实尽职免责制度。对小微信贷业务，按照有关规定，执行差异化的核销政策。建立专门的考核评价机制。逐步建立符合普惠金融业务特点的专项绩效考核制度，对小微金融等业务给予优惠的内部资金转移价格支持，合理设置资产质量及盈利目标，完善差异化考核指标体系，构建有效的绩效薪酬管理和激励约束机制。

支持中小企业规范改制，有效对接资本市场。支持中小企业参加省、市、县组织的规范改制、挂牌上市专题培训，积极实施规范化的股份制改造，逐步实现挂牌上市，开展股权融资、债权融资、租赁融资、上市融资，借助资本市场快速发展。

三 以供给侧结构性改革引领民营企业转型

民营企业要彻底摆脱资源依赖型发展思维，坚持淘汰落后、改造提升与发展先进并举，提高产业档次和行业效益，形成传统优势产业、新兴支柱产业协调互动的发展格局，是推进新常态下民营经济转型升级的内在要求。一方面着力增加有效供给，以集群化方式推动重点支柱产业继续做大做强，大力培育和发展现代农业、食品药品、电子商务、现代物流等战略性新兴产业，特别是要把文化资源和民营资本对接起来，鼓励民营资本、社会资本进入文化旅游产业，为民营经济发展开辟新思路、新领域、新空间，推动全省产业结构不断优化升级；另一方面努力降低无效供给，坚持循环发展、绿色发展、创新发展，以延伸煤电铝、煤焦化、煤气化、煤电材等资源循环产业链条、优化品种结构、深化节能减排、推动兼并重组、加强资源保障为重点，平稳化解产能过剩，特别是对改造无望的“僵尸”企业要大胆退出，实行资产重组嫁接。

四 加快民营企业创新步伐

山西经济发展方式正从规模速度型粗放增长转向质量效率型集约增长，经济发展动力正从传统增长点转向新的增长点，将更多依靠技术进步，山西民营企业必须变“投资驱动”为“创新驱动”。推动民营企业建立健全现代企业制度，引导民营企业进行股份制改革，优化股权结构。鼓励民营企业通过出资人入股、收购股权、认购可转债、股权置换等多种方式，参与国有企业混合所有制改革。支持民营企业设立研发机构，承担各级重大科技项目，组建产业与技术创新联盟。支持民营企业与高校和科研机构推进协同创新，鼓励有实力的民营企业与科研院所合资建设关键技术、核心产品的研发中心，促进科技成果转化与产业化发展。引导民营企业树立品牌意识，积极申请专利、注册商标。切实加强知识产权运用、服务和保护，集聚创新资源，完善知识产权归属和利益分享机制，充分激发民营企业创新的内在潜力。大力发展众创空间，建立公共技术服务平台，鼓励和支持民营企业参与产业联盟。

五　构建“亲”“清”新型政商关系

努力构建交往有道、廉洁自律、公私分明、合作共荣的政商关系。

首先是厘清“为”与“不为”的界限。细化政商交往的正当行为和“负面清单”，厘清政治底线、政策边线、制度红线，让干部和企业家清楚什么应该做、什么碰不得。其次是厘清“公利”与“私利”的界限。在政商交往中，必须厘清公私界限、规范得利渠道，让干部彻底从“灰色地带”走出来。再次是厘清失误与错误的界限。对干部因服务企业发展造成的过失、产生的影响，要客观公正看待、具体辩证分析，对敢担当、为“公利”却又出现失误的应建立容错机制，为他们提供有效保护。最后是倡导正向激励。对帮助企业、服务企业的一线政府工作人员进行专项考核，把企业家的评价作为干部或部门年度考核的重要依据，把企业满意度作为实施奖惩的重要标准。

同时，企业家要强化工匠精神，提高“以质取胜”的战略意识，强化责任担当，端正价值追求，增强服务社会的荣誉感和使命感，要诚实守信，以法律法规为准绳，把依法经营、遵守规则作为生存发展的根本，公平参与市场竞争，依靠创新、质量、品牌求生存、谋发展。

专题篇

第十三章　改革开放 40 年山西农村改革的实践与探索

发端于 1978 年的农村改革，已经走过了 40 年的光辉历程。农村改革的巨大成就，不仅带来了农村经济社会的历史性变化，而且有力地支持了整个国民经济社会的深刻变革。农村改革的创新实践，不仅为我国成功实现经济体制转轨积累了宝贵经验，而且为世界一些国家实现经济转型提供了有益借鉴。

党的十一届三中全会以来，山西农村改革不断深化，极大地调动了广大农民的积极性，极大地解放了农村社会生产力，使农业得到加强，农村得到发展，农民得到实惠，农村面貌发生了翻天覆地的变化。总体来看，山西农村改革步骤和进程基本与国家同步，有些阶段和领域甚至走在全国前列，为国家整体推进农村改革探索了路径，积累了经验。特别是近几年来，在省委、省政府的领导下，山西进一步全面深化农村改革，在农村土地经营体制改革、城乡二元结构破解、扶贫开发方式创新等方面都取得了明显成效。本章节对山西农村改革 40 年的历程做了一个回顾，对成就和经验做了一个总结，并对今后一段时期全面深化农村改革的目标和思路提出基本看法，并围绕农村改革六个需要着力推进的重点领域和关键环节进行初步分析。

第一节　山西农村改革发展的历程

1978年12月，党中央召开了十一届三中全会，制定了《关于加快农业发展若干问题的决定（草案）》，以此为标志，拉开了我国农村经济体制改革的帷幕。回顾40年来山西的农村经济改革，大致经历了以下五个阶段。

一　以家庭联产承包责任制为中心内容的改革（1978~1984年）

党的十一届三中全会以后，中共山西省委、山西省人民政府根据中央《关于加快农业发展若干问题的决定（草案）》精神，开始逐步放宽了农村经济政策：一是划小核算单位。1979年，全省农村基本核算单位中实行生产大队核算的比上年减少11.3%。1980年，全省全部实行生产队核算。二是废弃大寨劳动管理办法，恢复了“三小五定”（小段安排、小段作业、小段检查验收，定人员、定时间、定标准、定质量、定报酬）、定额计酬的劳动管理形式。到1979年底，恢复定额计酬的生产队达到69387个，占全省生产队总数的69%。这种劳动管理形式，实际上恢复了“文化大革命”前的管理办法，它与“农业学大寨”运动中“干活一窝蜂、分配一拉平”的“大概工”比是一个进步。三是恢复和退还自留地。1979年，全省11.3万个生产队中，已有10.6万个生产队将自留地退还给社员自种，社员有自留地的生产队总数达94%。这些措施的实行，为家庭联产承包责任制的建立创造了积极的条件。1979年1月，中共山西省委在传达贯彻十一届三中全会精神的会议上，提出“可以在生产队统一核算和分配的前提下，包工到作业组，联系产量计算报酬，实行超产奖励的办法”。2月，运城地区稷山县下庄生产大队在作业组内率先实行了联产计酬责任制。接着，闻喜、离石等县包产到组、包产到户的生产队也悄然出现。其主要内容是：①主要生产资料，如土地、农机具、机器、水利设施等归生产队所有，其中适宜分散管理的，可以交社员户管理使用；②生产队统一经营，社员分户劳动，一些地方的部分作业也由生产队组织劳动；③产品分户计算，包产部分生产队统一分配，超产部分全部奖给承包的社员户，或者生产队和社员分成。稷山、闻喜、离石等地的试验，实际上揭开了山西农村改革的序幕。

1980 年 5 月 23 日，邓小平发表了《关于农村经济政策的谈话》，肯定了少数地区包产到户的做法。9 月，中共中央召开各省、自治区、直辖市党委第一书记座谈会，专门讨论加强和完善农业生产责任制问题，并形成了《关于进一步加强和完善农业生产责任制的几个同题》。中央的指示精神进一步清除了党内外不少干部的疑虑，以建立包干到户为主要形式的生产责任制在全省农村迅猛掀起。10 月中旬，中共山西省委、省人民政府从省、地、县和公社抽调 4 万名干部组成工作组，深入农村，帮助社队加强和完善生产责任制。1981 年底，全省有 84% 的生产队实行了多种形式的联产计酬责任制。1982 年 5 月，全省建立农业生产责任制的核算单位达 12.6 万个，到 1983 年底，实行联产承包责任制的生产队占到生产队总数的 99.8%，实行联产承包责任制的户数占到总农户的 98%，表明以家庭经营为主体的联产承包责任制已在全省普遍建立起来。

家庭联产承包责任制的实行，克服了农村集体经济长期存在的“一大二公”、劳动效率低下和“大锅饭”等弊端，极大地调动了农民的生产积极性，全省农村经济出现了高速增长的迅猛发展势头。按 1980 年价格计算，1981 年至 1985 年，全省农业总产值平均递增 7.8%。

二　以农产品购销体制为中心内容的改革（1985~1992年）

以农村联产承包责任制为基本内容的生产经营体制的变革，确立了农户商品生产经营的地位，使农民有了生产经营的自主权，必然要求按照市场需求安排生产和调整结构，也就必然要求市场中的生产要素合理流动。当 1984 年以粮食为代表的一大批农产品出现“卖难”积压时，国家财政、信贷、补贴、仓容都无法承受，适用于短缺经济时代的统购统销制度的弊端逐渐凸显。因此，实行以农产品购销体制为中心内容的改革成为生产力发展的客观要求。

1985年，中共中央一号文件明确提出要“在国家计划指导下，扩大市场调节”，明文取消农产品统购制度，改革流通和价格体制，实行计划经济和市场调节相结合的机制。6月，中共山西省第五次代表大会召开，会议根据中央一号文件精神，结合山西实际，制定了山西农村进一步改革方案，主要内容就是流通体制的改革。首先是取消粮食、棉花统购，实行合同定购政策。所定购的粮棉，按“倒三七”比例计价（即三成按原统购价、七成按原超购价），剩余部分与其他农副产品，可由农民自由上市，自由交易。市场价低于原统购价，国家仍按原统购价敞开收购，以保护农民的利益。取消统购以后，全省农产品不再受原来经营分工的限制，实行多渠道直接流通。农产品经营、加工、消费单位都可以直接与农民签订收购合同，农民也可以直接向有关单位协商签订销售合同，与此同时，进一步放开了肉、菜、蛋、水产品等副食品的市场价格。1986年以后，随着农产品市场交换体系的扩大，进一步强化了市场机制的调节作用。一是对合同定购和市场收购的“双轨制”中的粮食定购数量进行有计划的调减。1986年全省粮食合同定购量由1985年的13.5亿公斤调减为11.5亿公斤，1987年又调减为8亿公斤，1988~1990年又将农业税折粮核减0.55亿公斤，减轻了农民负担，增加了农民经济收入。二是农产品交换进一步放活，促进了集市贸易的发展。三是恢复农业税，计征实物。四是省对地、市实行粮食收购包干，当年完不成合同定购任务，下年补齐，包干期内四年统算。五是对合同定购的粮食继续实行优惠政策，即对签订合同的农户和农业生产单位，实行奖售平价化肥、柴油和预付定金的政策，对棉花、油品和其他农副产品也采取了相应搞活的措施。

农产品购销体制的改革，不仅调动了农民的生产积极性，而且扩大了市场调节机制的范围，为农民进入流通领域、培育农产品市场和生产要素市场创造了条件。

三 以农业产业化为标志的第三次农村改革浪潮（1993~1998年）

1992 年，党的“十四大”确立了我国社会主义市场经济体制以后，农村经济发展直接转向市场经济，重点解决生产与市场的相衔接问题。改革以后，农业生产的基本核算主体转为农户，同时市场全面放开，分散的小规模的农户经营与千变万化的大市场的矛盾日益显露出来，特别是一些大宗农副产品“买难”“卖难”的情况时有发生，亟须在农户和市场之间架起一座桥梁。而农业产业化经营的出现则解决了这一难题。由于农业产业化是围绕主导产业或骨干农产品而形成的种养加、产供销、贸工农一体化经营，既解决了一家一户闯市场和产供销脱节的矛盾，又为农业形成大产业、大流通，获得大效益创造了条件；既可以直接有效地推动农业适度规模经营的发展，又可以为土地适度规模经营的生成和发展创造有利的物质技术条件。同时，由于农业产业化的推行，并不需要改变以家庭联产承包为主的责任制，不会削弱农民从农村改革中得来不易的生产经营自主权，而且能够克服双层经营体制下农户分散经营的局限性，进一步巩固了农户承包经营的主体地位和完善统分结合的双层经营体制。所以，一经出现便受到政府部门和经济理论界的高度重视，被称为“中国农村改革的第三次浪潮”。1993 年，家庭承包责任制被正式列入宪法，成为一项国家基本经济制度，同年，中央决定农村耕地的承包期在原有 15 年不变的基础上再延长 30 年不变。中央的这项政策，为现代农业规模经营要求的农业产业化经营创造了条件。

1995 年，中共山西省委、省人民政府在阳泉小康现场会上，正式提出了全省实施农业产业化的发展思路。1997 年省政府出台了《关于进一步推动农业产业化经营的实施意见》，从此，山西农业产业化进入实质推进和快速发展的阶段。在产业化经营方面取得了阶段性成果：一是主导产业初具规模。到 1998 年底，全省经济林发展到 1650 万亩，粮食产量迈上 100 亿公斤的台阶，达 108 亿公斤，创历史最高纪录，以规模养殖为特点的畜牧业持续快速发展，蔬菜生产由总量扩张向新特奇品种转变，成为农村小康建设的一大支柱产业。二是龙头企业迅速崛起。全省已经正式组建了五大农业产业化集团，即山西陈醋集团、山西夏普赛尔集团、山西粟海集团、山西古城乳业集团、山西苹果集团，与此同时，全省还支持发展了一批市场前景看好的龙头企业。三是市场建设开始起步。一方面，全省重点抓了农村流通队伍的建设；另一方面，全省各地有计划地抓有形市场的建设，初步建成了3000多个农产品集贸、批发和交易市场，年成交额达200多亿元。农业产业化的推进，有力地推动了农业向商品化、专业化、现代化的转变，保证了农村小康建设的顺利实施。

四 农村改革转向城乡统筹阶段（1999~2012年）

在农业和农村经济发展进入新的发展阶段以后，农村改革越来越关注农业和农村发展的深层次矛盾和问题，改革的重点主要针对新阶段的农村综合改革和社会主义新农村建设等重大问题。基本建立起通过多种方式和途径，有效实现全省工业支持农业、城市带动农村的体制机制，逐步形成城乡互动、协调发展的新格局。加快建立以工促农、以城带乡的投入机制，不断增加对农业农村发展的投入，把基础设施建设投入的重点由城市转向农村，扩大公共财政覆盖农村的范围，加快建立改变城乡二元结构的发展机制，加快建立促进城乡统筹发展的工作机制及加快建立社会各界支持新农村建设的参与机制，加快建立农村权益保障机制，进一步清理和取消各种针对务工农民流动和进城就业的歧视性规定和不合理限制，按照城乡统筹发展的要求，逐步加大公共财政对农村社会保障制度建设的投入等。

在这一阶段，农村改革出台了一系列重大改革措施。取消各种农业税，进行农村税费改革，由试点逐渐转向全国，农业发展进入无税时代。山西省农村税费改革试点2000年起步，2001年进入实质性运转阶段，试点两年来，五个试点县的广大农民群众得到了实惠，减轻了负担，深得农民的支持和拥护。经过试点，税费改革的“三个确保”目标基本实现，确保了农民负担明显减轻、不反弹。改革后，五个试点县的农业两税及附加为7768万元，比改革前的12784万元（农业税、农业特产税、乡统筹和村提留中的公益金、管理费）减少5016万元，减负39%，加上取消的屠宰税和农村各项集资，农民总的税费负担减少了1252万元，减负达59%。试点县全部实行了村账乡管，村务公开，涉农收费公示，设立农民负担监测点，建立乡财政核算中心，严格执行中央“八个不准”要求和一把手负总责的目标责任制，从源头上有效杜绝了增加农民负担的行为。通过改革，基层干部工作作风转变，党群干群关系明显改善；推进了农村政务、村务公开，推进了农村民主法制化建设和农村基层政权的职能转变；有力地促进了农业结构的合理调整，促进了农村教育改革的深化，加快了乡镇机构改革及村组规范化改革的步伐。全省大力推行义务教育阶段落实“两免一补”政策，将农村义务教育纳入公共财政保障范围。免除了农村（含县城）及城市最低生活保障政策家庭的义务教育阶段学生学杂费，对农村家庭经济困难学生免费提供教科书并补助寄宿生生活费，直接减轻农民经济负担。同时继续深化中小学教师人事制度改革，增加农村中小学教师编制3.71万人，从师资方面保证了农村教育的健康发展。农村医疗卫生也在改革开放过程中取得显著成效。特别是于2003年启动的全省新型农村合作医疗试点，2007年全省新型农村合作医疗制度试点扩大到99个县（市、区），覆盖农业人口2091万人，参合率达到87.5%。逐步完善的城乡医疗救助制度，有效地解决了群众“看病难”的问题。2010年，山西省利用煤炭可持续发展资金近30亿元，争取中央投资35亿元，用于支持山西现代农业示范区、重大水利、林业生态工程等7项强农工程项目。2011年，省委、省政府又出台10项强农补贴政策，补贴总额12.26亿元；启动10项强农重点工程，总投入43亿元。同时，引导煤、焦、铁企业等社会资本参与农业发展和农村公益设施建设。

以土地制度、经营制度为核心的农村改革深入推进，新型经营主体不断壮大，家庭经营、合作经营、集体经营、企业经营等多种经营方式共同发展，多种形式的适度规模经营比重明显上升。这一阶段全省基本完成耕地和园地土地承包经营权权属调查工作，土地流转面积 779 万亩，流转率达到 15.5%。家庭农场、农民合作社等新型经营主体不断发展壮大，全省认定家庭农场 9032 个，注册各类农民专业合作社 79633 个。农村水利改革、集体林权制度改革、国有林场和国有林区改革、农村金融改革、供销社综合改革和农垦企业改革等取得积极进展。

五　农村改革步入全面深化阶段（2013年至今）

党的十八大以来，党中央将“三农”问题作为全党工作“重中之重”的任务，不断深化农村改革特别是农业供给侧结构性改革，完善强农、惠农、富农政策体系，加快培育新型生产经营主体，发展新产业、培育新动能，农业农村发展再上新台阶，发展基础活力明显增强，呈现出农业稳定增长、农民持续增收、农村面貌改善的良好局面，为农村全面小康建设奠定了坚实基础。五年来，粮食生产能力登上新台阶，农业供给侧结构性改革打开新局面，农业现代化建设迈出新步伐，农村改革展开新布局，农村土地承包制度改革深入推进，新型农业生产经营主体和服务主体快速涌现，农业功能拓展，第一、二、三产业融合发展加快，农业绿色发展有了新进展，农民收入实现新提升。

2013 年中央一号文件以《关于加快发展现代农业　进一步增强农村发展活力的若干意见》为题，再次聚焦“现代农业”，核心是创新农业经营体系，旨在解决城镇化进程中谁来种地、怎么种地以及农村社会管理等问题，激活农村和农民自身的活力。文件要求新增补贴向主产区和优势产区集中、向新型生产经营主体倾斜，培育和壮大新型农业生产经营组织，首次提出发展家庭农场、建立严格的工商企业租赁农户承包耕地的准入和监管制度，强调建立归属清晰、权能完整、流转顺畅、保护严格的农村集体产权制度。

2014 年中央一号文件以《关于全面深化农村改革　加快推进农业现代化的若干意见》为题，聚焦“农村改革”，旨在贯彻落实党的十八届三中全会精神，破除农业农村体制机制弊端，推进四化同步发展。文件强调确保谷物基本自给、口粮绝对安全，提出建立农产品目标价格制度、最严格的食品安全监管制度、粮食主产区利益补偿与生态补偿机制、农业可持续发展长效机制等重要举措，系统提出农村土地产权改革的要求，确定了开展村庄人居环境整治、推进城乡基本公共服务均等化等重点工作。

2015 年中央一号文件以《关于加大改革创新力度　加快农业现代化建设的若干意见》为题，再次聚焦“农业现代化”，旨在靠改革添动力，以法治作保障，在经济增速放缓背景下继续强化农业基础地位、促进农民持续增收。文件首次提出推进农村第一、二、三产业融合发展，明确推进农村集体产权制度改革与农村土地制度改革试点等工作，首次提出完善农产品价格形成机制，加强农村法治建设。

2016 年中央一号文件以《关于落实发展新理念　加快农业现代化实现全面小康目标的若干意见》为题，继续聚焦“农业现代化”，旨在用发展新理念破解“三农”新难题，加快补齐农业农村短板。文件首次提出推进农业供给侧结构性改革，要求着力构建现代农业产业体系、生产体系、经营体系，实施“藏粮于地、藏粮于技”战略，提出推进“互联网 +”现代农业、加快培育新型职业农民、推动农业绿色发展、培育壮大农村新产业、新业态等创新措施。

2017 年中央一号文件以《关于深入推进农业供给侧结构性改革　加快培育农业农村发展新动能的若干意见》为题，聚焦“农业供给侧结构性改革”，旨在从供给侧入手、在体制机制创新上发力，从根本上解决当前最突出的农业结构性、体制性矛盾。文件在优化产品产业结构、推行绿色生产方式、壮大新产业新业态、强化科技创新驱动、补齐农业农村短板、加大农村改革力度等方面进行全面部署，提出建设“三区三园一体”，大规模实施节水工程、盘活利用闲置宅基地，大力培育新型农业经营主体和服务主体，积极发展生产、供销、信用“三位一体”综合合作等创新举措。

特别是党的十九大报告提出乡村振兴战略，强调要坚持农业农村优先发展，按照产业兴旺、生态宜居、乡风文明、治理有效、生活富裕的总要求，建立健全城乡融合发展体制机制和政策体系，加快推进农业农村现代化。

第二节　山西农村改革取得的成就

在我国进入全面建成小康社会的关键时期，全面推进城乡融合发展的历史条件下，山西农村改革始终没有停步，始终在探索改革的新路子、新经验、新模式。主要呈现出以下特点。

一　围绕发展现代农业，农业经营体制改革不断深化

在农业生产经营方面，近年来，山西重点突出特色现代农业建设，并把农业现代化作为“四化”的重要内容之一。围绕这一目标，山西不断深化农业土地经营制度创新、农产品流通体制改革、农业支持政策改革等，使山西农业的发展不断迈上新台阶。

（一）农村土地经营制度改革进一步深化

农业要实现现代化，就必须走规模经营的道路，而农业规模经营要求农地向种田能手、经营大户、龙头企业集中。适应这一要求，近年来山西不断深化农村土地经营制度改革。一是以土地使用权流转作业为深化农业改革突破口，通过地方试点，积极探索土地使用权流转的经验和办法；二是通过鼓励和支持，大力培育新型农业经营主体来参与农业土地流转，推进农业规模化经营，形成了代表性的一批现代“庄园经济”；三是通过“一村一品、一县一业”来推进农业专业化生产、产业化经营，同时通过新型农业生产经营模式的推广，例如“企业＋农户”“合作社＋农户”等，来实现农业生产经营机制的转变和促进现代农业的发展。

（二）农产品流通体制改革和农村市场调控改革逐步深化

通过农产品和生产要素流通体制改革，山西农业生产基本形成了市场化的资源配置方式。农产品、农业生产资料、农村劳动力、资金、土地等生产要素基本采取了市场化的配置方式，形成了多种多样的生产要素市场，农业市场化程度不断提高。面对农业市场化改革过程中出现的农产品难卖、农民增产不增收、小宗农产品价格被“炒”高、蔬菜价格不稳定等问题，山西在农产品市场流通体制改革方面主要进行了农产品信息发布制度、价格调控基金制度、农产品储备制度的建设，重点推进农超对接的新型流通模式、市县乡农产品流通市场体系建设和新型流通中介组织的建设，使农产品流通更加顺畅，农民得到更大的实惠。

（三）农业支持保护政策逐步完善

农业天然的弱质性决定了世界各国对农业采取了保护和支持政策。在经济全球化发展的大潮中，农业的支持保护政策也在逐步地调整和改革。山西在农业支持保护方面主要体现在对农业投入的逐年加大，除了国家层面对农业补贴政策的落实到位以外，省、市、县三级逐年提高对农业的投入比重，并把对农业的支持和保护规范化和制度化。各级财政对农业投入增长幅度要高于经常性收入增长幅度，新增基础设施和社会事业发展的投入 60% 以上用于农村，土地出让收益、耕地占用税新增收入 80% 以上用于农业和农村基础设施建设，省统筹基本建设资金总额的 20% 以上用于农业基本建设等一系列政策有力地促进了农业的发展。加大支农资金整合力度，建立省级支农资金整合协调机制，扩大县级支农资金整合试点范围。除此之外，山西在特色农业发展、农业技术推广、农业机械化生产、农业环境保护、农业保险、农产品质量安全体系建设方面都废旧立新，在农业生产的各个方面推进改革，实现了农业生产与市场的良好对接。

二 围绕城乡一体化发展，农村改革全面推进

综观农村改革的发展历程，近年来改革从相对容易的经济领域逐步延伸到比较困难的政治和社会领域，由以农业经营制度的改革为主向农村全面改革推进。山西重点从新农村建设、美丽乡村建设、城乡资源平等流动和城乡公共资源均衡配置等方面来推进农村全面改革，最终达到城乡一体化融合发展的目标。

（一）以乡村建设为抓手，推进农村和城镇同步建设

在社会主义新农村建设的大背景下，山西从城乡一体化发展目标出发，以城乡统筹发展为方略，顺应城镇化发展的趋势，把新农村建设和城镇化推进从战略思路、规划布局、实现路径上有效结合起来，推进农村和城镇同步建设。山西在实施“一核一圈三群”城镇化总体布局的基础上，明确提出建设百镇工程，并要求各市县进行统一的城乡规划，实现“大城市—中等城市—小城镇—中心村”有序的布局。例如朔州市平鲁区的“一城四镇三十个农村社区”的规划，既涵盖了地域内所有居民聚居区，又提纲挈领对辖区内城镇和乡村进行了统一建设，使城乡建设融为一体。此外，在强调规划布局一体化的基础上，山西还通过新农村建设、农村两轮“五个全覆盖”工程等措施，积极推进乡村和城镇基础设施的对接，使城镇化和新农村建设有机地融为了一体。

（二）以城乡资源的互补为重点，推进城乡资源的平等流动

在城乡发展资源要素流动方面，山西从自身矿产资源禀赋出发，探索“以煤补农”模式来顺应工业反哺农业、城市带动乡村的“两个普遍性趋向”。在煤炭价格行情较好的十年，山西积极鼓励城市的技术、人才、资金向农村流动，主要形成了“一矿一企一业”“地下产业地面补”“矿产企业办农业”等典型经验。特别是山西在煤炭资源整合后，积极引导和鼓励煤老板投资农

业企业，不仅促进了城市资源向农村的流动，而且有效地提高了山西农业现代化水平。在农村资源向城市流动方面，山西通过完善农村土地征地补偿办法，实施土地“增减挂钩”制度等，不断规范农村资源向城市的流动，并切实保护农民的利益。上述措施有效地促进了城乡之间生产要素的平等流动。

（三）以社会事业改革为中心，推动公共资源在城乡之间的均衡配置

山西主要配套推进了农村义务教育、新型合作医疗、最低生活保障等农村公共服务体制改革，开始朝着建立城乡一体化的公共服务体制方向大踏步迈进。放宽户口迁移政策，实行以具有稳定就业和住所为基本条件的户口迁移准入制。率先把城郊失地农民和城中村农民转为城市居民，逐步加大进城就业农民工落户的力度。调整、充实和完善“个人缴费为主、集体补助为辅、国家政策扶持”农村养老保险筹资方式。做好农保与城保相互衔接、相互转保的工作。努力推进以大病统筹为主的新型农村合作医疗制度的建设。提高农村居民特别是务农农民的社会保障水平，缩小城乡保障方面的差别。

三 围绕新型农民的培养，不断深化农村管理改革

第一，山西始终把提高农民素质放在深化农村改革的重要位置。尤其近几年，山西通过阳光工程、农民技术学校等方式重点强化对农民的培训，这对山西新型农民的培养起到了显著的作用。第二，在完善村民自治制度建设方面，大力推进一事一议制度，对农村税费改革完成后的农村管理起到了良好效果。第三，基本完成了乡镇机构改革任务，强化了乡镇政府改善民生、服务“三农”、优化环境、维护稳定等方面的职能。第四，加强了农村民主政治建设，逐步健全农村民主管理制度，从根本上保障了农民享有更多、更切实的民主权利。第五，在重点培育农村服务性、公益性、互助性社会组织，完善社会自治功能。在化解乡村债务方面，力求稳妥，稳步推进乡村集体债务的清偿与化解。

四　围绕贫困人口生活改善和21世纪脱贫目标的实现，不断深化脱贫攻坚方式的改革

进入 21 世纪后，贫困不仅体现在收入水平偏低，而且体现在其生产、生活条件的落后。为此山西在扶贫开发方式上不断创新。先后推出以工代赈、包村包点干部扶贫、改善贫困地区基本生活条件、整村移民搬迁等不同的扶贫方式，随后山西又推出了企业扶贫、产业扶贫，企业和农村结对子等新的扶贫方式，不仅改善了当地的生产生活条件，而且为当地注入了持续发展的活力。在生态功能突出的贫困地区，重点建立生态补偿机制来保证当地发展利益与生态社会效益的有效统一。十八大以来，以习近平同志为核心的党中央把贫困人口脱贫作为全面建成小康社会的底线任务和标志性指标，在全国范围内打响了“脱贫攻坚战”。脱贫攻坚力度之大、规模之广、影响之深，前所未有。随着打赢“脱贫攻坚战”的扎实推进，全社会大扶贫格局逐渐形成，在政策护航和市场稳定的合力推动下，山西贫困地区农村居民收入稳步增长，消费水平逐步提高，生活环境进一步改善。国家统计局山西调查总队调查资料显示，2016 年山西贫困地区农村居民人均可支配收入为 6623 元，比 2012 年增加了 2656 元，增长 67.0%，年均增长 13.7%；人均生活消费支出 5841 元，比 2012 年增加了 2300 元，增长 65.0%，年均增长 13.3%。

第三节　山西农村改革面临的问题

当前，山西经济社会已进入转型发展新阶段。现代工业的飞速发展，新型城镇化的稳步推进，需要农业、农村加快发展，实现城乡融合发展的目标。城乡之间、人与自然之间、区域之间、经济与社会之间深层次矛盾需要进一

步调整和解决，农民要求公平分享社会发展成果，也需要加快农村改革。但城乡二元结构造成的深层次矛盾给农村的进一步改革带来了挑战。

一　农村市场经济体制尚未完善

城乡要素市场配置不均等，农民权益得不到有效保障。农村农业疏离于现代市场经济，农村资源和农民财产的所有权、使用权、收益权和处置权不够完善，农民拥有的房屋和土地，包括耕地和宅基地等资产的产权都不够完整和明晰。从而使他们不具备完整的市场主体资格，无法进入市场经济之中与其他产业的生产经营者平等地开展生产经营活动。同时，农村劳动力转移存在制度性障碍，城乡户籍制度分割，就业市场不统一，农民工与市民在上学、医保、低保、养老保险以及住房等方面，存在明显的不同待遇；农民集体土地、农民宅基地的市场化、资本化举步维艰，土地流转缓慢；被征地农民得不到合理补偿，在就业、住房、社会保障等方面难以获得公平待遇。

二　农村公共服务供给不足

虽然山西进行了两轮的农村“五个全覆盖”，使农村的面貌取得了很大的改善，但是长期以来，财政支出重城市、轻农村，导致农业、农村基础设施建设滞后；由于教育、公共卫生、社会保障和社会救助等资源在城乡配置上存在明显差距，农民在上学、看病、养老和贫困救济等方面存在的问题仍然没有得到根本解决。近几年来，尽管国家和省级层面强农、惠农政策不断加强，农民收入增长幅度连续多年增长，但城乡居民收入相对差距仍然很大。

三　农村金融制度不健全

近年来，在中央和有关部门的重视下，农民贷款难有所缓解。但是，农村金融制度改革还处于试点起步阶段，覆盖范围小、进入限制多，农民贷款难还没有得到根本解决。当前，农村金融制度供给不足，主要表现是政策性金融严重缺位，商业性金融退出农村领域，合作性金融发育迟缓，影响着农村经济社会发展。

第四节　山西深化农村改革的重点领域与关键环节

当前，农村改革越来越涉及一些深层次的体制和制度问题，需要从根本上改变这种城乡分割的二元经济结构，实现城乡融合发展，这是现阶段农村改革的核心问题。

一　按照乡村振兴发展的要求，建立有利于城乡融合发展的体制机制

全面推进城乡建设规划、产业布局、基础设施、公共服务、劳动就业一体化。大力推进工业反哺农业，城市支持农村，有效整合城乡资源，引导生产要素向农村流动，基础设施向农村覆盖，现代文明向农村传播，加快形成城乡经济社会发展一体化的新格局。

逐步建立城乡统一的户籍制度，加速推进农民市民化。放宽户口迁移政策，实行以具有稳定就业和住所为基本条件的户口迁移准入制。率先把城郊失地农民和城中村农民转为城市居民，逐步加大进城就业农民工落户的力度。中小城市和小城镇可以率先放开农民工落户条件，鼓励符合条件的农民稳定有序地进入城镇。大中城市要为进城就业农民工建设廉租房。同时也应该支持和鼓励城市居民到农村小城镇居住落户，把城市文明带到农村。进一步剥离附着在户口上的不公平福利制度，逐步将农民工统一纳入本地各项社会管理，促进住房租购、医疗卫生、子女教育、社会保障等基本公共服务均等化。

加快建立城乡一体化的就业制度。建立和完善以就业准入、登记管理、就业服务、技能培训、社会保险和政策扶持为主要内容的城乡劳动者平等就业制度。完善覆盖城乡的公共就业服务体系，实现劳动者同工同酬。流入地要把农民工作为城市居民的一部分，消除对流动人口的歧视性政策，创新流动人口服务和管理体制，有计划地扩大农民工与当地居民享受同等公共服务的项目和范围。

建立城乡一体化的社会保障体系。调整、充实和完善“个人缴费为主、集体补助为辅、国家政策扶持”农村养老保险筹资方式。做好农保与城保相互衔接、相互转保的工作。努力推进以大病统筹为主的新型农村合作医疗制度的建设。提高农村居民特别是务农农民的社会保障水平，缩小城乡保障方面的差别。要扩大城镇的社会保障制度覆盖面。首先要将农民工和失地农民纳入城镇社会保障体系。在扩大社会保险覆盖面的过程中将失地农民和农民工连同非公有制企业职工、个体工商户等一起，直接纳入社会保险体系；改革城镇社会保险制度，对失地农民和农民工实行“低门槛进入、低标准享受”的办法。其次要完善农村的社会保障制度，全面推行“新农保”，着力提高农村居民特别是务农农民的社会保障水平，缩小城乡保障方面的差别。再次要逐步创造条件，建立包括全部城乡居民的社会保障制度。实行城乡一体化的社会救助体系。以最低生活保障制度为突破口，农村“五保”供养可以纳入城乡低保制度内进行整合。最后要高度重视和解决好农民工的社会保障和子女就业问题，尽快使农民工融入城市居民。

二　以维护农民权益为出发点，深化土地制度改革

深化农村改革的关键是土地制度创新，核心是农民集体土地产权的明晰化。要在科学界定农民集体土地边界和范围的基础上，借鉴社区集体资产股份合作制改革的经验，通过试点，逐步推进农民集体土地的股份合作制改革，明晰集体土地产权，确立农民对集体土地的所有权。

深化农村宅基地使用制度改革，逐步实现农民住房商品化。宅基地改革的思路，第一，在城镇建成区规划范围内，通过撤村建居、建设公寓式集中住宅小区等方式，将农民住房的集体性质土地转为国有土地，既盘活土地存量，扩大土地增量，又给农民完整合法的土地、房屋财产权，增加农民的财产性收入。第二，农民以原有住房和宅基地换商品性住房，承包权搞流转，农民向城镇转移、转业。第三，对于宅基地面积比较大，农户居住分散的地区，通过规划建设新村，实行统一集中居住，复垦原有的宅基地，盘活存量土地。

实现集体经营性土地的市场化流转。要统筹城乡建设用地“两个市场”，逐步建立城乡统一的建设用地市场。制定政策，允许“经营性”集体非农用地直接入市，通过多种集体土地开发利用模式，形成新的土地开发理念和新的土地增值收益。在符合规划的前提下，农村集体经营性建设用地与国有土地享有平等权益，在出让、出租时，应与国有土地实行同质同价。应该允许农民集体自主开发非农建设用地，使农民凭借集体土地的开发和经营快速致富。

改革土地征用制度，严格界定公益性与经营性建设“两种用地”，缩小政府征地范围和征地规模；征收集体土地按照同地同价原则及时足额予以补偿。健全规范征地程序，完善被征地农民再就业和基本生活保障制度，切实保护农民利益。

建立符合农民意愿的承包地流转制度。农民承包地的流转机制要从主要依靠行政推动向市场驱动和政策拉动转变，要赋予农民充分而有保障自主选择流转土地的权利。坚持“优化组合、因地制宜、自愿互利、市场与政府结合、保护农民利益”的原则，鼓励和支持农民以转包、出租、互换、股份合作等形式流转土地承包经营权。

按照产权明晰、形式多样、管理严格、流转顺畅的要求，加快培育土地承包经营权流转市场。一是在县级全面建立土地流转网络服务平台；乡镇一级全面建立土地流转有形市场或服务中心；村级建立土地流转服务站或配备土地流转信息员。二是建立农村土地“预流转”制度。三是增加农村土地流转扶持资金，加大对土地规模经营的奖励。四是加强土地承包经营权流转管理和服务。全面实施土地流转合同制和备案制，搞好土地流转信息监测，开展土地流转价格评估，制定分区域土地流转综合指导价和最低保护价。五是探索开展农村土地流转和住宅置换试点。重点加快推进股份合作式、承包权置换式、委托流转式三种形式的农村土地承包经营权流转。

三　以提高农业现代化水平为核心，构建新型农业经营体系

构建新型农业经营体系的核心是坚持家庭经营的基础性地位，培育多元化的经营主体，发展多种形式的适度规模经营。近年来，我国城乡社会生产力发展很快，客观上要求创新农业经营体系。工业化、城镇化的快速推进，带来了农村劳动力的大规模转移就业，引发了“谁来种地”“地怎么种”等新课题，对培育新型农业经营主体、发展适度规模经营提出了迫切要求；随着农业科技的进步和推广应用，农业生产机械化、农业服务社会化、农业经营信息化快速发展，又为创新农业生产经营方式和服务方式提供了基础和条件。适应上述要求和需要，一些地方也在通过培育专业大户、家庭农场、农民合作社等新型农业经营主体，积极发展多种形式规模经营，为构建新型农业经营体系提供了经验和借鉴。

从各地的探索实践看，发展农业规模经营，有承包农户之间“互换并地”的，有农户流转承包地的，有开展土地股份合作的，有社会化服务组织与农户联合的，还有工商企业租赁农户承包地的等多种形式。通过给予土地流转奖励补助等措施，鼓励有条件的农户流转承包土地的经营权。完善县、乡、村三级服务和管理网络，加快健全土地经营权流转市场。探索建立工商企业流转农业用地风险保障金制度，降低和减少农户流转承包地的风险。探索土地集中型、服务带动型、空间集聚型多种适度规模经营发展路径。

专业大户、家庭农场、农民合作社、农业企业等新型经营主体，以市场化为导向、以专业化为手段、以规模化为基础、以集约化为标志，是建设现

代农业、推进农业现代化的骨干力量。鼓励在公开市场上将土地承包经营权向专业大户、家庭农场、农民合作社、农业企业等新型农业经营主体流转；促进农业新增补贴向专业大户、家庭农场、农民合作社等新型农业经营主体倾斜；加大对新型农业经营主体领办人教育培训力度。明确专业大户和家庭农场法人地位；引导发展农民专业合作社联合社；鼓励和引导工商资本到农村发展适合企业化经营的现代种养业；鼓励发展混合所有制农业产业化龙头企业。在国家年度建设用地指标中单列一定比例，专门用于新型农业经营主体建设配套辅助设施；鼓励地方政府和民间出资设立融资性担保公司，为新型农业经营主体提供贷款担保服务。落实和完善相关税收优惠政策，支持农民合作社发展农产品加工流通。

坚持主体多元化、服务专业化、运行市场化的方向，积极推进构建经营性服务和公益性服务相结合、综合服务和专项服务相协调的新型农业社会化服务体系。强化农业公益性服务体系；培育农业经营性服务组织；加快供销合作社改革发展。采取财政扶持、税收优惠、信贷支持等措施，大力发展多元主体、多样形式、充分竞争的社会化服务。积极探索推行合作式、订单式、托管式等多种服务模式，扩大农业生产全程社会化服务试点范围。通过政府购买服务等方式，支持具有资质的经营性服务组织从事农业公益性服务。

四 以农村集体资产保值增值为目标，改革农村集体产权制度

推进农村集体产权制度改革是深化农村改革的重要内容，对于壮大农村集体经济、增加农民财产性收入、建立城乡要素平等交换关系、加强党在农村的执政基础，具有重要而深远的意义。农村市场经济体制的发展，不仅丰富了农村市场的交易行为，形成了更为复杂的成员身份及利益关系，也提出了建立明晰产权制度的要求。科学确认农村集体经济组织成员身份，明晰集体所有产权关系，发展新型集体经济；管好用好集体资产，建立符合市场经

济要求的集体经济运行新机制，促进集体资产保值增值；落实农民的土地承包权、宅基地使用权、集体收益分配权和对集体经济活动的民主管理权利，形成有效维护农村集体经济组织成员权利的治理体系。

当前，我国村集体所有的土地是由村集体成员共同拥有，而非由村集体管理组织实体拥有。对于集体经济组织成员身份界定，应在坚持尊重历史、权利义务对等、程序公开、标准一致的基础上，统筹考虑农村土地承包关系、户籍关系、对集体积累做出的贡献以及有关法律政策规定等条件，由集体经济组织全体成员民主决定。改革试点中，要探索在群众民主协商基础上确认农村集体经济组织成员的具体程序、标准和管理办法，建立健全农村集体经济组织成员登记备案机制。

完善农村集体资产法人治理结构。科学合理的法人治理结构，是实行民主决策、民主管理、民主监督的有效保障。应尽快研究制定《农村新型集体经济组织章程》，建立包含股东大会、理事会、监事会的“三会”治理结构，包含法人财产权、出资者所有权、出资者监督权、法人代理权的“四权”制衡机制。推进农村集体产权制度改革，依照现行法律的规定，规范利润分配行为。应当改善法人治理结构的外部体制环境，厘清村委会、村党支部与新型集体经济组织之间的关系，使农民群众真正成为集体经济的决策主体、投资主体及受益主体，成为集体经济组织名副其实的法律主体。

发展多种形式集体经济。农村集体经济组织可以利用未承包到户的集体“四荒”地、果园、养殖水面等资源，集中开发或者通过公开招投标等方式发展现代农业项目。在符合规划前提下，探索利用闲置的各类房产设施、集体建设用地等，以自主开发、合资合作等方式发展相应产业。鼓励整合利用集体积累资金、政府帮扶资金等，通过入股或者参股农业产业化龙头企业、村与村合作、村企联手共建、扶贫开发等多种形式发展集体经济。鼓励地方依托集体资产监督管理、土地经营权流转管理等平台，建立符合农村实际需要的产权流转交易市场。

五　以发展农村经济为目的，推进农村金融制度创新

放宽农村金融市场准入，大力发展适合农村特点和需要的新型金融组织。进一步深化农村信用合作社体制改革。大胆探索地方商业银行与农村信用社联合发展的新路子。允许有条件的农民专业合作社开展信用合作。积极发展小额贷款公司、村镇银行和农民资金互助合作社等新型金融机构。鼓励发展小额信贷和微型金融服务。

加快建立健全农村信贷担保机制和保险制度。建立健全政府扶持、多方参与、市场运作的农村信贷担保机制，鼓励县和有条件的乡镇组建或确定农业贷款担保机构，省、市建立再担保体系。要重点探索农村住房产权、农村土地承包经营权、林权抵押贷款业务。继续开展个性化金融服务体制改革，围绕中小企业解困脱贫，要开发“量身定做”的小额信贷产品；围绕农民创新创业，要进一步扩大农户小额信用贷款和联保贷款；围绕政府重大投资项目，要积极开发银团贷款、联合贷款；围绕有效解决“三农”问题，要积极推进信用户、信用村、信用乡镇的体制改革。加快发展政策性农业保险，扩大试点范围、增加险种，鼓励在农村发展互助合作保险和商业保险业务，努力规避农业生产经营风险，保障农民人身财产安全。继续支持开展政策性农村住房、农业保险业务，保护农民利益，稳定发展农业生产。

积极引导商业银行为农服务。大力推动商业银行特别是地方性金融机构将经营网点向农村延伸，发展县域业务和为农服务。抓紧制定银行业金融机构新吸收存款主要用于当地发放贷款的实施办法，建立引导信贷资金和社会资金投向农村的激励机制。对涉农贷款定向给予税收减免和费用补贴，对县域内金融机构新吸收存款主要用于当地实行鼓励政策。

六　以多维扶贫为方针，探索扶贫方式创新

重点探索建立新型扶贫体系。实行新的扶贫标准，采取分类扶持办法，

对农村低收入人口全面实施扶贫政策，实现农村最低生活保障制度和扶贫开发政策的有效衔接。加强贫困地区农村劳动力转移培训，发展壮大扶贫龙头企业，扎实推进产业扶贫。

努力形成全方位、宽领域、多渠道的“大扶贫”格局。加大党政机关和事业单位定点扶贫力度，动员企业、学校等社会各界力量扶持贫困村，鼓励富裕村带动贫困村，扩大扶贫领域的国际交流和合作。

探索贫困村建设整体推进机制。落实新阶段农村扶贫开发总体规划，加大整村推进力度。坚持开发式扶贫，重点提高低收入农村的自我发展能力。对于生产生活环境较差的贫困村庄，要采取整村搬迁和当地城镇化发展相结合。对于生态环境功能突出的贫困村庄要探索区域间的生态补偿机制，保证生态村庄的发展利益。

第十四章　改革开放40年山西投资体制改革的实践与思考

投资体制是政府组织、领导和管理投资经济活动所采取的基本制度和主要方式。投资是经济增长和发展必不可少的重要手段，投资增长与经济增长为相互联动的关系，投资体制影响经济结构和投资效率，它与地区经济发展有密切联系。投资体制能够反映一定时期内社会投资在经济空间内组合分配的格局，其恰当的组合会使投资效率实现最大化，所以探求优化的投资体制不仅能充分利用各种资源，实现资源优化配置，还对国民经济快速发展有重要意义。适度的投资体制在经济增长和社会事业发展中具有双重效应，它通过对总需求的作用影响短期产出水平，并通过资本形成作用，影响潜在的生产能力和总供给，从而左右经济长期发展趋势。无论从总需求角度看，还是从总供给角度看，投资体制都非常重要，它既能影响生产能力，又能促进需求。分析山西省40年来投资体制的改革和演进过程，对全省经济发展具有重要意义。

第一节　山西投资体制改革的历程

从1978年至今，山西投资体制改革出现了四个阶段。山西的投资体制改革是与经济体制改革同步的，1978年初的基本建设工作提出“拨改贷”的试点决定，掀起了投资体制改革的浪潮。

一　投资体制的转型阶段

以1984年国务院发布的《关于改革建筑业和基本建设管理体制的若干问题的暂行规定》为标志。这一阶段的改革从下放权限、缩小指令性计划范围入手，主要集中在对项目建设实施阶段的管理体制进行全面改革。适当缩小指令性计划的范围，下放项目审批权限，实行承包责任制。随着经济社会发展的需要和资金来源的可能，山西省投资规模前期平稳上升，后期迅猛扩大。1978年，山西省的前期投资发展水平与周边及中部省份相当，在全国处于中上游水平；在改革开放后期，投资发展水平较为迟缓，差距趋于扩大。以1982年为例，山西省的投资规模在全国处于中上游水平，山西省全社会投资与东部发达省份相比投资水平基本相近，与周边及中部地区省区相比投资水平处于中上游水平。

二　分散型投资体制阶段

以1988年国务院发布的《关于投资体制近期改革》为标志。这一阶段改革的重点集中在对政府投资范围、资金来源和经营方式进行初步改革。对重大的长期建设投资实行分层次管理，强化了地方重点建设责任；扩大企业的投资决策权；建立基本建设基金制，保证重点项目的资金来源；成立专业投资公司，用经济办法对投资进行管理；强化投资主体自我约束机制，改善宏观调控体系；实行招标、投标制，充分发挥市场机制和竞争机制的作用。

三　投资体制的市场化改革

20世纪80年代之前，基础设施建设由政府财政主导，通过公共预算计划安排，采用财政直接投资的方式。政府根据投资政策和投资计划，安排财政支出预算。1979 年之后，基础设施建设投资开始由财政拨款转向银行贷款，国债成为基础设施建设融资的工具。

1. 由计划转向市场

20 世纪 80 年代至 90 年代初，地方政府成了基础设施建设投资主体，由财政税收与行政收费并行，专款专用。一些城市也开始对基础设施收费，如过桥费、过路费等。投融资体制继续深化，开始实行建设项目法人责任制，这为企业法人参与基础设施建设提供了依据，城投公司也就应运而生。1979~1992 年为能源重化工基地建设战略时期，以 1992 年初邓小平南方讲话为标志，明确了投资体制改革的市场取向。实行政策性金融和商业性金融的分离，组建国家开发银行。改革的重点是逐步建立法人投资和银行信贷的风险责任；投融资体制改革的初步到位与运行。山西省全社会投资总额呈增长的趋势。1994 年，“分税制”改革，确定“市场化为取向”。中央和地方政府事权、财权重新分配，间接推动了城市建设投融资体制向市场化转变。地方政府面临财权上移的同时又承担了更要投资职能的压力，在这样一个特殊的制度环境下，城投公司应运而生。1998 年山西省的投资规模在全国处于中下游水平，山西省投资规模明显偏小，与周边省区相比，差距明显拉大。投资发展水平明显落后于中部平均水平，表明山西省经济建设的速度有待进一步加强。

2. 运用经济杠杆调节

1993~2002 年改革进入战略的结构调整阶段，以 2004 年 7 月国务院发布的《国务院关于投资体制改革的决定》为标志。经过 20 多年的改革，山西省的投资体制发生了很大的变化，主要表现在：投资主体的多元化；投资方式的多元化；在投资计划管理中，开始运用经济杠杆和间接手段进行管理，为建立新的投资宏观调控体系积累了一定的经验。国家对原有的投资体制进行了一系列改革，打破了传统计划经济体制下高度集中的投资管理模式，初步形成了投资主体多元化、资金来源多渠道、投资方式多样化、项目建设市场化的新格局。

3. 开放多种投资渠道

2007 年，山西省进出口总额与 1990 年相比，增长 32.1 倍，年均增长 22.8%。与山西省有贸易往来的国家和地区达到 190 个，其中进出口总额上亿美元的贸易伙伴达到 23 个。

对外投资及对外经济技术合作的项目和业务逐步扩大。2007 年末，山西省在境外投资企业达到 43 家。山西省对外承包工程和劳务合作完成营业额 3.3 亿美元，比 2002 年增长 5.6 倍。

2012 年山西省融资渠道中民间投资增长速度加快，全社会投资年均增长 22.5%；利用外资年均增长 9.6%；国内贷款年均增长 21.8%；国家预算内资金年均增长 35%。民间投资的比例逐年增多，在部分行业占据重要地位。

4. 投资规模增大

山西省投资呈现出规模宏大、重点突出等主要特点，在建投资规模和完成投资总量由 1979 年的 228.2 亿元、23.3 亿元上升到 2008 年的 9787.2 亿元、3635.2 亿元；投资结构主要集中于能源原材料工业和基础设施，给山西省的经济腾飞奠定了扎实的基础。40 年投资规模的不断扩大有力地促进了国民经济结构优化发展和社会进步。

四　投资体制的结构性调整

2008 年金融危机发生，为对冲外部冲击，我国实施了四万亿投资计划和积极的财政政策，极大地推动了城投公司的发展繁荣。2009 年 3 月，央行、银监会联合发文《关于进一步加强信贷结构调整　促进国民经济平稳较快发展的指导意见》，明确“支持有条件的贷方政府组建投融资平台”。城投平台成为地方政府投融资和重大项目建设主体。

1. 煤炭工业投资的民间投资加快

2012 年山西省投融资渠道中民间投资增长速度加快，全社会投资中，自筹资金年均增长 22.5%；利用外资年均增长 9.6%；国内贷款年均增长

21.8%；国家预算内资金年均增长35%。民间投资的比例逐年增多，在部分行业占据重要地位。山西省的投资总体呈现融资渠道单一，投资总量少，投资效率低。

2. 投资规模增加

2014年，山西省继续加大投资力度，投资规模进一步扩张，投资总量再次超越万亿，在拉动经济增长“三驾马车”中，投资依然领跑，增速依然最快。随着山西省投资规模不断扩张，投资水平进一步提高，全年山西省共建成投产交付使用投资项目9005个，项目建成投产率为70.3%，比上年提高5个百分点。

3. 由城市融资平台转向社会资本合作模式

2009~2014年，政府的投融资主要依靠城投平台，此外，BT模式、融资租赁、集合信托等也是这时期采用的方式。2014年，国务院《关于加强地方政府性债务管理的意见》明确提出修明渠、堵暗道，剥离融资平台公司政府融资职能，融资平台公司不得新增政府债务。取而代之的则是地方政府发行债券和推广使用政府和社会资本合作模式。

第二节　山西省投资机制改革分析

改革开放以来，山西持续大规模的基础设施投入，使山西省能源、原材料等基础产业和交通、通信等基础设施建设迅猛发展。投资总量逐步扩大，奠定了经济社会发展的基础，山西省全社会投资总额呈增长的趋势，投资依然是拉动山西省经济增长的重要动力。

投资活动是资源优化配置的重要手段。适度的投资规模是实现社会再生产良性循环的基本条件，也是提高投资效益的前提条件。从经济社会协调发展的规律来看，投资与经济社会发展之间是相互依存、相互制约的，投资规模是否适度、合理，是影响社会经济科学发展的一个重要因素。

一　投资是拉动山西省经济增长的动力

为打造好的服务投资营商环境，创新一流招商引资政策。2017年，山西省人民政府印发了《山西省鼓励投资政策》，在执行过程中根据实际工作需要，不断进行动态补充和完善。

投资是经济发展的重要推动力量，投资规模的大小和力度的强弱决定着国民经济增长的快慢和经济结构转换质量的好坏，也影响着经济社会发展的后劲和方向。改革开放以来，为适应全国大规模经济建设的需要，围绕能源重化工基地建设的主题，中央和地方进一步加大了基础产业、基础设施的投资力度，投资规模在山西省经济社会稳步增长中不断扩大，投资结构在国家实行的改革、开放、调整宏观政策中逐步优化。投资总量逐步扩大，投资结构优化调整不断加快，投资建设成果既为山西省经济社会发展奠定了基础，也为山西省的发展积蓄了力量。

投资规模不断扩大，基础产业和基础设施支持经济发展的作用得到明显加强。“十九大”以来，面对严峻复杂的国内外经济形势和经济下行的巨大压力，山西省政府更加注重有效投资，把重点放在扩大产业投资、促进民间投资、补齐发展短板上的投资工作要求，投资规模持续扩大，有效投资明显增加，投资结构明显优化，转型升级步伐加快，投资活力进一步增强，发挥了投资需求拉动山西省经济平稳健康发展的关键性作用。

二　对外开放的格局基本形成，招商引资取得显著成效

利用外资成绩明显。山西省始终坚持把招商引资作为扩大开放的中心环节和重中之重，特别是十九大以来，山西省积极改善投资发展环境，创新招商引资方式，通过一系列大型招商活动的开展，山西省招商引资的触角已成功伸向长三角、珠三角、沿黄协作区、环渤海经济区、中部地区。

三　工业投资升级推进，内部结构持续优化

工业投资一直是山西省投资的主力军，山西省传统工业投资多集中在煤炭、焦炭、冶金、电力等行业，受国家去产能宏观政策与山西省主动调控，以及市场、金融等因素影响，山西省工业投资呈现出结构加速优化、动能加快转换的良好局面。

四　城乡投资区域协调发展，城镇投资处于主导地位

改革开放 40 年农业投资增速明显高于林牧渔等其他行业，民间投资持续平稳上升，到位资金稳定增加、增速高于全国水平。

农业投资总量稳定增长，增速明显高于全国平均增速和第二、三产业投资增速，表现十分突出。民间资本对第一产业继续保持旺盛投资热情，为第一产业投资增长提供了有力支撑。从领域看，民间投资主要集中在农业和牧业，分别占第一产业民间投资的 50.4% 和 34.2%，已成为绝对主力。

五　融资渠道拓宽，自主投资能力增强，民间投资持续保持较快增长

改革开放 40 年山西省投融资渠道明显拓宽，资金来源多元化趋势明显，国家预算内资金所占比重明显降低，国内贷款和自筹资金成为资金来源的主渠道，特别是利用外资、其他社会资金的比重上升为投资增长注入了活力。十九大以来，随着鼓励和促进民营经济政策措施的逐步落实到位，民营经济已经成为山西省经济的亮点和新支柱，对山西省经济发展的贡献也越来越大。特别是在投资领域，民间投资总量越来越大，比重越来越高，在促进经济增长、优化产业结构、繁荣城乡市场、扩大社会就业等方面发挥了重要作用。

六　投资结构逐渐改善，经济结构的战略逐步调整

改革开放 40 年来，随着投融资体制改革的不断深化，投资不仅是引导社会资源优化配置的主要途径，而且是转变经济发展方式的主要动力。投资结构的逐步改善，促进了山西省经济结构、产业结构的调整和优化。投资结构调整成为推动经济结构、产业结构调整的主要动力。

七　产业投资趋于协调，投资结构调整作用明显

投资主体格局出现新变化，资源配置得到优化。改革开放完全打破了传统体制下主要依靠国家财政的国有单位单一投资渠道，有力地调动了各方面投资建设的积极性，使非国有投资、民间投资逐步走上建设领域的舞台，除国有投资外，非国有的集体、股份制、私营个体及利用外资等投资异常活跃，不断发展壮大，已逐渐成为直接投资的重要主体。港澳台商企业投资增速明显快于内资企业投资。

八　行业分布突出重点，产业结构逐步完善

改革开放以来，投资力度加大使山西省的工业体系基本完善，为了缓解全国对能源需求紧张的矛盾，国家进一步加大了对山西省能源基地的建设，煤炭和电力工业投资长足发展，冶金、化工等原材料工业投资增长也很快。近年来，在继续加强能源和原材料工业的基础上，又加大了对食品、化学、医药、机械、建材工业的投资力度，促进了工业支柱行业多元化发展。这批项目主要依托本省的煤电优势，重点发展了不锈钢、特种钢，氧化铝和电解铝等项目，实现以技术改造带动技术升级，以投资增量带动存量的产业优化，发挥了山西省的资源和传统优势，推动了相关产业的结构优化和提升。

九　消费环境逐渐改善，消费市场的活跃

改革开放以来的 40 年，山西省商贸行业发展迅速，著名品牌的流通企业落户山西省，促进了山西省消费市场进一步活跃。文教卫生事业蓬勃发展，惠及民生的设施明显改善。新建、扩建了山西省的大学、高中、中小学的房屋基础设施，极大地改善了教学条件；完成了山西省疾病预防控制及传染病救治改扩建项目，为山西省居民的健康提供了保障。山西省博物馆、展览馆、文化广场的建成和三晋古老文化的开发建成使用，不仅丰富了群众的文化生活，而且促进了文化社会事业的发展。

十　基础设施建设投入加大，城市化水平不断提高

1978~2018 年的 40 年，山西省基础设施投资平均每年增长 16%，占全社会投资的比重为 30%。基础设施提档升级，促进山西省经济社会协调发展。特别是城市基础设施建设成绩显著，山西省建成区绿化覆盖率、区绿地率提高，城市道路面积扩大，城市污水处理、城市集中供热进一步加大，城市市容环境卫生改观，促进山西省城镇化水平逐步提高和投资环境进一步改善，给山西省的经济腾飞奠定了扎实的基础。

第三节　投资规模与投资率分析

加快经济结构调整和产业升级，是山西省目前面临的主要任务，也是实现经济战略和经济发展方式根本转变的迫切需求，对于解决当前经济社会中的各种矛盾和问题，提高经济增长质量和效益，增强经济发展后劲具有重要的作用。

一　保持适度投资规模

从投资结构来看，山西省适度加大投资规模有许多领域可供选择。首先从主体结构来看，国有经济投资比重有上升的趋势，国有经济投资仍处于投资主体的主导地位，占 45% 以上，投资主体单一。山西省利用外资、个体经济、股份制经济投资比例小且增幅不大，这些数据说明山西省投资主体结构尚需调整与改进。从供给结构来看，山西省在国家实施大项目战略的带动下，投资总额在不断增长，投资成为山西省经济发展的主要力量。来自国内贷款的比例总体呈下降趋势，这说明在社会主义市场经济条件下，银行逐渐规范信贷制度，提高贷款门槛，而山西省位于中部地区，经济欠发达，经济实力相对弱。

二　确定优先增长率

从山西省经济发展规律来看，投资需求的增长对需求的扩张乃至对整体经济的增长有着决定性的作用。山西省目前所处的优化发展阶段，正是实现产业结构升级、城市化进程加速和农业走向现代化的关键时期，这一进程理应伴随着巨大的投资需求，使高投资与高增长相互促进。国内外发展的经验表明，高投入、高积累、高增长是经济起飞阶段的共同特征。从改革开放以来山西省投资经历的建设起步、扩大调整、优化发展演变历程及规律来看，无论从长期发展的角度考虑，还是着眼于当前的扩大内需和结构调整，适度加大投资力度均是经济社会发展的客观需要。投资是经济社会良性发展的先导，投资增长必须优先于经济增长，才能促进经济发展的加快。

三　根据市场消费率确定投资规模

从投资率来看，山西省投资率与全国相比较低，山西省投资率基本保持在 45% ~ 55%，所占比例相对低，全国投资率保持在 50% ~ 70%。投资率低会影响投资效益。如果不解决这一问题将会严重制约山西省经济发展。

从山西省改革开放以来总需求来看，消费需求和投资需求是拉动经济增长的主要因素，但消费率的比重是逐年下降；投资率比重逐年提升，其对经济的贡献或拉力要大于消费。可以看出山西省的投资率长期处于较低水平，严重制约了经济的发展，山西省仍处于经济结构调整和产业升级加速发展阶段的特征，迫切需要更多的资本投入，因此随着全社会投资中第一、第三产业所占份额的增加，投资占 GDP 的比重也随之不断上升。山西省经济快速发展的关键是保持合理的投资率和消费率，分别达到 50% 左右较为适度。投资率变动是影响经济社会发展水平的重要因素。

四 投资增速与山西省经济周期性波动紧密关联

投资的周期性波动是造成经济周期性波动最直接的内在原因之一，山西省的投资增幅受宏观环境的影响起伏较大。投资的周期性波动与经济增长的周期性波动基本吻合。投资增速波动与宏观调控政策紧密相关，对投资增速的影响一般要滞后 1~2 年。经济增长相对固定资产波动的时滞效应在山西省很明显。说明投资与经济增长相互作用，减轻投资周期性波动与政策性宏观调控效应的影响，保持适度的投资规模，是促进山西省经济加快发展的客观需要。

加大基础设施投资是适度投资规模的着眼点。山西省基础设施投资虽然占投资总量的比重较高，但交通运输、水利业、垃圾和污水处理回用、重大社会公益性项目、文化旅游仍然是薄弱环节，与经济发展要求不相适应。与发达地区相比，更是差距甚大，其发展空间十分广阔。

山西省传统产业技术装备水平较低，环境保护投资规模较小，循环经济发展处于起步阶段，急需加速技术改造投资促进可持续发展。发展循环经济和注重环境保护已成为各级政府及投资主体的共识，加大这方面投资不仅有良好的社会效益，同时也具有潜在的经济价值。增加农村投资，是建设现代农业、强化农业基础的迫切需要，以往山西省的城乡投资结构明显失衡，农村投资所占比重较低，明显落后于全国平均水平及中部省份。加强基础设施建设，加快改变农村生产生活条件落后方面的投资是山西省投资增长的重点突破领域。

近几年山西省每年的资金来源都大于当年的投资完成额，资金来源增速大多数年份高于投资增速，国家预算内资金和国内贷款所占比重逐步降低，利用外资、自筹资金和其他社会资金所占比重上升。资金来源的渠道也由过去以国家预算内资金和国内贷款为主，发展到资金来源多层次、多元化。随着城乡居民收入的增长和企业效益的提高，储蓄率呈不断上升趋势，民间游资较多，扩大投资率有足够的资金保证。

第四节　山西投资机制改革的启示

投资是拉动需求的最主要部分，是扩大社会再生产规模，提高社会生产力，构建产业结构及空间布局，增强经济实力，提升竞争力，提高和改善人民物质文化生活条件的最基本途径。从经济社会协调发展的规律来看，投资机制作为促进经济发展和社会进步的重要关系，直接影响着经济增长，影响着经济结构调整、资源优化配置的进程。

一　投资规模是经济竞争力的基础

适度的投资规模在经济增长和社会事业发展中具有双重效应，它通过对总需求的作用影响短期产出水平，并通过资本形成的作用，影响潜在的生产能力和总供给，从而左右长期的增长趋势。无论从总需求角度看，还是从总供给角度看，投资都非常重要，它既能增加生产能力，又对生产构成需求。随着经济全球化趋势的加快，区域经济发展正在打破省际、国家界限而呈现出新的竞争态势。

二　投资结构调整是产业结构调整的决定因素

目前山西省的发展环境和条件已发生了很大变化。这就要求山西树立以人为本的发展理念和投资理念，把改革开放和科技进步作为动力，着力增强自主创新能力，提升产业结构，转变发展方式，在促进经济社会全面协调可持续发展中实现崛起。实现山西省又好又快发展，需要处理好发展经济与节约资源、保护环境的关系。实践表明，投资的多少不是经济发展是否粗放的决定性因素，投资的方向和结构以及技术含量才是最为关键的因素。

三　投资规模的基础是扩大消费需求

从消费角度看，当政府实行扩张性的财政政策，增加投资时，会拉动投资品生产增加，投资品生产规模扩大，会进一步扩大生产消费需求，生产消费需求的扩大又会刺激生活消费领域的扩大，这就是投资对生产、生活过程的波及效应。从拉动经济增长的需求角度看，投资相对比较稳定的最终消费而言，是经济增长中最活跃的部分。在投资项目建设过程中，投资拉动的是需求。在项目竣工投产后，往往就意味着生产能力的扩张或生产、消费条件的改善。投资对于刺激需求、扩大生产具有双重功效。因此适度加大投资力度，扩大最终需求是保增长的关键。

四　投资水平的提高是保障就业的基础

投资是带动先进生产力发展，合理配置人力资源，优化就业结构的前提。

无论是对现有工业进行改造升级还是新上项目，都要坚持以人为本的理念，有利于实现科学发展。同时必须大力推进社会主义新农村建设，增加农民收入，改善农民生活。投资结构调整促使市场需求高的产业产能扩大，就会增加就业岗位；加快新型产业发展，就能开辟多种就业渠道。特别是要鼓励民间投资发展，激活民间投资活力，发展适宜的劳动密集型工业，促进劳动力自由流动和就业竞争，进而实现充分就业。

第五节　山西省保持适度发展的建议

目前全国已进入科学发展、协调发展的新时期，山西省开始进入快速发展的新时代。加速新型工业化、加快农业现代化、推进特色城镇化进程，加强城乡基础设施建设，提高企业技术装备水平和竞争能力，已成为山西经济发展的重要内容。

一　重塑投资理念，扩大效益型投资规模

新时期、新时代必须有抓住机遇的新理念，回顾山西省 40 年经济发展历程的一个共同特点，就是作为拉动国民经济发展的投资需求在各地快速发展中发挥了举足轻重的作用。要解放思想，重塑投资新理念，山西省要抓住机遇促发展，强调消费拉动、创新驱动，重视投资拉动。投资规模关系到经济发展后劲，投资质量深刻影响着经济社会发展质量，所以适度扩大投资规模，从优化投资结构和产业结构入手，培育壮大多元化支柱产业体系，加大对有利于优化产业结构、转变发展方式的投入力度，加大有利于服务业和城乡协调发展的投入力度，加大对有利于保护生态环境和改善民生的投入力度，才能形成加投资、扩消费、调结构、促协调的又好又快科学发展的长效机制。

二　拓宽投资渠道，增加投资总量

山西省应解决投资总量不足的问题，首先要提高政府工作效率。政府形象和工作效率是影响外商投资的直接因素，打造服务型政府，提升吸引外资的能力。利用外资必须同山西省经济结构调整、促进产业结构优化相结合。更新观念，深化投资体制改革，加大非国有投资规模。针对不同的资金类型和资金运用方式，确定相应的管理办法，使政府对投资的建设程序和资金管理规范化、制度化。更新观念关键是要形成环境比较优势，既要充分利用本省资金，又要更多、更好地吸引国外、境外、省外资金。在宏观调控的方向和力度的把握上，政府利用特许经营、投资补助等多种形式，吸引社会资本参与有合理回报的基础设施和公益性项目建设，提高民间投资比重。确实保护投资者合法权益，维护市场经济秩序，提高办事效率和服务水平，改善配套设施，使民间投资留得住，国内外资金引得进。进一步开放投资领域，提高行业竞争水平，充分发挥市场机制在资源配置中的基础性作用，从思想文化、政策措施等方面加大对民间投资的引导、扶持力度，释放其潜能。研究和利用国际资本流动趋势和国际产业转移趋势，在发展开放型经济中上规模、上水平。

三　深化投资体制改革

山西省政府应在各市进行宏观调控，通过对投资主体的利益激励，使其在获得营业利润的同时也能为达到政府宏观政策目标尽一份力；政府也可以通过宏观调控手段来引导企业投资，降低其因对市场的盲目性带来的损失。政府应当鼓励各企业加入建立完善的投融资机制的队伍，为各企业融资提供良好的环境，企业也能因此避免融资难的问题，进而可以稳定市场秩序，促进山西省经济的可持续发展。把有限的财力、物力用到最重要的地方，增强投资的力度。要增加山西省的经济总量，必须把项目建设放在更加突出的位置，用项目发挥优势、配置资源、集聚资金、带动发展，特别是能够发挥用项目带动集聚生产要素、激活各类投资主体活力，积极引导民间投资的作用，努力提高经济发展后劲。

第十五章　改革开放 40 年山西财税体制改革的实践与探索

财政是国家治理的基础和重要支柱。财政制度是国家获得治理能力及效率的极为重要的基础性制度。不同的国家治理体制决定了不同的财政体制。我国在市场经济改革的历程中，财政体制不断从计划经济体制下的财政向市场经济下的财政变革，这是适应国家治理方式转变的重要基础性制度变革。

改革开放 40 年我国财政体制改革发生了很大变化，财政改革与发展自始至终是国家改革开放战略的重要组成部分。从 20 世纪 80 年代的“放权让利”“分灶吃饭”，到 90 年代的国企改制、分税制改革，再到 21 世纪以来现代财政制度的不断完善，政府与市场的边界日益清晰，中央与地方财政关系走向规范，国家治理能力显著提高。40 年来，山西财税体制改革走过什么样的路径，的确值得回顾。

财政体制是政府间划分预算收支范围、财政资金支配权和财政管理权限的一项制度，决定了各级财政收入的多少、用于各项事业发展资金的多少，因而是各级政府间财政管理权限划分最为重要的制度之一。山西财政体制改革在改革开放 40 年与国家的改革一样发生了很大变化。伴随着 1978 年 12 月中国共产党第十一届中央委员会第三次全体会议后进行了财政体制改革，主要在国营企业财务管理体制改革、预算管理体制改革、税制改革、国有资产管理体制改革和财政资金管理体制改革等方面展开。1977~1979

年，国家财政采取了许多措施，促进国民经济恢复、调整。山西财政根据实际情况，积极落实国家财政政策，有力地促进了山西省国民经济的调整和改革。

第一节　山西财税体制改革回顾

财税体制改革首先是进行国营企业财务管理体制改革。通过改革国营企业财务管理体制，扩大企业财权，增强企业活力。主要是国家与国营企业利润分配关系的改革。1978 年国家对国营企业试行企业基金制。1980 年开始在部分企业试行利润留成办法。1981 年对国营企业普遍实行几种不同形式的利润留成制。1983 年 1 月和 1984 年 10 月，分两步对国营企业实行“利改税”；在“利改税”的同时，对部分企业和行业实行多种形式的盈亏包干制度。自 1987 年起在“利改税”的基础上，推行了多种形式的企业承包经营责任制。1988 年开始在部分地区试行“税利分流、税后还贷、税后承包”的试点。

一　改革开放后山西财税体制

（一）调整税收制度

第一，调整了对基层供销社经营饮食服务、修理业的工商所得税税率，同时保留了社队企业所定 20% 的比例税率，将起征点由原来的 600 元提高到 3000 元，既保证了国家税款的足额上交，又促进和支持了社队企业的自身发展。第二，为进一步支持城镇集体企业安置待业青年就业，促进社会安定团结，发展第三产业，规定对从事劳务、修理、服务的企业，从经营月份起免征三年工商税和工商所得税，对从事工业产品生产的企业（除烟、酒、糖、棉纱、手表外）免征一年工商税和工商所得税。第三，改进了对合作商店和个体经济缴纳工商所得税的规定，从 1979 年 1 月 1 日起，对合作商店征收所得税时，不再采用加成征税的办法。第四，对二轻集体企业增长利润减征所得税。第五，对于地方税，山西省从 1979 年 1 月 1 日起，停止征收自行车使用牌照税。

（二）实行“收支挂钩、总额分成”的财政体制

粉碎“四人帮”后，山西省财政重新建立起正常的工作秩序。在财政体制的改革上，再次实行“定收定支，收支挂钩，总额分成，一年一定”的财政体制。这种体制与过去实行的“总额分成”体制相似，但有所不同：一是扩大了地方财政的收支范围，增大了地方财政的管理权限；二是保留了地方实行固定比例留成的既得利益，使地方继续有笔固定数额的机动财力；三是改变了过去超收部分也按总额分成的办法。规定超收部分地方分成比例最低为 30%，最高为 70%。中央确定山西省的超收分成比例为 70%。山西省规定，在太原、大同、阳泉、长治 4 个市的分成比例中，省为 70%；在雁北、忻州、晋中、吕梁、临汾、运城、晋东南 7 个地区的分成比例中，省、地各为 50%。1979 年，在经济调整中，中央对山西省的超收分成比例确定为 80%，省对 4 市和 7 个地区的分成比例，也分别提高到 80% 和 55%。这种体制，调动了山西省财政增加收入的积极性，也为财政支持各项改革增加了机动财力。

二　改革预算管理体制，实行“分灶吃饭”

党的十一届三中全会召开后，我国先后进行了农村家庭联产承包责任制和城市扩大企业自主权的改革试点，在试点过程中，都对现行财政体制和财务管理体制提出了改革要求，财政体制逐渐成为经济体制改革矛盾的焦点和改革的突破口。为适应经济体制改革的需要，中央财政在实行“划分收支，分级包干”财政管理体制的条件下，进行了两步“利改税”。山西财政部门积极贯彻落实中央改革精神，在全省范围内组织实施了财政管理体制改革。

（一）“划分收支，分级包干”体制的内容

1980 年 2 月，国务院颁发了《关于实行“划分收支，分级包干”的财政管理体制的暂行规定》，全面进行政府间财政分配关系的改革。结合山西实际，从 1980 年起，在中央对山西省的预算管理体制确定的基础上，省对各地市、地市对县（区）也实行了“划分收支，分级包干”的体制。

1. 中央对山西的体制

从 1980 年起，中央对山西省实行了“划分收支、分级包干，一定五年不变”的预算管理体制。相对于以前中央和地方吃大锅饭的体制，这一体制明确划分了各级财政的责任和权利，赋予地方财政较大自主权，因此也称“分灶吃饭”体制。根据该体制的规定，地方所属企业的收入、盐税、农业税、工商所得税、地方税和其他收入属于地方固定收入，全部归山西省。省内上划给中央各部门直接管理的企业，其收入作为固定比例分成，80% 归中央，20% 归山西省。工商税作为中央和省的调剂收入，57.9% 归山西省。

2. 省对地、市、县的体制

省对各地市、地市对各县区都实行了“划分收支，分级包干”的体制。1985 年又实行了“划分税种，核定收支，分级包干”的办法。1988 年在此基础上又做了进一步的调整，给地县更多的固定收入。

（二）1983年预算管理体制的调整

从实践看，1980 年的“分灶吃饭”体制改革方向正确，效果显著。但是，由于 1980 年实行的“划分收支，分级包干”体制实施的结果，使中央财政收入减少，1981 年，国家适当缩小了地方财政包干的范围。1983 年又将“划分收支，分级包干”改为“总额分成，分级包干”办法，取消了地方固定收入、调剂收入，而按地方收入基数总额同支出基数求出一个分成比例，实行包干，5 年不变。在这一体制下，中央核定山西省的分成比例为 82.6%，上缴中央的比例为 17.4%。

为了更好地贯彻执行“分灶吃饭”体制和责、权、利相结合的原则，山西省对地市、地市对县区也改按1983年调整后的体制执行，并重新核定了收支基数和分成比例，一定3年不变。

三　推行两步“利改税”，改革工商税制

1983年开始企业“利改税”。“利改税”分为两步。1983年第一步“利改税”是保留工商税，设立国企所得税税率5%，但由于实行承包制，纳税不足者利润仍上缴，即国有企业利税上缴并举。

（一）实施第一步“利改税”

在1983年实行第一步“利改税”的过程中，山西省实行“利改税”的地方国营工业企业有1133户，占盈利户数的92.3%，实现利润12.7亿元，留利2.93亿元。第一步“利改税”的改革，较好地处理了国家、企业和职工个人三者利益关系，初步稳定了国家与企业的分配关系，调动了企业增产增收的积极性。但也存在一些问题，主要是：税种比较单一，难以充分发挥税收调节经济的杠杆作用；税后利润的分配办法仍然比较复杂，国家与企业分配关系还没有定型；某些企业之间留利悬殊的问题没有得到很好解决。

（二）实施第二步“利改税”

为了进一步处理好国家与企业的分配关系，解决企业吃国家“大锅饭”、个人吃企业“大锅饭”的问题，1984年10月进行了第二步“利改税”改革。基本内容是将国营企业应当上缴国家的财政收入按11个税种向国家缴税，也就是由“税利并存”逐步过渡到完全的“以税代利”，税后利润归企业自主安排使用。

具体内容：一是把原来的工商税按性质分为产品税、增值税、营业税和

盐税四种税。同时，把产品税的税目划细，适当调整税率。二是对某些采掘企业开征资源税。三是把合并在工商税中的房产税、土地使用税、车船使用税划出来作为独立税种，新开征城市维护建设税。四是对盈利的国营企业开征所得税。国有大中型企业按计税利润 55% 的比例税率缴纳所得税；国营小型企业按新的八级超额累进税率缴纳所得税。五是对国有大中型企业还要征收调节税。六是适当放宽小型企业的标准，使符合条件的小型企业，能够逐步过渡到国家所有、自主经营、依法纳税、自负盈亏的管理体制上来。七是对亏损企业和微利企业继续实行盈亏包干办法。

第二步利改税，进一步理顺了国家与企业的分配关系，企业的自主财力有了较大的增长，自我改造、自我发展的活力有所增强。同时，“利改税”的实施也使税制逐步规范化。

四　深化预算管理体制改革，完善基层财政管理体制

预算管理体制是财政管理体制的主导环节和重要组成部分。1984 年 10 月党的十届三中全会以来，随着经济体制改革的深入，山西省预算管理体制也进行了改革。

预算管理体制改革就是通过扩大地方财权，进一步调动地方理财的积极性。主要是：1980~1984 年对多数地区实行“划分收支，分级包干”财政体制。1985 年起大多数地区实行“划分税种，核定收支，分级包干”财政体制；1984 年开始进行建立乡（镇）财政的试点，并逐步完善乡（镇）预算管理体制。

（一）实行“划分税种，核定收支，分级包干”体制

两步“利改税”实施以来，中央、地方、部门和企业的分配关系发生了很大变化。为了贯彻落实党的十二届三中全会《关于经济体制改革的决定》，按照国务院的决定，山西省从 1985 年起，实行“划分税种、核定收支、分级

包干”的预算管理体制。这一体制同1983年的包干体制相比，显著特点是基本按照第二步“利改税”以后的税种设置，划分各级财政收入。

1. 省级预算体制

收入划分：固定收入，包括地方国有企业所得税、调节税和承包费、集体企业所得税、农牧业税、车船使用牌照税、城市房地产税、屠宰税、牲畜交易税、集市交易税、契税、地方包干企业收入，税款滞纳金、补税罚款收入、城市维护建设税和其他收入、煤炭企业的产品税和资源税、电力企业30%的产品税。中央和省财政共享收入，包括产品税、营业税、增值税（这三种税均不含石油部、电力部、石化总公司、有色金属公司四个部门所属企业和铁道部以及各银行总行和保险公司缴纳部分）、资源税、建筑税、盐税、个人所得税、国有企业奖金税，以及外资、合资企业工商统一税、所得税。

支出划分：划归省级财政支出的有，地方统筹基本建设投资，地方企业挖潜改造资金，科技三项费用，支援农业支出，省级企业简易建筑费，省级农、林、水、气部门事业费，工交商部门的事业费，文教、卫生、科学事业费，其他部门事业费，抚恤和社会救济费，行政管理费，城镇青年就业经费，民兵事业费和其他支出。对不宜实行包干的专项支出，如特大自然灾害救济费、特大抗旱和防汛补助费、支援经济不发达地区的发展资金，由中央财政专项拨款，不列入地方财政支出包干范围。

2. 地市县预算体制

地市县财政固定收入：集体企业所得税、农业税、个人所得税、车辆使用牌照税、城市房地产税、屠宰税、牲畜交易税、集市交易税、契税、国有企业奖金税、税款滞纳金和其他收入；省级下放工交企业55%的产品税、增值税、营业税、所得税和调节税。城市维护建设税划为地市县财政固定收入，单列项目，不计入财政包干收入。

1985年以来，山西省对地市县实行的“收支挂钩，总额分成”财政包干办法，对于调动地市县组织财政收入的积极性发挥了重要作用。但是，由于该体制收支基数计算不够科学，县级收入留成比例过低以及财权与事权不一致等问题，使县级财政困难加剧。从 1986 年起，全省每年有半数以上的县不能依靠自身财力实现平衡，省、地财政每年都得拿出 1 亿多元对这些县进行补助。

1988 年，山西省财政根据中央关于调整、补充、完善财政体制的要求，对财政包干体制进行了调整和补充。为了增强县级财政活力，省对各地、市的留解比例区别不同情况进行了调整。把税源比较分散的城乡个体工商业户所得税、企事业单位奖金税等 13 个税种划分为地、县固定收入，将中央借款纳入财政体制，即将中央向地方的借款按 1987 年国家借款数调减地方支出基数。调整结果，除吕梁、忻州两个地区支大于收、仍实行定额补贴外，其余 9 个地、市与省实行收入总额分成。这次体制调整，省级共让给地、县财力达 7000 多万元。

为了强化包干意识，进一步调动各级政府当家理财的积极性，1989 年 5 月，省政府发出了《关于改进财政包干办法的通知》，在原定财政体制的基础上，对各地、市已分别实行收入递增包干办法。这次改革，将过去单一的包干形式改为多种形式的包干办法，在明确各级财政的责任和权力，增强地、县财力的同时，对于调动各级政府发展经济、开辟财源、增加收入、节约支出都发挥了积极的促进作用。当年 11 个地、市财政超收达 5.68 亿元，占全省超收额的 80%，其中 5 个地、市实行收入递增包干。市超收近 3 亿元。榆次区和太原南城区的收入突破了亿元大关，成为全省第一批财政收入达亿元的县（市、区）。

（二）改革县级财政管理体制

为了推动全省经济体制改革的快速发展，省政府决定以财政体制改革为突破口，试行省直接对县财政包干体制，并决定先在雁北地区试点。从 1987 年 7 月 1 日起，对雁北地区实行省直接管县的财政管理体制，即将雁北地区连同 13 个县共 14 个财政单位直接由省管理。新实行的省管县财政体制，在收支基数的计算上摒弃了过去按实际收支定基数的办法，而改按当年的分成收入计划和各级财政供养人员总数及统一的开支标准核定，避免了苦乐不均的现象，收大于支的县也保证了既得财力。据统计，试点结果共增加县级财力 800 多万元。但由于其他部门没有相应实行省管县体制，缺乏应有的配合，使省管县体制在运行中矛盾重重，难以很好发挥应有的作用。

为了迅速改变县级经济的落后状况，加速县级经济的发展，1988 年 3 月，山西省委、省政府确定原平、曲沃、阳城、临猗、河曲、隰县为全省综合体制改革试点县。与此相配套，在 1988 年的财政体制调整中，省财政对试点县按四种办法实行财政包干：一是原平、阳城两县实行财政上缴递增包干，即包死基数，确定比例，一包三年，超收全留，欠收自补；二是曲沃县实行县级收入大包干，烟税保证基数，欠收自补，超收定比分成，烟税以外全留，一定三年不变；三是临猗县实行除上缴中央农业税外，自收自支，不缴不补的办法；四是河曲、隰县采取财政补贴包干的办法，即定额补贴包干，追加补贴递减包干。这种体制对增加县级财力，促进县域经济的发展，发挥了积极的作用。1991 年，随着全省县级综合体制改革试点范围的扩大，对清徐、平遥、汾阳等 10 个县（区）也实行了财政包干体制。

（三）建立和完善乡镇财政体制

改革开放以来，随着乡镇政府机构的恢复和完善，特别是由于农村商品经济的发展，国家来自农村的各种收入和拨给农村的各项支出不断增加，农村社队财力和乡镇一级自筹资金的收入也大大增加。在这种新形势下，为了适应全省农村经济发展的需要，根据国务院决定，省财政对全省乡镇财政体制的恢复和完善做出了规定。

1. 恢复建立乡镇财政机构

从 1984 年起，随着乡镇政府的重新设立，各地相继成立乡镇财政机构。到 1985 年底，全省已有 1659 个乡镇建立了财政机构，占到全省乡镇总数的

86.5%；1988 年，全省乡镇财政机构增加到 1905 个，占到全省乡镇总数的 99%，全省具备条件的乡镇都建立了财政机构。

2. 完善乡镇财政管理体制

在乡镇财政机构建立之后，根据一级政权一级预算的原则，对乡镇财政的收支范围进行了合理划分。将农业税、集体企业所得税、屠宰税、集市交易税、牲畜交易税、车船使用税、契税和其他收入等划为乡镇财政的预算内收入；将农业税附加、教育费附加、公用事业费附加等收入列入预算外收入；乡镇企业上缴乡镇财政的利润和为兴办公共事业而筹集的各项资金划为乡镇财政的自筹资金收入。将属于乡镇范围内的农林水利事业费、文教卫生科学事业费、抚恤和社会救济费、行政管理费、其他财政支出等划为乡镇财政的支出范围。在收支范围划定后，全省各地因地制宜地确定了乡镇财政管理体制。在基础较好、条件具备的地方，实行“核定收支，收支挂钩，收大于支的定额上解，收小于支的定额补助，一年一定或一定几年不变”的办法。对基础差、条件不具备的地方则实行“定收定支，收入上缴，超收分成或增长分成，支出下拨，结余留用，超支不补，一年一定”的办法。同时，根据《中华人民共和国国家金库条例》中“国库机构按照国家财政管理体制设立，原则上一级财政设立一级金库”的规定，在具备条件的乡镇财政，设立了乡镇金库，保证了乡镇财政的正常运转。

山西省乡镇财政建立之后，把乡镇的政权和财权统一起来，从而大大调动了乡政府当家理财和开源节流的积极性。据不完全统计，1988 年，全省乡级财政收入共完成 5 亿多元，占全省收入的 12.8%，共执行支出 5.18 亿元，占全省支出的 11.9%，收支基本平衡。

（四）改革完善税收制度，强化税收管理

税收制度改革是通过改革由过去比较单一的税制，初步形成多税种、多层次、多环节征收的复合税制，增强税收的调控作用。随着我国商品经济的迅速发展，经过两步“利改税”和工商税制的全面改革，扩大了企业在经营

管理和财务管理上的自主权、增强了企业的活力，也使国家财政收入实现了稳定增长。为了进一步适应经济改革和发展的要求，山西省在税制新体系的基础上，作了相应的配套改革，开征了一些新税种，改进了税收征管措施，调整了一些税种的征收范围和税率，初步形成了多税种、多环节的复合税制，加强了税收在宏观经济中的调节作用。

1. 税收政策一系列完善措施

在对工商税制进行全面改革之后，山西省于1986年和1987年，在税收政策上先后采取了一系列完善措施：①开征和恢复开征了一些税种。②调整部分税的税率。③扩大了增值税的征收范围，改进了增值税的计税扣除办法。④对煤炭等产品实行了从量定额征收资源税。⑤改进了农、林、水产品征税办法。至此，形成了以流转税和所得税为主体、其他税种相配合的税制体系，基本上适应了我国多种经济成分、多种经营方式、多渠道发展的客观需要，使全省的税制体系更加趋于合理、完善。

2. 进一步完善工商税制，加强税收征管

税收征收管理工作是国家财政管理和财政监督的重要组成部分，是完成国家财政收入任务的重要手段。改革开放以来，为了加强对纳税户的管理工作，使全省税收征管制度科学化、规范化，全省相继制定并实行了一系列征管办法，如《山西省税收征收管理实施办法》《山西省税收征管工作目标管理试行办法》《山西省发票管理办法》《山西省集体企业减免税资金管理办法》《山西省驻厂征收管理办法》《山西省偷税、漏税、欠税处罚暂行规定》等。1989年，山西省又对税收征收管理进行了改革，1991年全面推开。在全省城市税务分局和县级以上城市的税务所进行了“征、管、查三分离”或“两级三分离”的模式转换；城镇和农村税务所大都实行了定期定点征收；集贸市场实行了“双人上岗，票款分开，挂牌征收”的办法。到1991年底，全省11个地、市和118个县（市、区）的征管模式转换基本到位，一个相互协调促进、相互监督制约的新征管机制初步形成。从1989年1月1日起，全省税务系统实行垂直管理。

第二节　分税制财政体制改革

根据党的十四届三中全会的决定，为进一步理顺中央与地方的财政分配关系，更好地发挥国家财政的职能作用，增强中央的宏观调控能力，促进社会主义市场经济体制的建立和国民经济持续、快速、健康的发展，国务院决定，从 1994 年 1 月 1 日起改革现行地方财政包干体制，对各省、自治区、直辖市以及计划单列市实行分税制财政管理体制。

一　分税制财政管理体制改革的意义和背景

分税制改革是发展社会主义市场经济的客观要求。改革财政管理体制是经济体制改革的重要内容。

（一）深化财税体制改革的重大意义

现行财政包干体制，在过去的经济发展中起过积极的作用，但随着市场在资源配置中的作用不断扩大，其弊端日益明显，主要表现在：税收调节功能弱化，影响统一市场的形成和产业结构优化；国家财力偏于分散，制约财政收入合理增长，特别是中央财政收入比重不断下降，弱化了中央政府的宏观调控能力；财政分配体制类型过多，不够规范。从总体上看，现行财政体制已经不适应社会主义市场经济发展的要求，必须尽快改革。

（二）分税制改革的背景

1994 年的分税制改革是在当年中央财政收入持续下降的背景下，分税制改革将税种分为中央税、地方税和共享税，旨在提高中央财政收入比重，调动中央和地方两个积极性。而后，经过 2002 年的所得税分享改革和 2016 年的全面“营改增”改革，诸如地税征管效率低、地方主体税种缺失等问题愈加凸显。

（三）分税制改革的原则

根据建立社会主义市场经济体制的基本要求，并借鉴国外的成功做法，要理顺中央与地方的分配关系，必须进行分税制改革。分税制改革的原则和主要内容是：按照中央与地方政府的事权划分，合理确定各级财政的支出范围；根据事权与财权相结合原则，将税种统一划分为中央税、地方税和中央地方共享税，并建立中央税收和地方税收体系，分设中央与地方两套税务机构分别征管；科学核定地方收支数额，逐步实行比较规范的中央财政对地方的税收返还和转移支付制度；建立和健全分级预算制度，硬化各级预算约束。

（四）分税制财政管理体制的具体内容

根据现在中央政府与地方政府事权的划分，中央财政主要承担国家安全、外交和中央国家机关运转所需经费，调整国民经济结构、协调地区发展、实施宏观调控所必需的支出以及由中央直接管理的事业发展支出。地方财政主要承担本地区政权机关运转所需支出以及本地区经济、事业发展所需支出。

二　山西分税制财政体制改革

1994 年以来，山西省省以下财政体制经历了两次大的改革。第一次是 1994 年的分税制财政体制改革，第二次是 2002 年与中央所得税分享改革同时进行的省对市财政体制调整。

（一）实行分税制改革的基本内容

1994 年国家实行了分税制财政体制改革，建立了分级分税的新财政体制，成立了国家税务局和地方税务局两套税收征管机构，规定增值税的 75% 和消费税的 100% 归中央。而增值税是我国税收体系中所占份额最大的税种，有“第一税种”之称（西方发达国家大部分以所得税为主）。中央通过改革成功地提高了两个比重，即财政收入占 GDP 的比重，中央财政收入占全国财政收入的比重，增强了中央的宏观调控能力。

（二）实行分税制改革的配套措施

按照中央的统一部署，山西省也进行了分税制财政体制改革。相应成立了省、市、县三级地方税务局，加强了税收征管；按照企业的隶属关系由各级财政分享增值税留地方的 25%，中央返还地方的收入全部归各级所有。

（三）实施全面税制改革

山西省省以下财政体制改革第二次是 2002 年与中央所得税分享改革同时进行的省对市财政体制调整。1994~2001 年，各级财政收入虽保持了一定的增长，由于这个时期山西省经济发展速度较慢，全省财政收入增长缓慢，低于全国平均水平，再加上中央拿走了税收收入中份额最大的增值税的 3/4，只留给地方 1/4。全省各级财政出现了较大的困难。到 20 世纪末，全省有 1/3 的县存在拖欠干部职工基本工资问题，有的县拖欠时间长达半年之久，成为当时困扰政府的一大难题。

为了切实解决山西省财政困难县干部职工基本工资发放和基层政权正常运转的基本问题，保持安定团结的局面，维护改革、稳定、发展的大局，2002 年，全省借中央所得税分享改革之机，调整和完善了省对市、县财政体制：适当集中部分收入，加强省级财政宏观调控能力；将集中的收入通过转移支付的方式加大对财政困难县的财力支持，解决困难县发放基本工资问题和基层政权正常运转难的问题。这一时期，全省财政经济得到了较快发展，尤其是煤炭市场价格出现转机后，全省财政收入大幅增长。随着财政收入的快速增长，省财政的调控能力不断增强，初步解决了县级财力不均衡、部分县财政极为困难的问题。“十五”期间，仅省对县级一般转移支付即达到了 83.3 亿元，年均递增 60.3%，2006 年更是达到了 43.3 亿元，占到县财力的 16.2%，极大地增强了县级财政实力。不仅彻底解决了财政困难县欠发工资的突出问题，保障了基层政权的正常运转，而且地方补贴也逐步兑现，干部职工收入稳定提高，同时各级财政用于农业、教育、社会保障、环境保护的投入也逐年有所增加，有力地支持了各项事业的发展，促进了和谐社会建设。

第三节 分税制财政体制存在的问题及改革内容

1994年分税制改革，尤其是2002年以来省以下财政体制的调整、改革，符合当时经济社会发展状况，但是，任何一种体制和管理办法都不是一成不变的，条件和环境变化后，制度和办法就应当予以改革和完善。随着欠发干部职工基本工资和基层政权难以正常运转等主要矛盾的解决，以及当时山西省经济和财政收入的快速发展等条件的变化，财政体制中的一些不适应因素和存在的问题逐渐显现出来。

一 分税制财政体制存在的主要问题

（一）县级多收不能多得影响县级培植财源和增收节支

从山西省财政收入的结构看，增值税、企业所得税是全省财政收入中份额较大、增长活跃的税种，2006年分别达到475亿元和128.5亿元，占到税收收入总量的60%和16%。这两个税种由包括中央财政在内的中央、省、市、县多级财政共同分享。其中，增值税的分享比例为中央75%、省8.75%、市7.5%（部分市）、县8.75%；企业所得税的分享比例为中央60%、省14%、市12%（部分市）、县14%。可以看出县级分享比例过小。也就是说，有的县增值税每增收1个亿，留县级收入还不到800万元。这样的体制造成县级一般预算收入比重过低，最低的县仅占总收入的8.3%。多收不能多得，不利于调动县级培植财源和增收节支的积极性、主动性，影响了县域经济的发展。

（二）县级承担责任逐步加大，财力与支出责任不匹配

随着构建社会主义和谐社会的实施，公共财政制度建设的不断完善以及市场化程度的深化，县级政府责任不断加大，事权不断扩大。近年来，新农村建设、农村义务教育、新型合作医疗、社会保障、公共基础设施建设以及环境保护等都要县乡政府组织和落实，财力是基础和保障。2005 年，县级财政供养人员占全省的比重为 73%，而财力仅占 48%，县乡政府承担的责任与可支配财力不相对称的问题十分明显。

（三）市对县财政体制不规范，未按属地原则划分收入

2002 年体制调整时，按照属地原则，省已将中央下放企业及原属省级收入范围的企业全部下放市县管理，要求市级也要按属地原则将省下放企业和市属企业按属地原则下放县级管理，使省市在分享县级收入增量的同时，让县级也能够参与省市下放企业收入增量。但各市在确定对县的财政体制中，未完全按属地原则划分收入。有些市不仅未将市属企业按属地原则下放县级管理，而且还将省下划的原中央和省级企业留归市级；有些市对省级下放企业收入虽也实行了属地征收，但县级却不参与收入分成。这样做使得中央、省、市三级都参与了县级收入增量的分享，而县级却不能参与分享上级企业收入增量，形成了上级净集中、县级净减少的局面。因此，来自县级人大代表、政协委员关于财政体制的提案、建议越来越多，呼声越来越高，迫切需要加强对市县财政体制的统一管理和规范。

二 调整规范省、市、县财政体制主要内容

（一）调整规范省、市、县财政体制，拉开第三次财政体制改革帷幕

党中央在《国民经济和社会发展第十一个五年规划》中明确提出“要理顺省以下财政体制，有条件的地方可实行省级直接对县的管理体制”。国务

院在2002年正式批转了财政部关于完善省以下财政管理体制有关问题的意见。财政部也在不同的会议上多次提出要完善省以下财政管理体制。省委、省政府对现行财政体制中存在的矛盾和问题极为重视。

山西省“十一五”规划中明确指出，“合理界定省以下各级政府的事权，调整和规范收支关系，建立健全与事权相匹配的财税体制。改革和完善省以下财政体制，加大省市财政对县乡的转移支付力度。开展贫困县‘省管县’财政体制改革试点”。2006年12月11日山西省人民政府下发《关于调整规范省市县财政体制和在35个国家重点扶贫开发县实行“省直管县”财政改革试点的通知》，山西省内35个国家贫困县全部纳入改革试点，从2007年1月1日起，再次调整规范省市县财政体制，拉开山西省第三次财政体制改革的帷幕。此次财政体制改革的重心和目的是把财力向基层倾斜，着力完善基层财政多收多得的激励机制，致力缓解基层财政困难，努力提高基层政府公共服务能力，这对加快发展县域经济和增强县级财政实力，推动全省经济社会又好又快发展将发挥重大作用。

（二）“省直管县”财政改革试点主要内容

此次财政体制改革的主要内容可以用“五个一”来概括。

1. “五个一”

（1）“一减少”，即减少省、市、县税收收入共享范围。省、市、县共享税种由原来的增值税、营业税、企业所得税、个人所得税、资源税、城镇土地使用税6个减少为5个，将城镇土地使用税全部下放市县管理。

（2）“一降低”，即降低省分享收入的比例。省级分享收入比例由原来的35%降低到30%，降低5个百分点。

（3）“一返还”，即建立增收返还机制，鼓励县级多收多得。对晋西北、太行山革命老区县“五税”收入每年超过省政府确定的全省一般预算收入增幅部分，省、市分享部分返还50%；其他县，省、市分享部分返还30%。

（4）“一改革”，即对35个国家重点扶贫开发重点县实行“省直管县”

财政管理体制改革。

（5）“一规范”，即规范市县财政体制。主要内容包括，实行彻底的税收收入属地管理，规范市级收入分享比例。市级分享收入比例不得超过 15%，原体制下未参与县级税收收入分享的市，原则上仍不得参与县级收入的分享。

2. 省对直管县的改革主要内容

“五到县、二不变”。“五到县”，即预算编制直接到县、体制核定直接到县、预算下达直接到县、资金调度直接到县和决算批复直接到县。“二不变”，即市对省直管县财政支持责任不变、其他财政管理工作不变。

（三）“省直管县”财政改革管理

作为此次改革主要内容之一的“省直管县”财政管理体制，顾名思义，就是省对县财政的直接管理。“省直管县”并不简单的是一个财政管理方式改革的问题，它实际上是行政体制改革的一项重要内容。在全省 35 个国家重点扶贫开发县进行“省直管县”财政管理体制改革试点，以 2006 年为基期，通过增量调节调整各级政府的利益格局，实现体制调整的平稳运行和顺利过渡。2011 年全国共 22 个省市实行了财政体制上的“省直管县”，包括河北、山西等 18 个省以及北京、上海、天津、重庆四个直辖市。但山西试点直管贫困县的初衷相对简单纯粹：在转移支付和专项补助环节减少行政层级，加强转移支付的准确度和力度，缓解贫困县级财政困难。根据山西省财政厅先后下发的 2010 年《关于进一步完善省直管县财政体制改革试点的通知》与 2007 年《关于对 35 个国家重点扶贫开发县实行省直管县财政体制改革的暂行办法》，山西省全省的预算编制、体制核定、包括转移支付在内的预算下达、资金调度将直接由省直管到县，财政决算由省直接批复至县。

省对县级转移支付作为财政体制的调节和补充，发挥着重要作用。为了缓解县级财政困难，在中央财政的支持下，省财政不断加大对县级的财力性转移支付力度。通过这次财政体制调整，县级整体财力将会进一步增强，县级多收不能多得的问题将会得到有效缓解，特别是财政收入基数大、增长快的县市区，从新体制中得到的实惠会更多。对于财政收入基数小、增长缓慢、支出压力大的贫困县，省财政仍将适度加大转移支付力度，缓解其支出压力，促进其经济社会发展。

2017 年 7 月 7 日山西省政府印发《关于在部分县（市）开展深化省直管县财政管理体制改革试点的通知》，拟将长治襄垣县、忻州原平市、晋中介休市、临汾侯马市、吕梁孝义市、运城永济市等 6 个县（市）纳入深化“省直管县”财政管理体制改革试点，改革试点从 2018 年 1 月 1 日起实行。

第四节　建立现代财政制度

党的十八大报告对财政赋予全新且高端的定位，提出“财政是国家治理的基础和重要支柱”，进一步将财政职能与全面深化改革对接，即财政需充分履行“优化资源配置、维护市场统一、促进社会公平、实现国家长治久安的制度保障”职能。提出加快改革财税体制，健全中央和地方财力与事权相匹配的体制，完善促进基本公共服务均等化和主体功能区建设的公共财政体系，构建地方税体系，形成有利于结构优化、社会公平的税收制度。随后，财税领域以“营改增”为起点开始了密集改革：预算管理制度改革、税收征管体制改革、中央地方间财政事权与支出责任划分改革、地方政府债务管理制度改革、完善转移支付制度以及全面的减税降费、政府向社会力量购买服务、财政资金整合统筹使用等。

一　现代财政制度改革的特征

党的十八届三中全会站在国家治理的高度，对财税体制改革进行了具体部署，即在实现建立现代财政制度的总目标下，改进预算管理制度，完善税收制度，建立事权和支出责任相适应的制度。《中共中央关于全面深化改革若十重大问题的决定》对深化财税体制改革、建立现代财政制度做出了重大部署，指出“财政是国家治理的基础和重要支柱，科学的财税体制是优化资源配置、维护市场统一、促进社会公平、实现国家长治久安的制度保障。必须完善立法、明确事权、改革税制、稳定税负、透明预算、提高效率，建立现代财政制度，发挥中央和地方两个积极性”，明确提出了当前和今后一个时期深化税制改革的目标原则和主要任务，这对于转变发展方式、推动科学发展、建立健全现代国家治理制度具有十分重要而深远的意义。

（一）加快建立现代财政制度的重大意义

1. 加快建立现代财政制度是实现党中央关于深化财税体制改革重大部署的必然要求

过去五年，财税领域改革多点突破，不断向纵深推进。现代预算制度主体框架基本确立。出台推进中央与地方财政事权和支出责任划分改革的指导意见，重点领域财政事权和支出责任划分改革积极推进。全面推开营改增试点后调整中央与地方增值税收入划分过渡方案出台实施。

2. 加快建立现代财政制度是完善和发展中国特色社会主义制度、推进国家治理体系和治理能力现代化的题中应有之义

党的十九大报告深刻洞察世情、国情、党情变化，科学做出“中国特色社会主义进入了新时代”的重大政治判断。财政制度体现政府与市场、政府与社会、中央与地方关系，涉及经济、政治、文化、社会和生态文明建设各个方面，是国家治理体系的重要组成部分。加快建立现代财政制度，是更好发挥财政在国家治理中的基础和重要支柱作用的客观需要，有利于加快国家治理体系和治理能力现代化进程。

3. 加快建立现代财政制度是决胜全面建成小康社会、实现中国梦的重要保障

十九大报告从全局和战略的高度强调加快建立现代财政制度，并明确了深化财税体制改革的目标要求和主要任务。贯彻新时代中国特色社会主义发

展的战略安排，深化供给侧结构性改革，要求加快建立有利于转变经济发展方式、维护市场统一、促进社会公平正义的可持续的现代财政制度，充分发挥其在优化资源配置、提供公共服务、调节收入分配、保护生态环境、维护国家安全等方面的职能，促进更高质量、更有效率、更加公平、更可持续的发展，更好地推动人的全面发展、社会全面进步。

（二）深化税制改革的目标取向

深化税制改革要依据“五位一体”总布局、总要求，改革税收制度，优化税制结构，推进依法治税，理顺国家与企业、个人之间的税收分配关系，在保持宏观税负总体稳定的基础上，充分发挥税收筹集财政收入、调节分配、促进结构优化的职能作用，加快形成有利于科学发展、社会公平、市场统一的税收制度体系，更大程度、更广范围发挥市场在资源配置中的决定性作用，为完善社会主义市场经济体制和全面深化改革开放奠定更加科学有效、适应性更强的税制基础。

（三）财税体制改革主要内容

1. 优化税制结构

随着经济社会发展水平变化和征管条件改善，促进直接税和间接税比例的调整，进一步提高所得税、持有环节不动产税的收入比重；健全地方主体税种，调动地方组织收入的积极性，增强自主性；明确和规范税制要素，税制设计尽可能简单透明，以降低税收成本，减少自由裁量权，规范征管秩序。科学划分中央税、共享税和地方税，合理配置各级政府税收收入归属权。

2. 完善调节功能

通过改进和完善税收政策，引导地方政府更多地关注经济发展质量；坚持税收“取之于民、用之于民”基本理念，正确处理税收在经济效率与社会公平之间的关系；建设全国统一公平市场，逐步消除现行税制存在的对不同市场主体的税收不平等待遇，促进自由竞争和要素充分流动，进一步激发市场主体活力。

3. 稳定宏观税负

要强化税收筹集财政收入的功能作用，也要保持宏观税负相对稳定。因此，改革要税费联动、有减有增，兼顾需要与可能，既要考虑保障国家发展和人民对公共服务的需要，保持财力适度增长，又要充分考虑企业、个人的承受能力，将税收负担水平控制在合理范围之内。同时，解决以费代税造成的税费功能叠加问题，实现税费功能归位，规范政府收入秩序。

4. 推进依法治税

规范税收优惠政策管理，在法律规定范围内赋予地方必要的税权。要严格税收征管，维护国家税法的统一、尊严和权威，推动形成科学立法、严格执法、全民守法的依法治税新局面。

深化税制改革的主要任务就是要建立规范的现代增值税制度，进一步发挥消费税调节功能，加快资源税从价计征改革，加快推进房产税制度改革，建立健全综合与分类相结合的个人所得税制度，开征环境保护税，加强和改进税收优惠政策规定，完善国税、地税征管体制。2018 年 6 月 15 日全国各省（自治区、直辖市）税务局的挂牌，标志着国税地税征管体制改革迈出关键一步。税务新机构的运行，有利于调整优化税务机构职能，完善结构布局和资源配置，有利于构建优化高效统一征管体系，有利于进一步规范收入，创造统一公平的市场环境。

二　山西省完善财政管理体制，促进县域经济转型发展

完善财政管理体制是加快建立现代财政制度、推进转型综改的重要举措，是实现十九大两个阶段战略安排和省委、省政府提出的 2030 年基本完成资源型经济转型任务的必然要求。改革完善财政管理体制，将有利于促进财力下沉县级、资源集聚县域，有助于引导和带动县级提升转型发展的高度自觉和战略定力，对推动县域摆脱传统路径依赖、开创转型发展新局面具有重要意义。

为深入贯彻落实党的十九大精神，更好地促进山西省县域经济转型发展，加速破解资源型地区创新发展难题，结合《国务院关于支持山西省进一步深化改革　促进资源型经济转型发展的意见》（国发〔2017〕42号），2017年12月29日晋政办发〔2017〕176号《山西省人民政府办公厅关于改革完善财政管理体制　促进县域经济转型发展的意见》发布。其主要内容如下。

（一）完善财政奖补措施，激励县域经济加快转型发展

1. 加大对综改示范区、开发区财政奖励力度，引领转型发展

2030年前，省、市财政对开发区、转型综改示范区税收收入增量省、市分成部分按100%奖励，用于开发区、转型综改示范区建设发展，激发山西省转型动力和发展活力。

2. 建立税收增长奖励扶持机制，促进新兴产业发展

2030年前，省财政对县级（不含开发区）新兴产业、第三产业产生的税收收入增量省级分成部分按100%奖励，调动县级加快产业转型的积极性，树立财力向转型发展集聚的政策导向，支持实施产业转型升级行动。鼓励各市政府参照省级办法，建立对县级税收增长奖励扶持机制。

3. 调整消化赤字财政奖励政策，减轻转型负担

以2016年上报决算反映的11个赤字县和2个赤字市为考核对象，2017~2018年两年间，凡实现当年收支平衡，并能够消化以前年度赤字的，省财政按照消化赤字额的50%给予奖励；对新增赤字的市县，按新增赤字额的50%扣减转移支付，调动基层政府消化赤字的积极性，帮扶市县甩掉包袱、轻装上阵，腾出更多财力促进转型发展。

（二）改革财政体制机制，推动县域经济加快转型发展

1. 深化“省直管县”财政体制改革试点，激发县级财政活力

按照“分类实施、逐步推进”的原则，从2018年起，对襄垣县、原平市、介休市、侯马市、孝义市、永济市6个县（市）开展深化“省直管县”

财政体制改革试点工作，从财政体制上实行彻底的直接管理，在财政管理体制方面进一步为县级“松绑”，即在收入方面，试点县（市）与所属市在财政管理体制上由过去的上下级关系变为平行关系，市级不再参与分享试点县（市）的财政收入，试点县（市）财政收入除上划中央和省级外全部留归当地。在支出方面，改革前市级通过自身财力安排给试点县（市）的各项配套支出仍由市级承担；改革后的各项新增支出，除法律法规规定外，原则上由省与试点县（市）两级负担，市级不再承担对试点县（市）新增支出。在确保试点县（市）改革成功的基础上，适时选择第二批试点县进一步扩大改革范围，放大改革效应。

2. 推进财政事权和支出责任改革，逐步厘清责任边界

在中央总体部署和顶层设计下，紧密结合山西省实际，科学合理地划分省以下财政事权和支出责任，适度加强省级财政事权，保障市县履行财政事权，合理界定省与市、县共同财政事权，并按照“谁的事权谁承担支出责任”的原则，确定各级政府支出责任。根据中央相关领域改革进程，争取2019年在与人民群众利益密切相关的基本公共服务领域和教育、医疗卫生领域的财政事权和支出责任划分改革取得突破性进展；2020年基本完成主要领域省以下财政事权和支出责任划分工作，逐步建立权责清晰、财力协调、标准合理、保障有力的制度体系和保障机制。

3. 完善专项转移支付管理方式，减轻县级配套负担

对保留的专项转移支付进行甄别，属于县级事权的项目划入一般性转移支付。清理规范资金配套政策，今后除按规定由省、市、县共同承担支出责任的事项外，不再要求县级政府承担配套资金。省级主管部门尽可能减少审批和分配县级项目，资金统筹、项目管理权限进一步下放到县级，县级承担资金使用的主体责任，省级侧重加强监管，管理重点转为政策制定、项目监督和绩效评价。加大涉农专项资金统筹整合力度，分配给贫困县的资金增幅不低于该项资金平均增幅，资金按因素法分配切块下达，不指定具体项目，不提与脱贫攻坚无关的任务要求。

（三）加大转移支付力度，助力县域经济加快转型发展

1. 加大省对县级均衡性转移支付力度，缩小县域财力差距

稳步扩大省对县级均衡性转移支付资金规模，强化省对县级均衡性转移支付保基本、兜底线职能作用，省级财政全面、真实、科学核定县级保工资、保运转、保基本民生以及支持国企国资改革等重点支出需求，据实测算县级财力缺口，并对当年存在财力缺口的县予以均衡性转移支付补助；县级财政要统筹自有财力和上级转移支付资金，确保行政事业人员基本工资发放、基层政府正常运转、国企国资改革以及基本民生支出需要，为经济转型奠定坚实基础、解决后顾之忧，在此基础上统筹财力加大对转型发展的财政投入力度。

2. 加大对资源枯竭城市财政转移支付力度，加快县域转型步伐

认真研究县域产业发展现状，加快建立县域产业衰退评估体系和县域采煤沉陷区治理成本负担评估体系，积极争取中央加大对山西省资源枯竭城市转移支付力度，将主导产业衰退严重的县以及收支矛盾突出、财力困难的采煤沉陷区纳入资源枯竭城市转移支付补助范围。

3. 加大生态转移支付补助力度，引导转变县域发展方式

牢固树立社会主义生态文明观，贯彻“绿水青山就是金山银山”的发展理念，采取更有力、更明确的财政政策引导县级扎实推进生态文明建设，转变发展方式。在积极争取中央扩大对山西省国家重点生态功能区转移支付补助范围、增加转移支付资金规模的同时，不断完善国家重点生态功能区转移支付分配办法，对生态环境保护工作努力程度高、实施效果好的地区加大生态转移支付力度。逐步加大省对县级生态转移支付规模，加大对省级重点生态功能区转移支付力度，最大限度发挥转移支付的政策导向作用，引导市县政府增强环境保护和生态文明建设意识，推动县级加快形成绿色发展方式。

4. 加大财力性转移支付向贫困县的倾斜力度，补齐县域发展短板

针对山西脱贫攻坚任务较重的客观实际，2020 年前，省对县级基本财力保障奖补资金、均衡性转移支付等财力性转移支付重点加大对贫困县特别是

深度贫困县的倾斜力度，确保省对贫困县财力性转移支付增幅高于省对县级平均增幅，确保省对深度贫困县财力性转移支付增幅高于省对贫困县平均增幅，并在此基础上确保转移支付规模逐年增加，为山西省打赢脱贫攻坚战、攻克深度贫困堡垒提供有力的财政保障。

2018 年山西继续深化财税体制改革。坚持“紧日子、保基本、调结构、保战略”，调整优化财政支出结构，研究推进省以下财政事权和支出责任划分，完善支持转型升级的财政税收运行机制。健全地方税体系，开展水资源税改革试点。落实减税降费政策，继续清理规范涉企收费，加大对乱收费的查处和整治力度。

第十六章　改革开放 40 年山西金融体制改革的实践与探索

从 1978 年中共十一届三中全会开始，我国金融渐进式改革持续了 40 年，通过恢复金融体系，金融市场、资本市场从无到有，形成现代金融体系雏形；通过人民银行专门行使中央银行职能，中国银行业监督管理委员会的成立，分业监管格局形成；通过利率市场化稳步推进，基本实现了银行存、贷款利率市场化；加入 WTO 后，外资金融机构获得准入，金融业全面对外开放等，实现了由计划金融向市场金融、封闭型金融向开放型金融的转变。

我国金融改革的路径主要通过全局性、强制性的“自上而下”的方式进行，所以在各个阶段，山西也跟着国家步伐，基本能够按照规定完成各项金融改革要求。恢复专业银行、打破单一金融机构，改革信贷管理体制、扩大信贷业务范围，不断增设基层网点，开辟新的存款项目，不断拓宽金融机构聚集资金的渠道，存款持续增加的同时，贷款范围也不断拓宽，贷款投向能够按照地方经济发展变化，投向重大项目和重大领域，融合和分配社会资金能力发生了质的飞跃，通过改革释放了经济的增长活力，为经济发展不断注入新动力。

2017 年末，全省金融机构各项存款余额达 32844.9 亿元，较 1978 年增长了 1283 倍，年均增长率达 20.14%；各项贷款余额 22573.8 亿元，较 1978 年增长了 484 倍，年均增长率达 17.18%；地区生产总值 14973.51 亿元，较 1978 年增长了 170 倍，年均增长率达 13.66%。虽然取得的成绩较为瞩目，但金融发展不充分、经济与金融发展不协调等问题也较为突出，金融机构数量和种类不足、地方金融发力不足、资本市场发展滞后、金融开发度不高等问题已成为制约山西经济转型发展的“短板”。

第一节　山西金融改革实践回顾

十一届三中全会以来，改革开放的政策促进了国民经济的快速发展，为银行扩大资金来源奠定了可靠的基础。全省金融系统为适应经济形势的发展，紧跟国家金融体制改革步伐，逐步完善了现代金融体系，支持实体经济效果显著。

一　初步构建阶段（1978~1984年）

中国的金融体制改革是从改革银行体制开始的。1978 年，五届人大一次会议决定，中国人民银行总行从财政部中独立划出，这标志着中国金融体系开始恢复。为了适应经济发展和经济体制改革的需要，从 1979 年开始，我国逐步恢复和设立国有专业银行，基本搭建了我国国有商业银行的架构。1980 年，第一家城市信用社在河北省挂牌营业，引发了组建城市信用社的热潮。

伴随着国家的银行体制改革，山西也逐步建立起了金融体系。

1978 年 2 月，经中共山西省委批准，中国人民建设银行山西分行属二级局待遇。1979 年 12 月 15 日，中国人民建设银行山西省分行按一级局对待。中国人民建设银行是负责管理固定资产投资的国家专业银行，它肩负着财政和银行双重职能。

1979 年 4 月，中国银行太原分行由处级升为二级局，由省人民银行代管，业务由中国银行总行直接领导。1984 年 6 月，从省人民银行分出，成立独立机构，同时又升格为一级局，成为全省的外汇专业银行。

1979 年 7 月 1 日，为了加强对支农资金的管理，更好地为高速度发展农业生产和四个现代化服务，恢复中国农业银行山西省分行，作为一级厅局机构。农业银行的主要任务是：统一管理支农资金，集中办理农村信贷，领导农村信用合作社，发展农村金融事业。

1980 年 4 月 25 日，山西省人民政府批转《人民银行山西省分行关于在我省恢复国内保险的请示报告》。同年 7 月 9 日，中国人民保险公司山西省分公司恢复成立，同时组建了太原、大同、榆次 3 个支公司，仍受总公司和省人民银行双重领导。

1984 年，中国工商银行山西省分行成立，承担原来由人民银行办理的工商信贷和储蓄业务。

二 改革与发展阶段（1984~1994年）

随着城市经济体制改革的全面展开，要求金融体制向市场化方向改革发展。1983 年 9 月，国务院颁布《关于中国人民银行专门行使中央银行职能的决定》，自1984年1月1日起，中国人民银行将专门行使国家的中央银行职能，标志中国开始形成现代金融体系的雏形。这一阶段，产权多样的商业银行相继开业，逐步形成了多层次银行格局；信托投资公司、融资租赁公司、财务公司等非银行金融机构开始出现；债券市场、资本市场、票据市场、银行同业拆借市场等金融市场纷纷启动。1993 年，国务院下发了《关于金融体制改革的决定》和《关于进一步改革外汇管理体制的通知》等文件，明确提出我国金融体制改革的目标是确立强有力的中央银行宏观调控体系；实行政策性金融与商业性金融分离，建立以国有商业银行为主体，多种金融机构并存的金融组织体系；建立统一开放、有序竞争、严格管理的金融市场；改革外汇管理体制，协调外汇政策、货币政策。

此阶段的山西金融也在国家金融改革各个领域有所建树。

1984年，中国人民银行山西省分行开始专门行使中央银行职能，省、市、县普设分支机构。

1984 年，中国投资银行山西省分行开始筹建，1985 年 2 月成立，1985

年 10 月正式对外营业。

1985 年 4 月 1 日，山西省经济开发投资公司正式营业，是山西第一个经营国内外金融业务的地方金融机构。

1985 年 1 月，中国工商银行山西省分行在信托部的基础上，申报人民银行山西省分行批准，成立中国工商银行山西省分行信托投资公司。

1981 年 6 月成立了国家外汇管理局山西分局，与中国银行太原分行合署办公，一套人马，两块牌子。1985 年 1 月，按照国家外汇管理局隶属关系，国家外汇管理局山西分局正式从中国银行太原分行分出，划归省人民银行合署办公。

1987 年，交通银行太原支行成立，这是山西省首家设立的股份制商业银行分支机构。

1994 年 1 月 6 日，山西汾酒在上海证券交易所上市，山西资本市场开始起步。

三　深化与完善阶段（1994~2001年）

为了经济的长远发展，有了金融业的治理整顿和与之相随的全面配套改革。治理整顿体现为规范中国金融机构行为和金融活动的基本法规的相继颁行——《中国人民银行法》《商业银行法》《票据法》《保险法》等，标志着中国的金融发展开始进入法治轨道。全面配套改革体现为：一是商业银行体系改革，从 1994 年开始三家政策性银行先后挂牌成立，政策性业务和商业性业务相分离。一些经济发达城市的城市信用社先行改造为城市合作银行（后更名为城市商业银行）。二是汇率改革，对行之多年的多重汇率制度进行了重大改革，原先汇率并轨，正式开始实行有管理的浮动汇率制度。

此阶段的山西金融也有相应的配套改革。

1995 年 2 月，中国农业发展银行山西省分行成立，标志着山西省商业金融与政策性金融开始分离。

1998 年太原市商业银行成立，2009 年改制成为晋商银行。

除此之外，这一阶段山西省内股份制商业银行异军突起，民生银行、光大银行、华夏银行等新兴股份制商业银行分支机构纷纷成立。

四　全面改革及开放阶段（2001~2013年）

加入 WTO，拉开了中国全面建设市场化的金融体系并逐步融入全球金融体系的改革序幕。2003 年成立了中国银行业监督管理委员会，将原来由中国人民银行行使的对银行机构的监管职能分离出来。至此，中国分业经营、分业监管的制度框架最终确立。2004 年开始，国有金融机构的改革陆续迈出关键步伐，中国建设银行、中国银行、中国工商银行以及保险、证券等机构纷纷踏上上市之旅。2005 年在股票市场持续大幅下跌的背景下推出了“股权分置”改革，到 2006 年股权分置改革完成。2005 年 7 月 22 日，根据“自主性、可控性和稳定性”三原则，我国推出了汇率形成机制的进一步改革，恢复实行以市场供求为基础、参考“一揽子”货币计算人民币多边汇率指数的变化、有管理的人民币汇率制度，承诺了保持人民币汇率在合理、均衡水平上基本稳定的责任。这一阶段以国有商业银行上市、资本市场股权分置改革、金融业对外开放、人民币汇率形成机制改革、短期融资券的发行等为标志，中国金融体制改革逐步走向规范化、市场化和国际化。

此阶段的山西在国家金融全面改革及开放的阶段，注重金融服务的提升，对金融支持经济做出政策引导，也积极进行地方金融改革。全省国有银行陆续进行股份制改革，剥离不良资产，减轻企业债务负担。农信社改革也进展顺利，到 2012 年，全省已有 12 家农村商业银行。而山西金融开放一直都是短板，一直到 2007 年，首家外资银行汇丰银行太原分行成立。

五　顺应新常态的改革阶段（2013年至今）

十八届三中全会《中共中央关于全面深化改革若干重大问题的决定》对

金融改革做出了全面部署。周小川（2013 年）将十八届三中全会关于金融改革的部署划分为五个领域：构建更具竞争性和包容性的金融服务业、健全多层次资本市场体系、稳步推进汇率和利率市场化、加快实现人民币资本项目可兑换和完善金融监管。

这一阶段，山西金融业保持快速发展，金融产品日益丰富，金融服务普惠性增强，金融体系不断完善，守住不发生系统性金融风险底线的能力增强。金融机构业态继续优化，平安银行太原分行成立，山西金融投资控股集团、华融晋商资产管理公司、晋商消费金融公司、国信再担保公司等法人金融机构相继筹建，众筹平台山西高新普惠资本投资服务有限公司、互联网 P2P 平台山西省金融资产交易中心开业运行。农村金融机构改革持续深化，2016 年末山西省农信社系统县级法人机构共有 110 家，其中农村信用社 71 家、农村合作银行 1 家、农村商业银行 38 家，农村金融机构治理结构不断优化。村镇银行设立实现常态化，业务发展迅速。2016 年末，山西省共有 61 家村镇银行，新增 4 家，农村金融供给质量不断提升，覆盖面不断扩大。

第二节 山西金融支持实体经济发展成效回顾

金融虽是经济的血管和命脉，但是经济发展的基础还是实体经济，金融归根结底是要为实体经济服务的。改革开放以来，山西实体经济尤其是围绕资源型产业发展迅猛，金融支持成效显著。

一 金融市场从无到有，金融业产值持续增加

货币市场和资本市场的发展，对金融融资功能更有效的发挥起到了至关重要的作用，金融业产值持续增加。按当年价格计算，1978 年全省地区生产总值为 88.0 亿元，金融业增加值为 1.7 亿元。2016 年，全省地区生产总值为

12966.2亿元，是1978年的147倍，金融业增加值为1207.35亿元，是1978年的710倍。

1. 货币市场取得较快发展

货币市场交易量逐年增加。2017年，山西省加入全国银行间同业拆借市场的金融机构为63家，加入全国银行间债券市场的金融机构为100家。2017年山西省金融机构在全国银行间市场全年累计成交173699.6亿元，同比虽有小幅下降，但较2005年相比，累计成交额是2005年的211倍，年均增长率高达56.2%（见表16-1）。

表16-1 货币市场交易情况

单位：亿元

	2005年	2014年	2015年	2016年	2017年
年度累计成交额	823.1	65238.8	109294.7	174312	173699.6
拆借资金	33.7	158.9	568.6	2336.3	3912.3
质押式回购	436.3	56133.8	89927.6	123167.3	123264.6
现券交易	153	6390.1	14435.3	40813.1	35739.4
买断式回购	—	2555.9	4363.1	7995.4	10783.4

资料来源：历年山西省金融运行报告。

2. 资本市场有待进一步发力

以1994年山西汾酒上市为标志，山西资本市场正式起步。2016年末，山西省国内上市公司38家，总股本达到743.2亿股、总市值5629.7亿元，占全省GDP的43.42%。山西省依法设立各类交易场所24家，较2012年清理整顿工作完成后增加3家。其中，产权类14家占机构总数58%，能源类3家，权益类5家，其他类2家。国有控股16家，占比为67%。各类交易场所稳步发展，服务实体经济能力增强。以山西省股权交易中心为例，2016年末挂牌企业1456家，累计债权融资10.2亿元，托管企业137家，托管股权59.6亿股。

二　银行业规模稳步增长，信贷投入不断加大

2017 年，山西省银行业金融机构资产总额 42014.8 亿元，负债总额 40563.7 亿元（见图 16-1）。资产总额较 2009 年翻倍，资产规模持续处于增长态势，但增幅较 2012 年以前下滑明显，一方面与山西煤炭“黄金十年”有关，另一方面也与银行机构扩张有关。另外，受经济低位运行、利差收窄等因素影响，近年来山西省银行业金融机构盈利能力减弱，资产利润率逐年下滑，2016 年实现利润 264.8 亿元，同比下降 12.1%，较 2014 年下降了 19.19%。2017 年受经济回暖影响，银行业金融机构盈利能力止降转升，实现利润 335.8 亿元，同比增长 26.81%。

信贷投入一直是山西主要的社会筹资模式，对促进地方经济发展起到了关键作用，总量提升的同时结构也进一步优化。

1. *总量提升*

1978 年，山西金融机构各项贷款合计 46.61 亿元，而到 2017 年末，贷款合计已达到 22573.8 亿元，是 1978 年的 484 倍，年均增长率为 17.18%。2011 年，各项贷款合计突破万亿大关，但仅用了 5 年时间就超过 2 万亿。

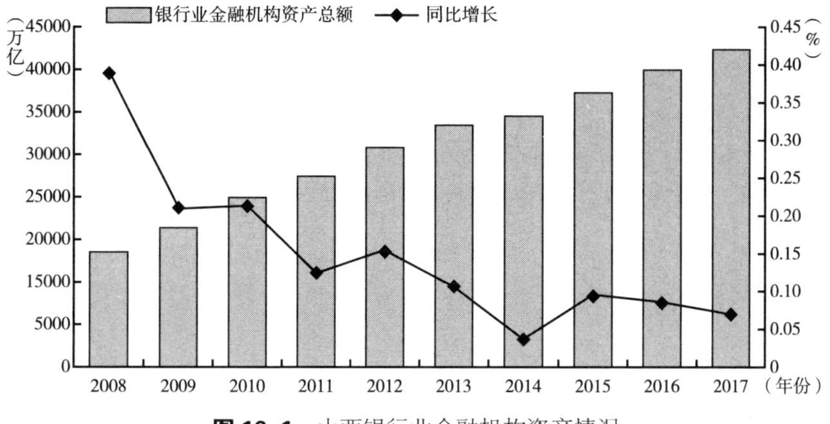

图 16-1　山西银行业金融机构资产情况

通过将贷款增长率与 GDP 指数进行对比，一方面显现出两者趋势基本保持一致，但贷款增长率的波动幅度明显大于 GDP 指数，且波动先于 GDP 指数，体现了金融对经济的促进与反作用；另一方面也反映出金融体制在前半段尤其是 1998 年以前受国家政策性影响较重，后半段市场化行为逐步显现（见图 16-2）。

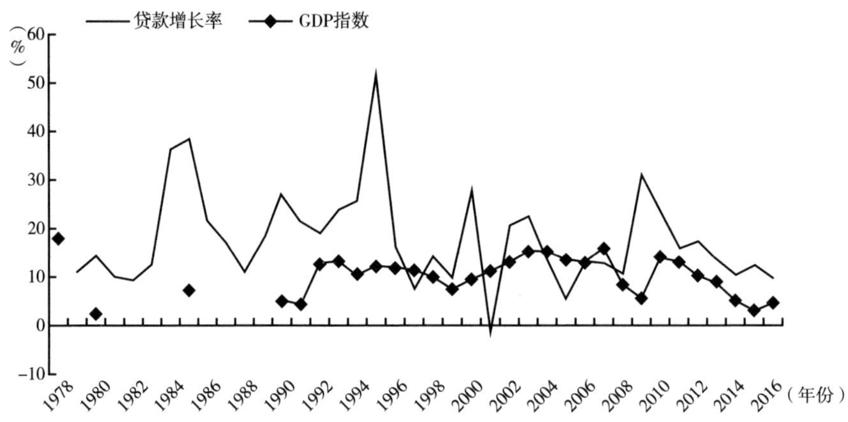

图 16-2 山西金融机构贷款增长率与地区生产总值增长情况对比

资料来源：山西统计年鉴。

2. 贷款结构优化

从图 16-3 上看，山西金融机构中长期贷款自 1978 年以来持续保持上升态势，峰值出现在 2011 年的 57.19%，到 2016 年中长期贷款占比仍达 53.71%。中长期贷款中结构也有所变化，一直以来中长期贷款中基本建设贷款是主要构成，占比基本都在 50% 左右。近年来个人消费贷款发展较快，2016 年，个人消费贷款占中长期贷款比重达到 38.38%，较 2006 年比重提高 30 个百分点。

3. 投向合理

如图 16-4 所示，1983 年以前，工、商、农贷款占全部贷款比重在 95% 以上，其中商业贷款占比最高一直处于 50% 以上。1989 年，工业贷款占比与

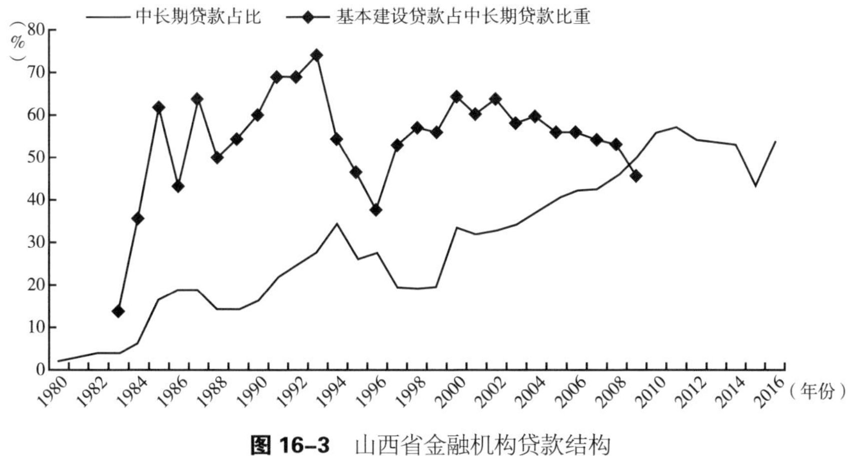

图 16-3 山西省金融机构贷款结构

商业贷款持平，1989 年以后，工业贷款占比持续高于商业贷款占比，农业贷款占比在平稳中逐渐上升，尤其是 2000 年以来一直保持上涨势头。

2012 年开始，贷款投向从采矿业、交通运输、批发和零售等重点领域转向转型综改领域，原重点领域尤其是采矿业增速显著下滑。同时对于薄弱环节以及民生领域尤其是 2013 年以来尤为关注，涉农贷款、中小微企业贷款增长速度基本高于全部贷款增速（见表 16-2）。

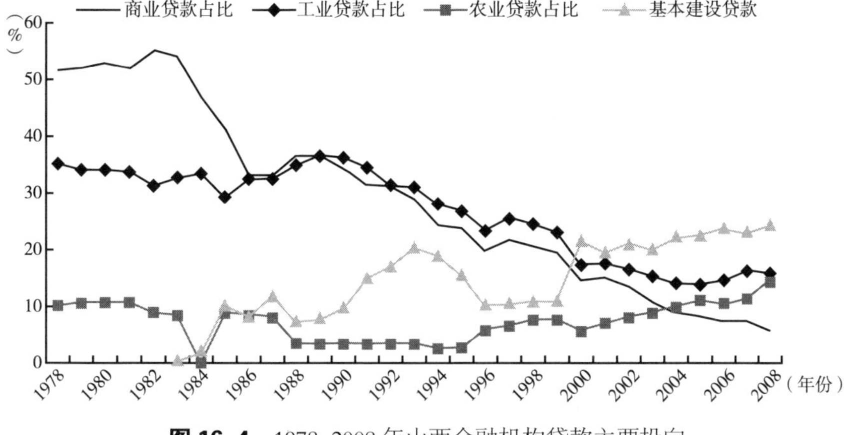

图 16-4 1978~2008 年山西金融机构贷款主要投向

资料来源：山西金融统计六十年。

表 16-2 2007~2017 年山西金融机构贷款主要投向

	贷款投向
2007 年	主要投向：采矿、制造业、电力、燃气等山西主导产业。 薄弱领域支持情况："三农"贷款余额 940 亿元，较年初增加 202 亿元，"两区"开发项目资金 54 亿元，助学贷款余额达 3.4 亿元，下岗职工再就业贷款余额达 5855 万元
2008 年	主要投向：加大基础设施建设投入，年末中长期贷款增长 21.7%
2009 年	主要投向：重点工程项目。 薄弱领域支持情况：薄弱环节、社会弱势群体的支持、中小企业贷款和涉农贷款保持平稳较快增长
2010 年	主要投向：采矿业、交通运输、批发和零售、水利和公共设施管理业新增贷款占六成
2011 年	主要投向：采矿业、制造业、交通运输业和批发和零售业新增贷款占 72.3%。 薄弱领域支持情况：全年新增涉农贷款 1021 亿元、中小企业贷款 643.41 亿元，增速分别高于全部贷款增速 13.81 和 5.87 个百分点
2012 年	主要投向：投入转型综改"四大领域、十二大项目"的贷款余额达到 8206.8 亿元，占到各项贷款余额的 62.1%。煤炭、电力等重点领域和支柱产业贷款余额同比增长 20.5%。 薄弱领域支持情况：涉农贷款、中小企业贷款同比增长 25.8%、17%。保障房开发贷款余额同比增加 31.7%、下岗失业人员贷款与大学生助学贷款累计发放达 8.6 亿元
2013 年	主要投向：投入转型综改"四大领域、十二大项目"的贷款余额达到 9476.1 亿元，同比增长 15.7%，占到各项贷款余额的 63.1%。 薄弱领域支持情况：山西省涉农贷款、小微企业贷款同比增长率分别达到 22.5%、29.3%，均高于各项贷款增幅。累计发放保障性安居工程贷款 9.9 亿元，有效支持了全省 19.3 万套新开工保障性住房建设；下岗失业人员贷款余额 7273 万元，全年累计发放 7754 万元；支持大学生"村官"创业贷款余额 5081.2 万元，全年累计发放 1711.7 万元
2014 年	主要投向：山西省"转型综改"领域贷款新增 1294.8 亿元。 薄弱领域支持情况：涉农贷款新增 742.7 亿元，余额增速高于各项贷款增速 1.04 个百分点；小微企业贷款新增 257.8 亿元
2015 年	主要投向：山西省"转型综改"领域新增贷款 1204.2 亿元，采矿业贷款增速同比回落 10.6 个百分点。 薄弱领域支持情况：涉农贷款同比多增 110.7 亿元
2016 年	主要投向：山西省"转型综改"领域新增贷款 927.4 亿元，采矿业贷款同比少增 411.7 亿元。 薄弱领域支持情况：小微企业贷款同比多增 245.0 亿元、发放扶贫再贷款 30.7 亿元
2017 年	主要投向：山西省"转型综改"领域新增贷款 1406.5 亿元，煤炭、钢铁行业贷款增速放缓。 薄弱领域支持情况：精准扶贫贷款较年初增加 453.1 亿元

资料来源：历年山西金融运行分析报告。

三　证券业稳步发展，直接融资比例不断扩大

截至2017年12月31日，山西辖区共有2家证券公司,3家期货公司，32家证券公司分公司，185家证券营业部。2家证券公司总资产528.24亿元。2010年以来，除2015年受行情影响2家证券公司盈利能力大幅提高外，相对较为平稳，但2016年、2017年连续两年盈利能力下降（见表16-3）。

表16-3　2010年以来山西证券业发展情况

年份	证券公司（家）	总资产（亿元）	营业收入（亿元）	净利润（亿元）	证券公司分公司（家）	营业部（家）
2010	2	205.51	15.8	5.78	3	100
2011	2	145.79	11	2.49	3	111
2012	2	143.47	9.32	2.34	3	123
2013	2	158.22	12.37	4.69	19	139
2014	2	273.76	18.26	7.11	19	145
2015	2	478.54	36.49	17.29	23	150
2016	2	528.24	28.15	6.08	28	164
2017	2	506.72	48.68	5.53	32	185

近年来山西融资结构持续改善，直接融资占比从2010年的21.8%提高至2016年的54.28%。2016年山西省企业间接融资1781.7亿元，占融资总额的45.71%。直接融资2115.9亿元，占融资总额的54.28%。而2017年因股票融资金额减少，直接融资占比同比下降明显。需要关注的是，山西间接融资结构中以债券融资为主，短期融资券、中期票据、非公开债务融资工具、超短期融资券比例增长，股票融资规模较少。

四　保险业快速发展，服务实体经济能力不断提升

截至 2017 年底，总部设在山西的保险公司 1 家，分支机构 49 家，风险保障功能持续增强。2008~2017 年 9 年间保费收入从 261 亿元增加至 823.9 亿元，增长了 216%，年均增长率达 13.62%，到 2017 年保险深度 5.5%；保险赔付支出较快增长，2017 年各类赔款给付 194.1 亿元，是 2008 年的 2.62 倍，年均增长率为 11.31%；保险密度从 2008 年的 769 元 / 人增至 2017 年的 2225 元 / 人，年均增长率 12.53%（见表 16-4）。

表 16-4　2008 年以来保险业发展情况

年份	总部设在辖内保险公司数	保险公司分支机构	保费收入（中外资，亿元）	各类赔款给付（亿元）	保险密度（元 / 人）	保险深度（%）
2008	1	28	261	74	769	4
2009	1	28	289	70	843	4
2010	1	30	365	80	1066	4
2011	1	41	365	104	1020	3.3
2012	1	42	384.6	119	1065.3	3.2
2013	1	43	412.4	169	1142	3
2014	1	46	465.4	182.5	1275.7	3.7
2015	1	47	586.8	214	1601	4.4
2016	1	48	700.6	239	1902.8	5.4
2017	1	49	823.9	194.1	2225	5.5

资料来源：山西经济年鉴、山西省金融运行报告。

保险资金在山西新增投资也逐年增长，2016 年新增投资 146.8 亿元，同比增长 18.6%，有力地支持了实体经济发展。山西省保险业为社会提供风险

保障逐年提升，2017 年达 29.3 万亿元，同比增长 37.9%。一是服务农业发展，农业保险将旱灾纳入保障范围，地方财政支持的特色农业保险覆盖范围越来越大，气象指数、价格指数、农产品产值等保险产品陆续推出，2017 年为 371.9 万户农户提供 454.4 亿元风险保障，已决赔款 4.6 亿元，134.8 万户农民受益。二是支持了山西外贸发展，出口信用保险企业覆盖率和一般贸易渗透度持续居全国首位，2017 年分别达到 90.7%、86.1%。三是重大技术装备保险补偿机制试点工作稳步开展，2016 年承保了 12 笔首台（套）重大技术装备保险，提供风险保障 0.8 亿元。2017 年累计为 34 台设备提供 4 亿元风险保障。

第三节　支持山西实体经济发展的金融供求分析

改革开放以来，山西金融支持实体经济发展的成效显著，但也存在有待进一步完善的地方，金融供给不充分、与实体经济发展不相协调的问题值得关注和解决，以便更好地为实体经济服务。

一　金融供给不充分问题

从全国性金融机构进驻山西的情况以及地方金融的发展看，山西对外部金融吸引力不足，地方金融对经济支撑的贡献有待释放，金融供给不充分问题较为明显。

1. 银行业金融机构

（1）信贷资源供给不充分

如图 16-5 所示，从历年来存贷款增长情况对比分析，2009 年以前，存贷款在同比增长的情况下，存款增长率高于贷款增长率，在增幅同比下降的情况下，存款降幅又低于贷款的降幅。自 1978 年至 2008 年的 30 年间仅有 7

年出现存款同比增幅低于贷款的情况。2009 年以来持续出现存款增幅低于贷款的情况，说明信贷资源供给较前 30 年有所好转。

但同全国水平相比，我们根据金融机构贷存比对比发现，1998 年以来，除 2000 年、2002 年个别年份外，基本上山西金融机构贷存比明显低于全国水平，进一步说明了山西信贷资源供给不充分问题（见图 16-6）。

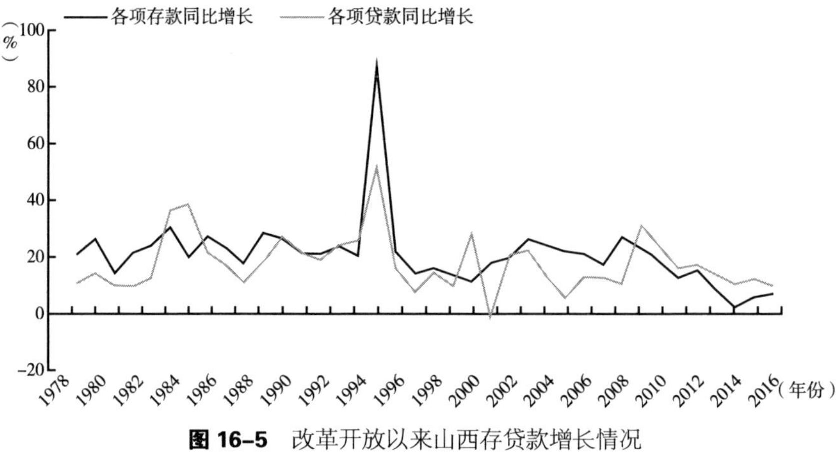

图 16-5 改革开放以来山西存贷款增长情况

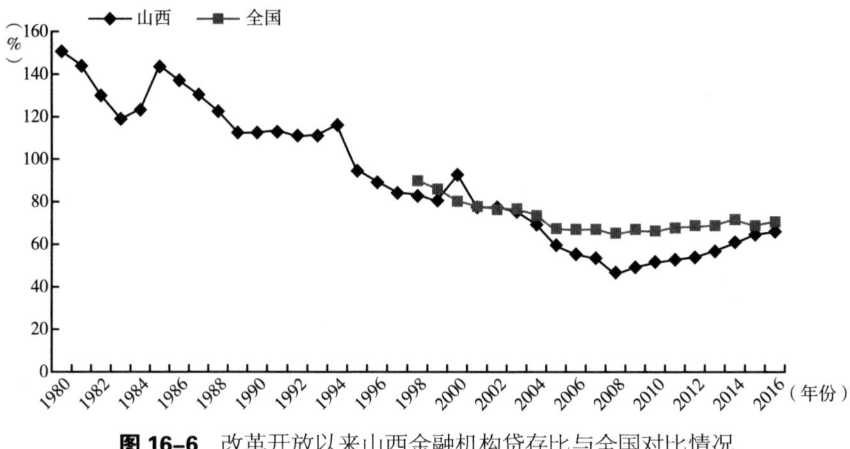

图 16-6 改革开放以来山西金融机构贷存比与全国对比情况

（2）地方银行业发展滞后

2017年末，山西银行业金融机构资产总额42014.8亿元，全国性商业银行占主要地位，资产占比超50%。地方性法人机构资产规模小而散，法人机构数212个，其中城市商业银行6个，小型农村金融机构114个，财务公司6个，新型农村机构83个。6个城市商业银行机构数共计456个，资产总额4668.7亿元，与全国同类型商业银行相比差距明显。114个小型农村金融机构的机构数共计3172个，资产总额10351.2亿元，与全国多数省份如浙江、山东等相比还有一定的差距。另外，山西省地方金融机构的辐射能力较为有限，目前还没有任何一个机构真正走向全国，还是局限于省域范围之内。

2. 资本市场发展较为落后

2017年末，山西省国内上市公司38家，总股本达到789.9亿股、总市值6271.9亿元。总部设在辖内的证券公司2家，期货公司3家，基金公司没有。在资本市场发展整体上都较为落后，不论从现有上市公司数、中小板上市公司数、创业板上市公司数、新三板挂牌公司数，还是上市后备资源如IPO排队企业数在中部省份均排名靠后。虽然在股权交易中心总挂牌数上，山西排名相对靠前，但股权托管企业却较少，流动性不足。

二 金融供给与实体经济发展需求不协调问题

近年来，金融与实体经济不协调的现象明显，金融部门过度膨胀，实体经济却在衰弱，金融业增加值占GDP比重过高。金融市场配置资源扭曲，贷款规模虽然持续增长，实体经济融资结构不合理和中小企业融资难的现象却普遍存在，金融脱离实体经济趋势明显。这种全国性的趋势在山西也都存在，甚至有些地方会更甚。

1. 金融部门过度膨胀

从银行资产占GDP比重来看，2017年山西银行资产占GDP比重为

281%，2016 年更是高达 300% 以上，这一比重超过全国平均水平。一般来说，这一比重发达国家在 100%~200%，发展中国家在 100% 以下。

从金融业增加值占 GDP 比重来看，2016 年，山西金融业增加值占 GDP 比重为 9.31%，高于全国平均水平 0.96 个百分点。

从金融供给与山西 GDP 在中部地区占比来看，2016 年，山西 GDP 占中部地区的比重为 8.13%，而山西银行业金融机构网点数占比、从业人员数占比、资产规模占比均远高于 8.13%（见表 16–5）。

表 16–5 2016 年山西银行金融机构供给与中部地区对比分析

	山西	中部地区	山西占比（%）
银行业金融机构网点数（个）	7068	53000	13.34
从业人员（人）	124394	817000	15.23
资产规模（亿元）	39288	312000	12.59
GDP（亿元）	12928.3	159113.2	8.13

2. 金融投入与山西经济转型需求不相协调

金融机构贷款相当于国内生产总值比例（见图 16–7）这一指标其实是一

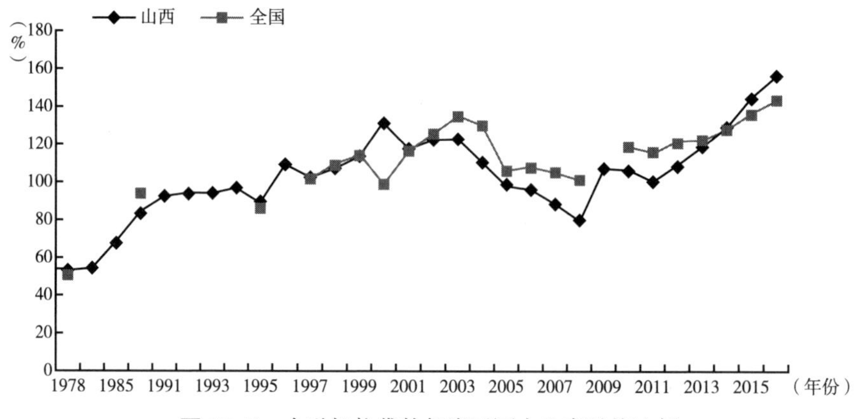

图 16–7 金融机构贷款相当于国内生产总值比例

个效益指标，衡量单位国内生产总值产出所需要的贷款投入。2016 年山西金融机构贷款相当于地区生产总值比例为 143.3%，是 1978 年的 2.7 倍，2011 年以来进入急速上升期，2014 年超过全国平均水平，也是 2002 年以来首次高于全国平均水平，一方面与山西煤炭“黄金十年”有关，另一方面也反映出金融投入与山西经济转型需求不相协调的问题。

第四节　山西金融支持实体经济发展的路径思考

党的十九大要求“着力加快建设实体经济、科技创新、现代金融和人力资源协同发展的产业体系”“增强金融服务实体经济能力”“守住不发生系统性金融风险的底线”。所以说山西要增强金融服务实体经济能力，首先需要通过金融改革着力解决不充分、不协调的问题，构建一个统一开放，竞争有序，富有韧性，与实体经济协同，具有自我革新能力的金融市场体系。

一　构建良好的外部环境，提升实体经济对金融的吸引力

党的十八大提出要让市场在资源配置中起到决定性作用，正确发挥政府作用。具体到金融服务实体经济的领域，最佳的路径是充分发挥市场的力量使金融资源能够自由选择，选择用何种方式参与、选择参与实体经济的哪些企业等。为了达到这个目标，就需要政府为实体经济发展创造良好的外部环境，增强实体经济对金融资源的吸引力，这恰恰是政府应当做的事情，正如山西着力打造的“六最”营商环境，通过软环境的强硬打造为市场添活力、为发展添动力，吸引省内外、国内外优质项目，为金融资金提供适合促进经济转型的出路。

二　推进区域金融改革，探索区域金融支持实体经济的路径

十八届三中全会确立了全面深化改革的总目标，对金融重点领域和关键环节的改革进行了全面部署。为加快探索全面深化改革的新模式和新途径，避免走大的弯路，区域性金融改革成为我国金融领域改革与发展的另一个新的突破点。通过区域性金融改革更能针对性地支持地方经济发展中所需的非普遍性金融需求，建议山西充分利用中央赋予山西综改示范区的特殊优先政策条件，出台创新性的地方金融政策和法规，先行先试，在促进山西资源型经济转型方面发力。山西自贸区已正式启动申报，这对山西区域金融改革来说是重大利好。通过改革打破地方金融发展滞后的现状的同时，要做好地方金融监管。致力于将山西地方金融投资控股集团打造成有较强影响力的一流金融控股集团，做山西自己的金融集团。做大做强城市商业银行，推动晋商银行实现全牌照、多元化发展，把晋商银行打造成具有较强竞争力和影响力的现代化股份制银行，引导城市商业银行明确定位，从和全国性商业银行竞争的“红海”中突围，从支撑地方转型和推进薄弱环节发展的两方面发力，实现地方金融和地方经济双赢发展。积极支持各农村金融机构主体为“三农”发力，提升农村金融供给质量，不断扩大农村金融覆盖面。持续支持有条件的县级农信社改制为农村商业银行，鼓励各新型农村机构的健康规范发展。推进“三农”金融供给的同时，一定要加强“三农”金融监管，因为“三农”是有金融需求的，但又是容易被金融误导的，所以监管部门要在强化金融供给管理的同时，加强农村金融消费者的教育，强化消费者权益保护。

三　明确金融支持实体经济发展的重点领域和薄弱环节

山西省金融结构多以全国性金融机构为主，全国性金融机构的信贷政策多由总行决策辖内机构执行，而总行对山西经济的了解缺乏实地考察，

多以数据以及网传信息作为判断标准，难免会有偏颇，所以要努力打通各商业银行货币信贷政策的制定与山西经济发展方向相协调的路径。从地方政府层面，要明确实体经济发展的重要领域和薄弱环节、找准重点领域和薄弱环节对金融的吸引力，充分发挥地方金融监督管理局的金融协调职能，定期组织与全国性金融机构总部的联席会议，向金融机构传达最真实的山西经济形势以及希望获得的最恰当的金融反馈。

四　大力发展直接融资，努力拓宽融资渠道

山西直接融资中股权融资一直是短板，一方面与企业经营者的经营理念和多数企业的粗放经营模式有关，导致符合上市条件的企业较少，这就需要管理部门积极做好上市公司上市培育工作，也是补齐山西省直接融资短板的重要一环；另一方面要积极鼓励已上市公司用好资本市场积极优化资源配置，通过资产重组、配股、增发新股等形式，吸收合并本地及跨地区优质资产，发挥上市公司在全省经济转型发展的引领作用。继续用好债券融资渠道，通过发行短期、超短期融资券、中期票据、非公开债务融资工具等形式，降低企业财务成本，优化融资结构。除此之外，要积极探索符合企业实际条件和需求的新型直接融资工具。

五　形成监管合力，切实防范金融风险

系统性金融风险涉及面宽、杀伤性强，其爆点主要有政府城投公司信用风险上升、部分法人机构风险累积、企业杠杆率高企引发流动性紧张、担保链风险集聚、新兴互联网金融风险、各类市场交易风险等。传统的金融管理方式是各部门各管自家地的纵向条管，容易造成风险防范盲点，所以要形成监管合力，切实防范金融风险。建议从金融数据共享开始，建立跨部门信息交流和联合监测机制，促进各金融管理部门共同建立大数据监测平台，实现

对金融资产、负债的全口径管理和全部门信息共享，多部门联动，加强存量债务风险自查和排查，防范可能存在的风险。山西省在 2017 年先后成立了山西省政府性债务管理领导小组和山西省金融稳定发展工作领导小组，对于金融风险防范有了统一的归口管理，但是所涉及部门在哪些方面需各司其职、哪些方面需相互协作等还应该再出台具体实施细则，形成较为明晰的行动实施意见。

第十七章　改革开放 40 年山西旅游业发展回顾与对策思考

习近平总书记指出："改革开放是党在新的时代下带领全国各族人民进行的新的伟大革命，是当代中国最鲜明的特色。"旅游业是随着改革开放逐步培育、壮大、成长起来的一个新兴产业，可以说，没有改革开放，就没有现代意义上的中国旅游业。山西的旅游产业也正是在改革开放的大潮中扬帆起航，在不断地鞭策与自省中，勇于探索，勇于创新，完成了一次又一次大的飞跃，成为山西国民经济和社会发展的战略性支柱产业，其改革力度之大、开放程度之广对全省的经济社会生活产生着越来越大的影响。

40 年来，山西旅游业先后经历了多次发展观念上的革命和发展思路的调整，对每一个参与、关注和研究山西旅游产业发展的人而言，都是值得好好回顾与反思的 40 年。本文以旅游理论研究者的视角，拟从山西旅游发展阶段回顾、山西旅游产业定位变化、山西旅游发展思路调整、山西旅游宣传行销方式革新、山西旅游体制机制改革创新等五个方面系统回顾改革开放 40 年来山西旅游发展进程，并对山西旅游进一步深化改革及未来旅游产业发展提出若干对策建议。

第一节　山西旅游发展阶段回顾

改革开放 40 年来，山西旅游业先后经历了产业孕育期、产业形成期、产业起步发展期、产业快速发展期和战略性支柱产业发展期等五个发展阶段。

一 产业孕育期（1979~1985年）

这一时期是山西省现代旅游业的启蒙、孕育阶段。改革开放以前，受当时国家发展宏观形势影响，山西省旅游业与全国其他省份一样，以外事接待为主，只具备产业雏形，不完全属于产业范畴。1978 年 10 月至 1979 年 7 月，邓小平同志先后针对旅游业做了五次讲话，要求尽快发展旅游业，特别是 1979 年 7 月 11~15 日，改革开放总设计师邓小平在 75 岁高龄之时徒步登上黄山，并发表了被誉作“中国旅游改革开放宣言”的“黄山讲话”，被称为旅游产业经济的“破冰之作”。1978 年以后，中国旅游业加快了改革开放的步伐，自此进入了产业发展时期。1979 年 9 月召开的全国旅游工作会议，提出了旅游工作要从“政治接待型”转变为“经济经营型”。随着改革开放政策的实施和全社会对旅游业认识的不断提高，这一时期，山西国际旅游业走上迅速发展轨道，国内旅游业开始兴起。主要表现为：旅游业的接待、创汇所带来的经济、社会效益逐渐引起政府和社会各方面的重视，对旅游业的投入开始启动；全省各级旅游接待机构、旅游管理机构、旅游企业相继建立，为全省旅游业发展奠定了基础；国际旅游接待仍被视为外事工作的一部分，旅游收入主要是国际旅游外汇收入；旅游业发展没有规划，旅游资源开发利用层次低、规模小，还未能体现旅游产业投入产出的特点；旅游体制正在改革中，旅游业仍呈现出接待事业型的特征，旅游景点大都处于控制开放和不开放状态；旅游经济活动，政府行为十分突出，还没有发展为政府主导、全社会参与并投入、开发的社会经济活动。

二 产业形成期（1986~1995年）

这一时期是山西旅游业由接待事业型向旅游产业型过渡时期。1986 年，国务院决定将旅游业纳入国家“七五”计划，正式确定其国民经济地位。随后在1991年国家“八五”计划中，正式明确将旅游业的性质定为产业。国家政策的调整，旅游国民经济地位、产业地位的相继确立，直接推动山西省旅游业由接待事业向旅游产业过渡。主要表现为：旅游产业要素市场开始建立，旅游市场开拓工作日益加快，经营体系初步形成，资源开发逐步升温；旅游景点相继对外开放，旅游企业逐年增加和扩大，旅游业初具规模，逐步形成以大同、五台山、太原、临汾为重点的国际、国内旅游业同步发展的格局；旅游经济活动，政府行为仍然十分突出，但是全社会积极参与、兴办旅游业的热潮开始兴起，发展旅游业作为一种社会经济活动开始步入快车道。

三 产业起步发展期（1996~2000年）

经过“七五”“八五”长达十年的产业准备，山西旅游逐步摆脱了由事业接待型向经济产业型的演进和过渡，形成了一定的产业规模和初步配套的产业经济体系。自“九五”以来，已整体进入产业化发展阶段。1998年，中央经济工作会议正式提出把旅游业作为国民经济新的增长点来抓，对旅游业进行了产业定位。1999年，中央经济工作会议又重申了这一方针。产业定位的确立，为产业起步发展奠定了良好的基础，自此山西旅游产业开始进入起步发展期，主要表现为：旅游业发展环境明显改善，资源开发速度加快，产业规模逐渐壮大，一批新的适应国内外旅游者需求的旅游产品线路、项目不断推出；旅游产品开始向高级化、营销市场化进展，旅游宣传力度也不断加大，全社会兴办旅游、推动旅游大发展的高潮在形成中；国际、国内客源市场得到有效拓展，国内旅游客源市场拓展到全国各省、自治区、直辖市，出境旅游市场仍在形成中，本省居民出国旅游人数成倍增长，全省初步形成了入境、出境、国内旅游同步发展的格局。

四　产业快速发展期（2001~2015年）

进入21世纪以后，随着国民收入的不断增长，“双休日”和“五一”、“十一”黄金周休假制度的实行，“有钱”又“有闲”，使广大国民释放出巨大的消费潜力，大大催生了国内旅游收入的快速发展，出境旅游也成为一种常态。这一阶段是山西旅游产业快速发展时期。全省旅游业，紧紧抓住国家实施中部崛起的战略机遇，按照产业自身规律谋划旅游发展，制定并实施了“三个转变”“六项调整”战略，概括提出了“华夏古文明、山西好风光”和“中国山西晋善美”的旅游整体形象，走出了一条“规划为纲、市场为先、线路为形、文化为魂”的产业发展路子。主要表现为：旅游业发展环境逐步改善，产业规模不断扩张，旅游经济质量明显提高；旅游生产力水平不断提高，全省旅游接待体系日益完善，“海外旅游、国内旅游、出境旅游”三大市场快速发展，旅游市场接待人数快速增长，为加快旅游业发展奠定了良好基础。“十二五”时期，全省旅游总收入由2010年的1083.46亿元增长到2015年的3447.5亿元，增长3.15倍，年均增长24.74%；全省累计旅游总收入11755.05亿元，是“十一五”时期的3.16倍；全省接待人次由2010年的1.26亿人次增长到2015年的3.61亿人次，增长2.69倍，年均增长24.37%。

五　战略性支柱产业发展期（2016年至今）

“十三五”时期是山西文化旅游业转型升级、提质增效的攻坚期。在“十三五”的开局之年——2016年，山西省委、省政府提出了把文化旅游业培育成为山西省战略性支柱产业和建成富有特色和魅力的文化旅游强省的目标。自此，山西省进入战略性支柱产业发展阶段。从国家层面上，进入“十三五”时期，为了应对发展新常态，统筹协调发挥旅游产业在经济社会发展、人民生活改善和脱贫攻坚中的生力军作用，原国家旅游局审时度势，提出了“全域旅游”的发展模式和理念并已上升成为国家战略，国家旅游发展从整体上进入“全域旅游”发展阶段。2017 年国务院《关于支持山西省进一步深化改革促进资源经济转型发展的意见》（国发〔2017〕42 号），明确提出山西到 2020 年初步建成国家全域旅游示范区的目标。目前全省已有 2 市、18 县入选国家全域示范区创建名单。2017 年在晋中召开的全省旅游发展大会上，省政府提出了“锻造黄河、长城、太行旅游新品牌，开创文化旅游融合创新大格局”的新理念和新思路。山西省旅游产业发展当前及今后一段时间的发展重点，就是在继续做优五台山、云冈石窟和平遥古城三大旅游品牌的同时，以三大板块为支撑，大力发展具有山西特色的文旅融合发展，推进山西旅游全域化发展。主要表现在：山西省全域旅游发展势头强劲，旅游发展各项指标快速增长；乡村旅游发展风生水起，以旅游带动精准扶贫、精准脱贫亮点频出；“旅游 +”和“+ 旅游”蓬勃发展，新产品、新业态不断丰富；旅游体制机制改革强势推进，旅游综合治理渐成体系；旅游已经成为人们的一种生活方式，在提高人民群众的生活质量和生活品质方面发挥的作用也愈来愈突出。

第二节　山西旅游产业定位的变化

改革开放以来，山西省旅游业从无到有，从小到大，由原来的不为人知，发展成为国民经济和社会发展的战略性支柱产业。因此，形成一个基本的判断，就是：改革开放以来山西旅游产业在山西经济发展大格局中的地位越来越重要，大力发展旅游产业，建设旅游支柱产业已经成为党委、政府、企业和广大群众的共识。

省委、省政府对旅游产业地位的认识随着改革开放进程不断地探索与变革，旅游产业发展先后经历了五个发展阶段、共十四次产业定位调整。

一 大力发展旅游后续支柱产业

1979年，山西省旅游事业管理局正式挂牌，当时还处于事业接待型，以完成外事接待任务为主。真正有“旅游经济”这个名词还是从90年代中期，随着市场经济的发展，省委、省政府提出“把旅游业真正作为产业来办”，在制定全省国民经济和社会发展“三步走”发展战略中，明确做出大力发展旅游后续支柱产业的战略决策。

二 经济结构调整中重点扶持的七大优势产业之一

20世纪末，山西省经济发展中结构性失衡问题日显突出，如何调整经济结构，找到真正适合山西发展的新型产业结构成为摆在全省人民面前的首要问题。在经过艰难的抉择之后，省委、省政府审时度势，看到了旅游这个朝阳产业的发展潜力，1999年在全省经济结构调整中，把旅游业作为重点扶持的七大优势产业之一予以扶植和发展。

三 山西省优先发展的支柱产业之一

随着旅游产业对经济社会的贡献越来越大，省委、省政府对旅游产业的定位与认识也一次又一次地发生着变革，旅游产业在全省国民经济和社会发展中的地位越来越重要。1999年1月1日，《山西省人民政府关于加快旅游业发展的决定》以1999年一号文件正式出台，《决定》提出了要尽快把山西省建成中国北方旅游经济大省的目标。决定指出：从现在起至2010年，要把旅游业作为山西省优先发展的支柱产业之一。

2000年召开的山西省委七届十次会议、2001年召开的省九届人大四次会议，均将旅游业确定为山西省“十五”期间国民经济和社会发展的八大战略工程之一。

2001 年，山西省第八次党代会提出“努力使旅游业成为我省新的经济增长点”。

2002 年，省委、省政府在经济结构调整中，把旅游业确定为第三产业的先导产业、全省重点培育和扶持的七大优势产业之一。

2003 年，山西省委、省政府提出：将旅游业发展作为山西最重要的接续产业。

2004 年，省政府提出将文化旅游为龙头的第三产业作为支柱产业，要举全省之力大兴旅游经济。

2006 年，省人大十届四次会议通过的《山西省国民经济和社会发展第十一个五年规划纲要》中，将旅游业确定为四大新兴支柱产业之一。

2008 年山西省《政府工作报告》中提出，将以发展包括旅游产业在内的服务业列为本届政府实施“四大攻坚”战略任务的突破口。

2009 年，省政府又进一步明确提出，山西经济发展要“双轮驱动，两翼齐飞，地下挖煤，地上挖文化，要像重视煤炭资源一样重视旅游”。

进入“十二五”时期，随着建设国家资源型经济综合配套改革试验区的提出，省委、省政府把旅游业确定为转型发展的突破口和经济结构调整的先导产业来抓。

2014 年召开的省委十届六次全会上省委提出了“做好非煤产业这片大文章”，并把旅游产业列为七大非煤产业之首来大力发展文化旅游产业。

四　战略性支柱产业

进入“十三五”以来，随着国民休闲旅游时代、大众旅游时代的到来，适应经济发展新常态，以旅游供给侧结构性改革为引擎，适应全域旅游发展的国家新战略、新理念，2016 年在大同市召开的全省旅游发展大会上，省委、省政府明确提出“把文化旅游业培育成为战略性支柱产业”，把山西省建设成为富有特色和魅力文化旅游强省的宏伟目标。这是省委、省政府对旅游产业地位的最新定位。

随着旅游业的重要性逐步被认识，旅游产业地位越来越高。产业地位的不断提升，给旅游产业的发展注入了巨大活力。目前全省上下正在紧紧抓住全域旅游发展的战略机遇期，大力推动文化和旅游业融合发展，以全省域旅游发展“331”新格局[①]为支撑，推动全省域旅游发展，建设国家全省域旅游示范区，实现由传统的“景点旅游”向“全域旅游”新的发展模式转变。加快培育文化旅游业战略性支柱产业，把山西省建成富有特色和魅力的文化旅游强省。这是当前山西旅游业发展的最新定位，也是山西省文化旅游业的发展方向和宏伟目标。

第三节　山西旅游发展思路的调整

山西旅游资源禀赋佳，不仅资源类型丰富多样，而且不少具有垄断性和稀缺性，具有良好的产业发展基础和潜力。面对拥有如此多品位极高、文化内涵极为深厚的旅游资源，任何一个有责任感和使命感的人都不会轻易放弃，找到把丰富的旅游资源变成可观瞻、可体验、可参与的旅游产品的通道，使旅游产业显示出其应有的经济和社会效益，是几代旅游人不断努力的目标。

20世纪90年代初，有人提出把山西的旅游产业建成支柱产业，大多数人表示怀疑，认为山西的旅游业是不可能与煤炭相提并论的。而如今，煤炭与旅游资源并称为山西地下和地上两大资源，把旅游产业培育成为山西省战略性支柱产业，已经成为社会的共识，写入了新修订的《山西省旅游条例》。如此种种变化，得益于全省在旅游产业发展的思路上坚持了不断创新、客观科学的理念，完成了三个方面的根本性转变，对全省旅游产业的发展起到了决定性作用。

① 即“做强五台山、云冈石窟、平遥古城三大品牌，隆起黄河、长城、太行山三大板块，完善大运黄金旅游廊道”。

一 市场定位的转变

在市场定位方面，实现了由发展入境旅游为重点向国际、国内两个市场并重转变。改革开放之初，在中国旅游的大多是外国人，而外国人的消费水平普遍较高，因此当时国家就把发展入境旅游当作重要的外汇收入来源。由于山西省属内陆省份，过去在没有国际空港的情况下，开放程度低，是国际旅游的二级市场。要依托北京、天津、西安、上海等一级市场发展入境游，入境游收入在旅游总收入中所占比重很低。就 2002 年全省旅游总收入来比较，入境游收入约 6 亿元人民币，国内游收入为 120 亿元人民币。入境游收入是旅游总收入的 1/20。在改革发展中，我国人民群众的物质文化生活水平不断提高，旅游消费在居民消费中的比重越来越大，国家拉动内需政策的提出，国人休闲时间的增多，都为发展国内旅游创造了很好的外部条件。同时，山西省进出省交通条件大大改善，旅游行业对内宾、外宾同等待遇政策的实施，山西的物价水平与周边省份相对较低而旅游资源品质又非常之高，有着很好的“性价比”等因素，都为大力发展国内旅游提供了现实基础。因此，山西省 2003 年在全国率先提出了国际、国内两个市场并重的思路。这个思路的提出，使全国的旅游行业同人眼前为之一亮。多年来，大力发展入境旅游一直是全国旅游发展的指导思路，能够大胆地创新和改革，对全省乃至全国的旅游产业发展都有重要的意义。在这个思路下，山西省一方面加大国际市场的促销力度，实现国际客源稳定增长；另一方面大力推动国内旅游提速升级。把京、津、沪作为山西省国内客源的第一增长极，拓展东南沿海市场、华南市场、东北市场，加强区域协作，做大做强国内旅游。两个市场并重思路的确定在几年内就显现出了效果，2007 年，国内旅游接待 8529.29 万人次，国内旅游收入 563.67 亿元人民币，分别位居全国第 15 位和第 14 位；旅游总收入实现 581.57 亿元人民币，相当于全省 GDP 的 10.2%，位居全国第 14 位。随着我国开放程度的不断扩大，国际交往日益增多，外国人越来越融入我们的日常生活，这种国内旅游宣传效应也在影响着外国游客，海外接待量和创汇增速均居全国前列，进入第一方阵。

二　旅游开发侧重点的转变

在旅游开发方面，实现了由注重景点建设向注重旅游要素市场的配套转变。从八九十年代以太原为中心，“一窟（云冈石窟）、两山（恒山、五台山）、一河（黄河）”为重点的开发战略，发展到以太原为中心，突出“一市（大同市）四区（晋祠、五台山、黄河、蟒河四个高档次旅游经济区）”，再到后来的“六条精品旅游线路”“八条精品旅游线路产品”为开发重点，打造知名旅游目的地，再到现在“锻造黄河、长城和太行三大板块旅游，加快构建山西文化旅游发展大格局升级版”的提出，山西省文化旅游业发展完成了发展思路的不断创新，开发理念由点到面再到立体化、全域化的发展过程。旅游业的发展是一项系统工程，需要外部和内部的全面发展协调，需要从“吃、住、行、游、购、娱”诸要素体系内部进行整体协调，需要念好“安、顺、诚、特、需、愉”六字要诀，从形象、产品、环境、人才等方面去完善。过去认为旅游资源就是旅游产品、门票经济就是产业经济、门票收入就是旅游收入是对旅游产业的片面认识。以全面的要素市场配套发展的市场经济理念的确立，使全省上下不断加强旅游要素市场建设，打造线路产品和旅游目的地精品，大力推动“旅游+”和“+旅游”，实现旅游与其他产业的深度融合发展，这些都成为实现全省旅游产业跨越发展的关键。

三　产业发展方式的转变

在旅游产业发展方式方面，实现了由追求数量型增长向追求总体质量效益型增长的转变。旅游业是通过为旅游者提供服务赚取利润的市场经济活动，获取最大经济效益是其基本目的。要跳出单纯追求接待人数增长的怪圈，改变旅游经济就是门票经济的落后观念，让山西的旅游“叫好也叫座”，不“将就”要“讲究”，延伸产业链条。在增加游客逗留时间、扩大消费内容上下功夫，努力实现由人天数的数量性增长到人均花费的质量性增长。要素市场的总体规模不断扩大，带动了旅游综合收入的不断增长，旅游产品内涵的不断挖掘，提高了旅游产品质量。如今来山西旅游，不再是“白天看庙，晚上睡觉”，除了“大庙大院”，还有“大山大水”。随着城市综合体、特色小镇、田园综合体和自驾车营地、民宿客栈、精品酒店等旅游新产品、新业态的不断丰富，众多个性化服务、多元化产品供给，让游客有了更多的选择，旅游业正在成为质量效益型的经济产业。

第四节　山西旅游营销方式的革新

旅游产品的不可转移性决定了游客必须亲赴异地体验才会实现旅游经历。因此，旅游营销在一地的旅游产业发展中与旅游资源开发建设一样是必不可少、至关重要的一环。从全世界旅游业发达的国家和地区以及国内旅游产业发展的省份来看，大抵都经历了强力促销、持续营销和全方位宣传的过程。

一　山西旅游整体形象口号的提出

构建丰富多样、布局合理的旅游产品结构是增强一个地区旅游竞争力的重要手段，但有了好的资源、好的产品，还需要“好酒还得会吆喝”，还需要把山西传统旅游品牌和新涌现的新产品、新品牌打包扎捆，给它们起个统一的名称，能让人一看到这个名称就想起山西来，就需要包装提炼成一个整体鲜明的旅游形象，加大旅游市场营销力度。在旅游主题形象口号的深化认识和研究中，山西省先后通过社会有奖海选、专家研讨，确定了“中国山西，晋善晋美”和“华夏古文明，山西好风光”的宣传主题。宣传主题的确定改变了山西多年没有旅游主题形象口号的局面，更加突出体现了山西旅游的整体形象。之后，山西省围绕这一宣传主题提出了一系列新的营销策略，开展了扎实的市场营销工作。

二 旅游营销思路的转变

长期以来，山西省的旅游产品是由旅游企业进行设计销售的，旅游宣传促销工作大多是传统的参加旅游交易会、展销会，政府部门在各种会展中既宣传主体形象，又负责推荐旅游产品，分工不明确，重点不突出，宣传效果亦不理想。正确的做法是，政府部门应当担负起整体形象的宣传促销工作，而把具体的线路产品营销交给旅游企业来做。为此，山西特别强化了“华夏古文明，山西好风光”的主体形象宣传，采取省市联合的方式，加强山西旅游品牌形象宣传推广，在 CCTV–1/CCTV–13《朝闻天下》、CCTV–1《今日说法》、CCTV–4《晚间黄金栏目套》等品牌栏目集中开展山西旅游形象宣传推广。与此同时，组织旅行社、景区参加了中国的北京和台湾，以及德国、奥地利、巴西、乌拉圭、阿根廷、韩国等境内外主要客源市场旅游会展。2018 年，山西省旅游发展委员会先后组织各地市旅游部门、旅行社和学生代表到奥地利维也纳、德国柏林国际旅游交易会、巴西里约等地举办了专场旅游推介会。在巴西里约专场推介会上，省旅发委负责人作了黄河、长城、太行三大旅游板块专题推介，省旅发委与里约州旅游厅签署了交流合作备忘录，两地旅行社也签署了合作协议，双方将在线路产品开发、客源互换等方面开展务实合作。邀请意大利、中国台湾等 26 名旅行商人来山西省踩线考察。同时制定并公布了新的《山西省“引客入晋”旅行社奖励办法》，激发旅行社开拓市场的积极性。

三 多种营销手段的综合运用

如今，山西的主体旅游形象已经逐渐被市场接受，有了较好的口碑效应。

与此同时，全省加大了营销手段的改革，利用日本、伦敦市场联络处，北京、上海市场联络处，依托当地的旅游中介机构，直接利用已有的资源和平台进行宣传促销，收到了事半功倍的效果，实行营销“本土化”可以说是全省旅游宣传营销手段的一个创新。现在，全省已经建立起由省旅发委统筹、企业主办、市场运作、分类指导、分层促销的机制。在促销队伍的构成方面，也改变以往单一的由旅游管理机构和旅游企业促销的模式，广泛吸纳民航、铁路、大型企业人员参加，依照旅游要素市场和线路推广需求来组合宣传促销队伍，拓展了宣传范围，扩大了宣传效果。同时，山西省还及时调整了客源市场的定位，将以往国内旅游市场以周边省份为主，改变为向沿海发达城市拓展，实施了“东进战略”，瞄准旅游消费水平较高的华东地区，与有关方面签署了战略合作协议；国际市场则以日本、韩国和东南亚为重点，巩固发展以法国为中心的欧美市场。这样就形成了一个国内、国际市场联动的网络，两个市场共同发展、同步开发，实现了国内、国际市场并重的发展思路，使得客源稳步增长，旅游收入快速提高。

第五节　山西旅游体制机制改革创新

改革是一场革命，是一个艰难的过程。山西旅游产业的改革开放随着产业的发展不断深入，体制机制问题的解决是最为困难的，但也是改革的关键点。为此，省委、省政府从旅游进入行业领域以来，就坚持不断改革、创新，求新求变，不断在改革中求发展、在改革中求进步，走出了一条旅游体制机制改革之路。

一　旅游行政管理体制改革

回顾改革开放以来山西旅游行政管理体制的变革进程，共经历了五次重要的机构改革：

（1）1979 年 2 月 15 日，中共山西省委、山西省革命委员会决定成立山西省旅行游览事业管理局，并于同年 3 月 6 日挂牌成立，山西省正式有了负责管理全省旅游业的行政管理机构。

（2）1983 年 10 月 17 日，山西省旅行游览事业管理局更名为山西省旅游局。1986 年 3 月 28 日，中共山西省委办公厅、山西省人民政府办公厅印发《关于改变省旅游管理体制的通知》，将省旅游局作为省人民政府直接领导下的旅游行政管理机构。

（3）1994 年 3 月 21 日，中共中央、国务院批准山西省机构改革方案，山西省旅游局确定为事业编制的行政机构。1994 年 7 月 15 日，中共山西省委、山西省人民政府决定，山西省旅游局由副厅级事业编制单位成为具有行业行政管理职能的正厅级事业编制单位。

（4）2000 年 5 月，根据中共山西省委、省人民政府《关于印发山西省人民政府机构改革方案的通知》（晋发〔2000〕22 号），设置山西省旅游局，为正厅级建制，是省人民政府主管旅游业的直属行政机构。

（5）2016 年 11 月 24 日，山西省旅游局更名为山西省旅游发展委员会，并由省政府直属机构调整为省政府组成部门。2017 年 3 月 28 日，山西省旅游发展委员会及全省 11 市旅游发展委员会同时揭牌，山西省也成为继海南、北京、云南等省地之后第 18 个成立省级旅游发展委员会的省份。

本次山西省旅游局更名为山西省旅游发展委员会，并由省政府直属机构调整为省政府组成部门，是全省旅游行政管理体制改革的一次重大革新，意味着山西省旅游从单一部门推动向综合协调、联动职能的转变，预示着山西省文化旅游业大融合、大发展、大格局时代的到来。

二　“地下带动地上，煤炭反哺旅游”的山西旅游特色开发模式

开放的本质是一种思维的解放，是思维方式的革命。加大旅游业对外

开放就是要让人们从原来的思维模式中解放出来，形成大旅游的观念。旅游产业目前正在形成一个海纳百川、兼容并蓄的产业气象，这让人们看到了旅游产业外向型、大开放的活力。正是有了这样一种开放的意识，旅游产业也吸引了不少有识者的目光。山西省煤炭资源丰富，如何推进地下转地上，黑色变绿色，实现产业转型，一直是山西省资源型企业的不懈追求。其中最为引人注目的就是21世纪初，山西省各地掀起了“煤炭产业和民营企业向旅游产业转型”的浪潮。绵山、皇城相府、藏山、王莽岭、云丘山、珏山、蟒河等旅游项目的成功运作，成为煤炭产业转向旅游产业的成功范例，从而也使旅游产业在规模和竞争力上有了很大的提高。截至2015年底，全省已有215家资源型企业投资开发旅游景区、星级饭店、休闲度假区和娱乐设施，总投资高达400亿元，带动社会资本1700亿元。像最早投资旅游业的资源型企业介休三佳集团和阳城县皇城村，都进入投资回报期，取得了很好的经济效益和社会效益。介休三佳集团在1998年就与介休市政府正式签订了为期50年的绵山景区开发协议，已累计投资超过18亿元，绵山已建成国家5A级景区，2015年的门票收入、小交通收入1.5亿元，酒店餐饮利润1亿元。阳城县皇城村是一个典型的靠煤炭致富的小康村。1998年，村党支部果断投入巨资开发皇城相府。2015年门票收入1.73亿元，旅游综合收入7.04亿元。目前也已经成长为在全国具有较大影响力的国家5A级景区。资源型企业转型投资旅游业，使山西的旅游业摆脱了长期以来投入不足的困境，呈现出投资规模大、建设标准高的喜人局面，同时也推动了山西旅游产业自身的转型升级，较好地适应了大众旅游和休闲度假的市场需求，提高了山西旅游的发展水平。

实践证明，用开采地下矿产资源积累的资金开发地上的旅游资源，符合山西实际；旅游业属于朝阳产业，投资风险小，产业关联度高，劳动就业密集，是比较理想的接续产业；旅游业又是富民产业、绿色产业，资源型企业转型发展旅游业，也是对当地生态建设、社会建设的一种补偿和回馈，人民群众满意。

三　乡村旅游发展助推贫困地区精准脱贫

旅游产业历来就是一个民生产业，先富民，再富企，最后富财政。旅游产业在解决“三农”“三工”[①]问题上，有着很好的条件，同时旅游扶贫也是产业扶贫的一种重要形式。为此，山西省开展了持续多年的旅游扶贫，已经大见成效；号召省内旅游规划设计公司开展旅游规划扶贫公益行动，顺利完成了原国家旅游局、国家扶贫办确定的32个旅游扶贫试点村的旅游规划编制任务，全省涌现了一大批依靠旅游脱贫致富的先进村、先进县。从旅游业推动乡村旅游富民看，在市场的拉动和各级党委、政府的有力扶持下，全力实施乡村旅游富民工程，省旅发委列出专门资金用于乡村旅游公共服务设施建设补助，全省的乡村旅游发展进入了快车道。靠旅游脱贫致富，靠旅游解决农民就业，靠旅游推动新农村建设，已成为三晋大地一道亮丽的风景线，真正是美了乡村，富了乡亲。壶关县桥上乡抓住太行山大峡谷景区的机遇发展乡村旅游，全乡从事旅游业各类服务户480户，从业人员3000多人，占全乡总人口的1/3，占全乡劳动力的一半，2015年户均纯收入就达到了4.2万元，从业人员人均工资1.2万元。永济市水峪口古村，搞了一个乡村旅游综合体，入住小吃商户130户，其他商户30多户，从业人员500人，2015年客流量230万人次，商户平均收入30万元，最高收入100万元，带动周边种植、养殖、客栈、酒店2300人创业、就业，还成功创建了神潭大峡谷国家4A级旅游景区。据统计，全省乡村旅游品牌经营户1万户，直接从业人员5万人，户均收入3.9万元。2017年6月，习近平总书记视察山西时曾经到过的岢岚县宋家沟新村，积极改善农村居住条件，大力发展乡村旅游，自2017以来已经接待游客数量达到了30万人次，把过去的深度贫困村建设成为国家3A级旅游景区，大大改善了当地农民的收入水平，提高了人们的生活质量，实现资

① “三工”，即工人下岗、工厂改制、工业调整。

源贫瘠地区“一万水土能够养一万人”的梦想。发展旅游给社会生活带来的变化最先体会到的就是老百姓，他们不离土、不离乡就能解决生计问题，守住大自然给的财富就能让自己富起来，最有效地解决了当地的民生问题。

四　启动旅游景区景点体制机制改革创新，全面激发旅游市场主体活力

针对长期以来景区景点体制不顺、机制不活、活力不足、以门票经济为主的问题，2016 年 9 月，为全面深化文化旅游业改革发展，激发市场主体活力，省委、省政府出台了《关于推进旅游景区（景点）体制机制改革创新的意见》（晋发〔2016〕34 号）。文件明确了景区景点体制机制改革重点、方法、路径等，以事业单位经营管理的景区（景点）管理权、经营权“两权分离”为突破口，以引进战略合作者为重要手段，开放市场，建立现代企业制度，加快实现景区景点专业化、公司化、市场化运营。同时要求各市政府切实承担起主体责任，加强领导，确保改革创新落到实处、产生实效。各市积极进行调查摸底，确定首批 149 家景区景点进行改革创新，其中事业单位性质 79 家，以“两权分离”为重点，其余均为企业化经营，重点是经营机制的改革以及履行协议严重不到位的处置。为深化景区（景点）体制机制改革创新，省旅发委提请省政府办公厅印发了《2017年全省旅游景区（景点）体制机制改革创新工作推进方案》。省政府先后组织召开了全省旅游景区体制机制改革创新工作北部片区座谈会、中南片区座谈会和工作汇报会。各地积极行动，对不同景区进行了分类，拿出了初步的方案和思路，一些景区勇于探索，大胆实践，已经迈出了实质性改革步伐。截至 2017 年 6 月底，全省 149 家景区景点基本完成“两权分离”或创新经营机制。

这一举措为全省旅游业自身的转型升级提供动力，也为整个经济结构调整注入活力。通过本次景区体制机制改革创新，一方面进一步优化了要素配

置，契合了旅游消费升级的需求，为实现从门票经济走向产业经济打下坚实基础；另一方面也促进了全省各级旅游管理部门发展旅游观念的转变，进一步树立了以游客需求为导向，将旅游资源转变为旅游产品的市场化观念，为下一步旅游业市场主体打造、提档升级打下坚实基础。

五　右玉、左权和太原西山等三处省级生态文化旅游开发区试点先行

2017 年以来，省委、省政府加快推进转型综改试验区建设，把开发区建设作为全省开发开放的战略前沿，集中力量优先发展、率先突破，特别是把右玉、左权和太原西山定位为全省生态文化旅游开发区，享受省级开发区优惠政策，实施区域开发战略，激发区域经济整体活力。

为保障三大区建设顺利推进，省旅发委结合右玉、左权、太原西山等区域发展实际，制定并印发了《山西省旅游发展委员会关于支持右玉、左权、太原西山等区域创建生态文化旅游开发区工作方案》，通过科学规划、完善设施、多元营销、精准招商、培育人才等措施，全力支持和指导右玉、左权和太原西山开展生态文化旅游建设，助力开发区挖掘旅游潜力，开展先行先试改革工作，全面激发区域整体活力，较好地履行了省级旅游行政主管部门的职责，起到了省级旅游行政主管部门发展旅游业的统筹协调作用。

第六节　对加快把文化旅游业培育成为战略性支柱产业的对策建议

着眼未来山西文化旅游业发展，把文化旅游业培育成为山西省国民经济和社会发展的战略性支柱产业，需要进一步解放思想，进一步强化政策支持，进一步推进山西三大板块文化旅游发展取得重大突破。

一 明确战略定位，加强统筹协调

落实“把文化旅游业培育成战略性支柱产业，把山西省建成富有特色和魅力的文化旅游强省”的目标，需要全省各级党委政府切实把文化旅游战略性支柱产业放在当地经济社会发展全局中去谋划。旅游是综合性产业，综合产业就需要具备综合思维，就需要综合部门来抓。目前，全省及11个市级旅发委都已更名成立，旅游巡回法庭、旅游公安、旅游工商分局也在部分地区和部分景区成立，旅游综合协调机制和旅游综合治理体系正在逐步形成。但作为全省旅游重要抓手的县级旅发委在组建成立上，缺乏成熟的推进模式和相关政策，进展缓慢。即便是已经成立的个别县级文旅委也是在原文化局基础上成立的，原有的旅游局（或旅游服务中心）干部职工受原机构编制属事业单位影响，无法进入行政编制的文旅委，只好屈身于在文旅委下面成立二级机构旅游服务中心，存在入编难的现象，大大挫伤了广大干部群众工作的积极性。亟须省委、省政府在新一轮机构改革中，深入研究综合施策，出台在机构编制方面的倾斜性政策，促进县一级旅发委加快理顺体制并以此为契机建立健全领导机制和工作机制，完善县级文化旅游管理机构。同时，要强化各部门在战略规划、产业政策、区域合作、综合协调、市场培育、公共服务、行业监管等方面的统筹协调职能，树立“全域旅游一盘棋”思想，各尽其职，各负其责，密切协作，加强配合，全力做好促进文化旅游业发展的各项工作。

二 强化政策支持

严格落实国家和省里出台的加快旅游产业发展的各项扶持政策，发挥山西省建设国家资源型经济转型综改试验区的政策机遇，抓住制约山西省旅游业发展的财政资金投入、投融资、旅游用地、人才引进与培养等关键因素，适时研究出台山西省加快促进旅游业发展的扶持政策。在财政资金投入方面，逐年加大旅游发展专项资金的扶持力度，设立省级旅游产业促进基金。支持企业通过政府和社会资本合作（PPP）模式投资、建设、运营旅游项目。优化土地利用政策，出台多规融合保障旅游用地，分类精细化弹性供地，完善集体土地参与旅游开发制度，创新旅游扶贫用地政策。加强人才队伍建设，加强旅游学科体系建设，优化专业设置，深化专业教学改革，大力发展旅游职业教育。建立完善旅游人才评价制度，培育职业经理人市场。加强与高等院校、企业合作，建立一批省级旅游人才教育培训基地，加强导游、景区管理人员等旅游从业人员培训，不断提高素质和能力。鼓励专家学者和大学生等积极参加旅游志愿者活动。把符合条件的旅游服务从业人员纳入就业扶持范围，落实好相关扶持政策。支持旅游科研单位和旅游规划单位建设，加强旅游基础理论和应用研究。加大对旅游新产品、新业态的政策扶持力度，及时调整旅行社组接团奖励办法，加大政策资金智力支持力度，形成明确的激励导向，加速壮大旅游产业。

三　全力推动山西全域旅游发展

在继续做强做优五台山、云冈石窟和平遥古城三大旅游品牌的同时，全力做好“黄河、长城、太行”三篇旅游大文章，完善“大运黄金旅游廊道”，全力推动山西全域旅游发展，是打造山西文化旅游战略性支柱产业的重要抓手。因此，一定要坚持顶层设计，规划先行。抓紧出台《山西省委省政府关于促进全域旅游发展的若干意见》《山西省全域旅游发展规划》《山西省促进全域旅游发展实施方案》等相关政策文件。同时，要着力项目突破。围绕市场需求导向，注重策划创意，深入推进产业跨界融合，建立兼具观光休闲度假功能的旅游产业项目库，培育打造一批研学旅行、体育运动、健康养老、生态旅游示范基地，因地制宜规划建设一批旅游特色小镇、田园综合体，开发建设一批资源品位高、配套条件好、市场潜力大、组合能力强、带动作用显著的精品旅游项目，努力构建差异化、标志性的旅游产品，培育形成全省旅游产业发展的新动能，推动旅游业转型升级。

四　继续加大中部旅游带发展的支持力度

毋庸置疑，整体启动黄河、长城、太行山旅游发展，这是一项具有深远战略眼光的顶层设计。随着新时代全域旅游新概念的提出，山西旅游今后的发展要重视黄河、长城、太行三大板块旅游品牌打造，但同时也要重视以传统的“大运黄金旅游廊道”（或汾河谷地）旅游为重要依托的中部旅游带的发展。中部旅游带的范围，除去与“黄河、长城、太行三大板块旅游发展规划”中的主体区重合部分之外，大致北起汾河源头，南至汾河入黄处，包括忻定盆地、太原盆地、临汾盆地三大盆地，亦即沿汾河或者沿同蒲铁路的左右两边范围。这个区域或者板块的旅游发展在改革开放初期较早启动，不仅旅游资源丰富且禀赋好，形成了一批如芦芽山、晋祠、平遥古城、乔家大院、王家大院、洪洞大槐树景区等重量级景区，也是山西“华夏古文明”旅游的重点区域，而且经济发达，交通便利，人口稠密，是山西传统的旅游热区，山西旅游形象的代表性区域。这个区域的旅游开发不但可以为黄河、长城、太行三大板块旅游发展提供经验，而且具有空间及地域凝聚作用。全省旅游发展，从长远眼光看，应该明确黄河、长城、太行三大板块的范围，回归“黄河就是黄河，长城就是长城，太行就是太行”，也就是规划中的主体区范围界定，确定“五台山、云冈、平遥古城三大传统旅游品牌+黄河、长城、太行三大旅游板块+大运黄金旅游廊道”的“331”总体格局。这种“331”的总体空间格局，更加符合山西实际，也更加具有规划开发的可操作性，也只有这种“331”的总体空间格局，才能名副其实地支撑起山西全域旅游的发展，才可能进一步进行区域旅游产品整合及空间优化组合，形成若干个便于政府、旅行社、旅游景区操作的区域型旅游目的地，进而实现打造山西全省域的旅游目的地的目标。

“雄关漫道真如铁，而今迈步从头越。”回顾改革开放 40 年来旅游业的发展历程，正是由于改革开放催生了山西省旅游业从无到有，从小到大，从无人知道到现在成为经济社会发展的热点，可以说，旅游业是改革开放的产物，没有改革开放，就没有现代意义上的旅游业。旅游产业的每一次大发展、大调整，都是坚定走改革开放道路，勇于改革创新的结果。相反，任何阶段性的停顿，都是思想故步自封、理念老化、僵化的结果。展望未来旅游业的发展前景，当前旅游业已经进入国民休闲和大众旅游时代，全域旅游已经成为国家战略，更需要我们坚持问题导向，紧紧围绕“十九大”精神，把人民对美好生活的向往，作为一切工作的出发点和落脚点，着力解决旅游领域不平衡、不充分发展的难题，更需要把新时代、新思想转化为谋划山西旅游产业发展的正确思路、促进产业发展的科学决策和领导产业发展的实际能力，把旅游产业放在区域经济发展的大局中，围绕全省的中心工作，服务资源型经济转型，优化经济结构的大局，不断推出人民满意、游客喜欢的各种旅游新产品、新业态，把更多的旅游发展成果惠及百姓，推动旅游改变人民群众的生活方式、生活水平和生活质量向更高的目标努力前行。

参考文献

财政部财政科学研究所调研组:《关于山西、河南财政经济运行的几点看法》,《财政科学》2016 年第 1 期。

蔡秀玲:《中国城镇化历程、成就与发展趋势》,《经济研究参考》2011 年第 63 期。

常鹏选:《山西省城镇化发展的历史变迁研究》,《经济师》2012 年第 5 期。

陈家骥、杨维廉:《辉煌的成就　深刻的变化——山西农业的三十五年》,《经济问题》1984 年第 11 期。

陈磊:《中国经济周期波动的测度和理论研究》，东北财经大学出版社，2005。

陈喜旺:《山西农业和农村工作发展五十年》,《前进》1999 年第 9 期。

陈喜旺:《山西农业和农村工作在党的十一届三中全会路线方针指引下飞速发展》,《山西农经》1999 年第 1 期。

晨竹:《中共山西省委部署全省农业产业化工作》,《当代农机》1997 年第 4 期。

程英翠:《“八五”时期山西农村产业结构的变化与评析》,《山西农经》1997 年第 1 期。

董文泉、高铁梅等:《经济周期波动的分析与预测方法》，吉林大学出版社，1998。

董玉舒、景伟:《“八五”期间山西农村经济运行态势分析及对“九五”持续发展的对策思考》,《山西农经》1996 年第 4 期。

董玉舒、张继德:《山西农业产业化的实践及加快发展的若干思考》,《山西农经》1998 年第 1 期。

董玉舒、赵满仓、景伟:《90 年代中后期：山西农村经济面临的主要问题及对策》,《调研世界》1994 年第 5 期。

董玉舒:《三中全会以来山西省农业发展概述》,《经济问题》1983 年第 7 期。

芳菲:《实施“四项计划，六大工程” 扎实推进具有山西特色的农业现代化——山西省农业厅厅长孙连珠专访》,《农业技术与装备》2008 年第 1 期。

冯子标、焦斌龙:《分工、比较优势与文化产业发展》，商务印书馆，2007。

高春平、杨茂林:《建国 60 年山西若干重大成就与思考》，山西人民出版社，2009 年 10 月第 1 版。

高鸿业:《西方经济学》，中国经济出版社，1996。

高萍:《关于山西资源型经济综改试验区财税政策改革的思考》,《经济问题》2012 年第 5 期。

高尚全:《中国改革四十年的回顾和思考》,《搜狐财经》2017 年 9 月 28 日。

郭秀卿、陈克毅:《历史的巨变 辉煌的成就——新中国成立以来山西农村经济发展综述》,《山西农经》2004 年第 6 期。

郭耀宏:《十年艰辛 十年巨变——山西改革开放纪事（1978.10~1989.12）》,《中共山西省委党校学报》1992 年第 4 期。

国家统计局山西省调查总队:《新中国 60 年山西农村产业结构调整取得辉煌成就》,《村委主任》2010 年第 4 期。

国家行政学院编写组:《中国精准脱贫攻坚十讲》，人民出版社，2016。

韩俊、姜长云:《中国农村经济结构的变革与国民经济发展：回顾、评价与思考》,《经济研究参考》1999 年第 88 期。

郝凡:《跨时代的飞跃——山西农村五十年》，山西经济出版社，1999。

胡鞍钢:《中国经济波动报告》，辽宁人民出版社，1994。

贾大明:《回顾与展望：谈谈我国农业和农村经济发展的若干问题》,《福建论坛》（人文社会科学版）2005 年第 5 期。

焦斌龙:《简析文化产业发展路径及其选择》,《前进》2003 年第 7 期。

焦斌龙:《新常态下我国文化产业供给侧结构性改革研究》，中国财政经济出版社，2017。

金建强:《奏响向农业要效益的强音——改革开放 30 年山西省农业产业化发展综述》,《农产品加工》2008 年第 9 期。

景世民、张文丽等:《山西城镇化发展与比较研究》,《2010 年山西经济社会发展重大课题》。

景伟:《建国 50 年山西农村经济欣欣向荣》,《山西统计》1999 年第 10 期。

李淳:《山西农业综合开发工作 20 年成就及进一步加强的对策和建议》,《山西农经》2012 年第 1 期。

李静萍:《改革开放以来山西省产业结构变动分析》,《当代中国史研究》，2008。

李维华、韩红梅:《资源观的演化及全面资源论下的资源定义》,《管理科学文摘》2003 年第 2 期。

李雁红:《民生经济在山西的实践——以农村“五个全覆盖”和“一村一品”为例》,《中国生产力学会年会专辑》，2011。

李杨:《中国金融改革开放 30 年：历程、成就和进一步发展》,《财贸经济》2008 年第 11 期。

刘世锦:《在改革中形成增长新常态》，中信出版社，2014。

刘树成:《经济周期研究报告》，社会科学文献出版社，2006。

刘伟:《我国经济增长及失衡的新变化和新特征》,《经济学动态》2014 年第 3 期。

刘艳:《山西文化资源产业开发对策研究》，太原理工大学硕士学位论文，2013。

刘耀宗:《努力实现山西农业再上新台阶》,《党史文汇》1994 年第 3 期。

柳红星:《改革开放以来我国金融体制的改革与发展》,《南昌工程学院学报》2009 年第 2 期。

柳欣:《中国宏观经济运行与经济波动（1990~2002）》，人民出版社，2003。

苗长青、岳建俊、尹君等:《参与改革开放时期山西经济决策的回忆——访省社科院原副院长陈家骥》,《党史文汇》2016 年第 8 期。
苗长青:《山西改革开放 38 年光辉历程(上)》,《太原日报》2016 年 7 月 18 日。
苗长青:《山西改革开放 38 年光辉历程(中)》,《太原日报》2016 年 7 月 25 日。
牧青:《建国 60 年来山西畜牧业发展成就斐然》,《农业技术与装备》2009 年第 19 期。
牛仁亮:《辉煌山西 60 年》,中国统计出版社,2009 年 9 月第 1 版。
〔美〕N. 格里高利・曼昆:《宏观经济学(第四版)》,中国人民大学出版社,2000。
潘会玲:《山西农村全面小康建设又迈出新步伐》,《山西农经》2007 年第 4 期。
彭月兰、迟美青:《山西省财政收入与经济增长协调性研究》,《高等财经教育研究》2011 年第 6 期。
秦文峰、苗长青:《山西改革开放史》,山西教育出版社,2009 年 4 月第一版。
《全国主体功能区规划》,人民出版社,2015。
"山西建设文化强省文库"编委会:《回望山西丛书》,山西人民出版社,2005。
山西省旅游局、山西省旅发委:《山西旅游统计便览》,1978~2018。
《山西农村税费改革试点进展顺利》,《西部财会》2003 年第 4 期。
山西省农调队:《建国四十五周年山西农村经济发展写真》,《山西农经》1995 年第 1 期。
山西省社会科学院:《山西省贫困地区综合开发研究》,1995。
山西省统计局人口处:《山西省新型城镇化发展的思考》,山西省统计信息网。
山西省史志研究院编《山西通志·旅游志》,中华书局,2000。
苏小、金彦平:《中国城镇化发展历程及变革研究》,《农村经济》2013 年第 10 期。
《"十三五"生态环境保护规划》,人民出版社,2016。
田野:《一切想着农民 一切为着农民——访山西省委农办主任、省农业厅厅长杨文宪》,《前进》2001 年第 10 期。
王高勇、贾明进:《建国 40 年来山西省农业发展的光辉成就》,《山西农业科学》1989 年第 9 期。

王庭栋:《山西农村改革初期的点滴记忆》,《党史文汇》1998 年第 7 期。

王文强:《新世纪以来中国“三农”政策走向研究》,《江西社会科学》2017 年第 7 期。

尉亚妮:《山西果业发展 30 年回顾与展望》,《果农之友》2009 年第 9 期。

魏江:《持续竞争优势: 制度观、资源观与创新观》,《自然辩证法通讯》1999 年第 2 期。

《山西省金融运行报告》。

《山西省经济社会发展蓝皮书》, 山西经济出版社。

《山西省统计年鉴》。

《中国统计年鉴》。

向勇:《全球视野下的产业融合与文化振兴》, 金城出版社, 2011。

谢睿、张婷:《山西城镇化进程中的问题及对策建议》,《生产力研究》2015 年第 5 期。

徐健:《山西农业和农村经济发展 60 年回顾》,《山西农经》2009 年第 2 期。

徐廷柱、田伟:《山西农业产业化经营的实践与思路》,《山西农经》2000 年第 2 期。

闫海旺:《山西农业综合开发的成就及再展宏图的对策思考》,《山西农经》1999 年第 3 期。

阎海旺:《山西省农业产业化发展现状、问题及对策》,《调研世界》2006 年第 12 期。

杨大涛:《农村区域经济开发与改革》, 书海出版社, 1991。

杨旦修:《文化与科技融合的产业化路径及其影响研究》, 云南大学出版社, 2015。

杨建中、范小平:《山西农业产业结构发展的回顾与思考》,《中共山西省委党校学报》2003 年第 26 期。

杨丽:《经济新常态下山西省财税体制可持续发展的问题与建议》,《山西财税》2018 年第 4 期。

杨瑞平、敖小波:《财政支出与经济增长的关系研究——基于协整理论的实证分析》,《经济问题》2014 年第 10 期。
杨文宪:《树立现代观念　促进两个提高　实现山西农业和农村经济的可持续发展》,《山西农经》1997 年第 6 期。
杨文章:《改革开放 30 年山西经济社会发展回顾》,《前进》2009 年第 1 期。
杨玉堂:《山西产业结构调整的路径和成效》,《党史文汇》2004 年第 5 期。
姚继广、史民康:《1997~1998 年山西农业和农村经济形势》,《中国农业信息》1998 年第 2 期。
尹优平、常新建:《山西省实体经济发展的金融支持研究——基于信贷融资的经验分析》,《华北金融》2013 年第 1 期。
云龙:《新中国成立 60 年来山西农业成就辉煌》,《农产品加工》2009 年第 10 期。
詹新宇、孙晨正:《经济周期波动与产业结构调整的动态关系研究——以山西省为例》,《经济问题》2011 年第 7 期。
张复明:《抓住发展主线　推进结构调整——改革开放以来山西经济结构调整述评》,《前进》2008 年第 9 期。
张复明:《抓住发展主线 推进结构调整——改革开放以来山西经济结构调整述评》,《前进》2008 年第 9 期。
张继德、弓丽煊:《改革二十年山西农村经济取得巨大成就》,《山西农经》1998 年第 6 期。
张继德、阎海旺:《综合开发：农村经济上台阶的重要举措——山西农业综合开发 20 年成就综述》,《调研世界》2012 年第 9 期。
张京辉、韩亚珠:《贫困地区可持续发展道路抉择》，人民出版社，2000。
张立群:《我国经济的周期性波动与宏观调控》,《经济纵横》2007 年第 2 期。
张晓明:《中国文化产业发展之历程、现状与前瞻》,《山东社会科学》2017 年第 10 期。
赵康杰、景普秋:《矿业收益异动、资源依赖与科技创新挤出——基于中国省域面板数据的经验研究》,《兰州学刊》2018 年第 2 期。
赵满仓:《奔向全面小康的美好前程——新中国成立以来山西城乡居民生活持续改善》,《前进》2009 年第 9 期。
郑建国:《山西财政 60 年》，经济科学出版社，2009。
郑社奎、范堆相:《山西农村 50 年》，山西经济出版社，1999。
政府工作报告:《山西省人民政府》(1978~2018)。
中共中央文献研究室:《习近平关于科技创新论述摘编》，中央文献出版社，2016。
中共中央文献研究室:《习近平关于社会主义生态文明建设论述摘编》，中央文献出版社，2017。
中共中央宣传部:《习近平系列重要讲话读本(2016)》，人民出版社，2016。
2011~2017 年《中央一号文件》。
中国人民大学创意产业技术研究院:《中国文化消费指数(2013)》。
周丽:《文化创意产业与三大产业的融合发展研究——基于广东肇庆的实践探索》，企业管理出版社，2014。
周振海:《改革开放以来的中国金融体制改革研究》，东北师范大学硕士学位论文，2007。

后 记

1978 年党的十一届三中全会开启了改革开放的新征程。40 年来，在省委、省政府的坚强领导下，全省上下全面贯彻落实党中央、国务院各项决策部署，众志成城、奋力前行，经济发展大幅跨越，人民生活显著改善，社会事业全面进步，生态建设持续向好，并向全面小康迈进。值此改革开放 40 周年之际，由山西省社会科学院经济研究所倾力打造的《山西经济：改革开放 40 年》即将付梓出版。全书共 17 章，从山西经济发展的不同层次、不同领域和不同角度全面展现了山西经济发展的战略演进、全面进步、重点突破，对农业农村、工业经济、文化旅游、财政金融、交通建设、脱贫攻坚、民营经济、新型城镇化、投融资体制、开发区建设等方面进行了深入细致的研究。

本书由山西省社会科学院经济研究所所长、研究员景世民进行总体设计和把握，经济研究所副所长、研究员张文丽负责拟订提纲并统纂成书，各章节具体分工为：第一章由黄桦负责、第二章由孙秀玲负责、第三章由刘晓明负责、第四章由栗挺负责、第五章由梁正华负责、第六章由贾云海负责、第七章由张婷负责、第八章由武甲斐负责、第九章由张保华负责、第十章由张文霞负责、第十一章由李永清和张福生负责、第十二章由王云珠和何静负责、第十三章由赵旭强负责、第十四章由花永兴负责、第十五章由武小惠负责、第十六章由崔亚妮负责、第十七章由邵琦负责。本书的编纂出版得到了山西省社会科学院领导和出版单位的大力支持，值此出版之际，深致谢意。

由于水平所限，对改革开放 40 年以来山西经济发展的研究还有待进一步深入，衷心希望各界同人提出宝贵意见。

编者

2018 年 11 月

图书在版编目(CIP)数据

山西经济：改革开放四十年 / 景世民，张文丽主编
. -- 北京：社会科学文献出版社，2019.2
ISBN 978-7-5201-4131-4

Ⅰ. ①山… Ⅱ. ①景… ②张… Ⅲ. ①区域经济发展
- 成就 - 山西 Ⅳ. ① F127.25

中国版本图书馆CIP数据核字（2018）第293022号

山西经济：改革开放四十年

主　　编 / 景世民　张文丽

出 版 人 / 谢寿光
责任编辑 / 王玉霞
文稿编辑 / 杨　木

出　　版 / 社会科学文献出版社 · 城市和绿色发展分社（010）59367143
地址：北京市北三环中路甲29号院华龙大厦　邮编：100029
网址：www.ssap.com.cn
发　　行 / 市场营销中心（010）59367081　59367083
印　　装 / 三河市龙林印务有限公司

规　　格 / 开　本：787mm×1092mm　1/16
印　张：26　字　数：377千字
版　　次 / 2019年2月第1版　2019年2月第1次印刷
书　　号 / ISBN 978-7-5201-4131-4
定　　价 / 98.00元

本书如有印装质量问题，请与读者服务中心（010-59367028）联系

版权所有 翻印必究